谁说菜鸟不会
电商
数据分析

小2哥 著

电子工业出版社
Publishing House of Electronics Industry
北京·BEIJING

内 容 简 介

对于淘宝、天猫店铺来说，大数据和数据化运营的概念早已深入人心，数据分析已经成为电商从业人员不可或缺的一项技能。本书用通俗的语言、通用的 Excel 工具，从实践入手，帮你迅速掌握电商数据分析技巧。菜鸟也能迅速成长起来。本书共 4 篇，分别介绍数据分析基础知识、Excel 在数据分析过程中的使用、数据分析的常用方法，以及淘宝日常运营工作中数据分析的应用。本书从基础开始讲解如何利用数据分析提升店铺流量和销量、如何应用数据做内容营销和老顾客营销，以及日常的规划和预算。本书以丰富典型的应用案例演示操作步骤，内容全面，涵盖淘宝数据分析过程中的方方面面，真正做到把理论和实操结合起来。

本书可供从事淘宝运营工作的人员和电子商务专业的本科生使用，也可供缺乏数据分析技能的人员阅读参考。

未经许可，不得以任何方式复制或抄袭本书之部分或全部内容。
版权所有，侵权必究。

图书在版编目（CIP）数据

谁说菜鸟不会电商数据分析 / 小 2 哥著. —北京：电子工业出版社，2018.6
ISBN 978-7-121-34340-7

Ⅰ.①谁… Ⅱ.①小… Ⅲ.①电子商务－数据处理 Ⅳ.① F713.36 ② TP274

中国版本图书馆 CIP 数据核字 (2018) 第 120575 号

责任编辑：张彦红
印　　刷：北京富诚彩色印刷有限公司
装　　订：北京富诚彩色印刷有限公司
出版发行：电子工业出版社
　　　　　北京市海淀区万寿路 173 信箱　　邮编：100036
开　　本：787×980　1/16　印张：16.25　字数：376 千字
版　　次：2018 年 6 月第 1 版
印　　次：2021 年 1 月第 6 次印刷
定　　价：89.00 元

凡所购买电子工业出版社图书有缺损问题，请向购买书店调换。若书店售缺，请与本社发行部联系，联系及邮购电话：(010) 88254888，88258888。
质量投诉请发邮件至 zlts@phei.com.cn，盗版侵权举报请发邮件至 dbqq@phei.com.cn。
本书咨询联系方式：010-51260888-819，faq@phei.com.cn。

前言

数据的重要性已经被越来越多的公司、个人所认识，对淘宝卖家而言，大数据和数据化运营的概念更是早已深入人心，数据分析和数据化运营已成为淘宝从业人员不可或缺的一项职场技能。

本书汇集我 7 年淘宝运营工作经验和实操案例，通过大量日常运营工作中的案例系统地介绍数据在淘宝运营过程中的应用，希望能够帮助不懂淘宝数据分析或者想要学习淘宝数据分析的人了解和初识淘宝数据分析。

我不是一名专业的数据分析师，因此不敢说自己在数据化运营方面有多大的本事。但在 7 年淘宝运营工作中，我一步一步地摸索淘宝数据分析，总结出了一些自己认为有意思的经验和技巧，借助本书和广大的同行分享。

我撰写这本书的初衷，一方面是希望把自己这 7 年的实践经验总结和提炼，形成具有实际操作性的知识，并分享给想要学习这方面知识的读者，另一方面是希望能够弥补目前市场上缺乏这类书的遗憾，我经常听到网友说，目前市场上数据分析类的书，要么太高大上，要么和淘宝运营搭不上边，真正淘宝运营的数据分析类书太少，大部分写这类书的作者可能并没有真正运营过淘宝，没有开过淘宝店铺。所以，我希望能够把自己日常运营的经验分享给大家。

本书的定位是淘宝职场技能类图书，并非 Excel 等计算机类的书，主要读者对象是刚入门的淘宝运营人员和对淘宝数据分析能力完全缺乏的人员。因此，本书都是从基础性操作开始一步一步地演示，主要考虑的是实用性和落地性。

本书分为 4 篇。

第 1 篇，认识篇。主要介绍数据分析的一些基础知识和用途，让初学者对数据分析有初步的了解和认识。

第 2 篇，工具篇。主要介绍在数据分析中应用的 Excel 工具，后期的很多内容都建立在这些操作的基础之上。因此，如果没有学好这章，可能后面很多内容都无法操作。

第 3 篇，分析方法篇。主要介绍在数据分析过程中最常用的一些方法，让初学者对数据分析的方法有一个清晰的逻辑思维。

第 4 篇，数据运营篇。主要演示在实际过程中需要用到的一些数据分析案例，帮助读者把前面学到的内容应用到实际工作中。

本书引用的是 Excel 2016 版，该版本与其他版本可能会存在一些略微的不同。

本书从真正动笔到最终完成用时半年以上，我在写作过程中多次自我怀疑，甚至有过想要放弃的念头。说实话，我低估了写这本书的难度，总以为把自己掌握的东西和经验写出来很简单，像平时和大家聊天一样就可以了。可是实际上并没有这么简单，因为受限于自身文笔能力，总感觉没办法通过文字把自己积累的经验完全地表达出来，有很多东西总感觉只能意会，没办法言传，毕竟我只是一名淘宝店铺运营操盘手，并非专业作家，也从未从事过与文学相关的工作。因此，写得不足和遗漏的地方，希望广大读者海涵。

同时，需要提醒各位读者的是，淘宝运营瞬息万变，本书部分内容以及页面的截图可能在读者阅读时已经发生了变化，但是我相信不会影响对本书核心内容的解读，请广大读者知悉并谅解。

刘祥

2018 年 5 月

读者服务

轻松注册成为博文视点社区用户（www.broadview.com.cn），扫码直达本书页面。

- **下载资源**：本书如提供示例代码及资源文件，均可在 下载资源 处下载。
- **提交勘误**：您对书中内容的修改意见可在 提交勘误 处提交，若被采纳，将获赠博文视点社区积分（在您购买电子书时，积分可用来抵扣相应金额）。
- **交流互动**：在页面下方 读者评论 处留下您的疑问或观点，与我们和其他读者一同学习交流。

页面入口：http://www.broadview.com.cn/34340

目录

第 1 篇　认识篇　　　　　　　　　　　　　　　　　　　　　　　　　　1

1.1　什么是淘宝数据分析　　　　　　　　　　　　　　　　　　　　　　1
1.2　淘宝数据分析的作用　　　　　　　　　　　　　　　　　　　　　　2
1.3　淘宝数据分析人员的基本要求　　　　　　　　　　　　　　　　　　4
1.4　淘宝数据分析过程中的五个错误　　　　　　　　　　　　　　　　　5
1.5　淘宝数据分析的六个步骤　　　　　　　　　　　　　　　　　　　　7

第 2 篇　工具篇　　　　　　　　　　　　　　　　　　　　　　　　　　9

2.1　Excel 函数的应用　　　　　　　　　　　　　　　　　　　　　　　9
　　2.1.1　VLOOKUP 函数的使用方法和应用　　　　　　　　　　　　　9
　　2.1.2　OFFSET 函数的使用方法和应用　　　　　　　　　　　　　 12
　　2.1.3　MATCH 函数的使用方法和应用　　　　　　　　　　　　　 15
　　2.1.4　SUM、SUMIF、SUMIFS 函数的使用方法和应用　　　　　　 19
　　2.1.5　COUNT、COUNTIF、COUNTIFS 函数的使用方法和应用　　 22
　　2.1.6　ROW、COLUMN 函数的使用方法和应用　　　　　　　　　 24
　　2.1.7　IF、IFERROR、AND、OR 函数的使用方法和应用　　　　　 27
　　2.1.8　MAX、MIN、LARGE、SMALL 函数的使用方法和应用　　　 30
　　2.1.9　AVERAGE 函数的使用方法和应用　　　　　　　　　　　　 32
　　2.1.10　INT、ROUND 函数的使用方法和应用　　　　　　　　　　 32
　　2.1.11　YEAR、MONTH、DAY 函数的使用方法和应用　　　　　　 33
　　2.1.12　WEEKDAY、WEEKNUM 函数的使用方法和应用　　　　　 34
　　2.1.13　NOW、TODAY 函数的使用方法和应用　　　　　　　　　 36
　　2.1.14　INDEX 函数的使用方法和应用　　　　　　　　　　　　　 36

目录

    2.1.15 LEFT、LEFTB、RIGHT、RIGHTB、MID、MIDB 函数的使用方法和应用   38

    2.1.16 FIND、FINDB 函数的使用方法和应用   40

    2.1.17 LEN、LENB 函数的使用方法和应用   42

    2.1.18 SUMPRODUCT 函数的使用方法和应用   42

2.2 数据透视表分析工具的应用   45

    2.2.1 创建数据透视表   45

    2.2.2 用数据透视表进行百分比计算   48

    2.2.3 利用数据透视表进行同比和环比计算   52

    2.2.4 利用数据透视表进行数据分组统计   55

    2.2.5 切片器在数据透视表的应用   70

    2.2.6 更改数据源和刷新数据透视表   72

    2.2.7 数据透视表中插入公式   77

2.3 玩转 Excel 图表   79

    2.3.1 Excel 基本图表样式   79

    2.3.2 双坐标图   89

    2.3.3 漏斗图   92

    2.3.4 波士顿矩阵图   100

    2.3.5 帕累托图   108

第 3 篇 分析方法篇   111

3.1 AB 测试法   111

3.2 杜邦分析法   112

3.3 对比分析法   125

3.4 5W2H 分析法   126

3.5 漏斗图分析法   127

3.6 问题树分析法   128

第 4 篇 数据运营篇   131

4.1 市场行情分析   131

    4.1.1 市场容量分析   131

    4.1.2 行业发展趋势分析   139

    4.1.3 竞品市场行情分析   142

    4.1.4　市场潜力分析　　　　　　　　　　　　　　　148
    4.1.5　解剖竞争对手爆款的前世今生　　　　　　　158
4.2　店铺流量分析　　　　　　　　　　　　　　　　　　168
    4.2.1　关键词有效度分析　　　　　　　　　　　　168
    4.2.2　关键词趋势分析　　　　　　　　　　　　　177
    4.2.3　店铺四大流量诊断分析　　　　　　　　　　186
4.3　店铺转化分析　　　　　　　　　　　　　　　　　　198
    4.3.1　店铺访客分析　　　　　　　　　　　　　　198
    4.3.2　店铺人群画像分析　　　　　　　　　　　　204
    4.3.3　会员分群管理与营销　　　　　　　　　　　209
    4.3.4　单品服务数据分析　　　　　　　　　　　　228
    4.3.5　单品详情页数据分析　　　　　　　　　　　232
4.4　那些不被你关注的规划和预算　　　　　　　　　　　235
    4.4.1　全店年销售额规划　　　　　　　　　　　　235
    4.4.2　目标规划细分拆解　　　　　　　　　　　　239
    4.4.3　推广费用的规划　　　　　　　　　　　　　243
    4.4.4　爆款规划与推广　　　　　　　　　　　　　244
    4.4.5　自然搜索流量优化与规划　　　　　　　　　247
    4.4.6　选款思维维度　　　　　　　　　　　　　　251

（以下附录部分内容请到专门网页上下载阅读）

附录 A　淘宝数据分析的重要指标　　　　　　　　　　　253
附录 B　INDIRECT 函数的使用方法和应用　　　　　　　256
附录 C　淘宝数据分析过程中比较实用的 Excel 技巧　　　258
附录 D　数据透视表的布局和格式的调整　　　　　　　　272
附录 E　瀑布图　　　　　　　　　　　　　　　　　　　280
附录 F　会员关系管理分析　　　　　　　　　　　　　　284
附录 G　竞争情报分析　　　　　　　　　　　　　　　　293

第1篇 认识篇

马云说：互联网还没搞清楚的时候，移动互联就来了；移动互联还没搞清楚的时候，大数据就来了。确实，这几年淘宝的发展，或者说电商行业的发展是"爆炸"式的。越来越多的商家愿意把传统行业搬入互联网，愿意在淘宝上投入资金。现在已经不再是当年一根网线和一台计算机就能当老板的时代了，但是每天仍然有无数的人涌入淘宝，也有无数的人被淘汰。那么，怎样才能让自己的店铺在这个竞争激烈的环境中生存下来呢？这就是我们要解决的核心问题。

解决这个核心问题最重要的一个因素就是数据化运营，从行业选择，到选款和选品，到定价，到库存管理，到优化推广等，整个过程可以说都离不开数据分析。如果脱离数据分析，要在这个行业赚点运气钱倒还可以，但是要想持续在这个行业中生存很难。

淘宝数据化运营成为近年来兴起的一个新概念。它在运营的基础上提出数据驱动店铺的口号，把数据与店铺的运营结合起来，为日常运营提供决策的依据。

数据作为一种客观的事实，能够真实地反映出店铺的状况，可以告诉我们产品的状况、买家的需求情况和喜爱偏好、买家的行为习惯等，从而让我们能够有针对性地优化和调整，不再像无头苍蝇一样盲目地胡乱行动。

1.1 什么是淘宝数据分析

简单地说，淘宝数据分析就是指利用各种手段有目的地对收集来的数据整理、汇总归纳和处理分析，提炼出对我们有帮助的信息，最大化地发挥这些数据的作用，是为了提取有用的信息和形成结论从而对数据研究和概况总结这样的一个过程。

淘宝数据分析的目的是把隐藏在一大堆看起来杂乱无章的数据背后的信息提炼出来，总结它们的原因或者规律等。例如，访客数、转化率、客单价、停留时间、访问深度、下单人数、支付人数、支付转化率、人均浏览量等，如果不关注背后的信息，这些数据放在一起看起来可能是杂乱无章的，但是经过一系列的加工处理之后，就能根据我们的需求目标总结出它们之间背后的信息和规律。

在日常的淘宝运营过程中，数据分析可以帮助运营人员或者决策人员判定和决策，让他们可以根据数据分析的结果采取适当的行动。例如，想要预测双十一当天店铺能够卖多少货，以便备货，这时我们就必须依赖数据分析才能完成，否则，就只能瞎猜。

1.2 淘宝数据分析的作用

可以说，如今的电商从业人员处在一个数据爆炸性增长的大数据时代，我们都知道数据运营和数据分析对工作的重要性，那么淘宝数据分析对店铺到底有什么作用呢？

1．了解现状

简单地说，就是通过以前获取到的数据了解现在处于一个什么状况，现在是好还是坏、是积极的还是消极的、是增长趋势还是下滑趋势。

例如，我们经常会分析店铺最近一个月的销售额、流量、转化率、付费投入等情况，通过这些数据了解店铺的整体运营现状，评估店铺目前的状态是好还是坏，好又好到什么程度？是稍微变好了还是比行业均值好？还是比行业优秀店铺都好？坏又坏到什么程度？是比前一段时间坏了？还是相对于竞争对手来说是坏的？我们也经常会分析每一个单品的情况，分析它的流量来源渠道，了解单品的发展趋势和变动情况。

在淘宝日常运营中经常通过分析日报、月报、单品监控、标题优化监控等多种形式的数据报表达到了解现状的目的。

2．分析原因

了解现状之后，就必须分析为什么会发生这样的情况。

例如，通过标题优化监控了解到现状是单品的搜索流量上升了，这是对单品情况的基本了解，但是仅仅了解现状是没有用的。我们要真正弄明白为什么会发生这样的情况？是因为修改了标题造成的？还是因为最近销量增长权重高了？还是因为某个关键词的突然爆发？等等，只有进一步展开原因分析，确定具体的原因，才真正对我们有帮助。

要分析出原因，是必须依赖数据的。例如，单品的搜索流量最近大幅上升了，想要知道是不是优化了标题的效果，那么就需要把标题优化前和优化后的数据对比分析，如果正好在改了标题之后，加进来的那个关键词带来了大量的流量，那么说明可能就是因为改了标题导致流量上升。

了解现状一般是整体分析，而分析原因一般是专题分析，而且往往都是根据现状进行原因分析。有时候会发现，分析原因和了解现状有很多地方是交叉的。

3．预测未来

在了解了现状，也分析出了原因之后，还需要预测接下来会发生什么状况。只有这样，才能对决策有帮助。

例如，在标题优化监控时，了解到标题流量下滑了，而且分析原因是因为我们改了关键词，原来的关键词不再带来流量，新加入的关键词还没有原来的关键词带来的流量多，根据分析是因为目前这个关键词竞争大，我们的宝贝权重比较低，所以并没有带来满意的效果。这个时候就应该开始预测未来了，接下来这个款的流量会如何发展？我们的单品权重接下来会如何发展？当单品权重提升以后，该关键词能不能在竞争中分到比较大的流量？如果能的话，我们要做的就是积累权重；如果不能的话，我们可能就要重新优化标题。

4．及时发现问题

作为淘宝卖家，如果没有及时发现异常情况，可能会导致整个店铺垮掉。相信很多卖家都有这样的体验，本来一个店铺做得好好的，突然之间就流量下滑、销售额下滑。可怕的是，很多商家竟然不知道是什么原因造成的。

实际上，任何一个异常的情况都是有原因的。所以，了解现状和分析原因，是有助于发现问题的。

我们经常需要监控全店的各类数据，及时发现数据的异常情况。例如，某店手淘搜索流量的统计数据如图1-1所示，可以看到在7月11日之后手淘搜索流量下滑了，这就是已经出现了异常的数据、发生了问题。此时，我们需要立即分析数据是否有误，如果没有误的话立即分析原因，为什么会造成这样？是正常波动还是异常行为？如果是异常行为，那就要及时调整优化，毕竟问题刚刚出现的时候，还是有很多补救方法的。如果没有及时发现这个问题，等到最后损失惨重的时候才发现，那么可能就来不及补救了。

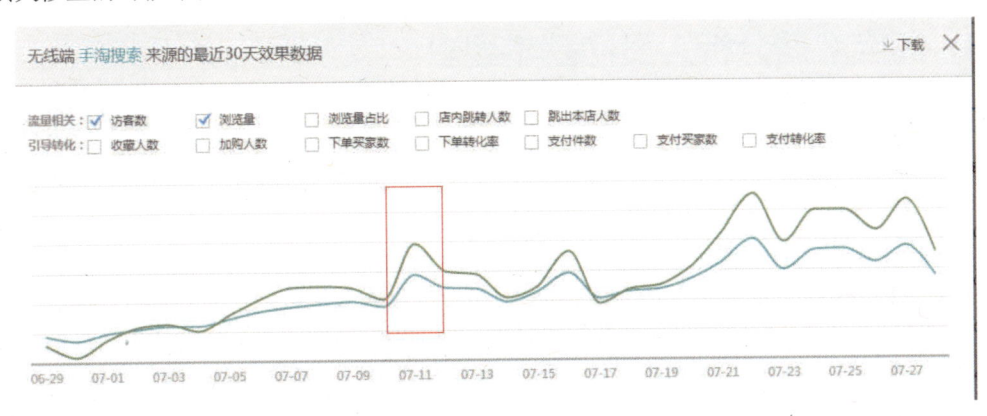

图1-1

5．决策依据

在决策的时候需要有一个依据，需要利用数据帮助决策。

举一个小例：如果你是一家公司的运营，老板告诉你最近利润不太乐观，打算降低一下推广费用来提高利润，这时你是不是要直接听老板的话，降低推广费用呢？

肯定不行，你需要对目前的数据进行分析。图1-2所示为某店铺流量来源数据图，你需要对这个图进行分析，分析目前付费流量情况如何，你还需要分析目前店铺的推广费用是多少？

3

目前店铺推广费用带来的效果怎样？如果降低了推广费用会造成什么样的影响？它会不会带来更多的利润？如果不能达到目的，那么肯定就没办法降低。这些决策都是需要很多数据作为参考依据的。

图 1-2

淘宝数据分析的重要指标请见附录 A。

1.3 淘宝数据分析人员的基本要求

要成为一名合格的淘宝数据分析师其实是有难度的，或者说是有一定要求的。淘宝数据分析师需要付出一定的时间和精力、要有一定的耐心和承受能力。下面这些要求是我根据 7 年来淘宝操盘的经验总结出的思想和感悟。

1．有清晰的逻辑思维能力

很多商家经常说不会数据分析、不知道该怎么分析、不知道该分析哪些内容，其实这就是没有一个清晰的逻辑思维。在做数据分析的时候，他脑海中没有一个分析的结构和框架，假如说，要是给他一个分析的思维导图，告诉他应该先分析什么，后分析什么，应该分析哪些内容，那么他肯定就知道如何做数据分析。

数据分析有时候看起来是特别复杂的，如果没有框架和思维，那么就可能会走入死胡同没办法出来。因此，作为一名淘宝的数据分析人员，这一点是必需的要求。

2．懂产品

很多商家总是要我帮忙给他做数据分析，但是我每次都拒绝了，其实，拒绝并不是不愿意帮忙，而真正的原因是我未必懂你的产品，如果不懂产品是很难做好数据分析的。

可能很多人会觉得，淘宝数据分析不就是通过数据分析问题吗？如果要是对产品都完全懂了还要分析吗？不就已经清楚了吗？

其实，分析数据不只是看数据表面的东西，更重要的是看隐藏在数据背后的问题。有些时候，如果不懂产品，会让数据给误导，只有懂产品的时候，才能更好、更有效地分析出问题。

当对产品特别了解的时候，你会对看到的数据特别敏感，如果不懂产品，你看到的就是一堆数据或者一堆图表而已，只知道它的趋势是上升还是下降，但是这些代表的是什么含义可能你就不知道了，单纯只是一个看得懂表面数据的数据分析师不是一个好的淘宝数据分析师。

3．有耐心和好奇心

在很多人看来，淘宝数据分析是一件非常枯燥无味的事情，每天和数据打交道，要算这儿算那儿的，看这儿看那儿的。如果没有耐心的话，很难做好这个行业，特别是耐心不够的时候，稍微看到一点小问题就觉得已经发现了全部，结果真正的问题根本就没有发现。而要发现真正的问题是需要不停地忍耐，不停地探索。

好奇心就更加不用说了，我们已经说过，数据分析需要探索隐藏在数据背后的东西，所以脑中必须要有"十万个为什么"，为什么会产生这样的结果，为什么下降，为什么18~24岁的人最多等，只有解决了这些为什么，才算真正地找到突破口。要做到提出一个问题，紧接着通过验证回答这个问题，然后又要提出另外一个问题。这都是需要好奇心和耐心才能做到的。

4．掌握基本的统计分析专业知识

就目前情况来说，暂时还没有要求淘宝数据分析和传统数据分析一样专业，淘宝数据分析主要是懂得与实际操作结合起来，但是，一些基本统计分析专业知识也必须掌握，掌握基本的理论知识之后，要更多地与实际操作结合起来。

5．客观公正

这一点也很重要，在运营淘宝的时候，特别是运营淘宝久了的人，总是喜欢凭自己的主观经验决定，容易把自己的主观经验带入数据分析中，而这一点是万万不可的，做淘宝数据分析一定要保持客观的公正态度。

1.4　淘宝数据分析过程中的五个错误

下面五个错误是新手最常见，也是最典型的错误。

1．从主观意识出发做数据分析

这是大部分新手都会犯的错误，在刚刚接触数据分析的时候，他们总是形成一种主观意识，对最后的结论做出预先的判断。例如，在一开始他心里就认定搜索流量下滑是因为转化率，所以他做数据分析的时候，一直围绕转化率做分析和验证。

这种行为其实是万万不可的，如果一开始不是站在客观的角度，总是想用数据验证你的想法是正确的，那么你会发现无论怎么做你的想法都是对的，因为从一开始挖掘数据、采集数据的时候，你都是想方设法验证你的主观观点。

因此，客观性是淘宝数据分析人员要具备的基本要求之一，在做数据分析的时候要避开这个错误，一开始可以有自己的怀疑和一些想法，但是顶多只能是在怀疑的层次，要尽量保持中立的态度，不但要验证你的想法的正确性，而且还需要验证你的想法的错误性。

2．过分地专注数据的表面信息

这一点也是新手最容易犯的错误之一，在做数据分析的时候过分地相信数据表层的信息，而忽略实际和背后的东西。

例如，经常会碰到这样一个情况，有很多商家在优化标题的时候，首先都会看搜索指数，当他发现搜索指数比较低的时候，他认为这个词就不能用，因为没有人搜索。

可是实际上呢？很多这种没有搜索指数的词恰好就是最容易转化的词。

从数据角度来说，这个词的搜索指数特别低，需求它的人会少很多。从某种角度来说，它确实好像不太适合做标题，因为我们做标题的想法可能都是希望更大的流量。

但是搜索指数低并不代表没有人搜索，搜索指数是淘宝指数化处理的数据，搜索指数低只是说它的占比不高，但是，中国网民有几亿人，0.001% 的占比其实人数也不少，但是 0.001% 经过淘宝处理之后可能会显示为 0，看起来好像没有搜索，实际上并非如此，而且，往往这些词是你宝贝的精准词，竞争也少，特别是在宝贝权重低的时候，也许这些词正好可以带来流量，虽然带来的流量不会太大，但是会有，而且还会成交，如果你只停留在数据表面的话，就会让这些数据误导。

3．忽略了数据来源的重要性

很多新手在做数据分析的时候，只想着怎么获取数据做图表，但是没有考虑这些数据的来源是否有参考依据。

例如，经常需要对店铺的人群进行地域分析。很多商家会通过自己店铺买家人群的收货地址进行地域分析，从理论上来说，这是没有问题的。但是如果你的店铺本身有差异性，比如你订单的成交都是来自广东省，只是因为你平时开车只开了广东省，所以才导致你店铺的订单基本都是来自广东省的，这个时候，如果拿自己店铺的订单做分析，那么最后的结果是会误导你的，因为获取数据本身就是片面的。

因此，在今后的数据分析过程中，一定要从多个方面、多个渠道获取数据，不仅仅只是自己店铺，也不仅仅只是行业数据，要从多个角度获取数据并分析，千万不要单一地依靠某个渠道的数据，因为如果这个渠道数据有问题，那么整个过程都会出现问题。

4．不管三七二十一先做个图表再说

在刚学数据分析的时候，很多人总是喜欢把所有的数据都拿出来做成图表，总感觉做一个图表是特别酷的事情，不作图就不酷了，很多时候根本不需要做图表也硬要做一个图表，这就有点本末倒置了。作图的目的是分析数据，更直观地分析数据，但是如果数据本来就已经很直观了，那么再做一个图表就多余了。

5. 没有明确的分析思路

当有人要我给他指导数据分析的时候，我先要问的是你的分析思路是怎样的？或者说，你做这个分析的时候框架是怎么设定的，如果要是我发现你的思路本身就存在问题的话，后面不管你做得多好我也不会往下看，因为错误的分析思路得到的分析结果也是错误的，而这一点恰好又是新手最容易犯的错误，很多新手在分析的时候从来都不去考虑分析思路，只知道盲目地获取各种数据、做各种图表。

1.5　淘宝数据分析的六个步骤

前几节介绍了淘宝数据分析是什么、它的作用有哪些、做一个淘宝数据分析人员要具备哪些条件，以及典型的五个错误。下面针对做淘宝数据分析具体要做哪些内容、应该如何一步一步实现等问题，总结了六个步骤。

1. 确定目标和分析内容的框架

这一步在实际工作中是非常重要的，但是又经常被人忽略，特别是对新手来说，很多人一开始做数据分析的时候根本就不知道应该干什么，更别说确定目标和思路，以为数据分析就是做图表、看数据。

如果没有明确的目的和分析内容的框架，那么在这个过程中会感觉非常迷茫，因为没有明确的目的，很多人在做数据分析的时候，根本不知道该干什么，只是一张又一张不停地做图表，却没有想过做这张图表有什么用、能达到什么目的。在做图表的过程中，因为没有目的，所以也不知道到底应该做多少张图表，就像一只无头苍蝇一样胡乱行动。

因此，在做淘宝数据分析的时候，第一步要做的是确定明确的目标和分析内容框架，要梳理好分析思路，把目标分解开来。要明白目的是什么、想要达到什么样的效果、应该通过哪种方法实现、应该做哪些图表、应该用哪些分析的方法。只有这样，在整个过程中才不会迷失方向。

2. 数据采集

数据采集要建立在目标上，因为只有明确了目标和思路，才知道接下来应该采集哪些数据。例如，如果想要分析转化率和流量之间有没有相关性，那么只需要调取与访客数和转化率相关的数据，其他一切不相关的、没有任何关联的数据可以不用采集。

做淘宝数据采集的时候一般都是手动复制，或者下载，当然，也可以利用爬虫工具，但是如果使用生意参谋的话最好不要频繁地使用爬虫工具，因为淘宝是打击爬虫工具的。

采集数据的途径有很多，最常见的有生意参谋、生e经、店铺订单数据、淘宝排行榜数据。

3. 数据处理

即使有了明确的目的和分析内容的框架，采集到的数据也难免是杂乱无章、不规律的，这个时候需要进行数据处理。数据处理就是把采集到的数据根据目的加工整理，该删除的删除、该计算的计算，形成一种需要的数据形式。

4．数据展示和分析

　　数据展示和分析是这六个步骤里面的重中之重，把采集到的数据处理完之后需要通过这些数据得出一些有价值的、有实际意义的结论，这才是做数据分析的真正目的，而要得出这些有价值的信息就要把数据直观地展示并加以分析。

　　在数据分析环节中，往往需要利用一些工具。在淘宝数据分析中，最常见的有 Excel、SPSS、MySQL。需要利用这些工具建立数据模型，把数据更直观地展示出来，更加有效地传递信息和表达分析师的观点，经常做的各种 Excel 图表就属于数据展示和分析。

5．撰写报告

　　撰写报告是要把分析的数据总结和呈现出来，很多的时候，做的数据不仅仅只是自己观看。例如，如果你是淘宝运营，你分析的数据可能要给老板看，你就需要把分析的思路、过程、得出的结论呈现给老板，供他决策参考，这个时候就需要撰写报告。

　　淘宝数据分析的报告无需像专业的商业报告那样，应该以实用为目的，无需太多的形式主义，只要把得出的结论通过图文并茂的形式呈现出来，能够让阅读的人很轻易地理解就行了。做淘宝数据分析主要还是要考虑实用性。

6．推动建议落实

　　单纯只是一份报告呈现结果是没什么用的，好的分析报告一定要有建立和解决问题的方案，而这些方案必须推动落实，否则的话，如果只是写给人看看，然后放一边就不管了，那么整个数据分析的过程和报告就没有真正发挥它的作用。这就是为什么在撰写报告的时候要以实用为主，因为真正目的在于解决问题的方案、在于真正地利用数据帮助决策和优化。

第2篇 工具篇

常言道，工欲善其事必先利其器，做淘宝数据分析也一样。在做数据分析的过程中，需要计算和处理大量的数据，如果不利用一些工具，那么这些计算和处理基本上很难实现，或者就算能实现也是效率非常低的，但是，如果懂得利用工具、熟练地掌握和应用工具，那么就能事半功倍，所以这一章内容，主要介绍工具的使用。

在做淘宝数据分析的时候，很多工具是可以用来做数据分析的，如 Excel、Access、MySQL 等，而 Excel 是使用最多的工具，特别是对新手来说，这个工具是最有效、最容易上手的。Excel 有多个版本，本书所有 Excel 的内容都是建立在 Excel 2016 版本上，其他版本会略有不同，但是整体内容差别不会太大，建议读者安装 2016 版本，这样方便对照书中内容操作。

2.1 Excel函数的应用

2.1.1 VLOOKUP 函数的使用方法和应用

VLOOKUP 函数是 Excel 中最重要函数之一，也是最经典的函数之一，更是做淘宝数据分析过程中应用得特别多的一个函数。

VLOOKUP 是一个查找和引用函数，即给定一个查找的值，它能从指定的查找区域中查找返回想要查找的值。

语法规则：
=VLOOKUP(lookup_value,table_array,col_index_num,range_lookup)
参数说明：

（1）lookup_value：要查找的值。就是目标需要查找的内容或单元格引用。

（2）table_array：在其中查找值的区域。指定了查找目标之后，需要确定从哪个范围里面查找。这里有几个地方需要注意，如果错误了，那么整个结果都会错误。

①查找目标一定要在该区域的第一列。如果不在第一列的话是会出错的。

②该区域中一定要包含要返回值所在的列，例如要返回的是第三列，但是查找范围才两列

也是会出错的。

（3）col_index_num：区域中包含返回值的列号。就是在整个选取的范围里，需要返回第几列。

（4）range_lookup：精确匹配或近似匹配，可指定为 0/FALSE 或 1/TRUE，最后一个参数是决定函数精确和模糊查找的关键。精确即完全一样，模糊即包含或者近似值的意思。它用 0 或 FALSE 表示精确查找，而值为 1 或 TRUE 时则表示模糊查找。这个参数是万万不能少的。

例如，根据直通车的规定，每一个宝贝可以开多个计划，但是计划中的关键词不能重复，如果重复了只会展示一个，另外的不会展示，所以经常有商家会碰到这样一个难题，一开始开了多个计划，每一个计划也加入了关键词，但是后来又挖掘到新的关键词需要把这些关键词都添加进去，可是这个时候已经分不清新挖掘的关键词是不是已经在直通车计划中，很多人会为了这个问题烦恼和纠结，但是如果掌握了 VLOOKUP 函数的话，就可以很轻易地解决这个问题。

例：如图 2-1 所示，把已经加入该宝贝直通车的关键词都复制出来放入 A 列，把新挖掘的关键词放入 E 列。

图 2-1

接下来，用 VLOOKUP 函数实现查找和引用重复的关键词，如图 2-2 所示，在 F2 单元格中输入 "=VLOOKUP(E2,A:A,1,FALSE)"，其中也可以把 "FALSE" 写成 "0"。

这个公式的含义是，在范围 A 列中查找 E2 单元格中的值，然后返回第 1 列的值。查找的匹配方式为精准匹配。

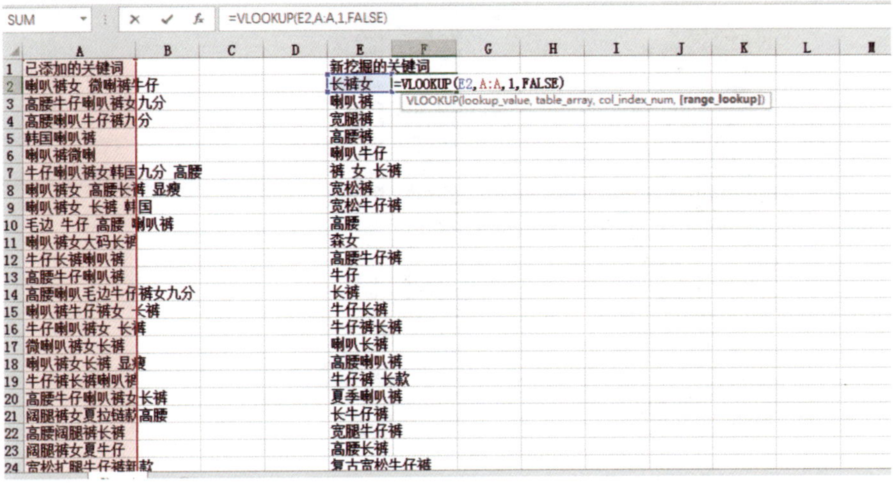

图 2-2

这样，第一个单元格的值就可以查找出来，接下来把下面的所有数据都这样计算出来，只需要使用快速填充公式。点击 F2 单元格，把光标放在单元格右下角位置，当出现黑色十字的时候双击鼠标左键，下面的所有单元格都会快速地填充公式，如图 2-3 所示。

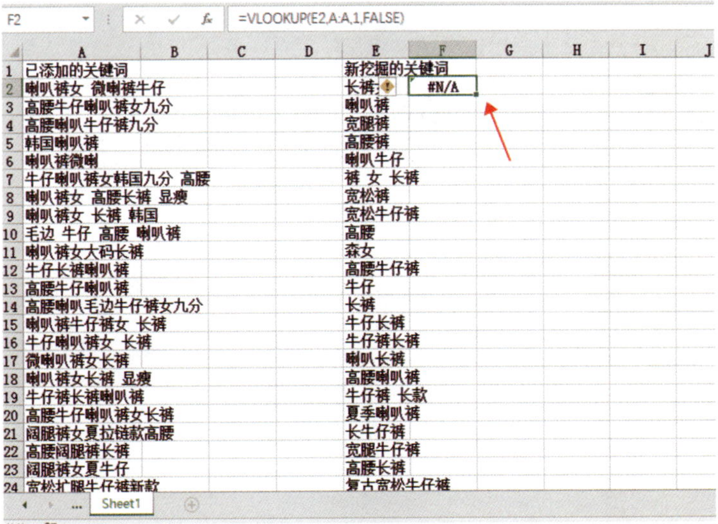

图 2-3

如图 2-4 所示，当 E2 单元格的值在 A 列没有出现的时候会返回"#N/A"，否则会返回该关键词，即在没有重复的情况下返回"#N/A"，如果重复的话返回该关键词，这样可以轻易地知道哪些关键词是没有添加的、哪些是已经添加了的，再利用 Excel 筛选工具就可以轻易地把所有没有添加过的关键词筛选出来。

11

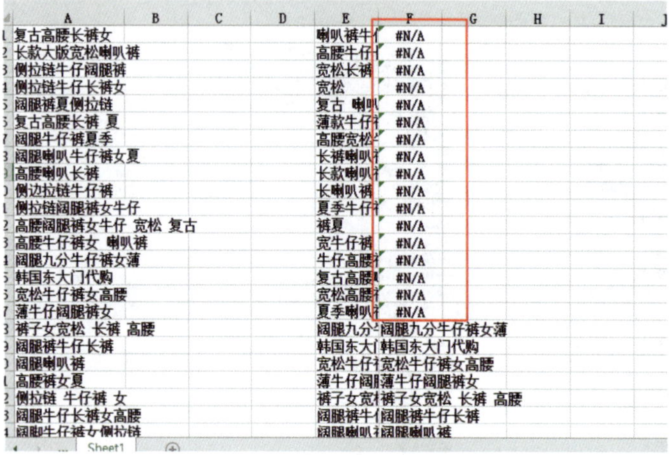

图 2-4

VLOOKUP 函数在淘宝数据分析中应用得特别多，不只是在这方面，只要是想要查找和引用的基本上都会用 VLOOKUP 函数。例如，如图 2-5 所示，如果想要在众多的货号中查找 A009 和 A013 这两个货号的销售数量，那么也可以利用 VLOOKUP 函数。在 E2 单元格中输入"=VLOOKUP(D2,A1:B17,2,0)"即可。

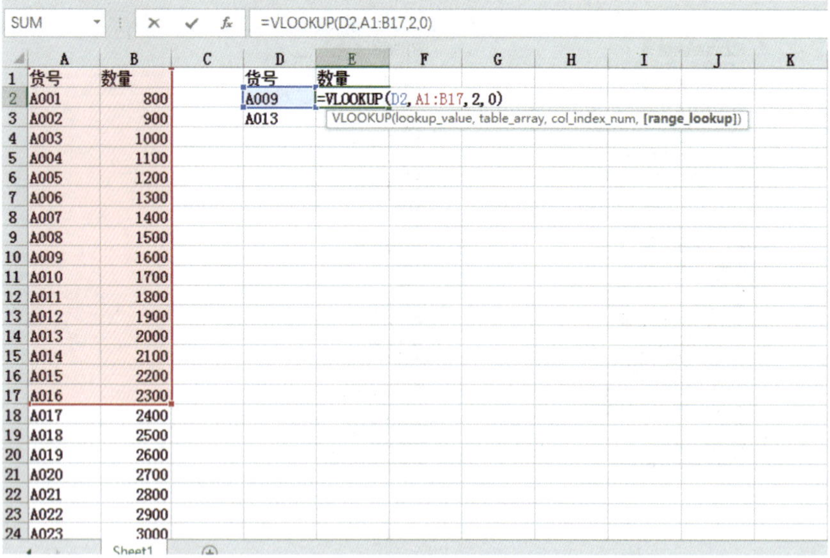

图 2-5

2.1.2 OFFSET 函数的使用方法和应用

OFFSET 函数是 Excel 中一个常用的函数，尤其在做淘宝数据分析时是使用频率非常高的一个函数，OFFSET 函数的功能为以指定的引用为参照系，通过偏移得到新的引用。返回的引用可以是一个单元格，也可以是单元格区域，并可以指定返回的行数或列数。

基本语法：

=OFFSET(reference, rows, cols, [height], [width])

参数说明：

（1）reference：作为偏移量参照系的引用区域，引用必须是对单元格或相邻单元格区域的引用；否则 OFFSET 返回错误值"#VALUE!"。

（2）rows：以参照系为标准向上或向下偏移的行数。rows 可为正数（这意味着在起始引用的下方）或负数（这意味着在起始引用的上方）。

（3）cols：以参照系为标准向左或向右偏移的列数。cols 可为正数（这意味着在起始引用的右边）或负数（这意味着在起始引用的左边）。

（4）[height]：需要返回的引用的行高。这个值必须为正数，可以不写，如果不写则默认其高度或宽度与 reference 相同。

（5）[width]：需要返回的引用的列宽。这个值也必须是正数，可以不写，如果不写则默认其高度或宽度与 reference 相同。

例如，如图 2-6 所示，很多的时候，我们下载了很多数据，但是此时此刻就想知道每一天 PC 端的访客数和无线端的访客数是多少，其他的数据暂时不需要。可能很多人会说那还不简单？直接把其他的数据删除就可以了，但是在实际过程中，往往所有的数据是一个数据源，其他图表都需要用到这些数据，如果删除了，那么其他表格就会出错，所以只能单独整理。下面利用 OFFSET 函数解决这一问题。

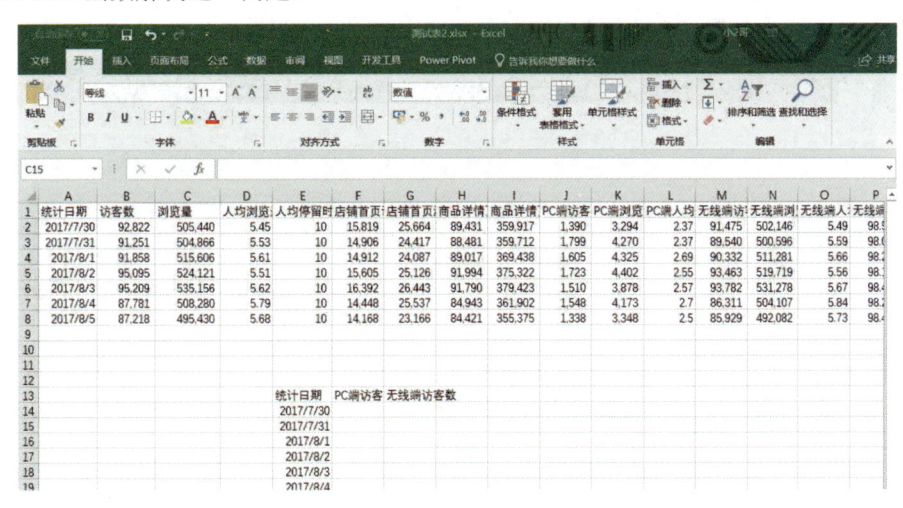

图 2-6

OFFSET 函数的第一个参数是选取参照物。假如以 A1 单元格为参考物，那么如何得到

2017/7/30 的 PC 端访客数呢？也就是说，如何得到 J2 单元格中的数据，根据 OFFSET 函数的语法公式可以知道需要的偏移，这时只需要知道 J2 相对于 A1 应该偏移多少行和多少列。

这很容易知道，1—2 相差的是 1 行，A—J 相差的是 9 列，因为只需要返回 J2 单元格中的数据，也就是行高和列宽都是 1。

所以，公式为"=OFFSET(A1,1,9,1,1)"，行高和列宽的 1 其实都可以不写，因为参照系的范围也是一个单元格，所以也可以写成"=OFFSET(A1,1,9)"，如图 2-7 所示，这样就得到了结果。

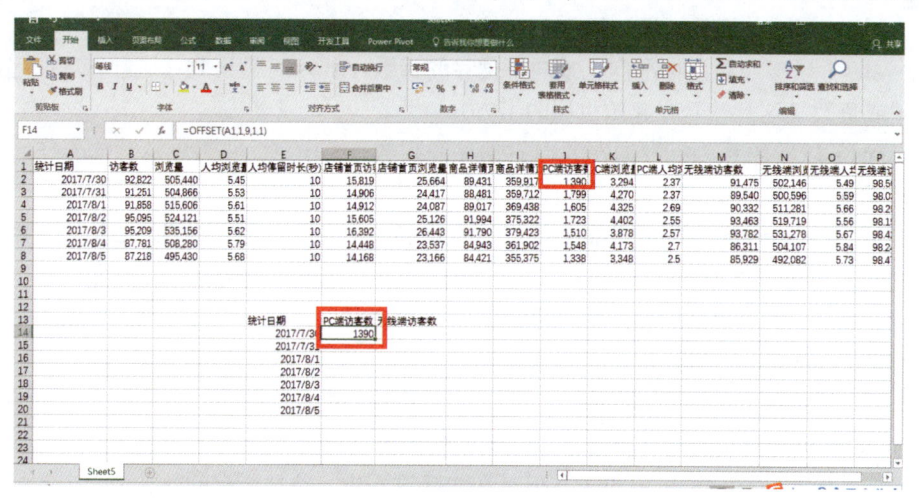

图 2-7

接下来，点击 F14 单元格，把光标放在单元格的右下角，如图 2-8 所示，当出现黑色十字的时候双击鼠标左键，就可以把下面日期的都快速填充公式。

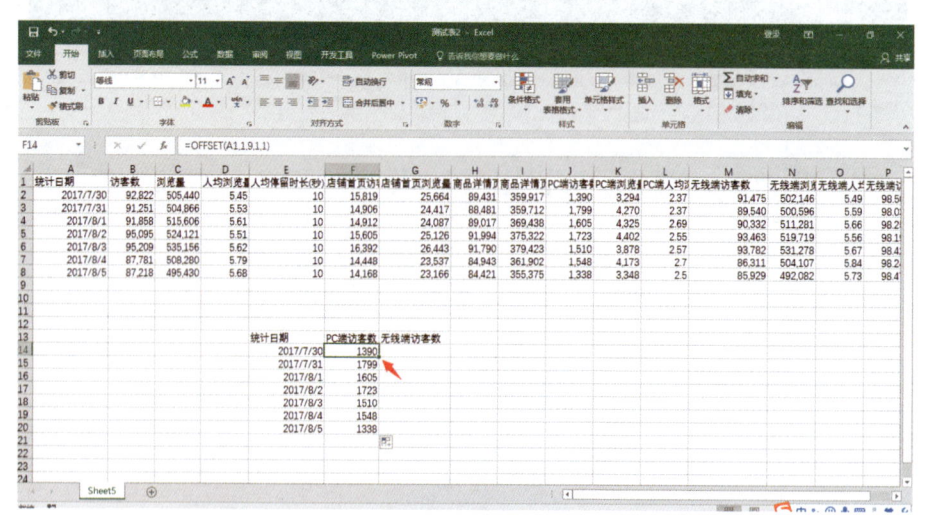

图 2-8

用同样的方法也可以得出无线端的访客数，在 G14 单元格中输入"=OFFSET(A1,1,12)"，这样就得到 2017/7/31 的无线端的访客数，点击 G14 单元格，把光标放在单元格的右下角，当出现黑色十字的时候双击鼠标左键，就可以把下面日期的都快速填充公式。

2.1.3 MATCH 函数的使用方法和应用

2.1.2 节介绍了如何利用 OFFSET 函数引用数据，但是因为需要数偏移多少行或者多少列，如果在数据量大的时候，就太麻烦了，那么有没有一个函数可以直接告诉我们应该偏移多少行或者多少列呢？这样就可以节省数行和列的时间了。

答案是肯定的，MATCH 函数就可以实现。

MATCH 函数是在指定区域范围中搜索指定的项，然后返回该项在此区域中的相对位置。例如，如图 2-9 所示，如果想要知道 PC 端访客数在第一行的什么位置应该怎么做呢？

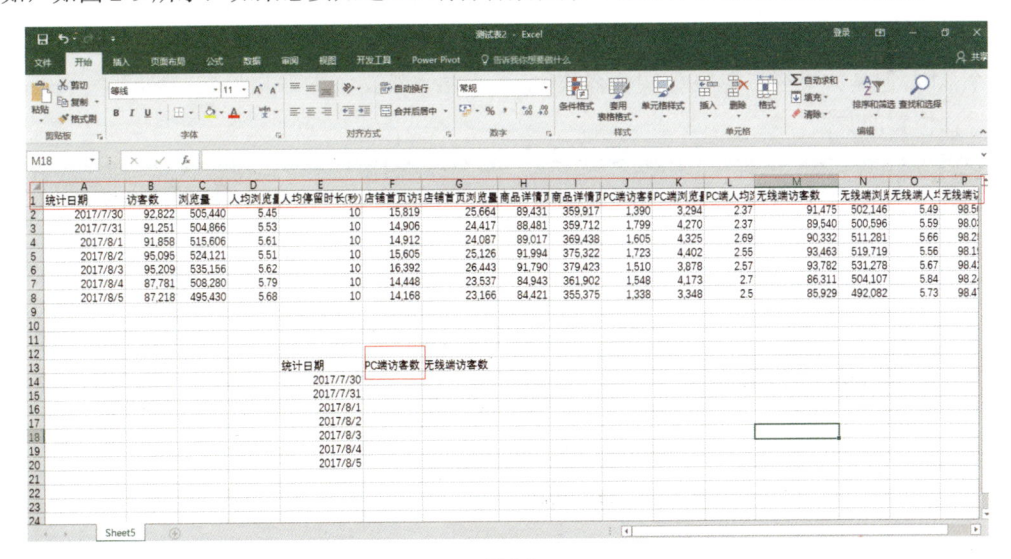

图 2-9

在实现这个过程的时候，先学习和了解 MATCH 函数的语法：

=MATCH(lookup_value, lookup_array, [match_type])

参数说明：

（1）lookup_value：要查找的值。例如，图 2-9 中，如果想要在第一行查找 PC 端的访客数，那么 PC 端访客数就是 lookup_value。

注意：lookup_value 可以为值（数字、文本或逻辑值）或对数字、文本或逻辑值的单元格引用。

（2）lookup_array：要搜索的单元格区域。例如，如果想要图 2-9 中第一行查找 PC 端访客数的位置，那么第一行就是 lookup_array，但是区域必须是某一行或某一列，如果是一个多行多列的区域是没办法查找的。

（3）match_type：表示查询的指定方式。用数字 −1、0 或者 1 表示，match_type 省略相当于 match_type 为 1 的情况。

① 为 1 或者省略时，MATCH 函数查找小于或等于 lookup_value 的最大值。lookup_array 参数中的值必须以升序排序。

② 为 0 时，MATCH 函数查找完全等于 lookup_value 的第一个值。lookup_array 参数中的值可按任意顺序排列。

③ 为 −1 时，MATCH 函数查找大于或等于 lookup_value 的最小值。lookup_array 参数中的值必须按降序排列。

例如，在 2.1.2 节中如果想要通过函数找到 PC 端访客数所在的位置，那么可以利用 MATCH 函数。

如图 2-10 所示，在任意一个单元格中输入“=MATCH("PC 端访客数 ",1:1,0)”，也可以输入“=MATCH(F13,1:1,0)”，因为这里 F13 单元格的内容就是 PC 端访客数，1:1 代表的是第一行这个范围，但是如果写文字“PC 端访客数”就需要输入英文状态下的 " "。然后，按 Enter 键，就会返回位置的数据。

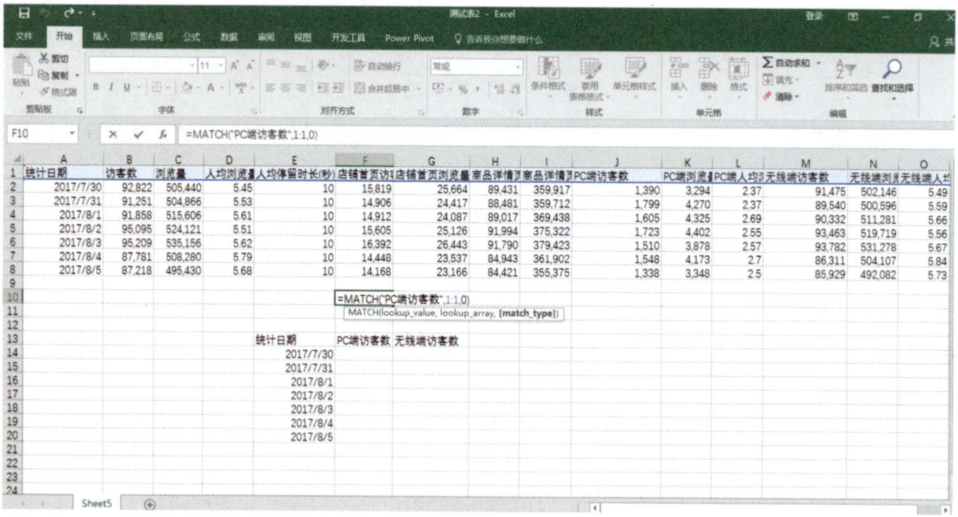

统计日期	访客数	浏览量	人均浏览量	人均停留时长(秒)	店铺首页访	店铺首页浏览量	商品详情页	商品详情页	PC端访客数	PC端浏览量	PC端人均	无线端访客数	无线端浏览	无线端人均
2017/7/30	92,822	505,440	5.45	10	15,819	25,664	89,431	359,917	1,390	3,294	2.37	91,475	502,146	5.49
2017/7/31	91,251	504,866	5.53	10	14,906	24,417	88,481	359,712	1,799	4,270	2.37	89,540	500,596	5.59
2017/8/1	91,858	515,606	5.61	10	14,912	24,087	89,017	369,438	1,605	4,325	2.69	90,332	511,281	5.66
2017/8/2	95,095	524,121	5.51	10	15,605	25,126	91,994	375,322	1,723	4,402	2.55	93,463	519,719	5.56
2017/8/3	95,209	535,156	5.62	10	16,392	26,443	91,790	379,423	1,510	3,878	2.57	93,782	531,278	5.67
2017/8/4	87,781	508,280	5.79	10	14,448	23,537	84,943	361,902	1,548	4,173	2.7	86,311	504,107	5.84
2017/8/5	87,218	495,430	5.68	10	14,168	23,166	84,421	355,375	1,338	3,348	2.5	85,929	492,082	5.73

统计日期	PC端访客数	无线端访客数
2017/7/30		
2017/7/31		
2017/8/1		
2017/8/2		
2017/8/3		
2017/8/4		
2017/8/5		

图 2-10

这里返回的值是 10，即 PC 端访客数在第一行的第十个位置，第 J 列正好就是第十列。很显然，返回的是正确的，因此以后碰到这种需要找位置的情况可以利用 MATCH 函数。

接下来，再介绍嵌套函数。嵌套函数是指在某些情况下，需要将某函数作为另一函数的参数使用。例如，OFFSET 函数有一个参数是偏移多少列，因为 MATCH 可以找到偏移多少列的值，也就是说，可以利用 MATCH 函数代替 OFFSET 函数中的参数 cols。

在利用 OFFSET 函数引用 PC 端访客数的时候公式为“=OFFSET(A1,1,9)”，而公式

"=MATCH("PC 端访客数",1:1,0)"等于 10，即"OFFSET(A1,1,9)"中"9"可以用"=MATCH("PC 端访客数",1:1,0)-1"代替，因为"MATCH("PC 端访客数",1:1,0)-1"也正好等于 9。

所以，可以把"OFFSET(A1,1,9)"写成"OFFSET(A1,1, MATCH("PC 端访客数",1:1,0)-1)"，如图 2-11 所示，结果相同。

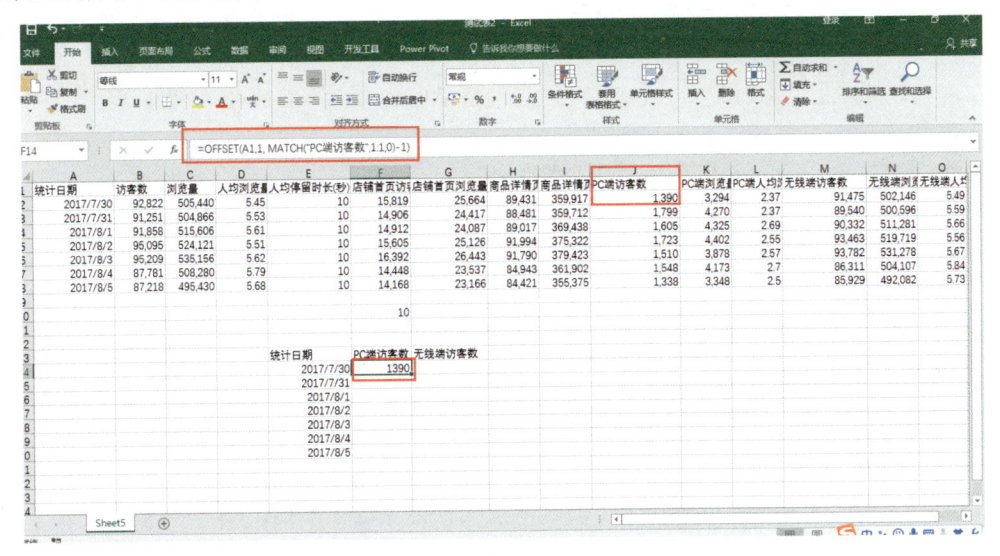

图 2-11

先点击 F14 单元格，把光标放在单元格的右下角，等光标变成黑色十字的时候双击鼠标左键，可以把下面的单元格也自动快速填充公式，计算出结果。

但是如果要使用双击快速填充公式还需要利用绝对引用，否则，会出现如图 2-12 所示的错误。

在没用绝对引用的时候，会发现后面单元格里的公式 MATCH 函数的查找范围发生了变化，F15 单元格的成了第二行（2:2），F16 单元格的成了第三行（3:3），以此类推。很显然，需要的都是在第一行查找，即需要的是 MATCH 函数中的查找区域都是第一行（1:1）。

这个时候需要学习一个新的知识点，绝对引用"$"。

在数据分析的实际应用过程中，函数往往并非只是针对某一个单元格，它可能是针对一行或者一列，甚至一个区域。因此，在这个过程中往往都会涉及快速填充或者复制公式，而要在复制或者快速填充的过程中保证公式的正确，就必须掌握绝对引用。

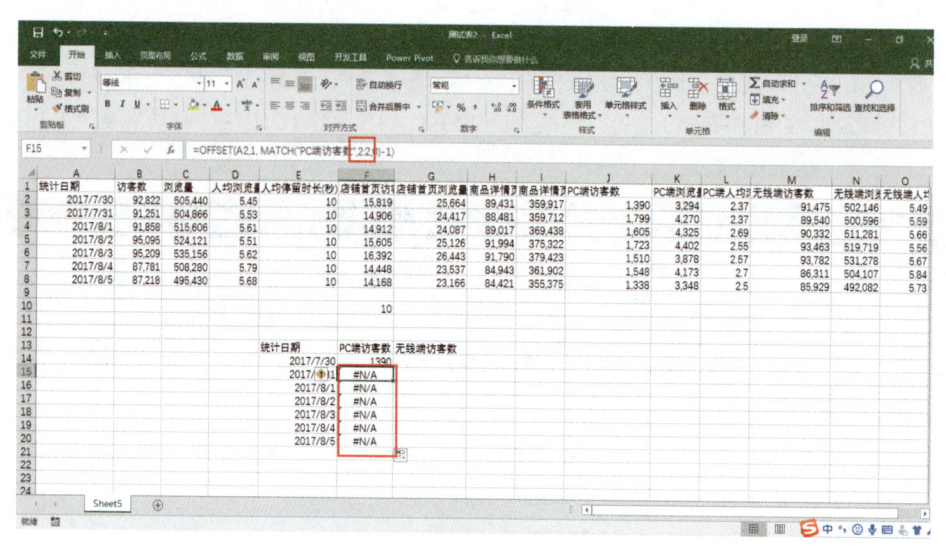

图 2-12

相对引用和绝对引用是 Excel 中非常重要的基础概念。相对引用即它是相对的关系，如图 2-13 所示，在 E7 单元格中输入"=A1"，然后按 Enter 键之后点击 E7 单元格，把光标放在 E7 单元格的右下角，等光标变成黑色十字的时候按住鼠标左键往下拖，E8 单元格就变成了引用 A2 的内容，而不再是引用 A1 的内容，这就是相对引用。

但是，如图 2-13 所示，如果在 E7 单元中输入"=$A$1"，即在行和列前面分别加上一个"$"。这个时候如果按照上面的方法拖到 E8 单元格，会发现 E8 单元的内容还是引用 A1，而不是引用 A2，这就是绝对引用，不管怎么拖动，它都不会发生变化。

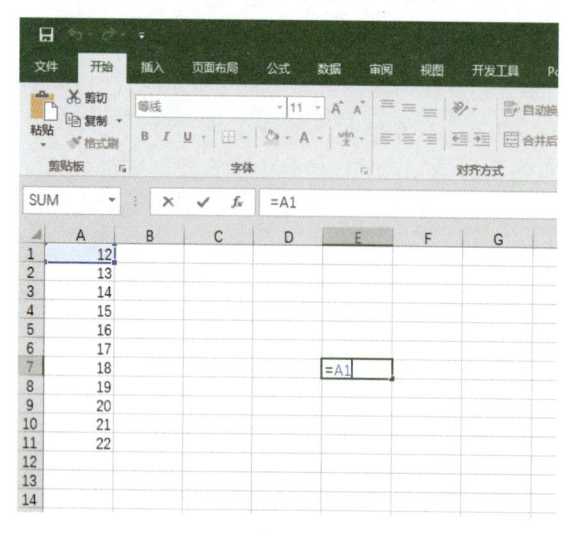

图 2-13

绝对引用就相当于锁定一样，不管怎么拖动，它都不会动，还有一种混合引用的方法，如"A$1"，在列前面没有加"$"，只在行的前面加上"$"，即只锁定行，而不锁定列，也就是说，当拖动的时候，行是不能变的，但是列是可以变动的，这就是混合引用。

在MATCH("PC端访客数",1:1,0)函数中，"PC端访客数"这几个字只能在第一行，即不管怎么拖动都必须保持在第一行中查找，这个时候就需要利用绝对引用，MATCH("PC端访客数",$1:$1,0)，需要在"1"前面都加上"$"。

可以试一下，如果公式是"=MATCH(F13,1:1,0)"，那么当使用快速填充公式的时候，单单锁定查找范围还不行，还需要锁定查找的值，即F13。完整公式应该是"=MATCH($F$13,$1:$1,0)"。

2.1.4　SUM、SUMIF、SUMIFS函数的使用方法和应用

在用Excel做淘宝数据分析的时候，经常需要计算或者统计某些数据，这个时候需要利用一些函数。本节重点学习三个基础的计算和统计函数——SUM、SUMIF、SUMIFS函数。

1. SUM函数

SUM函数是一个求和的函数，简单地说就是实现加法的功能，可以将单个值、单元格引用或是区域相加，或者将三者的组合相加。

语法规则：

=SUM（求和范围）

如果范围不连续，那么它们之间需要用英文状态的逗号隔开。

如图2-14所示，如果想把这几组数据求和，那么可以利用SUM函数"=SUM(A1:A6,B5:B9,C7:C13)"。

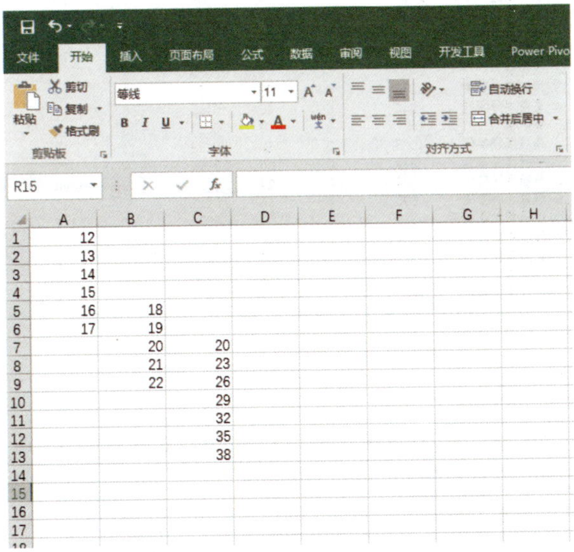

图2-14

2. SUMIF 函数

刚刚已经学习了 SUM 函数，它是求和的函数，IF 是条件的意思，那么 SUMIF 就是指定条件求和。

语法规则：

=SUMIF(range, criteria, [sum_range])

参数说明：

（1）range：条件区域。即指定的条件在什么范围内查找。

（2）criteria：求和的条件。即指定的条件是什么样的。

（3）[sum_range]：求和的区域。

例如，如图 2-15 所示，如果想知道包含"阔腿"这个关键词的访客数，那么可以利用 SUMIF 函数。

图 2-15

根据 SUMIF 函数的语法，第一个参数是条件区域，即关键词 A 列，第二个参数条件，即包含"阔腿"这两个字，第三个参数是求和的区域，即直接访客数 B 列。

那么，公式为"=SUMIF(A:A,"* 阔腿 *",B:B)"。

这里，要普及一个知识点，就是通配符"*"。

Excel 中有两个通配符是常用的，一个是"*"，另一个是"？"。"*"可代替任意数目的字符。例如，"*阔腿*"的意思是"阔腿"前后可以用任意字符替代，如"韩版阔腿裤"。如果是"*阔腿"，那就是"阔腿"前面可以用任意字符替代，但是后面不行。如果是"阔腿*"，那么就是"阔腿"后面可以用任意字符替代，前面不行。

在上面的例子中，要求是包含"阔腿"这两个字的关键词，即"阔腿"前后用任意字符替代都算满足要求，如"牛仔阔腿裤""高腰牛仔阔腿裤"。总之，只要是包含"阔腿"这两个字的，就要把它的访客数求和。

3. SUMIFS 函数

SUMIFS 函数的功能是非常强大的，而且完全可以取代 SUMIF 函数，所以只要掌握了 SUMIFS 函数，即使不懂 SUMIF 函数也没有关系。我在做淘宝数据分析的时候，基本上只用 SUMIFS 函数，SUMIF 函数几乎没有用过，SUMIFS 用于计算其满足多个条件的全部参数的和，这里多个条件也包含一个条件，因此它可以替代 SUMIF 函数。

语法规则：

=SUMIFS(sum_range, criteria_range1, criteria1, [criteria_range2, criteria2], ...)

参数说明：

（1）sum_range：求和的区域。这一点和 SUMIF 函数是有区别的，SUMIF 函数的最后一个参数是求和区域，而 SUMIFS 的第一个参数是求和区域。

（2）criteria_range1：第一个条件的区域。

（3）criteria1：第一个条件。

（4）criteria_range2：第二个条件的区域。

（5）criteria2：第二个条件。

（6）…：代表后面还可以以此类推多个条件。如第三个条件区域，第三个条件，第四个条件区域，第四个条件等。

例如，如图 2-16 所示，如果想求和包含"阔腿"这个关键词且转化率大于 1/100 的访客数，那么这就是一个多条件的求和，可以利用 SUMIFS 函数。

根据 SUMIFS 函数的语法规则，第一个参数为求和的区域，即直接访客数 B 列，第一个条件区域是关键词 A 列，第一个条件是关键词包含"阔腿"，第二个条件区域是直接转化率 E 列，第二个条件是大于 1/100。

那么，公式为"=SUMIFS(B:B,A:A,"*阔腿*",E:E,">1%")"。

本节除了掌握这三个函数的使用方法外，还要掌握通配符"*"和英文状态的" "的使用。例如，如果"*阔腿*"没有用英文状态的双引号，那么就会出错。

图 2-16

2.1.5 COUNT、COUNTIF、COUNTIFS 函数的使用方法和应用

2.1.4 节介绍了 SUM、SUMIF、SUMIFS 三个求和的函数，本节要学习的是 COUNT、COUNTIF、COUNTIFS 三个函数，这三个函数是统计满足条件的字符串个数。例如，如果想知道单品宝贝某个词根被包含在多少个关键词中，那么可以利用这三个函数。

1. COUNT 函数

语法规则：

= COUNT(value1, [value2], ...)

参数说明：

value1：要计算其中数字的个数的第一项、单元格引用或区域。

备注：

如果参数为数字、日期或者代表数字的文本（如用引号引起的数字，如"1"），则将被计算在内。

逻辑值和直接键入参数列表中代表数字的文本被计算在内。

参数为错误值或不能转换为数字的文本，则不会被计算在内。

参数是一个数组或引用，则只计算其中的数字，数组或引用中的空白单元格、逻辑值、文本或错误值将不计算在内。

2．COUNTIF 函数

语法规则：

=COUNTIF(range，criteria)

参数说明：

（1）range：查找的区域。

（2）criteria：查找的条件。

例如，如图 2-17 所示，如果要统计包含"阔腿"这个关键词的个数，那么可以利用 COUNTIF 函数。

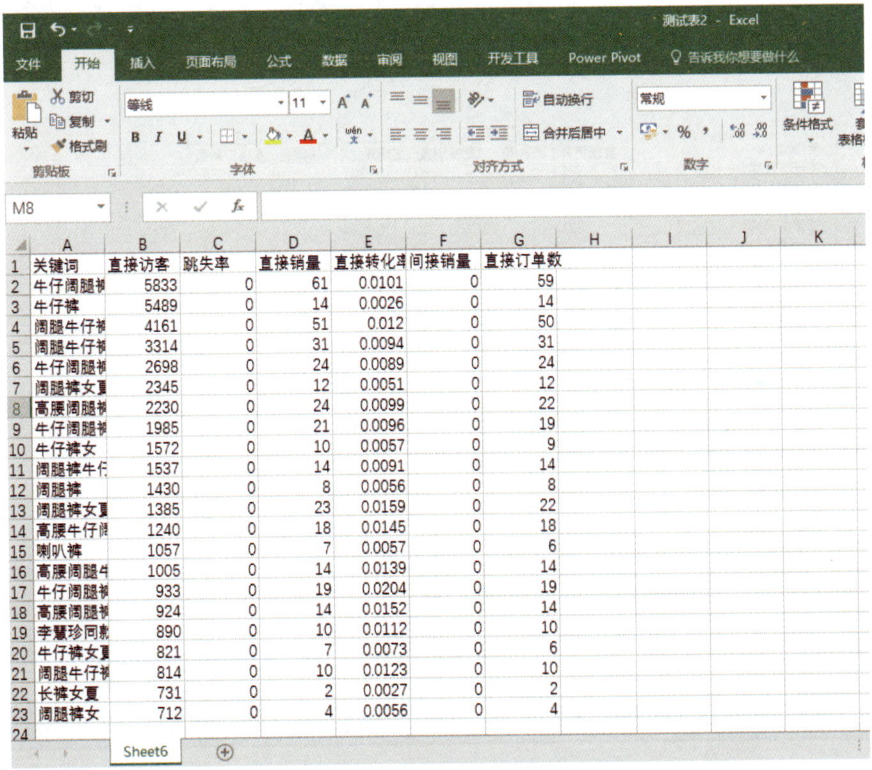

图 2-17

根据 COUNTIF 函数的语法规则可以知道，第一个参数是查找的区域，第二个参数是查找的条件，公式为"=COUNTIF(A2:A23,"* 阔腿 *")"。

3．COUNTIFS 函数

语法规则：

=COUNTIFS(criteria_range1, criteria1, [criteria_range2, criteria2],…)

参数说明：

（1）criteria_range1：查找条件的第一个区域。

（2）criteria1：查找的第一个条件。

（3）criteria_range2, criteria2, …：附加的区域及其关联条件。

例如，如图 2-18 所示，如果想知道这些关键词中包含了"阔腿"这个词根，而且直接销量大于 5 的关键词个数有多少，那么可以利用 COUNTIFS 函数。其公式为"=COUNTIFS(A2:A23,"*阔腿 *",D2:D23,">5")"。

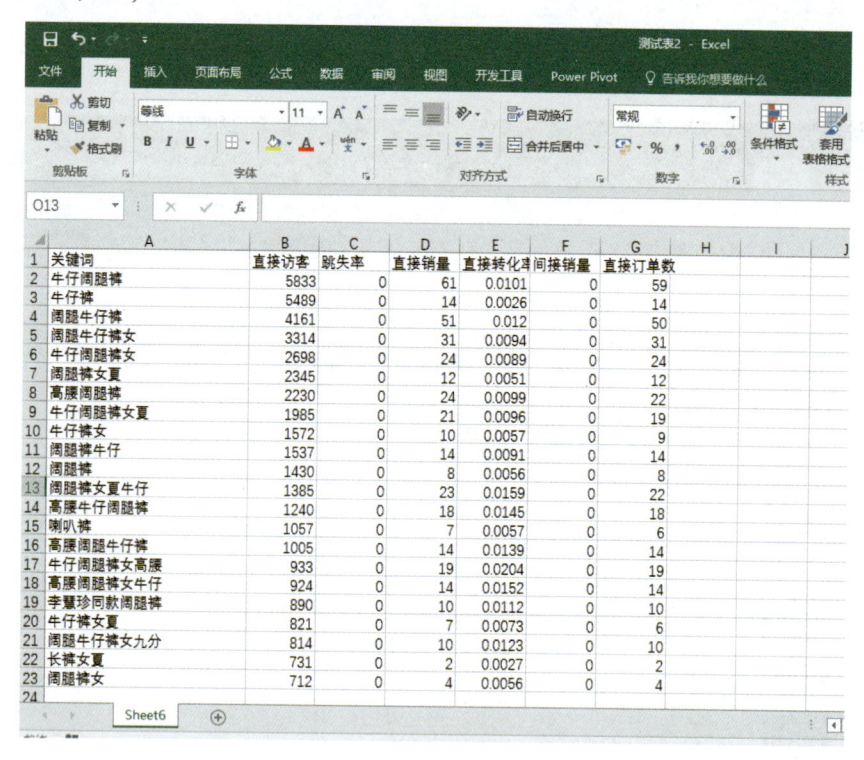

图 2-18

2.1.6　ROW、COLUMN 函数的使用方法和应用

在利用 Excel 做淘宝数据分析时，经常需要使用一些辅助性的函数，本节介绍两个用得比较多的函数——ROW 函数和 COLUMN 函数。

1．ROW 函数

返回单元格所在行的行数即这个单元格在多少行就返回多少。例如，ROW(A2)=2，因为 A2 单元格所在的是第二行；ROW(B2)=2，因为 B2 单元格也是在第二行；ROW(C9)=9，因为 C9 单元格在第九行。

语法规则：

=ROW([reference])

参数说明：

reference：需要返回得到其行号的单元格或单元格区域。

如果省略参数 reference，即直接输入 =ROW()，代表的是所在单元格的引用。

reference 参数如果选定的内容是一个单元格区域，并且 ROW 作为垂直数组输入，那么 ROW 将以垂直数组的形式返回 reference 的行号。

2．COLUMN 函数

返回单元格所在列的列数，即单元格在多少列就返回多少。例如，COLUMN(A2)=1，因为 A2 单元格所在的是第 1 列；ROW(A12)=1，因为 A12 单元格也是在第 1 列。

语法规则：

= COLUMN([reference])

参数说明

reference：要返回引用列号的单元格或单元格范围。

现在，结合 OFFSET 函数嵌套 ROW 和 COLUMN 函数一起使用。

如图 2-19 所示，在做淘宝数据分析时，有一项是经常要做的，就是宝贝标题关键词的有效度分析，当然，这个表格的做法在后面会详细介绍，下面先利用 ROW 函数实现横竖的置换。

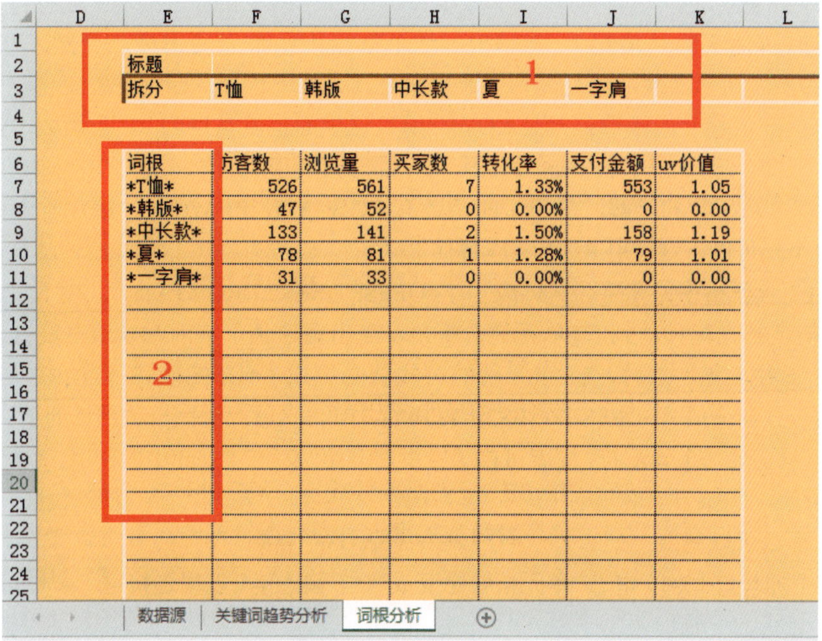

图 2-19

在做关键词有效度分析表格时，需要利用通配符"*"。此处为了节约时间，把标题词根放在1区，然后让它自动在2区加上通配符"*"。

在加上通配符"*"之前，先把行的关键词置换成列的，就是把F3单元格中的值自动出现在E7单元格、G3单元格中的值自动出现在E8单元格、H3单元格中的值自动出现在E9单元格。

要实现这一步很简单，利用OFFSET函数就可以做到。

E7单元格中的公式应该为"=OFFSET(E2,1,1)"。

E8单元格中的公式应该为"=OFFSET(E2,1,2)"。

E9单元格中的公式应该为"=OFFSET(E2,1,3)"。

……

当然，在实际过程中，不可能一个一个单元格中都手动填写公式，肯定会用到快速填充控制，但是如果在E7单元格的基础之上，点击E7单元格，把光标放在单元格的右下角，当出现黑色十字的时候双击鼠标左键，这个时候，会发现E8单元格中的函数公式变成"=OFFSET(E3,1,1)"。E9单元格中的函数公式变成"=OFFSET(E4,1,1)"。很显然，这没有达到目的。

因为我们的目标公式是，引用区域不变，都是E2单元格，而偏移的列，从1开始，下面的一直递增。

要实现引用区域不变很简单，在2.1.3节中已经介绍了绝对引用的方法，只需要把E2变成E$2。所以，接下来要做的是如何把偏移的列这个参数在快速填充的时候自动递增。这时，可以利用ROW函数。

要实现的目标实际就是把1，2，3……这个数据用函数表达出来，当然，ROW函数和COLUMN函数都可以实现，但是因为快速填充公式是往下填充，即行发生变化，列不变，而返回单元格所在的行号的函数公式是ROW，所以这里面也就是用到ROW函数，如果快速填充的是横着拖动，那么也就是说列会发生变化，那时候要用的函数就是COLUMN函数。

根据对ROW函数的了解，等于1的函数有ROW(A1)，ROW(B1)，ROW(C1)……，所以随便用哪一个都可以，这里用ROW(A1)替代1。

这时，E7单元格中的完整公式就成了"=OFFSET($E$2,1,ROW(A1))"。接下来，只需要点击E7单元格，把光标移动到E7单元的右下角，当出现黑色十字的时候双击鼠标左键，或者按住鼠标左键往下拖。这时，E8单元格的公式就会变成"=OFFSET($E$2,1,ROW(A2))"，E9单元格中的公式会变成"=OFFSET($E$2,1,ROW(A3))"，这就已经完全达到目的了。

接下来，只需要加上通配符"*"就可以了。下面介绍"&"在Excel中的使用。"&"是连接符，如图2-20所示，假如想把单元格中的文字"半路""出家""玩转""淘宝""数据""分析"连成一句话，那么可以利用"&"，即"=D3&E3&F3&G3&H3&I3"。

根据这个原理，图2-19中E7单元格要想变成"*T恤*"，可以用连接符"="*"&F3&"*""（""一定要是英文状态下的）。

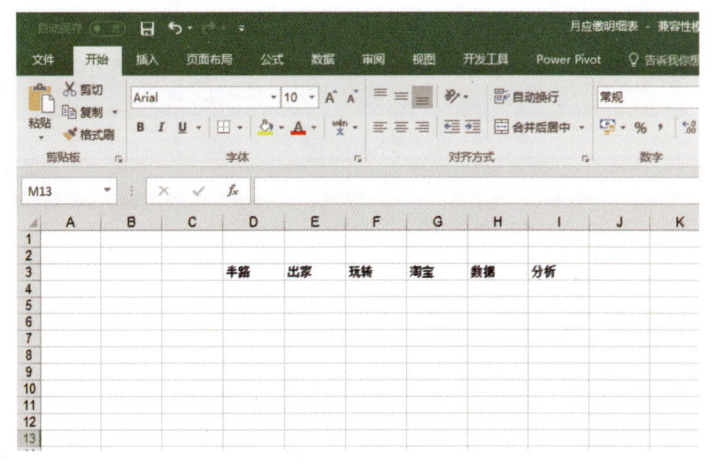

图 2-20

而 F3 单元格的值"= OFFSET($E$2,1,ROW(A1))",所以可以用"="*"&F3&"*""表示,又可以用"="*"&OFFSET(E$2,1,ROW(A1))&"*""表示。

因此,在整个过程中,只需要在 E7 单元格中输入"="*"&OFFSET ($E$2,1,ROW(A1))&"*"",然后回车,再次点击 E7 单元格,把光标放在 E7 单元格的右下角,当出现黑色十字的时候按住鼠标左键往下拖动,直到在想要完成停止快速填充公式的单元格位置松开鼠标左键,这样就完成了整个操作过程。

在 2.1.4 节中已经介绍了 SUMIFS 函数的使用方法,其实到了这个时候,基本上可以独立完成图 2-19 的整个数据表格了。因此,在后面正式学习这个表格的时候,大家可以先尝试自己完成这个表格,多思考、多练习。

2.1.7 IF、IFERROR、AND、OR 函数的使用方法和应用

在做淘宝数据分析的过程中,除应用统计类型的函数外,也需要应用逻辑类型的函数,逻辑类型的函数是指需要先判断真假条件然后根据真假条件的不同从而执行不同的运算。很多复杂的数据分析会涉及较多的逻辑运算,所以本节重点学习几个常用的逻辑函数——IF、IFERROR、AND、OR 函数。

1. IF 函数

IF 函数是 Excel 中最常用的函数之一。它可以对值和期待值进行逻辑比较,判断是否满足某个条件,如果满足返回一个值,不满足则返回另外一个值。

语法规则:

如果(内容为 True,则执行某些操作,否则就执行其他操作)

例如,如图 2-21 所示,如果想通过加购率判定某个款是否有爆款的潜质,假设根据以往的经验,一般大于 7% 加购率的宝贝有可能是爆款,那么可以利用 IF 函数实现,用 IF 函数判

定加购率是否大于 7%，如果大于就返回“是”，否则就返回“否”。

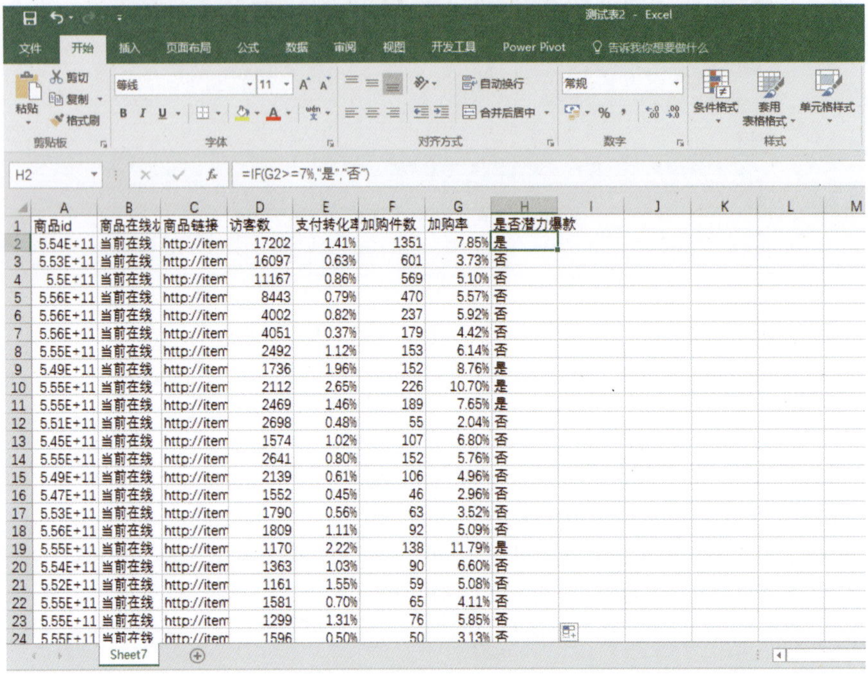

	A	B	C	D	E	F	G	H
1	商品id	商品在线状	商品链接	访客数	支付转化率	加购件数	加购率	是否潜力爆款
2	5.54E+11	当前在线	http://item	17202	1.41%	1351	7.85%	是
3	5.53E+11	当前在线	http://item	16097	0.63%	601	3.73%	否
4	5.5E+11	当前在线	http://item	11167	0.86%	569	5.10%	否
5	5.56E+11	当前在线	http://item	8443	0.79%	470	5.57%	否
6	5.56E+11	当前在线	http://item	4002	0.82%	237	5.92%	否
7	5.56E+11	当前在线	http://item	4051	0.37%	179	4.42%	否
8	5.55E+11	当前在线	http://item	2492	1.12%	153	6.14%	否
9	5.49E+11	当前在线	http://item	1736	1.96%	152	8.76%	是
10	5.55E+11	当前在线	http://item	2112	2.65%	226	10.70%	是
11	5.55E+11	当前在线	http://item	2469	1.46%	189	7.65%	是
12	5.51E+11	当前在线	http://item	2698	0.48%	55	2.04%	否
13	5.45E+11	当前在线	http://item	1574	1.02%	107	6.80%	否
14	5.55E+11	当前在线	http://item	2641	0.80%	152	5.76%	否
15	5.49E+11	当前在线	http://item	2139	0.61%	106	4.96%	否
16	5.47E+11	当前在线	http://item	1552	0.45%	46	2.96%	否
17	5.53E+11	当前在线	http://item	1790	0.56%	63	3.52%	否
18	5.56E+11	当前在线	http://item	1809	1.11%	92	5.09%	否
19	5.55E+11	当前在线	http://item	1170	2.22%	138	11.79%	是
20	5.54E+11	当前在线	http://item	1363	1.03%	90	6.60%	否
21	5.52E+11	当前在线	http://item	1161	1.55%	59	5.08%	否
22	5.55E+11	当前在线	http://item	1581	0.70%	65	4.11%	否
23	5.55E+11	当前在线	http://item	1299	1.31%	76	5.85%	否
24	5.55E+11	当前在线	http://item	1596	0.50%	50	3.13%	否

图 2-21

这只需要在单元格 H2 中输入“=IF(G2>=7%,"是","否")”，记住，“是”和“否”是文本格式，所以需要用英文状态下的引号。然后，按 Enter 键可以看到 H2 单元格显示出了“是”，接下来只需要用快速填充公式的方法把下面的都显示成“是”或者“否”，这样就能一眼看出哪些属于潜力爆款，而哪些不属于潜力爆款。

2. IFERROR 函数

IFERROR 函数是如果公式的计算结果错误，则返回指定的值，否则返回公式的结果。

语法规则：

=IFERROR(value, value_if_error)

参数说明：

（1）value：检查是否存在错误的参数。

（2）value_if_error：如果错误返回的值。一般情况下，错误的类型有 #N/A、#VALUE!、#REF!、#DIV/0!、#NUM!、#NAME? 或 #NULL!。

例如，如图 2-22 所示，K7/J7 的值为错误值，因为根据除法规则，除数不能等于零，而 J7 等于零，所以错误，如果这时需要实现如果错误的时候返回“除数不能为零”，那么公式就可以这样写“=IFERROR(K7/J7,"除数不能为零")”。

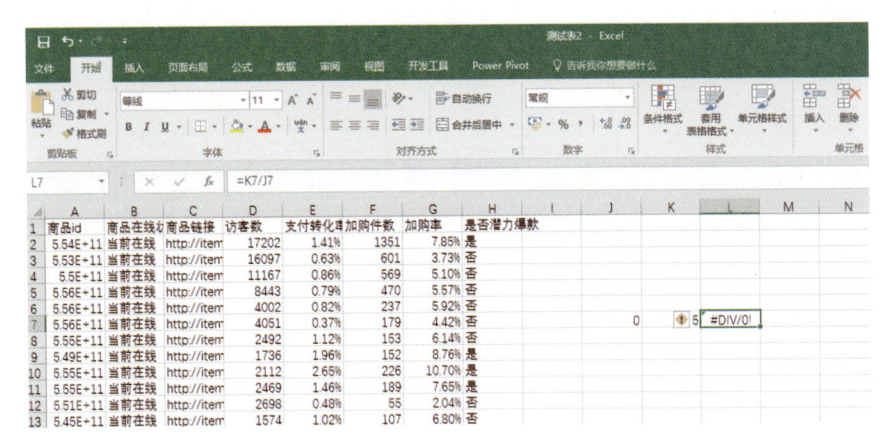

图 2-22

3. AND、OR 函数

AND 函数和 OR 函数都是逻辑函数，这两个函数经常用于多条件判断。AND 函数是全部参数为 True，才返回 True。OR 函数是只要有一个参数为 True，就返回 Ture。这两个函数在淘宝数据分析中经常和 IF 函数配合嵌套使用。

例如，如图 2-23 所示，在 IF 函数时介绍了如何通过 IF 函数判断哪些款是潜力爆款，只用 IF 函数的话只能判断单条件，如果要判断多条件，如潜力爆款的条件是访客数大于 500、转化率大于 1%、加购率大于 7%，只有当这三个条件都满足的情况下，才能称为潜力爆款，那么公式应该写为 "=IF(AND(D2>500,E2>1%,G2>7%)," 是 "," 否 ")"。

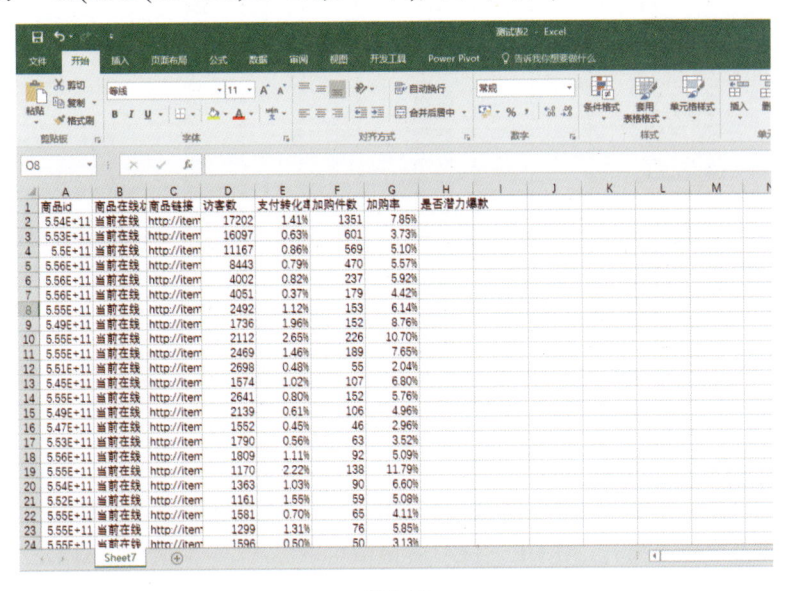

图 2-23

29

但是如果条件是访客数满足 500、加购率大于 7% 或者转化率大于 1%，即访客数必须满足，而加购率和转化率满足一个条件即可，那么公式就可以写为 =IF(AND(D2>500,OR(E2>1%,G2>7%))," 是 "," 否 ")。

2.1.8　MAX、MIN、LARGE、SMALL 函数的使用方法和应用

在淘宝数据分析时，经常需要找出某组数据的最大值或者最小值，或者第几大值，或者第几小值，但是涉及的数据太多，如果通过传统方法一个一个去找会看得眼花。如果懂得函数，不管多少数据，也不管要找出的是第几大值或者第几小值，都可以轻松地找到。

1．MAX、MIN 函数

MAX、MIN 分别是返回某组数中的最大值、最小值。

例如，图 2-24 所示是某一款宝贝关键词的数据，如果想在这些关键词中通过函数的方法找到它的流量的最大值和带来销量的最大值，那么可以利用 MAX 函数，公式为 "=MAX(C:C)"。其中，C:C 是访客数列，即要取访客数列的最大值。如果要取支付买家数最大值，公式为 "=MAX(F:F)"。

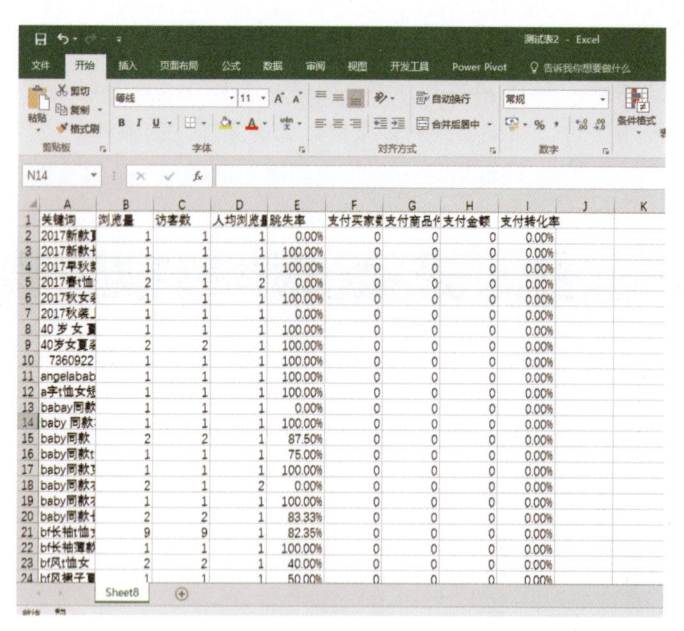

图 2-24

2．LARGE、SMALL 函数

利用 MAX、MIN 函数分别可以快速找到某组数中最大值和最小值，但是没办法找到第 k 个最大值或者第 k 个最小值。LARGE/ SMALL 函数可以实现这一功能，LARGE/ SMALL 函数实际上可以取代 MAX/MIN 函数，MAX/MIN 函数实际上就是 LARGE/ SMALL 中的第一个最

大值 / 第一个最小值。

LARGE/ SMALL 函数是返回数据集中第 k 个最大值 / 第 k 个最小值。

语法规则：

=LARGE/SMALL(array,k)

参数说明：

（1）array：需要确定第 k 个最大值 / 最小值的数组或数据区域。

（2）k：返回数组中第 k 个最大值 / 最小值。

例如，图 2-25 所示为某宝贝关键词数据，如果现在想找出前十的关键词中每个关键词的流量，那么可以利用 LARGE 函数。

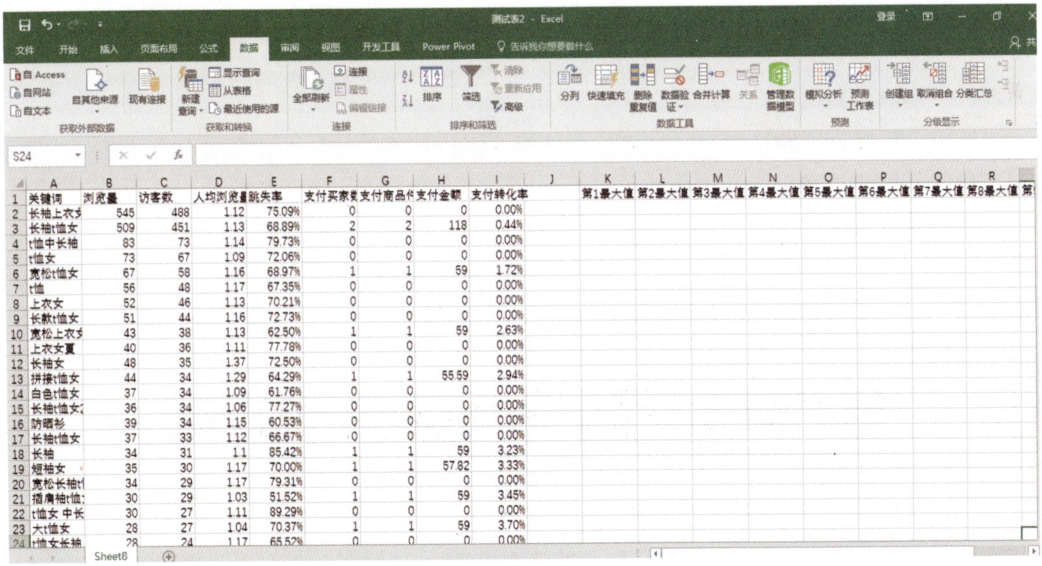

图 2-25

第 1 最大值的公式为 "=LARGE(C:C,1)"。

第 2 最大值的公式为 "=LARGE(C:C,2)"。

……

很显然，如果需要一个一个手写，那么效率就太低了。如果想取前 100 个最大流量关键词数值可能需要很长时间才能完成，但是，如果掌握了 2.1.6 节中 ROW/ COLUMN 函数使用方法就可以轻易完成，只需要在 K2 单元格中输入 "=LARGE($C:$C,COLUMN(A1))"，然后点击 K2 单元格，把光标放在 K2 单元格的右下角，当出现黑色的十字填充柄时，按住鼠标左键往右拖动就可以把接下来的数据都取出来，不再需要一个一个手动填写，记住，因为想要使用快速填充的方式，所以 "C:C" 需要绝对引用，应该为 "$C:$C"，如果没有加上绝对引用，就会出错。

2.1.9　AVERAGE 函数的使用方法和应用

无论是做淘宝数据分析，还是做其他的数据分析，算术平均值是一个经常要用的概念，AVERAGE 就是求算术平均值的函数。

AVERAGE 函数是返回参数的平均值（算术平均值）。

语法规则：

=AVERAGE(number1, [number2], ...)

参数说明：

（1）number1：要计算平均值的第一个数字、单元格引用或单元格区域。

（2）[number2],……：要计算平均值的其他数字、单元格引用或单元格区域，最多可包含 255 个。

2.1.10　INT、ROUND 函数的使用方法和应用

在做淘宝数据分析的过程中，经常需要计算，而计算后的结果往往都会有小数点，大多数情况下只需要取整或者保留几位小数。

可能很多人觉得这个没必要，因为直接利用 Excel 的单元格格式设置就可以了，想要保留几位小数都可以设置，但是实际上单元格格式计算并没有真正实现取整和四舍五入，只不过是显示两位而已。如图 2-26 所示，虽然设置的格式是保留两位小数，但是当点击进去以后发现，实际上并没有真正只保留两位，后台的数据还是原来的数据。

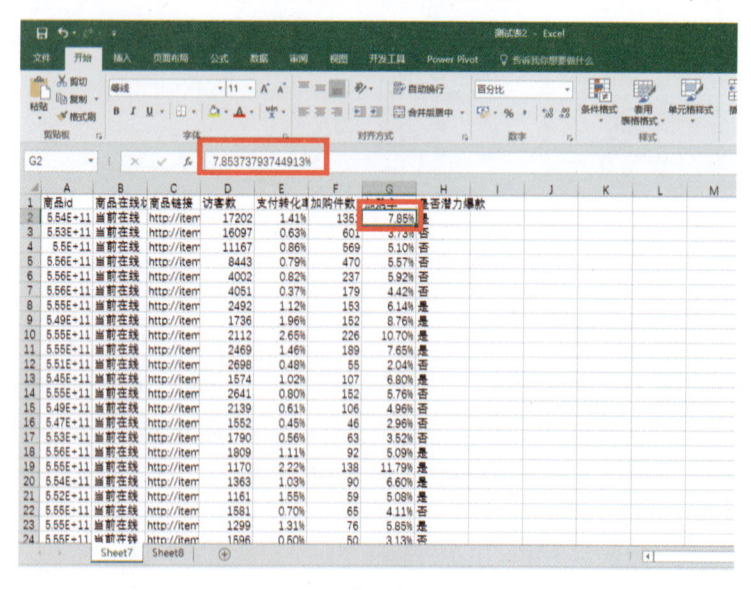

图 2-26

1．INT 函数

INT 函数是取整数的函数，将数字向下舍入到最接近的整数。

例如：

“=INT(2.9)”的结果是 2，因为是向下取整数的。

“=INT(−2.9)”的结果是 −3，将 −2.9 向下舍入到最接近的整数。

2．ROUND 函数

ROUND 函数是四舍五入的函数，将数字四舍五入到指定的位数。

语法规则：

=ROUND(number, num_digits)

参数说明：

（1）number：要四舍五入的数字。

（2）num_digits：要四舍五入运算的位数。

例如，图 2-26 中，要对 G2 单元格中的数据四舍五入，保留两位小数，那么公式为“= ROUND(G2,4)”。

可能很多人会有疑问，为什么保留四位小数，而不是两位小数呢？不是说要保留两位小数吗？

其实对于百分数来说，一般说保留两位小数实际上是要保留四位的，因为 G2 单元格中的数据等于 0.0785373793744913，如果保留两位小数，就成了 0.08，转化成百分数就成了 8%。很显然，这个差距是很大的。当然，如果只是想把 G2 单元格中的数值四舍五入保留两位小数，公式为“= ROUND(G2,2)”，所以在实际过程中要灵活使用。

2.1.11　YEAR、MONTH、DAY 函数的使用方法和应用

在做淘宝数据分析过程中，往往下载的数据源是年月日在一起的日期型的数据，但是在实际操作过程中往往只需要用到月或者年，那么碰到这种情况如何利用函数解决呢？如图 2-27 所示，可以利用 YEAR、MONTH、DAY 函数把统计日期里面的年月日分别提取出来。

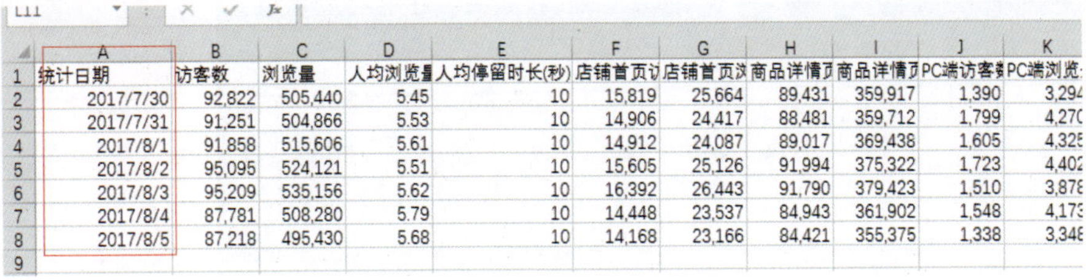

	A	B	C	D	E	F	G	H	I	J	K
1	统计日期	访客数	浏览量	人均浏览量	人均停留时长(秒)	店铺首页访	店铺首页浏	商品详情页	商品详情页	PC端访客数	PC端浏览
2	2017/7/30	92,822	505,440	5.45	10	15,819	25,664	89,431	359,917	1,390	3,294
3	2017/7/31	91,251	504,866	5.53	10	14,906	24,417	88,481	359,712	1,799	4,270
4	2017/8/1	91,858	515,606	5.61	10	14,912	24,087	89,017	369,438	1,605	4,325
5	2017/8/2	95,095	524,121	5.51	10	15,605	25,126	91,994	375,322	1,723	4,402
6	2017/8/3	95,209	535,156	5.62	10	16,392	26,443	91,790	379,423	1,510	3,878
7	2017/8/4	87,781	508,280	5.79	10	14,448	23,537	84,943	361,902	1,548	4,173
8	2017/8/5	87,218	495,430	5.68	10	14,168	23,166	84,421	355,375	1,338	3,348
9											

图 2-27

1．YEAR 函数

YEAR 函数是返回对应于某个日期的年份。年作为 1900~9999 的整数返回。

YEAR 函数的语法规则很简单：=YEAR(serial_number)。serial_number 是需要查找该年的日期。例如，如果想要提取图 2-27 中 A2 单元格中的年份，那么公式为"=YEAR(A2)"。

2．MONTH 函数

MONTH 函数是返回日期中的月份。月份是介于 1（1 月）到 12（12 月）的整数。MONTH 函数的语法规则和 YEAR 函数是类似的：=MONTH(serial_number)。serial_number 为需要查找该月的日期。例如，如果想要提取图 2-27 中 A2 单元格中的月份，那么公式为"=MONTH(A2)"。

3．DAY 函数

DAY 函数是返回以序列数表示的日期的天数。一天指定为从 1 到 31 的整数。DAY 函数的语法规则与 YEAR 函数和 MONTH 函数类似：=DAY(serial_number)。serial_number 参数是在一天的日期尝试查找。例如，如果想要提取图 2-27 中 A2 单元格的天数，那么公式为"=DAY(A2)"。

2.1.12　WEEKDAY、WEEKNUM 函数的使用方法和应用

在做淘宝数据分析的时候，经常需要考虑一周中的每一天有没有对流量有影响，例如，在一周中一般哪一天的流量最高？哪一天的流量最低？周末会不会因为人家出去玩了，所以在淘宝上购物会比较少。针对这种情况，肯定需要对一周中每一天的流量进行对比。如图 2-28 所示，经常需要做一个流量趋势的数据标题，然后看一周中一般哪一天的流量最多，哪一天的流量最少，流量的多少会不会和周几有关联。

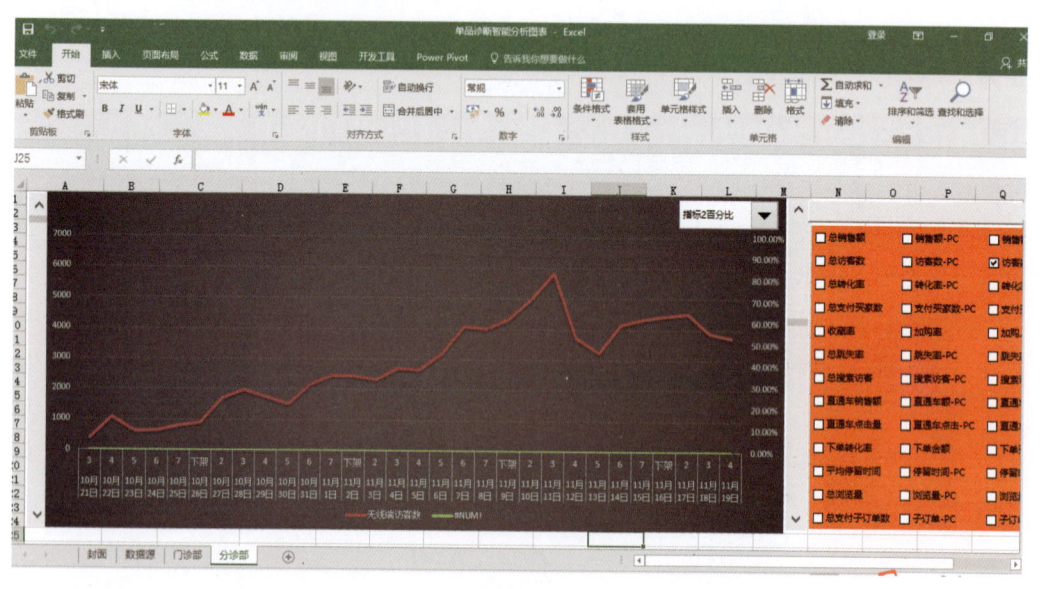

图 2-28

在下载的数据里，日期一般都是年月日的形式，而且没有直接有周几这样的数据，所以这

时需要利用 WEEKDAY 函数或 WEEKNUM 函数转换。

1．WEEKDAY 函数

WEEKDAY 函数是返回对应于某个日期的一周中的第几天。在默认情况下，天数是 1（星期日）到 7（星期六）的整数。

语法规则：

=WEEKDAY(serial_number,[return_type])

参数说明：

（1）serial_number：需要返回的日期。

（2）return_type：用于确定返回值类型的数字。return_type 参数一共有 10 种类型的表达方式，有 1 或省略、2、3、11、12、13、14、15、16、17，返回值为 0 ～ 6 或 1 ～ 7。简单来说，就是用 0~6 或 1~7 分别表达星期一～星期日。但是，在我国习惯用 11 这种类型。所以，新手只需要记住 return_type 用 11 替代即可。

例如，如图 2-29 所示，如果想要在统计日期后面添加一个周的辅助列，那么可以在 B2 单元格中输入公式“=WEEKDAY(A2,2)”，然后按 Enter 键就可以获得 A1 单元格中日期的星期几。接下来，用快速填充公式的方法可以把下面所有的日期都返回对应的星期几。

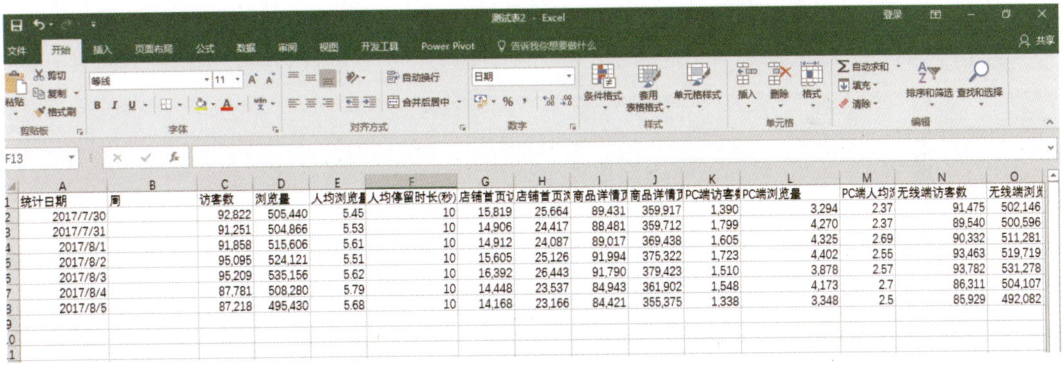

统计日期	周	访客数	浏览量	人均浏览量	人均停留时长(秒)	店铺首页访	店铺首页浏	商品详情页	商品详情页	PC端访客数	PC端浏览量	PC端人均浏	无线端访客数	无线端浏览
2017/7/30		92,822	505,440	5.45	10	15,819	25,664	89,431	359,917	1,390	3,294	2.37	91,475	502,146
2017/7/31		91,251	504,866	5.53	10	14,906	24,417	88,481	359,712	1,799	4,270	2.37	89,540	500,596
2017/8/1		91,858	515,606	5.61	10	14,912	24,087	89,017	369,438	1,605	4,325	2.69	90,332	511,281
2017/8/2		95,095	524,121	5.51	10	15,605	25,126	91,994	375,322	1,723	4,402	2.55	93,463	519,719
2017/8/3		95,209	535,156	5.62	10	16,392	26,443	91,790	379,423	1,510	3,878	2.57	93,782	531,278
2017/8/4		87,781	508,280	5.79	10	14,448	23,537	84,943	361,902	1,548	4,173	2.7	86,311	504,107
2017/8/5		87,218	495,430	5.68	10	14,168	23,166	84,421	355,375	1,338	3,348	2.5	85,929	492,082

图 2-29

我们经常需要考虑下架时间对流量的影响，如图 2-28 所示，希望下架日当天显示“下架”两个字，而不是显示周几的数据，因为这样更加直观清晰。

其实，如果学懂了 IF 函数，只需要结合嵌套 IF 函数就可以轻易地达到目的“=IF(WEEKDAY(A2,11)=1,"下架",WEEKDAY(A2,11))”。这个公式翻译过来是，如果 WEEKDAY(A2,11)=1（1 为下架日，如果下架日是星期五，这里就应该写成 5），则显示“下架”两个字，否则显示 WEEKDAY(A2,11) 返回的值。

2．WEEKNUM 函数

返回一年的周数。例如，包含 1 月 1 日的周为该年的第 1 周，其编号为第 1 周。

语法规则：

=WEEKNUM(serial_number,[return_type])

参数说明：

serial_numbe：代表一周中的日期。

[return_type]：一数字，确定星期从哪一天开始。默认值为1。

例如，如果想知道2017/8/15是这一年的第几周，那么公式为"=WEEKNUM（"2017/8/15"，1）"。

2.1.13　NOW、TODAY 函数的使用方法和应用

还有两个与时间相关的函数也是常用的，一个是 NOW 函数，另外一个是 TODAY 函数，这两个函数经常用于现在时间和之前或者之后时间的时间差比较。例如，可以对比一个款今天和上一次活动相差多少天，或者离未来的某次活动还有多少天，也比如，可以用这两个函数计算员工来公司多长时间了等。

NOW 函数是没有参数的，公式为"=NOW()"，意思是返回当天的日期和时间。NOW 函数的一个特点是每次打开工作表时更新该值。

TODAY 函数和 NOW 函数很类似，也是没有参数的，公式为"=TODAY()"，意思是返回当天的日期，也可以做到每次打开工作表时更新该值。

这两个函数的大致区别是一个返回日期和时间，而另一个只返回日期，不返回几点和几分。

2.1.14　INDEX 函数的使用方法和应用

INDEX 函数是返回表格或区域中的值或值的引用，可以根据指定位置从一组数据中获取目标数据，很多时候它可以实现 OFFSET 函数的功能，但是比 OFFSET 函数的功能更强大。

如图2-30所示，当输入 INDEX 函数的时候，提示的地方有两种形式。这一点可能和很多函数不一样，一般的情况下其他函数是一种形式，而 INDEX 函数有两种形式：一个是数组形式，一个是引用形式。如果想返回指定单元格或单元格数组的值，那么就用数组形式；如果想返回对指定单元格的引用，那么就用引用形式。

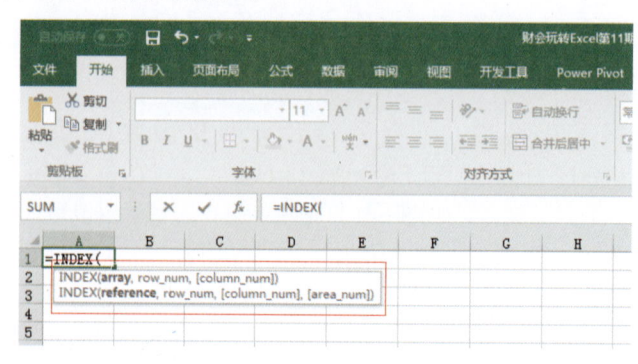

图 2-30

1. 数组形式 INDEX 函数

语法规则：

=INDEX(array, row_num, [column_num])

参数说明：

（1）array：单元格区域或数组常量。

（2）row_num：简单来说是行号，函数从该行返回数值。

（3）column_num：简单来说是列号，函数从该列返回数值。

例如，如图 2-31 所示，如果输入公式“=INDEX(A1:F8,3,4)”，当按 Enter 键时，会发现返回的结果是 5.53。实际上把这个公式翻译过来的意思是在 A1:F8 区域中，返回第三行和第四列的交叉值。第三行是“2017/7/31”这一行，第四列是“人均浏览量”这一列，所以交叉的值是 5.53。

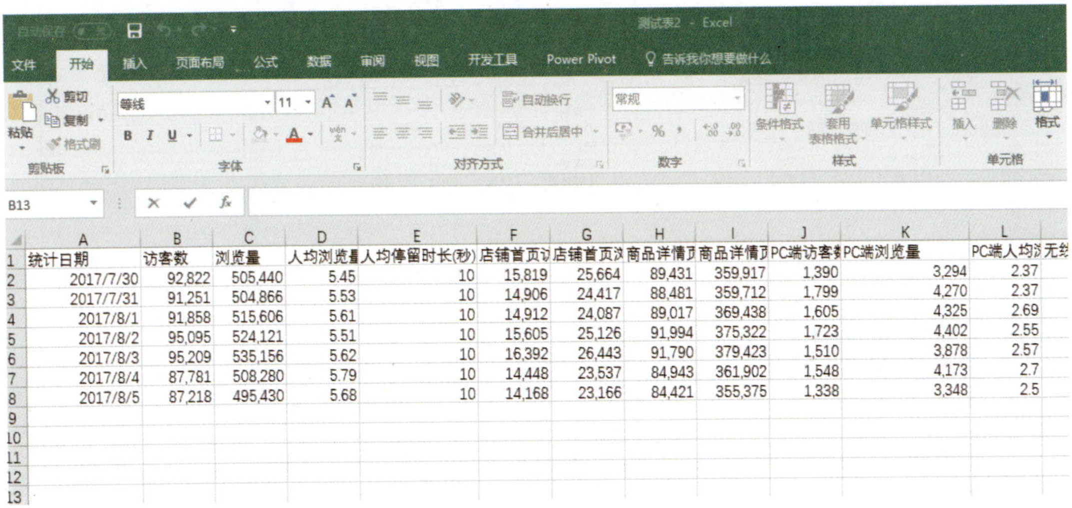

	A	B	C	D	E	F	G	H	I	J	K	L
1	统计日期	访客数	浏览量	人均浏览量	人均停留时长(秒)	店铺首页访	店铺首页浏	商品详情页	商品详情页	PC端访客数	PC端浏览量	PC端人均浏
2	2017/7/30	92,822	505,440	5.45	10	15,819	25,664	89,431	359,917	1,390	3,294	2.37
3	2017/7/31	91,251	504,866	5.53	10	14,906	24,417	88,481	359,712	1,799	4,270	2.37
4	2017/8/1	91,858	515,606	5.61	10	14,912	24,087	89,017	369,438	1,605	4,325	2.69
5	2017/8/2	95,095	524,121	5.51	10	15,605	25,126	91,994	375,322	1,723	4,402	2.55
6	2017/8/3	95,209	535,156	5.62	10	16,392	26,443	91,790	379,423	1,510	3,878	2.57
7	2017/8/4	87,781	508,280	5.79	10	14,448	23,537	84,943	361,902	1,548	4,173	2.7
8	2017/8/5	87,218	495,430	5.68	10	14,168	23,166	84,421	355,375	1,338	3,348	2.5

图 2-31

2. 引用形式 INDEX 函数

返回指定的行与列交叉处的单元格引用。如果引用由不连续的选定区域组成，可以选择某一选定区域。

语法规则：

=INDEX(reference, row_num, [column_num], [area_num])

参数说明：

（1）reference：单元格范围区域。如果为引用输入一个不连续的区域，必须将其用括号括起来。

（2）row_num：简单来说是行号，函数从该行返回一个引用。

（3）column_num：简单来说是列号，函数从该列返回一个引用。

（4）area_num：在引用中选择要从中返回 row_num 和 column_num 交叉处的区域。选择或输入的第一个区域编号为 1，第二个为 2，以此类推。如果省略 area_num，则 INDEX 函数使用区域 1。此处列出的区域必须全部位于一张工作表。如果指定的区域不位于同一个工作表，将导致错误。如果需要使用的范围彼此位于不同工作表，建议使用数组形式 INDEX 函数，并使用其他函数计算构成数组的范围。例如，可以使用 CHOOSE 函数计算将使用的范围。

例如，如图 2-32 所示，如果输入公式 "=INDEX((B3:E6,H3:K6,B13:E16,H13:K16),3,4,2)"，然后按 Enter 键，会返回 111。这个公式翻译过来是，在 B3:E6、H3:K6、B13:E16、H13:K16 这四个区域中，返回第二个区域（即 H3:K6 区域）第三行和第四列的交叉值。

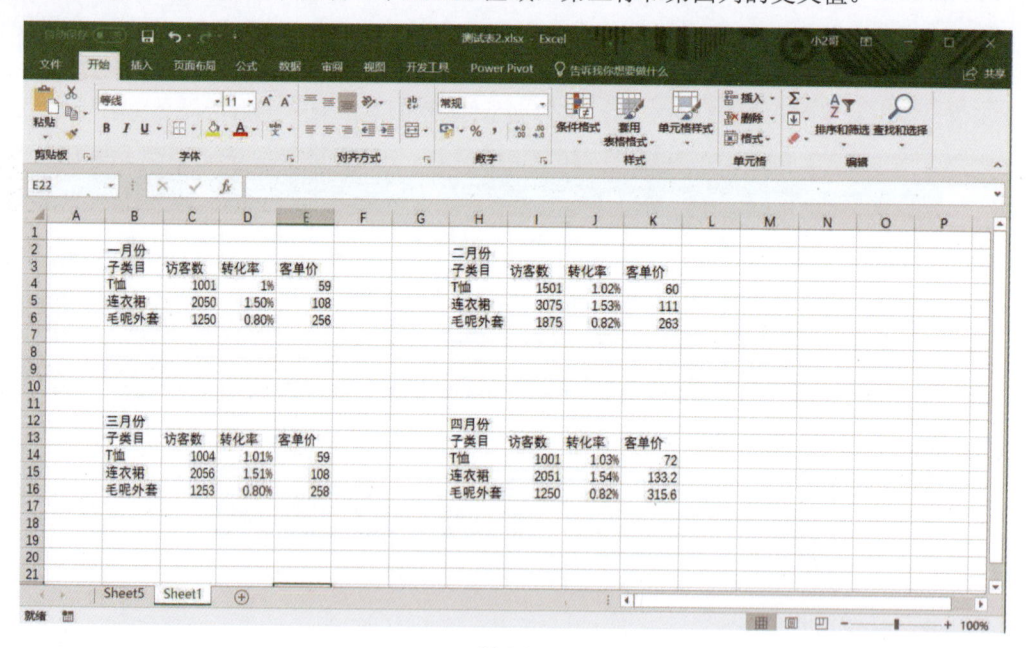

图 2-32

2.1.15　LEFT、LEFTB、RIGHT、RIGHTB、MID、MIDB 函数的使用方法和应用

从采集数据到分析数据过程中挖掘的数据有很多是不能直接用的，需要做清洗整理甚至转化，而这个过程有时候是非常麻烦的，所以需要借助一些工具，也需要一些函数的帮助，LEFT、LEFTB、RIGHT、MID 函数是在数据清理过程中应用得比较频繁的函数。本节重点学习这几个清洗类的函数。

1. LEFT、LEFTB 函数

LEFT 函数的功能是从文本字符串的第一个字符开始返回指定个数的字符。LEFTB 函数的功能是基于所指定的字节数返回文本字符串中的第一个或前几个字符，这个函数用于双字节字符。可以这样理解 LEFT 和 LEFTB 函数，LEFT 函数提取的是一个字，而 LEFTB 函数提取的是一个字符。一个字等于两个字符。

语法规则：

=LEFT(text, [num_chars])

=LEFTB(text, [num_bytes])

参数说明：

（1）text：需要提取的字符的文本字符串。

（2）num_chars：指定要由 LEFT 函数提取的字符的数量。

（3）num_bytes：按字节指定要由 LEFTB 函数提取的字符的数量。

例如，如图 2-33 所示，身份证号码的规则都是从第一位数开始前面六位代表地区的区号，如果需要从身份证号码中提取这六位数据，那么可以利用 LEFT 函数"=LEFT(A2,6)"，但是也一样可以利用 LEFTB 函数"=LEFTB（A2,6）"，因为数字既是一个字，也是一个字符。

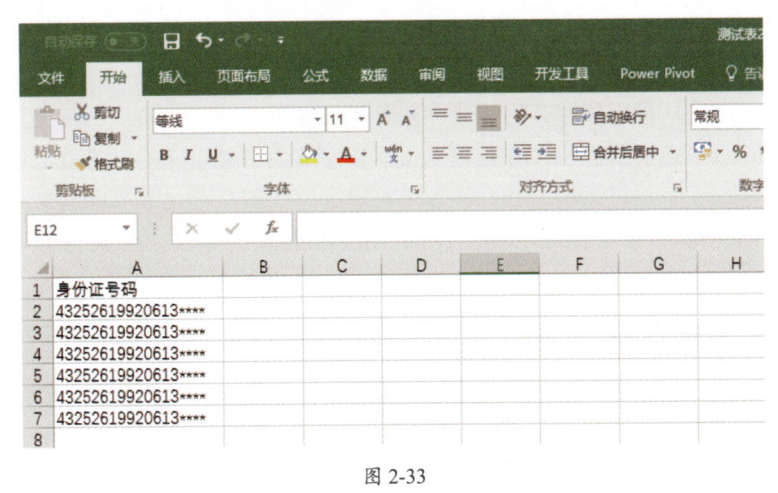

图 2-33

2. RIGHT、RIGHTB 函数

RIGHT 函数根据所指定的字符数返回文本字符串中最后一个或多个字符。

RIGHTB 函数根据所指定的字节数返回文本字符串中最后一个或多个字符。

语法规则：

=RIGHT(text,[num_chars])

=RIGHTB(text,[num_bytes])

参数说明：

（1）text：需要提取字符的文本字符串。

（2）num_chars：指定希望 RIGHT 函数提取的字符数。

（3）num_bytes：按字节指定要由 RIGHTB 函数提取的字符的数量。

如果掌握了 LEFT 函数和 LEFTB 函数，其实会发现 RIGHT 函数和 RIGHTB 函数的用法和它们是一样的，唯一的区别是 LEFT 函数和 LEFTB 函数是从左边，即第一个字符开始取值，而 RIGHT 函数和 RIGHTB 函数是从右边，即最后一个字符开始取值。

3．MID、MIDB 函数

MID 函数返回文本字符串中从指定位置开始的特定数目的字符，该数目由用户指定。

MIDB 函数根据用户指定的字节数，返回文本字符串中从指定位置开始的特定数目的字符。

把三个函数结合起来会发现，LEFT 函数是从左边取值，RIGHT 函数是从右边取值，而 MID 函数是从中间取值，所以只要掌握了一个，其他两个就都能掌握。

语法规则：

=MID（text，start_num，num_chars）

=MIDB（text，start_num，num_bytes）

参数说明：

（1）text：需要提取的字符。

（2）start_num：从左边第几位开始提取。

（3）num_chars：从指定位置开始的地方截取的长度是多少。

（4）num_bytes：指定所需 MIDB 函数从文本以字节为单位返回的字符数。

例如，在图 2-33 中，可以用 LEFT 函数提取地区的代码，但是如果想提取这个人的生日，那么 LEFT 和 RIGHT 函数就没办法提取，而 MID 函数可以提取。公式为"=MID(A2,7,8)"，这个公式翻译过来是在 A2 单元格的身份证号码中从第七位开始提取八位数字。

2.1.16　FIND、FINDB 函数的使用方法和应用

如图 2-34 所示，假如想在这些链接中提取宝贝的 id，那么根据 2.1.15 节的内容可知，可以利用 MID 函数。但是这时会碰到一个难题，就是从第几位开始提取？因为每一个链接的规则是不一样的，每一个 id 所在位置都不一样，所以没办法固定到底是从第几位开始提取，也没办法固定到底要提取多少位。这也是一个难点，因为每一个宝贝 id 的长度是不一样的，有些宝贝 id 会多一位数字，有些会少一位数字。

要解决这两个难题其实很简单，可以利用 FIND 函数。

2.1.15 节介绍了 LEFT 和 LEFTB、RIGHT 和 RIGHTB、MID 和 MIDB 函数之间的区别：一个提取字数，一个提取字符数。同样的道理，FIND 函数和 FINDB 函数也是一样的，FIND 函数查找的是字数,而 FINDB 函数查找的是字符数。因此,本节只需要学习 FIND 函数就可以了，掌握了 FIND 函数自然也就掌握了 FINDB 函数。

FIND 函数的功能是对要查找的文本定位，知道它起始位置的值。

例如，如果知道了宝贝 id 所在链接的位置和长度，那么自然就可以利用 MID 函数提取这个链接的宝贝 id。

语法规则：

=FIND(find_text, within_text, [start_num])

参数说明：

（1）find_text：要查找的文本。

（2）within_text：包含要查找文本的范围。

（3）start_num：指定开始进行查找的字符。

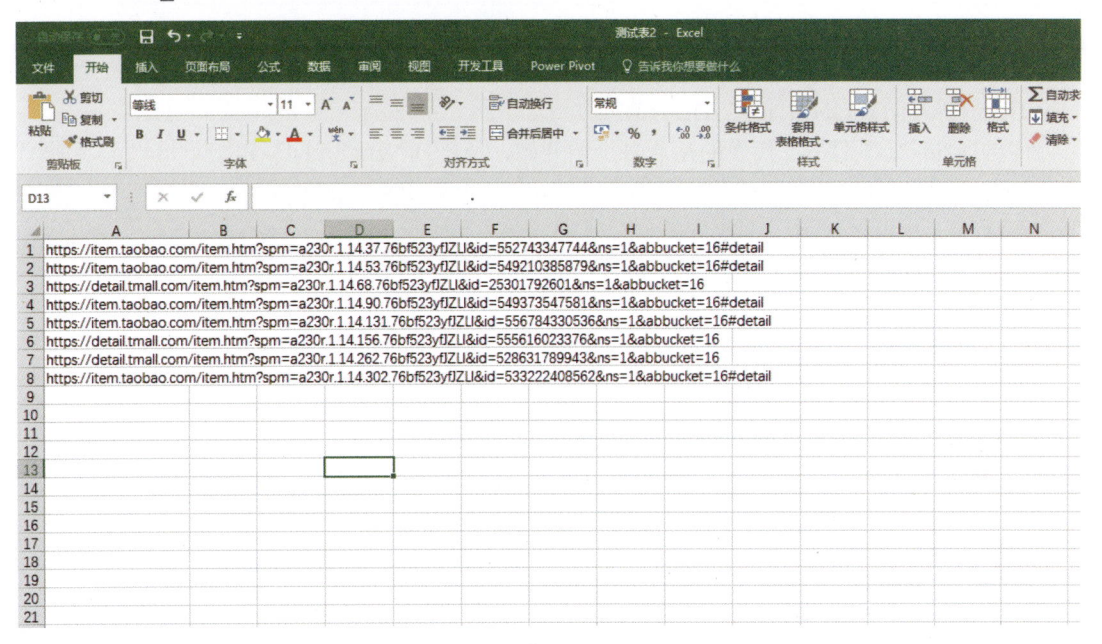

图 2-34

例如，在图 2-34 中，如果想知道宝贝 id 在这个链接中的位置，那么可以利用 FIND 函数，通过观察所有的宝贝 id 发现一个规律，前面都有"id="，而且"id="在这个链接中是唯一的，如果知道了"id="所在的位置，那么自然就知道了宝贝 id 所在的位置。

公式为"=FIND("id=",A1,1)"。

记住，一定要用双引号把"id="引用起来，而且一定是英文状态下的双引号，否则会出错。

这个公式翻译过来是，在 A1 单元格中从第一个位置开始查找"id="这三个字符所在的位置。它得出的结果就是"id="这三个字符在整个链接中的位置，宝贝 id 还需要加 3，因为上面公式查找的实际上是 i 的位置，而宝贝 id 的位置在 i 后面三位，所以宝贝 id 的位置从=FIND("id=",A1,1)+3 开始。

通过这一步已经知道，宝贝 id 的位置是从第几位开始了，但是还不知道这个宝贝的 id 到底有多长，所以接下来要做的一步是知道这个链接中宝贝 id 的长度。

用同样的方法，通过观察可以知道，在宝贝 id 的后面都有"&ns"三个字符，也就知道了"&ns"所在的位置，然后减去宝贝 id 前面的长度就是宝贝 id 的长度。

"&ns"所在的位置公式为"=FIND("&ns",A1,1)",翻译过来是,在A1单元格中从第一个位置查找"&ns",并返回"&ns"所在位置的值。

那么id的长度公式为"=FIND("&ns",A1,1)-(FIND("id=",A1,1)+3)"。因为"FIND("id=",A1,1)+3"是宝贝id开始的位置,FIND("&ns",A1,1)"是宝贝id结尾的数字,所以结尾的位置减去开始的位置,就是它们的长度。

然后,嵌套MID函数就可以提取整个宝贝ID了。公式为"=MID(A1,FIND("id=",A1,1)+3,"FIND("&ns",A1,1)-(FIND("id=",A1,1)+3))"。

"FIND("id=",A1,1)+3"代表的是从多少位开始,"FIND("&ns",A1,1)-(FIND("id=",A1,1)+3)"代表的是提取多少位。

2.1.17 LEN、LENB函数的使用方法和应用

LEN/LENB函数也是在数据清洗和整理过程中会用到的函数,语法规则很简单,就是=LEN/LENB(text)。

例如,在图2-34中,如果想知道每一个链接一共有多少个字符,那么可以利用LEN函数。公式为"=LEN(A1)"。

2.1.18 SUMPRODUCT函数的使用方法和应用

在统计类函数中,还有一个非常重要的函数是SUMPRODUCT函数。这个函数的功能是在给定的几组数组中,将数组间对应的元素相乘,并返回乘积之和。

语法规则:

=SUMPRODUCT(array1, [array2], [array3], ...)

参数说明:

(1) array1:其相应元素需要相乘并求和的第一个数组参数。

(2) array2, array3,...:2到255个数组参数,其相应元素需要相乘并求和。

仍然通过举例理解这个函数的功能,如图2-35所示,这里给出三组数。

如果输入的函数是"=SUMPRODUCT(A1:A6)",这时返回的值是1206,因为这时只要一组数,所以实际上计算过程是A1+A2+A3+A4+A5+A6。

如果输入的是"=SUMPRODUCT(A1:A6,B1:B6)",即输入两组数,这时返回的结果是1107276。实际上,计算过程是(A1×B1)+(A2×B2)+(A3×B3)+(A4×B4)+(A5×B5)+(A6×B6)。

如果输入的是"=SUMPRODUCT(A1:A6,B1:B6,C1:C6)",即输入三组数,这时返回的结果是27621994。实际上,计算过程是(A1×B1×C1)+(A2×B2×C2)+(A3×B3×C3)+(A4×B4×C4)+(A5×B5×C5)+(A6×B6×C6)。

所以,根据这几个运算结果可以轻易地知道这个函数的计算过程,如果有四组数,那么就是四组数对应的元素相乘,然后把相乘得到的结果相加,如果有五组数,那么就是把五组数对应的元素相乘,然后把相乘得到的结果相加。以此类推。

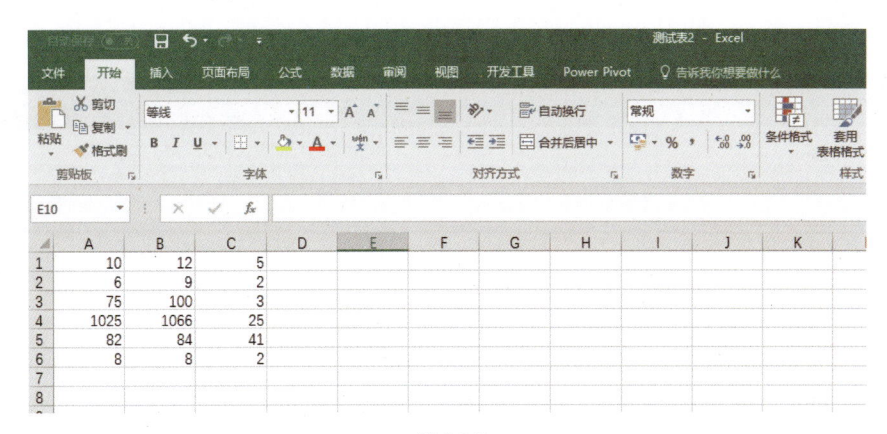

图 2-35

所以，有一个要求就是数组参数必须具有相同的维数。例如，第一组数是五个数，那么后面所有的组数都必须是五个数，如果不是的话就会出错。例如，如果公式为"=SUMPRODUCT(A1:A6,B1:B5)"，那么返回的结果就是错误的，因为第一组数是A1：A6，也就是说有六个数，而第二组数是B1：B5，只有五个数，两组数字参数的维数不同，所以就出错。

SUMPRODUCT函数的功能没有这么简单，很多时候它可以取代其他函数，下面介绍SUMPRODUCT函数最常用的一些用法。

1. 取代 SUMIF 函数和 SUMIFS 函数

在做数据分析时经常用到SUMIF函数和SUMIFS函数，特别是SUMIFS函数，但是SUMPRODUCT函数能取代这两个函数。

例如，要统计如图2-36所示的直通车访客数，可以利用SUMIF或SUMIFS函数，公式为"=SUMIF(A2:A187,I4,B2:B187)"或者"=SUMIFS(B2:B187,A2:A187,I4)"。

除了SUMIF函数和SUMIFS函数外，实际上SUMPRODUCT函数也可以做到。公式为"=SUMPRODUCT((A2:A187=I4)*B2:B187)"。

这是单条件的求和，也就是SUMIF函数的功能，其实多条件的求和SUMPRODUCT函数照样可以做到。

例如，如果想求和2017/9/12直通车的访客数，那么可以用公式"=SUMPRODUCT((A2:A187=I4)*(F2:F187=I7)*B2:B187)"。

2. 取代 COUNTIF 函数和 COUNTIFS 函数

同样，SUMPRODUCT函数也可以单条件计数和多条件计数，取代COUNTIF函数和COUNTIFS函数。

例如，要在图2-37中找出关键词"T恤"出现了多少次，可以用"=SUMPRODUCT((A2:A141=P3)*1)"，如果想要查找访客数大于10的T恤出现的次数，那么公式为"=SUMPRODUCT((A2:A141=P3)*(C2:C141>10))"。

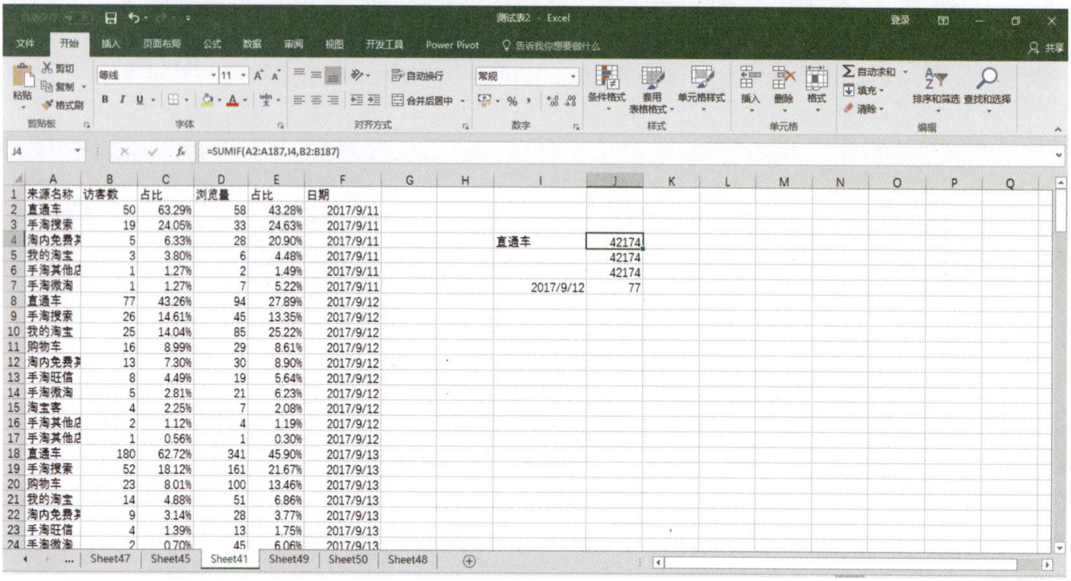

图 2-36

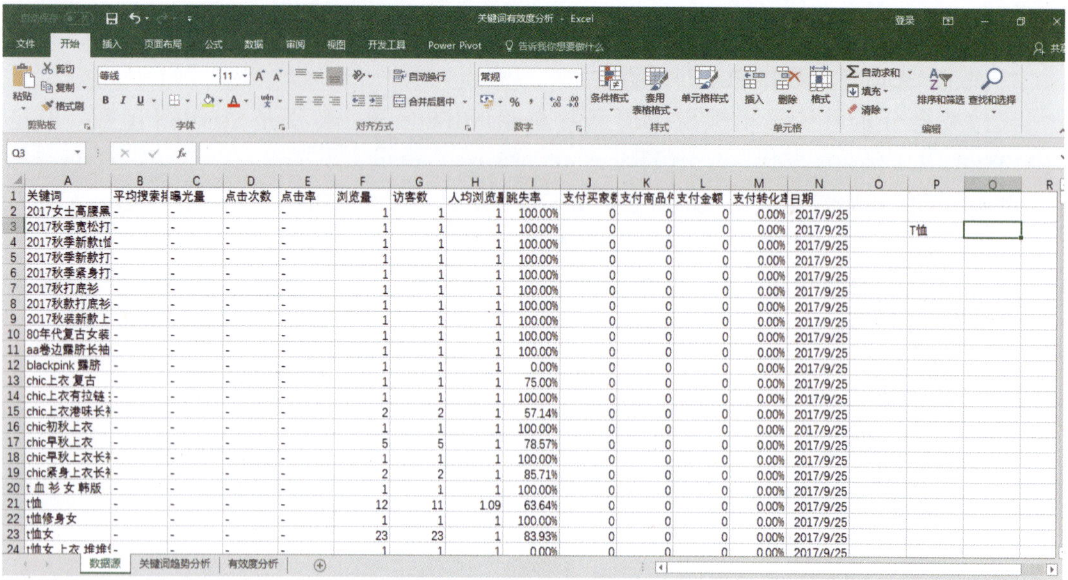

图 2-37

INDIRECT 函数的使用方法和应用请见附录 B。淘宝数据分析过程中比较实用的 Excel 技巧请见附录 C。

2.2　数据透视表分析工具的应用

Excel 中自带一个功能非常强大的数据分析工具，特别是对 Excel 数据表中各个字段快速分类汇总和统计数据时，可以毫不夸张地说，如果没有这个工具，要分类汇总统计淘宝数据分析过程中的数据会非常困难，虽然可以用函数解决，但是那样至少要耗时十倍以上，而有了这个工具就可以轻易做到。这个强大的工具就是数据透视表，它是一种高效的数据处理工具，常常用来对基础数据再加工处理，但是很多人完全不会使用，因此本节讲解数据透视表的应用。

2.2.1　创建数据透视表

图 2-38 是从生意参谋中下载的单品流量来源数据，如果要对这个数据分类汇总，如想把每一天的手淘搜索流量做一个分类汇总，那么可以用数据透视表。

第一步：选中需要插入数据透视表的数据源区域或者点击要创建数据透视表的数据源的任意位置，然后点击“插入”菜单栏的“数据透视表”选项卡，这时会弹出一个“创建数据透视表”对话框，一般情况下，“表 / 区域”是不需要修改的，但是可以检查一下“表 / 区域”是否是数据源的完整区域，如果是完整的数据源区域就不需要改写，如果不是完整的就需要改写成完整的区域，在“选择放置数据透视表的位置”中选择想要把数据透视表放在指定的位置上，一般情况直接默认“新工作表”也可以。但是如果不想放到新工作表，也可以放入现有的工作表中，如图 2-39 所示。

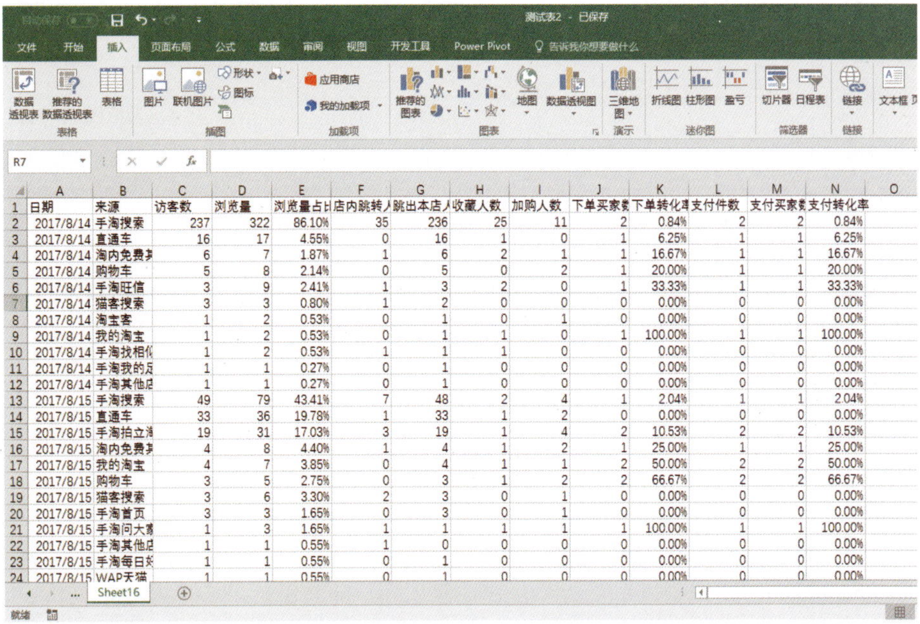

日期	来源	访客数	浏览量	浏览量占比	店内跳转人	跳出本店人	收藏人数	加购人数	下单买家数	下单转化率	支付件数	支付买家数	支付转化率
2017/8/14	手淘搜索	237	322	86.10%	35	236	25	11	2	0.84%	2	2	0.84%
2017/8/14	直通车	16	17	4.55%	0	16	1	0	1	6.25%	1	1	6.25%
2017/8/14	淘内免费其	6	7	1.87%	1	6	2	1	1	16.67%	1	1	16.67%
2017/8/14	购物车	5	8	2.14%	0	5	0	2	1	20.00%	1	1	20.00%
2017/8/14	手淘旺信	3	9	2.41%	1	3	2	0	1	33.33%	1	1	33.33%
2017/8/14	猫客搜索	3	3	0.80%	1	2	0	0	0	0.00%	0	0	0.00%
2017/8/14	淘宝客	1	2	0.53%	0	1	0	1	0	0.00%	0	0	0.00%
2017/8/14	我的淘宝	1	2	0.53%	0	1	1	0	1	100.00%	1	1	100.00%
2017/8/14	手淘找相似	1	2	0.53%	1	1	1	0	0	0.00%	0	0	0.00%
2017/8/14	手淘我的足	1	1	0.27%	0	1	0	0	0	0.00%	0	0	0.00%
2017/8/14	手淘其他店	1	1	0.27%	0	1	0	0	0	0.00%	0	0	0.00%
2017/8/15	手淘搜索	49	79	43.41%	7	48	2	4	1	2.04%	1	1	2.04%
2017/8/15	直通车	33	36	19.78%	1	33	1	2	0	0.00%	0	0	0.00%
2017/8/15	手淘拍立淘	19	31	17.03%	3	19	1	4	2	10.53%	2	2	10.53%
2017/8/15	淘内免费其	4	8	4.40%	1	4	1	2	1	25.00%	1	1	25.00%
2017/8/15	我的淘宝	4	7	3.85%	0	4	1	1	2	50.00%	2	2	50.00%
2017/8/15	购物车	3	5	2.75%	0	3	1	2	2	66.67%	2	2	66.67%
2017/8/15	猫客搜索	3	6	3.30%	2	3	0	1	0	0.00%	0	0	0.00%
2017/8/15	手淘首页	3	3	1.65%	0	3	0	1	0	0.00%	0	0	0.00%
2017/8/15	手淘问大家	1	3	1.65%	1	1	1	1	1	100.00%	1	1	100.00%
2017/8/15	手淘其他店	1	1	0.55%	1	0	0	0	0	0.00%	0	0	0.00%
2017/8/15	手淘每日好	1	1	0.55%	0	1	0	0	0	0.00%	0	0	0.00%
2017/8/15	WAP天猫	1	1	0.55%	0	1	0	0	0	0.00%	0	0	0.00%

图 2-38

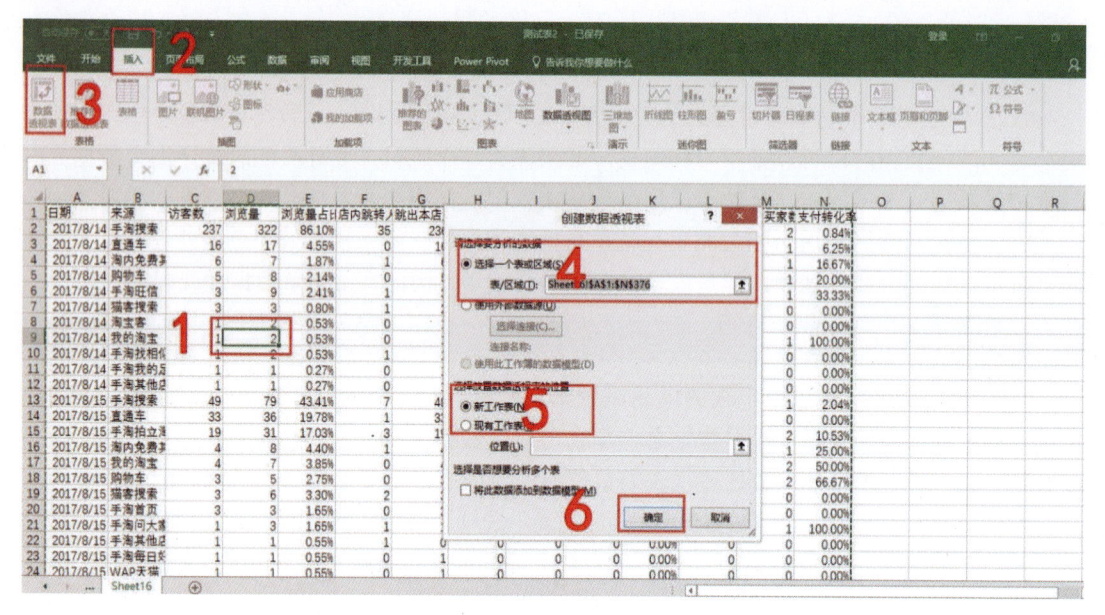

图 2-39

当点击"确定"按钮后，Excel 会立即在指定的工作表位置创建一个空白的数据透视表，同时在右侧还会出现一个"数据透视表字段"窗口，如图 2-40 所示。

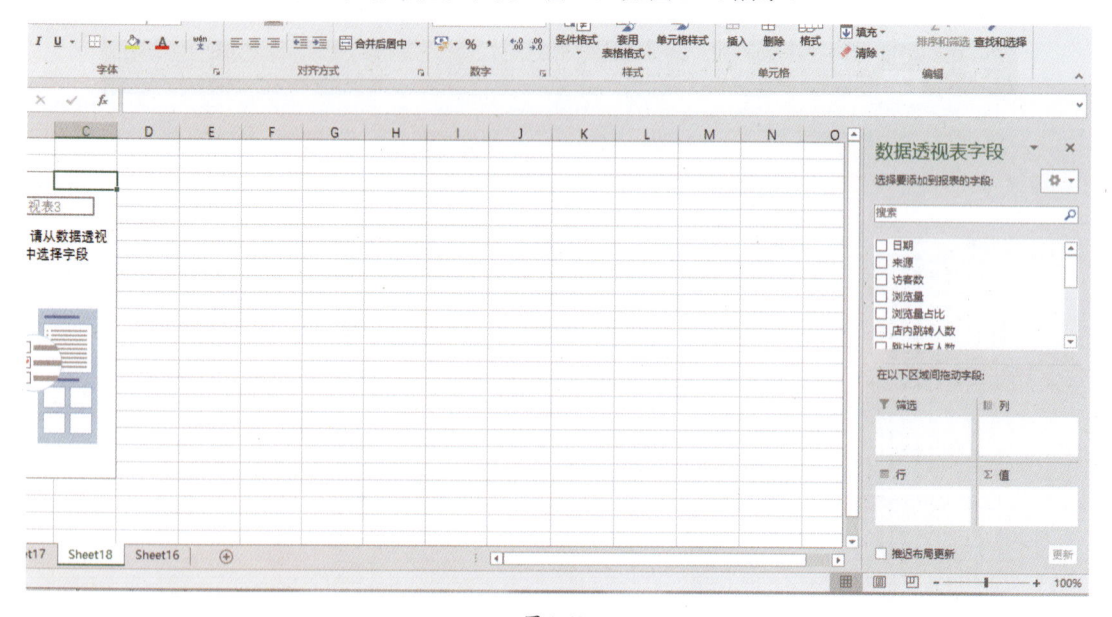

图 2-40

在"数据透视表字段"窗口中的"在以下区域拖动字段"分别有"筛选""列""行""值"四个区域。要根据需求把在顶部的字段名称拖入这四个区域,这里可以将任意选项手动拖放到任意数据透视表字段,或者,如果不再需要数据透视表中的某项,只需将其拖出字段列表或取消选中该项。数据透视表的一项功能是能够重新排列字段项,便于快速轻松更改其外观。

例如,想汇总每一天手淘首页访客数情况,那么把"日期"拖入"行",把"来源"拖入"筛选",把"访客数"拖入"值",然后在来源筛选中筛选出手淘首页。这样,就把每一天的手淘首页都汇总出来了。如果想看其他来源的访客,只需要在筛选器里面筛选出想要查看的来源,就可以很清楚地看到每一个渠道、每一天的访客数情况,如图2-41所示。

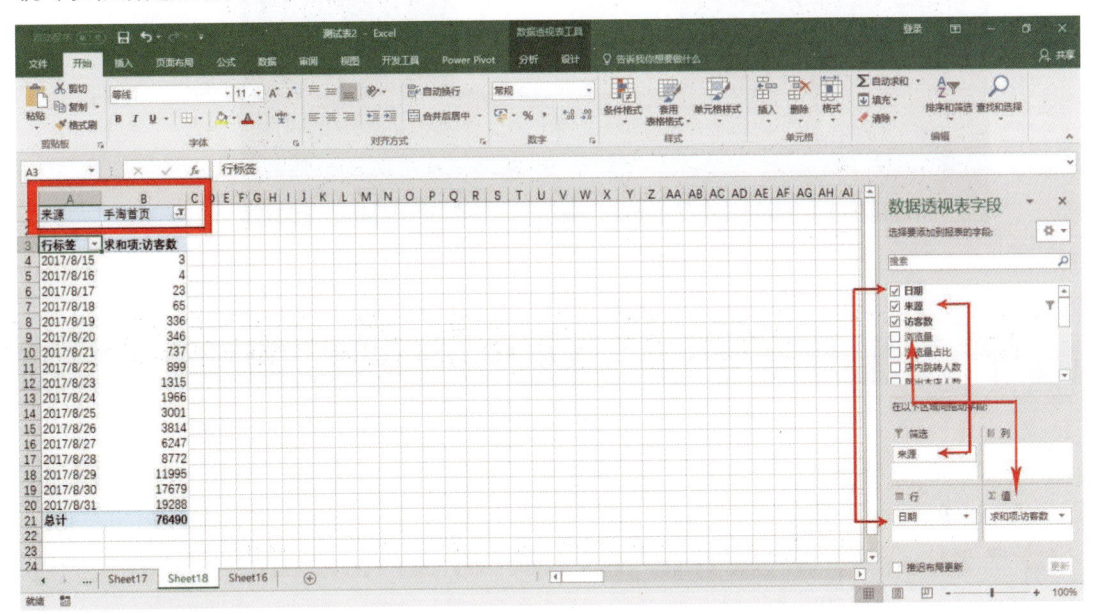

图 2-41

如果觉得数据的形式不太直观,那么可以在这里添加图,更直观地展示该来源渠道的流量变化趋势。这个操作很简单,只需要点击"插入"菜单栏下面的折线图表选项卡,然后选择想要的折线图,它会自动以折线图的形式展示,如图2-42所示。

如果不希望来源渠道进行筛选,而希望每一个来源渠道都通过列的形式展示,那么可以把"来源"拖入"列"。这样,也便于对比每一天不同渠道流量来源的差异,如图2-43所示。

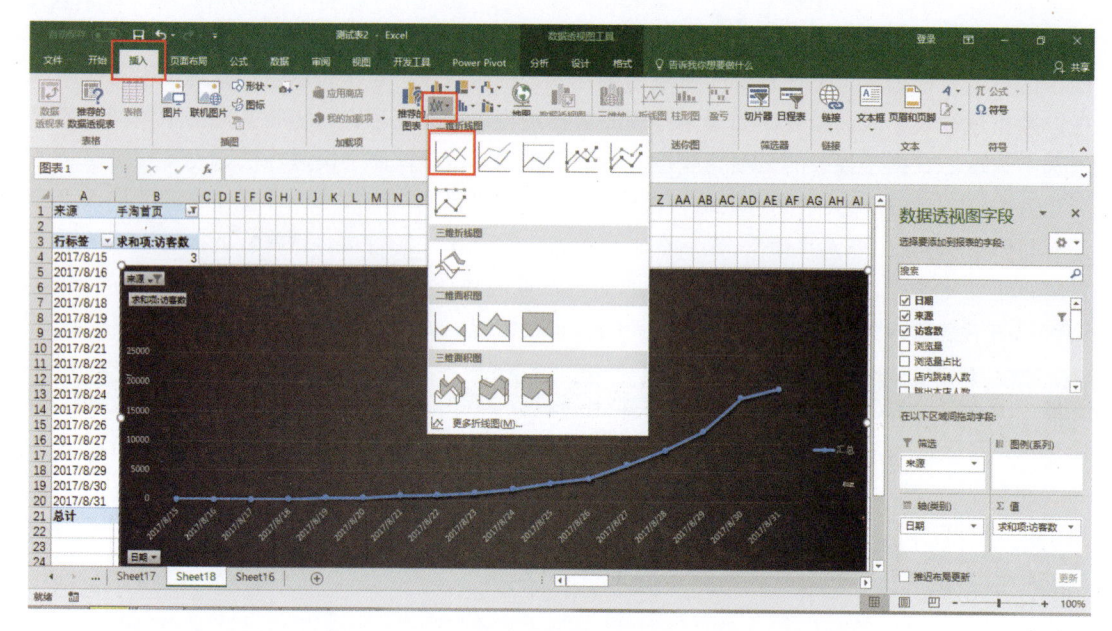

图 2-42

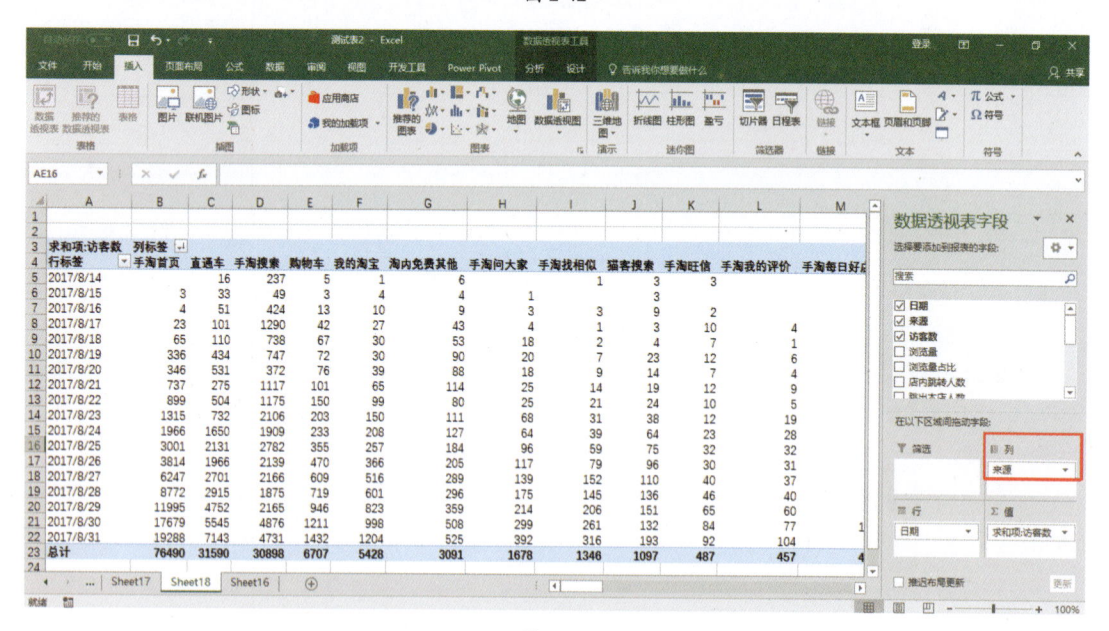

图 2-43

2.2.2 用数据透视表进行百分比计算

淘宝流量按照流量的渠道可分为免费流量、付费流量、自主流量、站外流量等，因此，在做淘宝数据分析时经常会分析每一个渠道的流量占比、成交金额占比。我们经常会说，免费流量占比是 70%，付费流量占比是 30%。但是，平时下载生意参谋的数据时往往是没有进行百分比计算的，因此需要自己计算。本节介绍如何快速地利用数据透视表进行百分比计算。

通过生意参谋后台的“流量”→“店铺来源”→选择下载时间→“下载”可以很快把店铺的流量情况数据都下载下来，如图 2-44 所示。

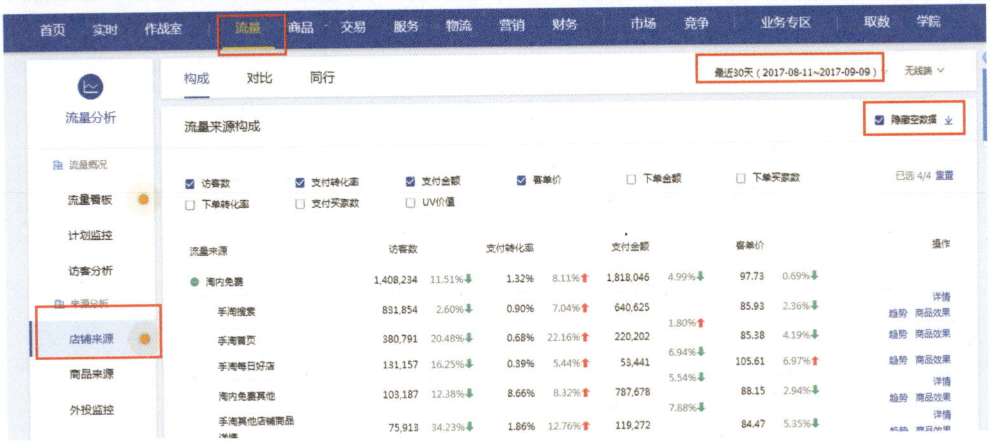

图 2-44

如图 2-45 所示，打开下载下来的表格，不要点击“启用编辑”按钮。如果点击了“启用编辑”按钮，下面的数据将会以文本格式显示，到时候还需要转化为数值格式，这样比较麻烦，所以打开数据之后先不要急着点击“启用编辑”按钮，只需要直接把下面的数据复制。

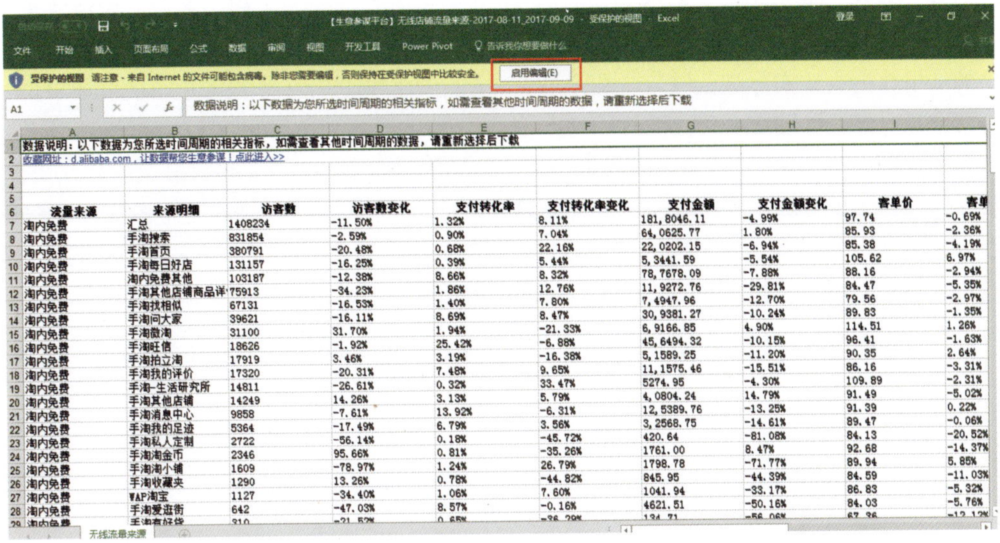

数据说明：以下数据为您所选时间周期的相关指标，如需查看其他时间周期的数据，请重新选择后下载

收藏网址：d.alibaba.com，让数据帮您生意参谋！点此进入>>

流量来源	来源明细	访客数	访客数变化	支付转化率	支付转化率变化	支付金额	支付金额变化	客单价	客单
淘内免费	汇总	1408234	-11.50%	1.32%	8.11%	181,8046.11	-4.99%	97.74	-0.69%
淘内免费	手淘搜索	831854	-2.59%	0.90%	7.04%	64,0625.77	1.80%	85.93	-2.36%
淘内免费	手淘首页	380791	-20.48%	0.68%	22.16%	22,0202.15	-6.94%	85.38	-4.19%
淘内免费	手淘每日好店	131157	-16.25%	0.39%	5.44%	5,3441.59	-5.54%	105.62	6.97%
淘内免费	淘内免费其他	103187	-12.38%	8.66%	8.32%	78,7678.09	-7.88%	88.16	-2.94%
淘内免费	手淘其他店铺商品详	75913	-34.23%	1.86%	12.76%	11,9272.76	-29.81%	84.47	-5.35%
淘内免费	手淘找相似	67131	-16.53%	1.40%	7.80%	7,4947.96	-12.70%	79.56	-2.97%
淘内免费	手淘问大家	39621	-16.11%	8.69%	8.47%	30,9381.27	-10.24%	89.83	-1.35%
淘内免费	手淘微淘	31100	31.70%	1.94%	-21.33%	6,9166.85	4.90%	114.51	1.26%
淘内免费	手淘旺信	18626	-1.92%	25.42%	-6.88%	45,6494.32	-10.15%	96.41	-1.63%
淘内免费	手淘拍立淘	17919	3.46%	3.19%	-16.38%	5,1589.25	-11.20%	90.35	2.64%
淘内免费	手淘我的评价	17320	-20.31%	7.48%	9.65%	11,1575.46	-15.51%	86.16	-3.31%
淘内免费	手淘-生活研究所	14811	-26.61%	0.32%	33.47%	5274.95	-4.30%	109.89	-2.31%
淘内免费	手淘其他店铺	14249	14.26%	3.13%	5.79%	4,0804.24	14.79%	91.49	-5.02%
淘内免费	手淘消息中心	9858	-7.61%	13.92%	-6.31%	12,5389.76	-13.25%	91.39	0.22%
淘内免费	手淘我的足迹	5364	-17.49%	6.79%	3.56%	3,2568.75	-14.61%	89.47	-0.06%
淘内免费	手淘私人定制	2722	-56.14%	0.18%	-45.72%	420.64	-81.08%	84.13	-20.52%
淘内免费	手淘淘金币	2346	95.66%	0.81%	-35.26%	1761.00	8.47%	92.68	-14.37%
淘内免费	手淘淘小铺	1609	-78.97%	1.24%	26.79%	1798.78	-71.77%	89.94	5.85%
淘内免费	手淘收藏夹	1290	13.26%	0.78%	-44.82%	845.95	-44.39%	84.59	-11.03%
淘内免费	WAP淘宝	1127	-34.40%	1.06%	7.60%	1041.94	-33.17%	86.83	-5.32%
淘内免费	手淘爱逛街	642	-47.03%	8.57%	-0.16%	4621.51	-50.16%	84.03	-5.76%

图 2-45

复制数据以后新建一个 Excel 文件，把复制的数据粘贴进去，记住，粘贴的时候一定要粘贴成数值的格式，不能直接用快捷键 Ctrl+V，否则还会变成文本格式。很多人就是因为这一步错误所以导致后面整个过程都错误，因此在这一步的时候一定要小心，在粘贴的时候选择粘贴匹配目标格式，如图 2-46 所示。

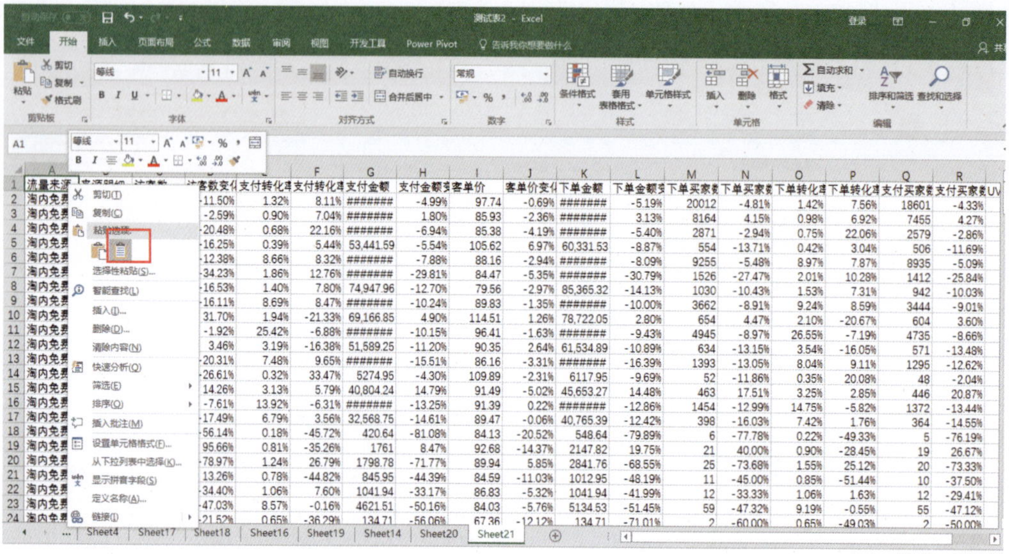

图 2-46

把数据粘贴完成之后，用这些数据为数据源插入一个数据透视表。把"流量来源"拖入"行"，把"访客数"和"支付金额"拖入"值"，并将其汇总方式设置为求和。然后，还需要把"来源明细"拖入"筛选"，并筛选出汇总，如果没有把"来源明细"拖入"筛选"并筛选出汇总，得出的结果数据会比实际高一倍，这是因为淘宝已经把数据进行了一次汇总，所以如果再一次汇总就会高一倍，如图 2-47 所示。

这样，可以看到每一个流量来源带来的访客数和支付金额。但是，这里显示的是具体数值，并没有进行百分比计算。不过没关系，要计算这一步非常简单，只需要先在访客数求和的数据范围内的任意单元格点击一下鼠标，然后点击鼠标右键，选择"值显示方式"，再选择"列汇总的百分比"即可立即得到想要的结果。可以很简单地看到每一个流量来源渠道的百分比占比情况，如图 2-48 所示。

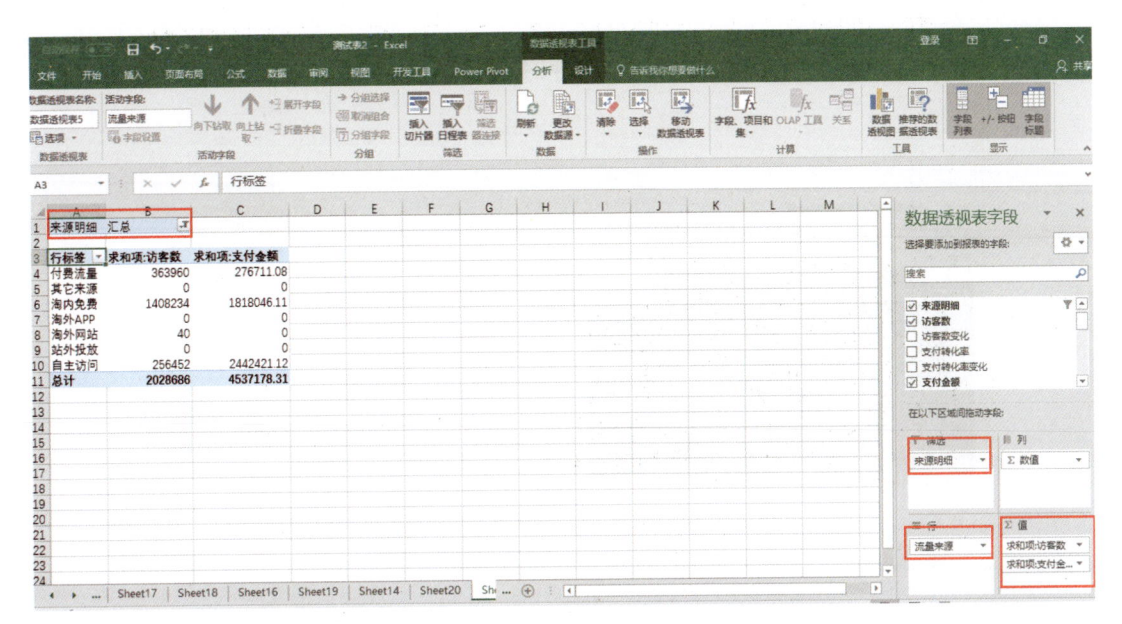

图 2-47

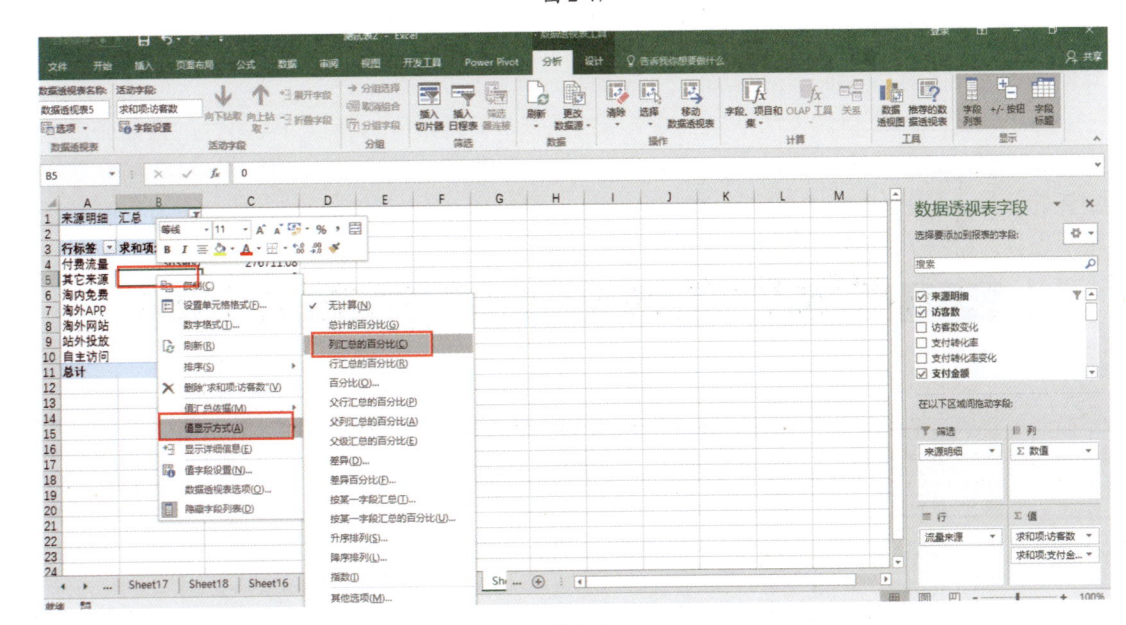

图 2-48

如果还觉得不够直观，那么可以插入一个图，点击"插入"菜单下"推荐的图表"选项卡，选择想插入的图形，如图 2-49 所示。

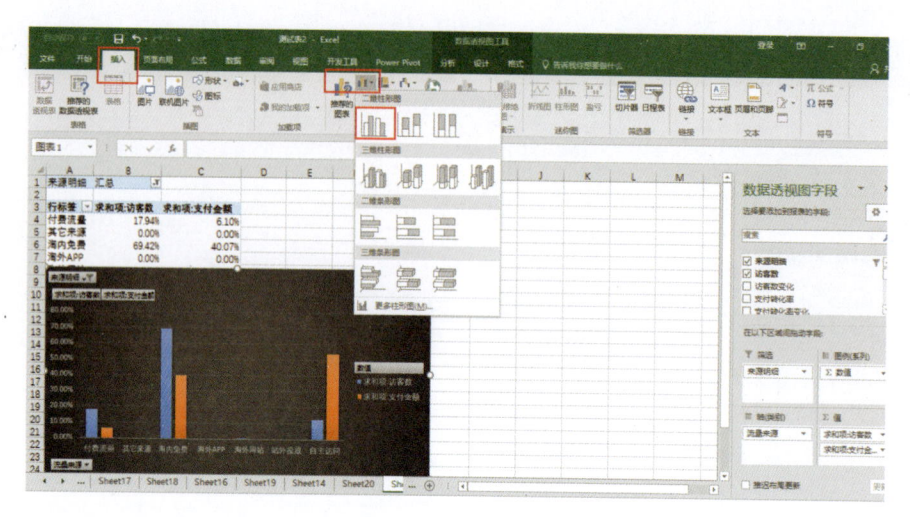

图 2-49

2.2.3　利用数据透视表进行同比和环比计算

在数据分析中，同比和环比的概念是非常重要的，经常要通过分析同比和环比了解店铺的增长趋势和情况，因为本次下载的数据有限，所以只介绍环比计算的方法，同比计算和环比计算的原理是一样的，学懂了环比自然就知道如何计算同比。

同样，按照 2.2.2 节的方法下载店铺来源的数据，但是时间选择以月为单位，把每个月份都下载下来，然后新建一个 Excel 文件，按照 2.2.2 节的复制粘贴方法把每个月的数据都复制到新建的 Excel 数据表格中，需要在新建的 Excel 表格中添加月份这一列，把对应的数据月份填写进去，如图 2-50 所示。

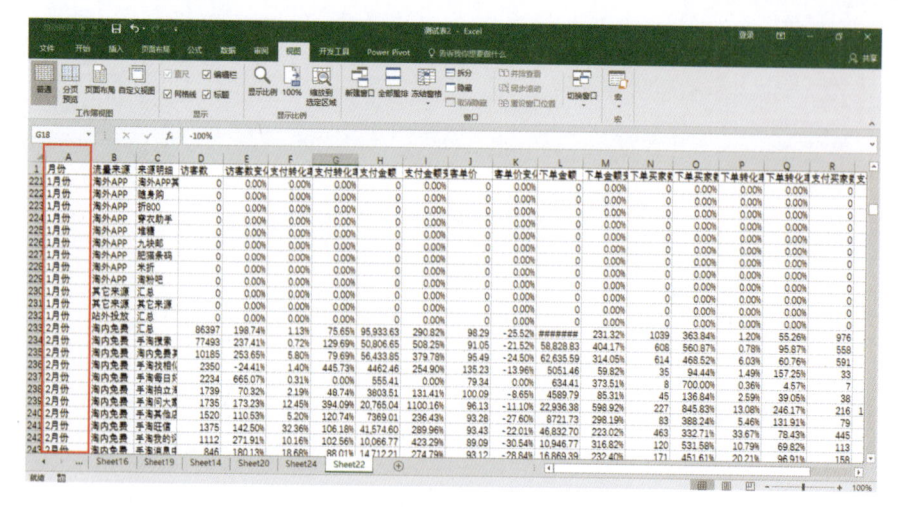

图 2-50

把数据都整理好之后就可以插入数据透视表了,把"来源明细"拖入"筛选"区域并筛选汇总,把"月份"拖入"行"区域,把"访客数"和"支付金额"拖入"值"并将其汇总方式设置为求和。这样,每个月的全店访客数和支付金额都已经汇总出来了,如图2-51所示。

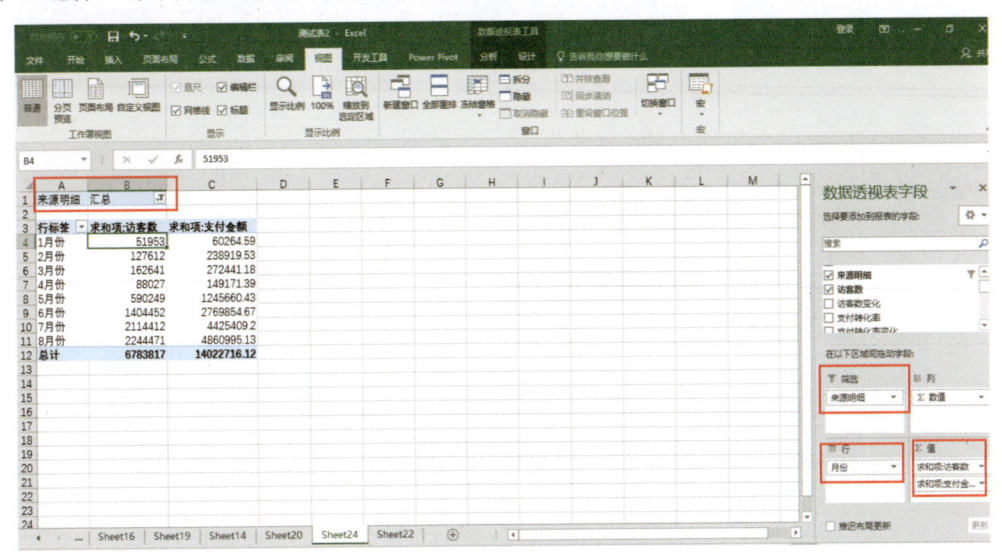

图 2-51

用鼠标在访客数的求和数据范围内的任意单元格点击一下,然后点击鼠标右键,选择"值显示方式",再选择"差异百分比",如图2-52所示。

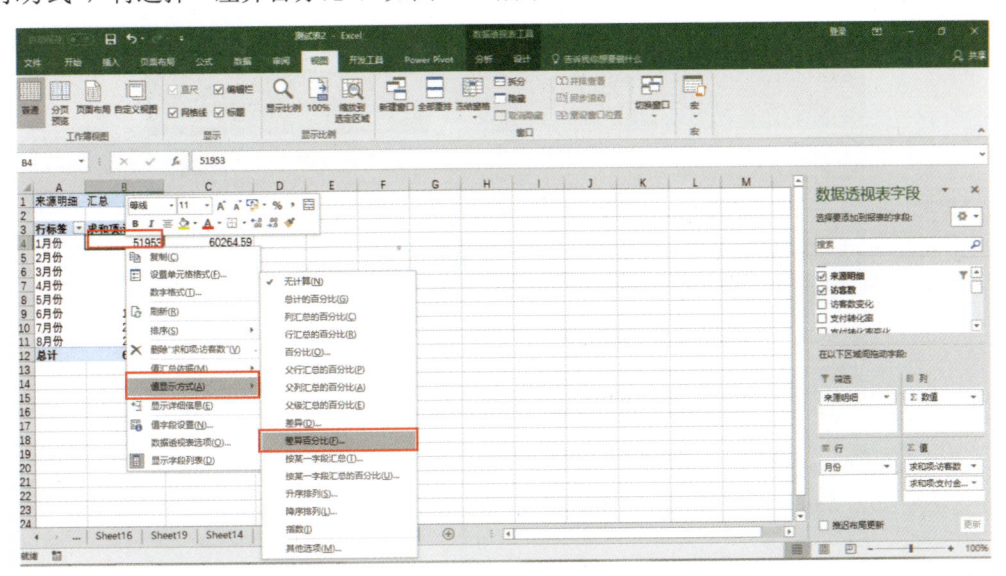

图 2-52

53

在弹出的对话框中设置"基本字段"为"月份"、"基本项"为"上一个",最后点击"确定"按钮即可得到想要的数据,如图 2-53 所示。

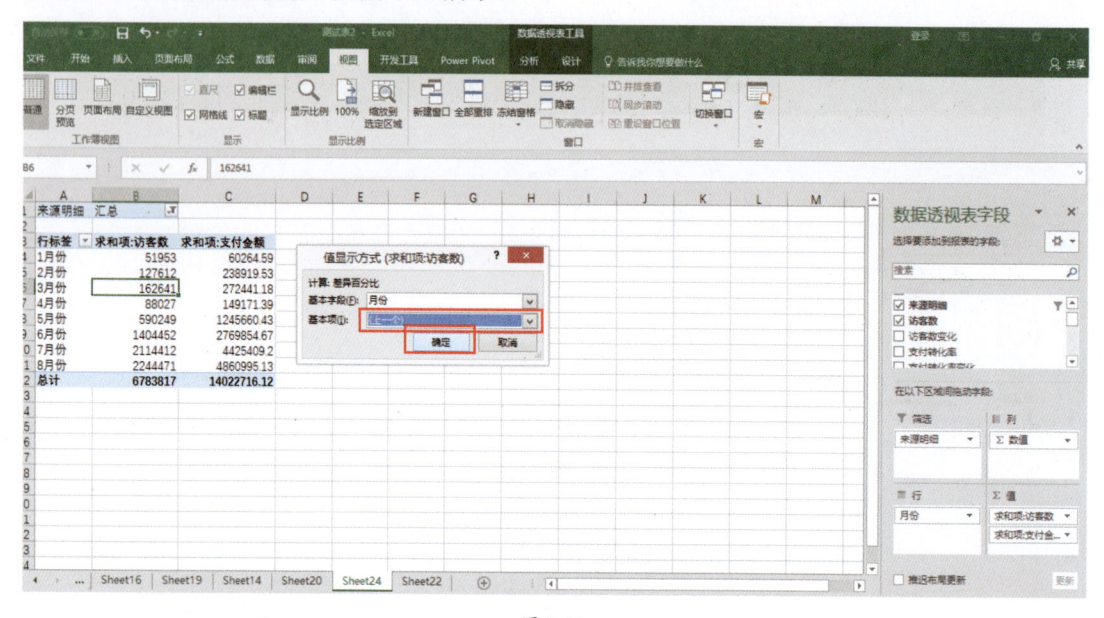

图 2-53

这样,就得到了一年中的环比情况。例如,可以看到这个店铺除了 4 月份外,每一个月都是正增长的,而且增长的幅度还比较大,这样就可以清楚地知道店铺的发展趋势和情况了,如图 2-54 所示。

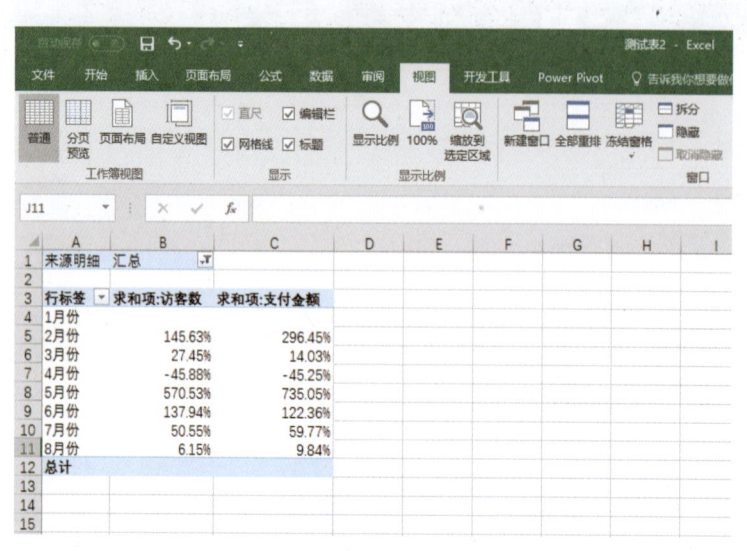

图 2-54

2.2.4 利用数据透视表进行数据分组统计

我们经常需要分析客单价和销量，特别是要切入一个行业时，除了要了解这个行业好不好做外，还要了解这个行业的哪个价位段最好做，本节学习用 Excel 的数据透视表进行数据分组统计，达到这个目的。

如果想要了解某个产品的客单价和销售量之间的关系，那么可以先把行业做得比较好的产品之间的客单价、销量统计和分析。

第一步：挖掘某个关键词下宝贝销量排名前五页的数据，可以选择一个关键词，当然，这里是随便输入的，一般情况下，要根据需求决定关键词。例如，如果要分析女装针织衫情况，那么只需要输入"针织衫女"这样的关键词，然后点击按照"销量从高到低"的排序，把显示方式设置为列表的模式，接下来就可以把所有宝贝都复制出来粘贴到 Excel 表格中，记住粘贴的时候选择匹配目标格式的方式，如图 2-55 所示。

第二步：开始整理数据，把挖掘复制出来的数据粘贴到 Excel 表格中，如图 2-56 所示，但是这样的数据是没办法直接使用的，是很乱的数据，而真正想要的其实就是两项：客单价和对应的销量。也就是说，除了售价和收货人数外，其他数据都是需要删除的，但是不能一个一个删除，因为那样太耗时间，所以需要寻找一种最快速的方法。这时，首先要做的是寻找这两个数据之间的规律，学会找规律这一点非常重要，这也是淘宝数据分析过程中非常重要的一点，如图 2-56 所示。

图 2-55

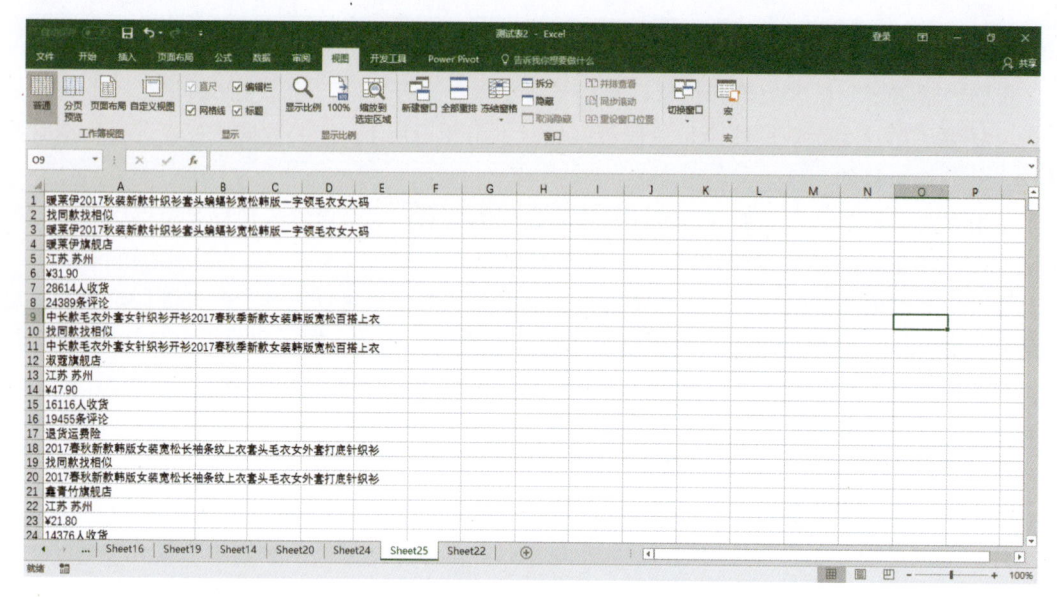

图 2-56

通过观察，可以发现售价和收货人数之间有这样一个规律，要么它们在一起，要么它们之间相隔一个运费，也就是说，如果这个卖家是包邮的，那么它们就在一起，如果不是包邮的，那么它们之间就相隔一个运费，如果把所有的运费去掉，那么就成了上下在一起的规律，所有的宝贝都成了上一行是价格，下一行是收货人数，如图 2-57 所示。

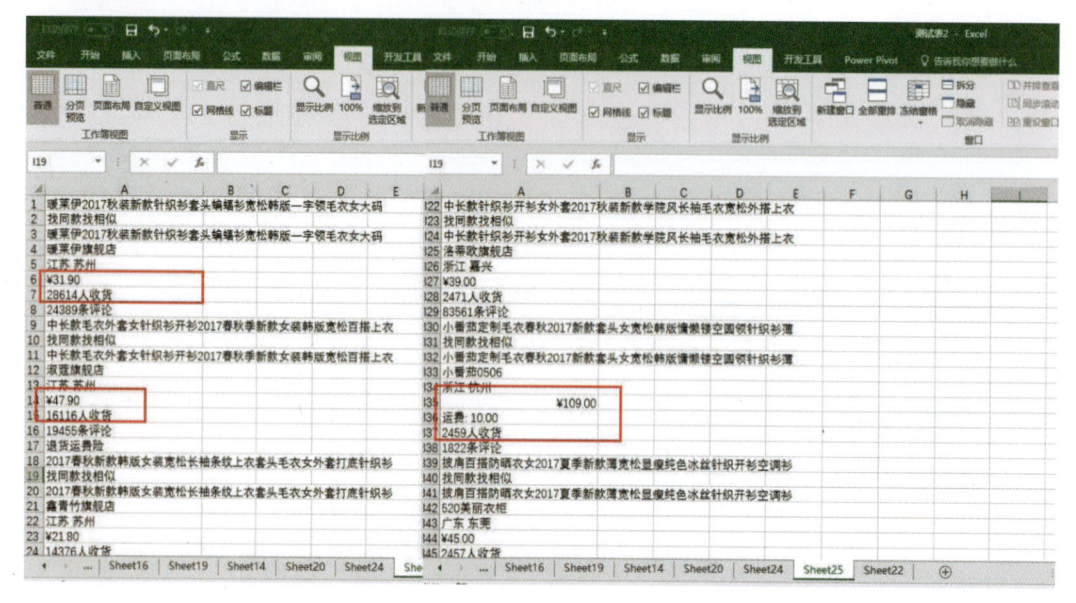

图 2-57

首先，删除所有运费，这里可以利用 Excel 的筛选功能。点击"数据"菜单下"筛选"选项卡，然后把所有运费筛选出来，然后点击"确定"按钮之后就可以把所有的运费都显示出来，如图 2-58 所示。

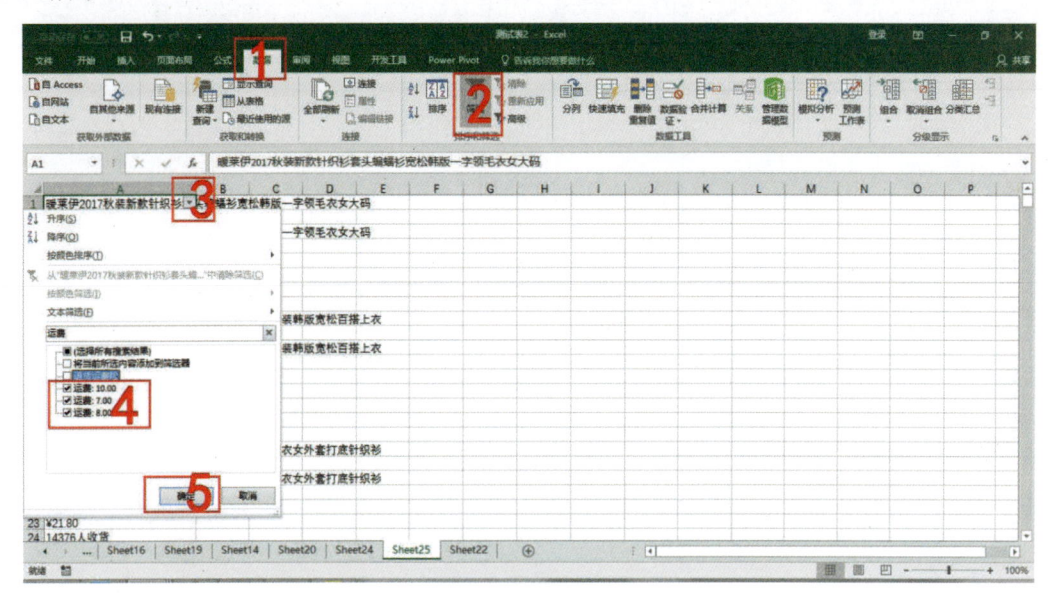

图 2-58

如图 2-59 所示，选中运费行，点击鼠标右键直接删除行。

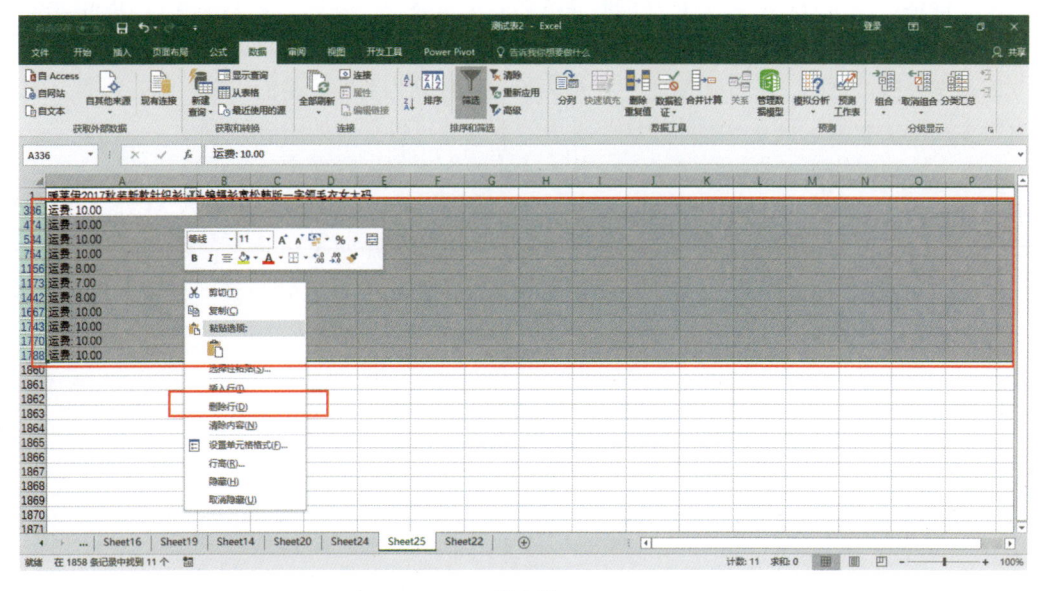

图 2-59

再一次筛选，勾选"全选"，点击"确定"按钮，又会把所有的数据都恢复显示出来，这时，所有的结果都一样，上面是价格，下面是收货人数，如图 2-60 所示。

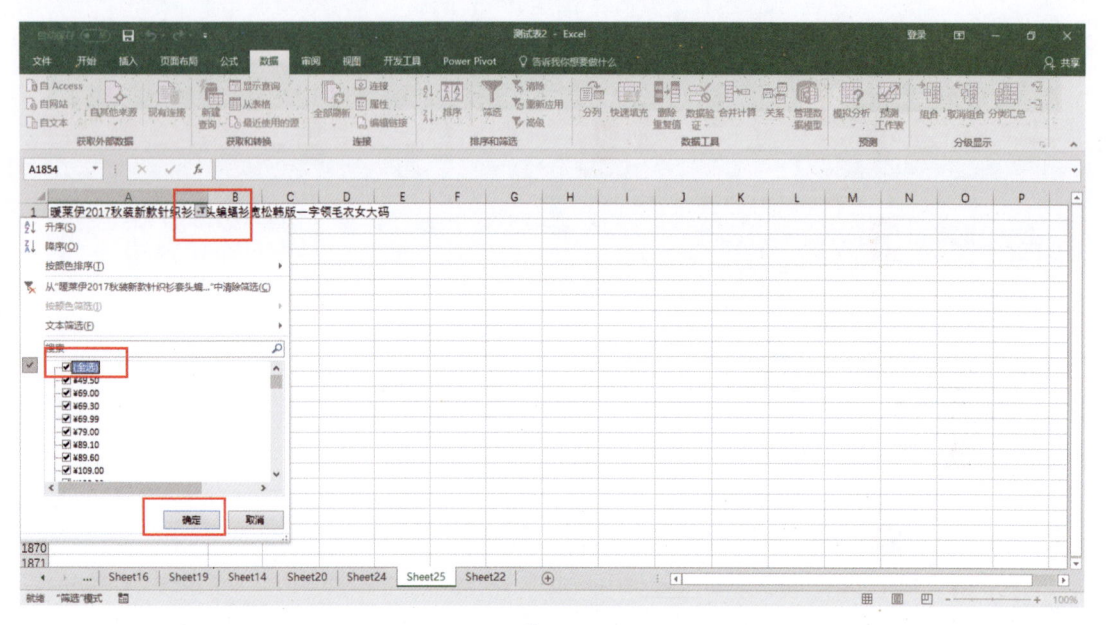

图 2-60

接下来，进行下一步整理，我们肯定是希望价格一列，收货人数对应在后面那一列，即 A 列为所有价格，B 列为对应 A 列价格的收货人数，要实现这一步不难，只需要在 B6 单元格中输入"=A7"，然后点击 B6 单元格，把光标移动到单元格的右下角，当出现黑色十字时双击就会立即填充公式。这时，基本上实现了 A 列为价格、B 列为对应价格的收货人数。只是，中间还有很多没用的数据，只需要删除掉这些没用的数据就可以了，如图 2-61 所示。

刚刚已经利用筛选功能删除了所有运费，这次逆向思考，同样可以利用筛选功能，筛选出想要保留的项。同样，通过规律发现，所有的价格前面都有一个"¥"的符号，因此可以利用这一点，在筛选的时候搜索"¥"，然后点击"确定"按钮，如图 2-62 所示。

这样，基本得到了想要的结果，但是因为最终想得到纯数据，目前的数据还不符合预期，所以还需要进一步处理，如图 2-63 所示。

第2篇　工具篇

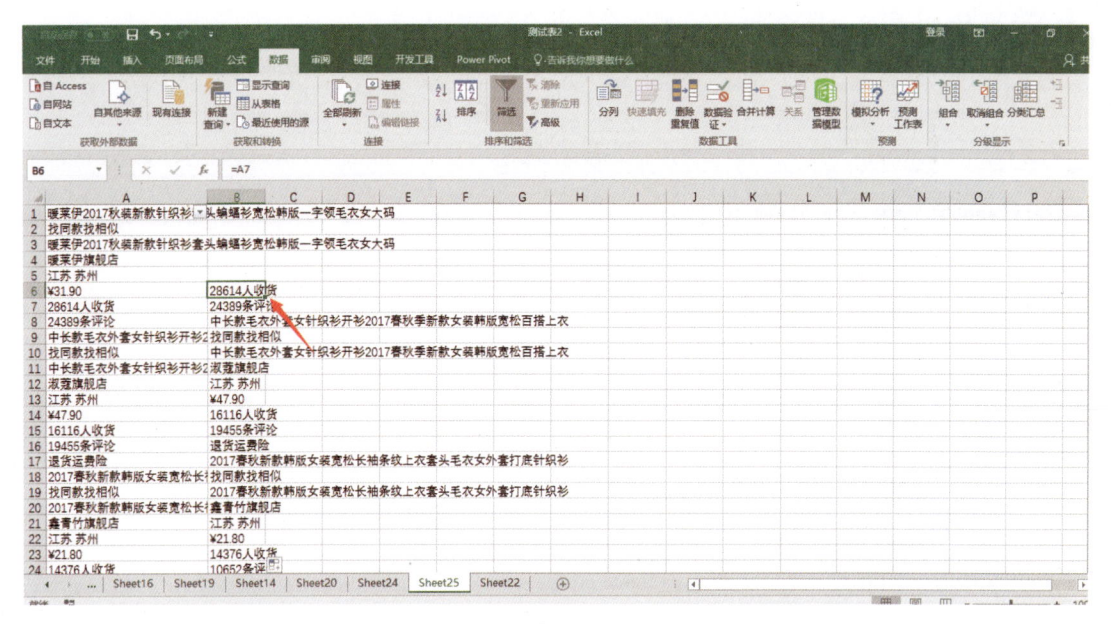

图 2-61

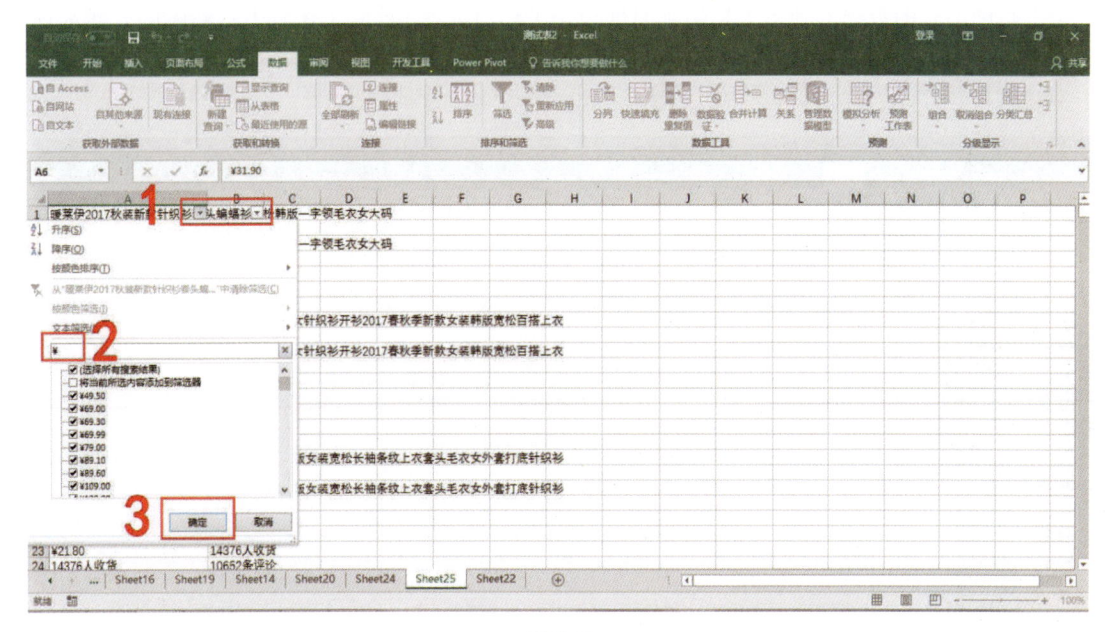

图 2-62

59

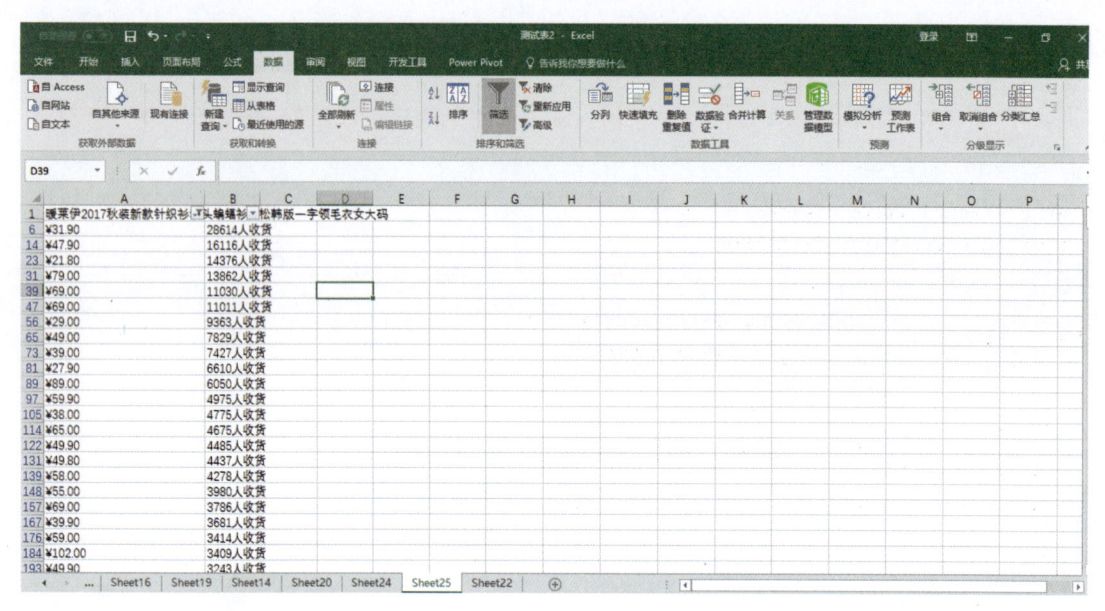

图 2-63

把筛选出来的数据复制出来粘贴到另外一个工作簿或者 Excel 工作表中，粘贴的方式选择粘贴数值方式，粘贴之后如图 2-64 所示，有一部分没有了符号"¥"，而且还有一个问题是第一列出现的排序不一样，带有"¥"的靠左，没有带"¥"的靠右。

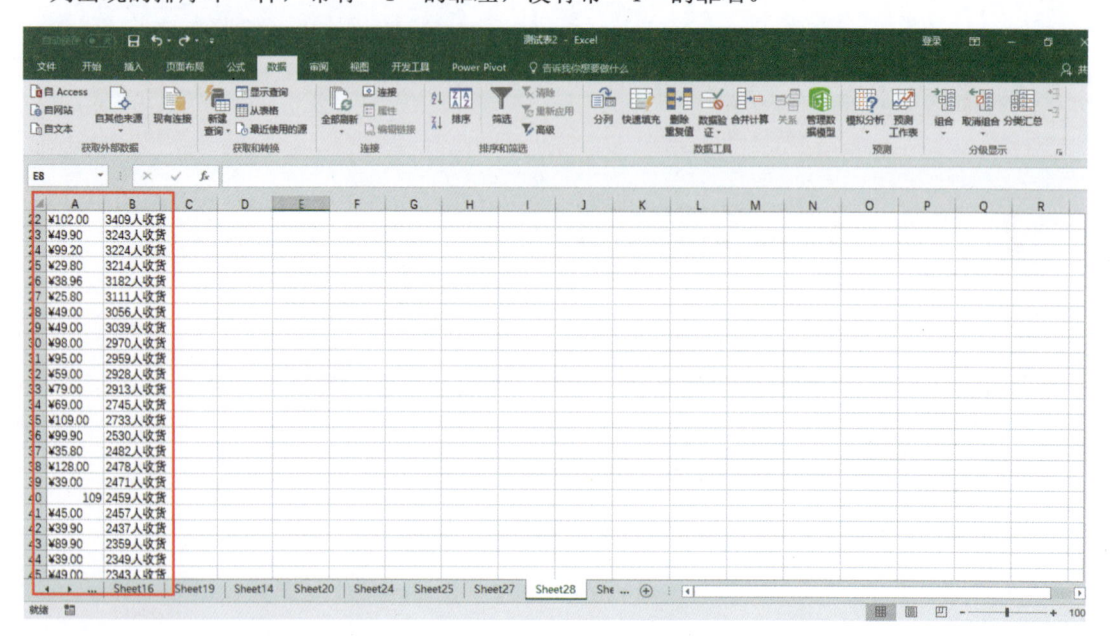

图 2-64

实际上，如果对 Excel 有一定了解，就会想到文本格式和数值格式的关系。文本格式一般都是左对齐，而数值格式是右对齐。但是，可能很多新手一开始不会想到这里，特别是因为本身带有"¥"，很多人会认为现在就应该是文本格式。没关系，这次按照一个新手初学阶段处理。现在需要的是得到纯数字，这时要利用前面学过的分列功能。

先在 A 列后面插入一列空白列，然后选中 A 列，点击"数据"菜单下的"分列"选项卡，选择分隔符号类型，然后点击"下一步"按钮，如图 2-65 所示。

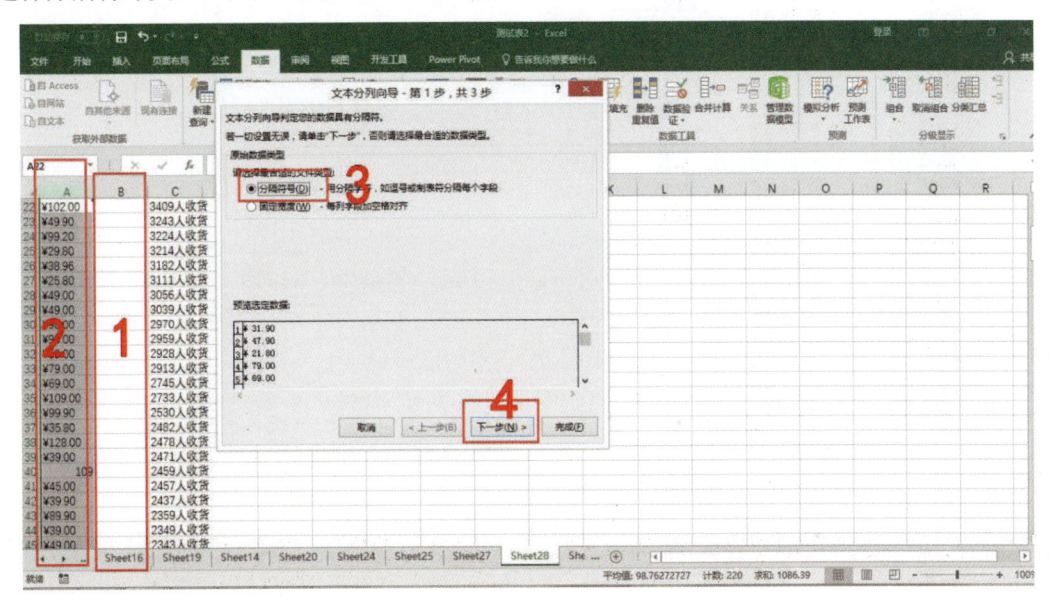

图 2-65

勾选"其他"分隔符，在后面的输入框中输入"¥"，点击"完成"按钮，如图 2-66 所示。

这时，离预期又近了一步，但是还存在一些小问题，就是原来没有"¥"的单元格在 B 列出现了空白，如图 2-67 所示。当出现空白需要填充时要想到前面学过的利用定位条件填充空白的方法。

先选中 B 列，然后按快捷键 Ctrl+G 调出"定位条件"对话框，选择"空值"，点击"确定"按钮，如图 2-68 所示。

然后，在 B40 单元格中输入"=A40"，再按 Ctrl+Enter 组合键即可填充所有空白的数据（实际以上的分列步骤可以充分利用 Excel 的替换功能，选中需要替换的整列数据，然后选择"替换"，在"查找内容"中输入"¥"，点击"全部替换"按钮。这样更简单，能大大提高工作效率，读者可以动手尝试)，如图 2-69 所示。

61

谁说菜鸟不会电商数据分析

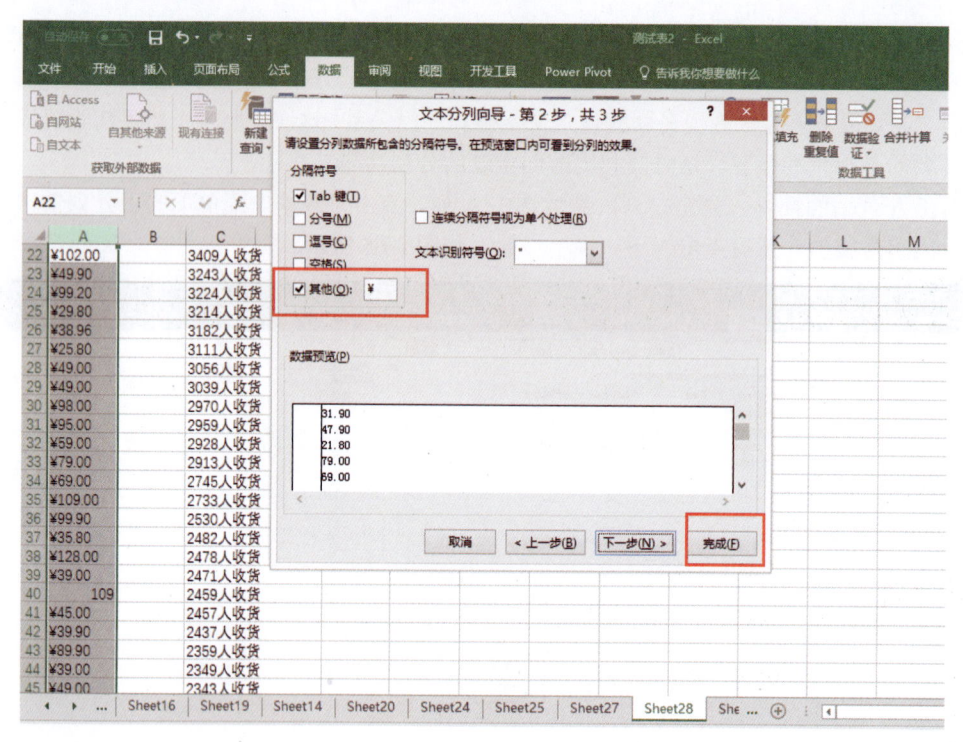

图 2-66

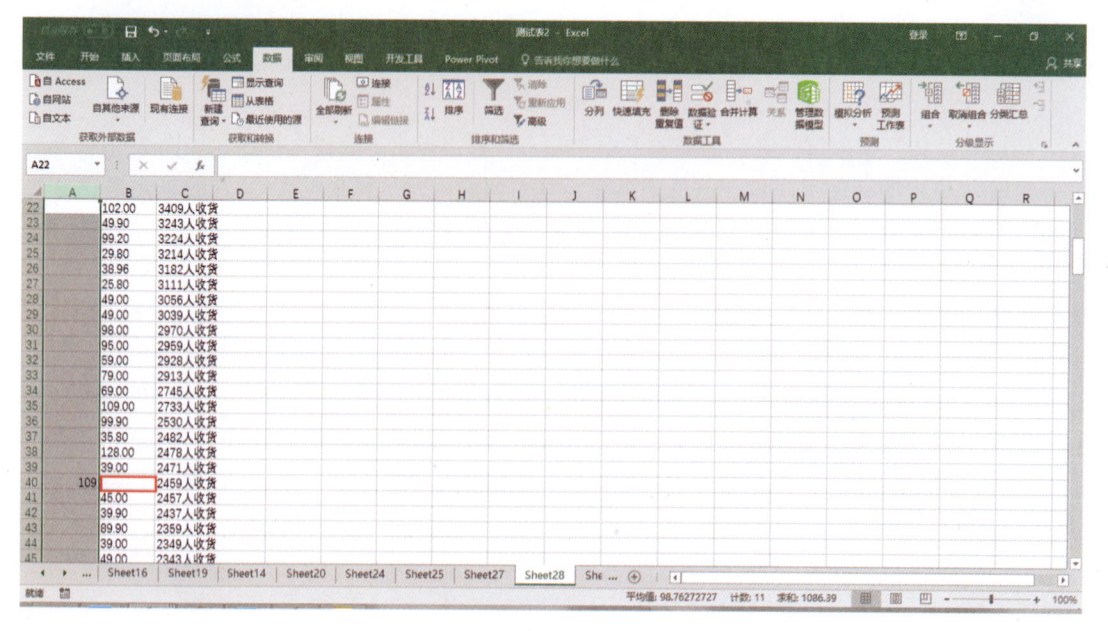

图 2-67

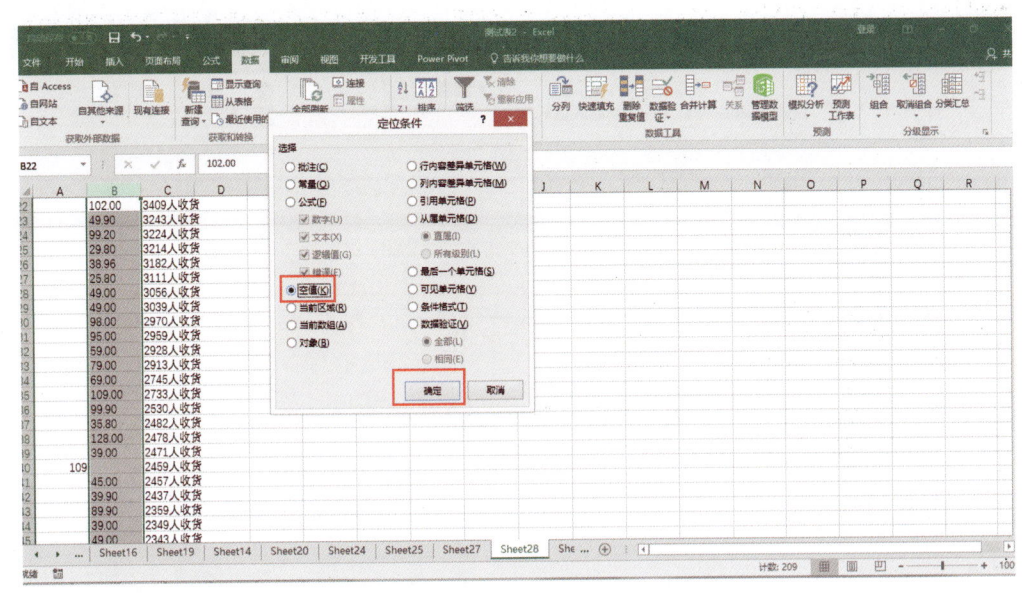

图 2-68

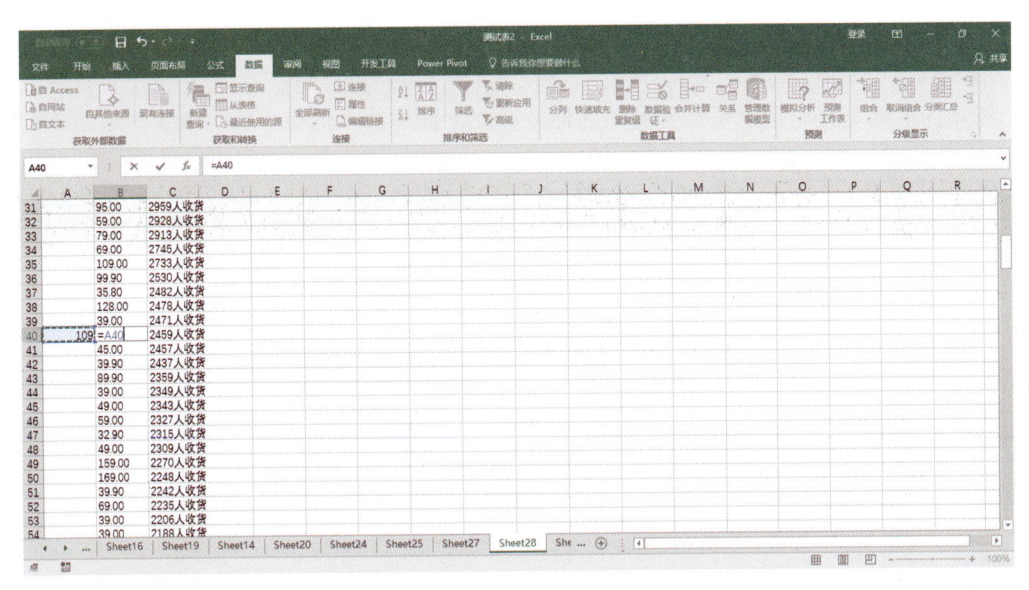

图 2-69

然后，用同样方法分列收货人数 C 列，方法和前面完全相同，只是在分隔符"其他"的输入项输入"人"而不是"¥"，即按照字符"人"分类，因为"人"前面是数字，只需要保留数字就可以了。点击"确定"按钮后，所有工作就完成了，中间的两列就是需要的数据，只需要复制这两列粘贴到另外的地方就可以，如图 2-70 所示。

63

谁说菜鸟不会电商数据分析

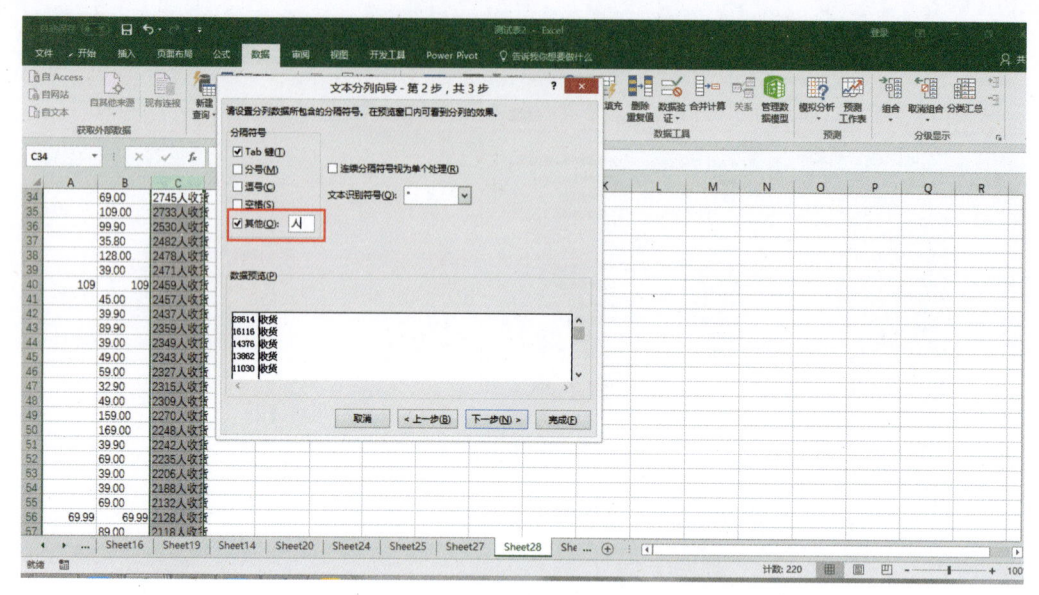

图 2-70

温馨提示：以上这些分列的操作其实都可以利用全部替换这个功能，只是为了让读者更好地掌握分列这个功能，因此这里用分列的方法，建议在实际操作过程中可以用全部替换的方法。

把中间的两列复制出来粘贴到另外的地方并在上面添加"价格"和"销量"这两个标题，如图 2-71 所示。

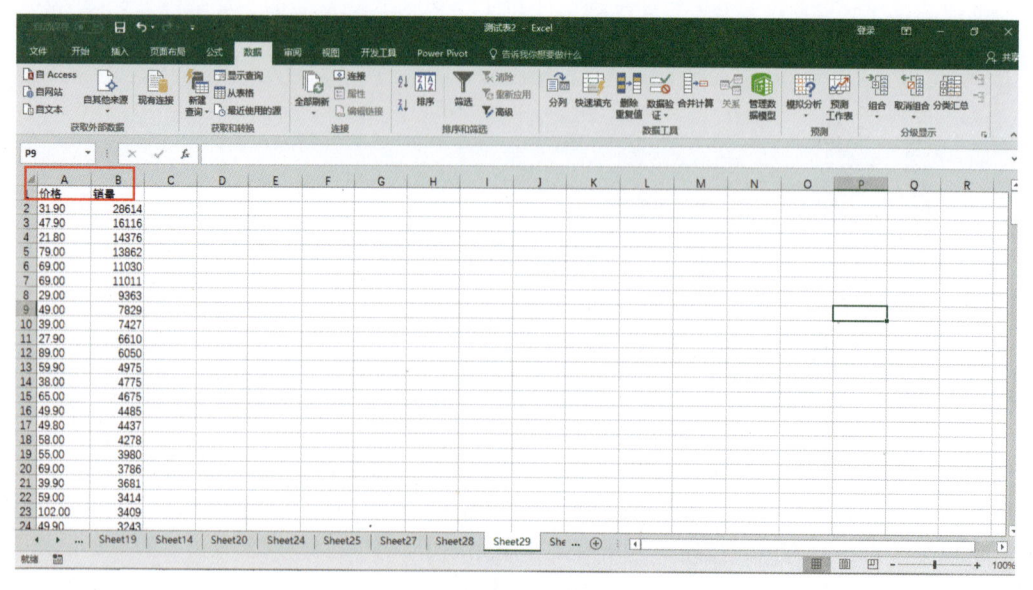

图 2-71

64

第2篇 工具篇

到了这一步时应该知道第一列是有问题的,因为正常情况下数字都是靠右对齐的,刚刚是因为前面带有"¥",所以误认为本应该是文本,但是到了现在必须要知道这个地方出现了问题,因为没有靠右对齐,所以这时需要找原因。

当然,如果第一次做,那么可能不会立刻找到原因。但是,当有了一定经验时,会很容易想到这一点,就是当看起来是数字的时候,它不靠右对齐,而且左上角没有绿色的三角形,这种情况很有可能是数字前后多了一些空格之类的。

当双击单元格的时候,发现光标不是紧挨着0,中间有一小段空白,所以需要把所有的空白替换,如图2-72所示。

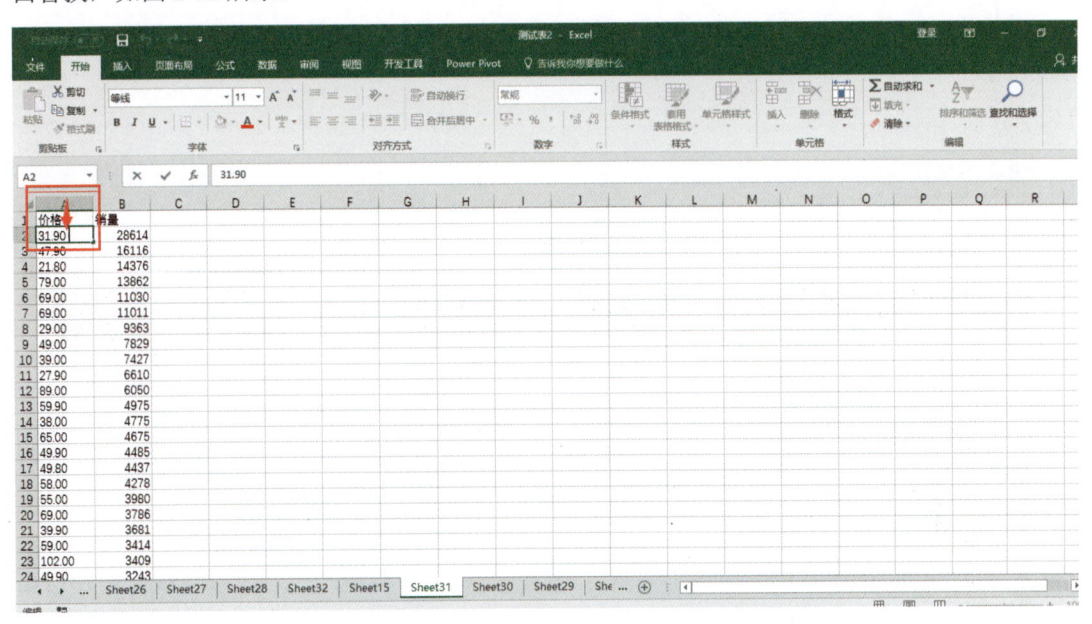

图 2-72

首先,复制空白,虽然看起来像空格,实际未必是空格,所以只能把它复制,不能用输入空格的方式。先选中这段空白的地方,然后复制。接下来,在"查找内容"里面粘贴刚刚复制的空白,然后直接点击"全部替换"按钮,如图2-73所示。

当点击"全部替换"按钮后,发现数字靠右对齐了,这时才真正地完成了数据整理过程,这个过程看起来好像有点麻烦,但是如果熟练了是很简单的。例如,当熟练以后,一开始就会想到替换空白,然后在分列的时候就只需要分列后面一栏,速度也快了很多,如图2-74所示。

65

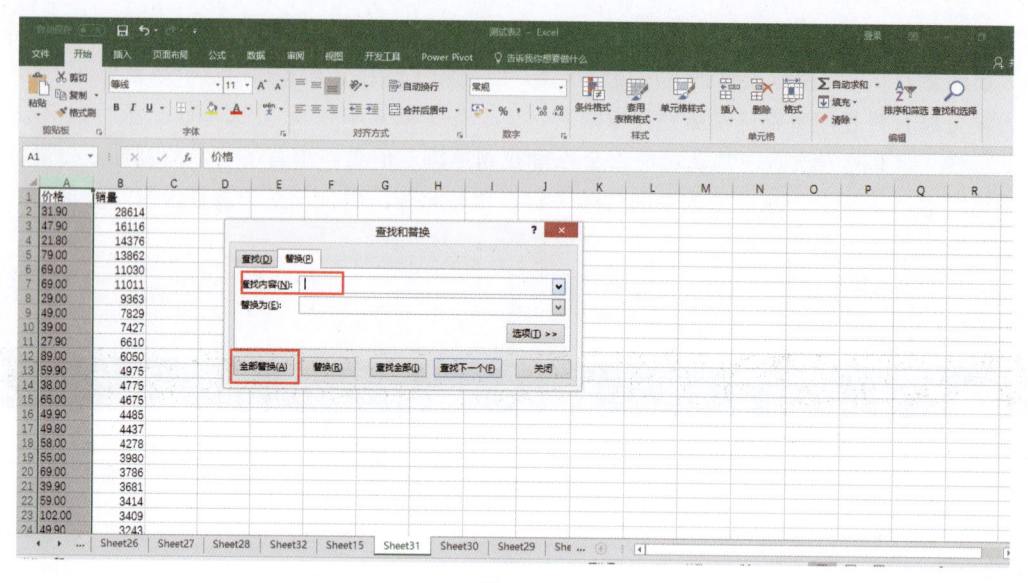

图 2-73

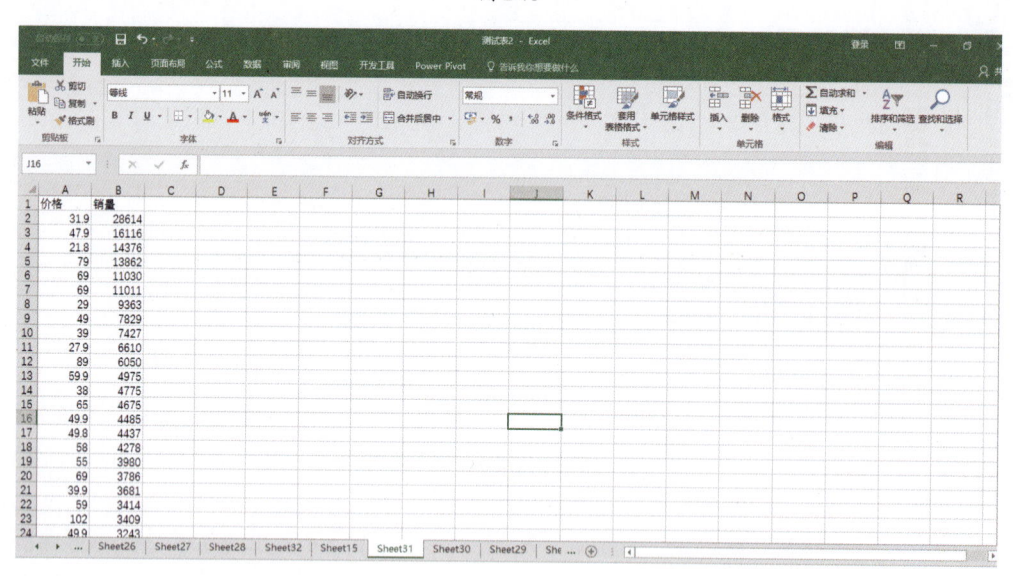

图 2-74

第三步：进行数据分组统计。

先插入一个数据透视表，把"价格"拖入"行"区域，把"销量"拖入"值"区域，并将其汇总方式设置为求和。这时，每一个价格对应的销量汇总就出来了。接下来，开始进行价格分组，如图 2-75 所示。

不过，在这个地方有些人可能会出现一个问题，就是最后做出来的格式可能如图 2-76 所示，这里明显是存在问题的。因为小数的位数不一样，有些有一位，有些有两位，有些没有，其实出现这个问题的原因是数据源格式的问题，有些还是文本的格式。如果出现这种情况，那么最简单的方法就是建议在插入数据透视表之前，先把数据源复制到 txt 文本里面，然后再从 txt 文本里面复制，以数值的形式粘贴到 Excel 里面，再插入数据透视表。这样，得到的结果肯定就不会有问题了。当然，如果懂得用函数转化成数值，那么用函数也是非常有效的方法。

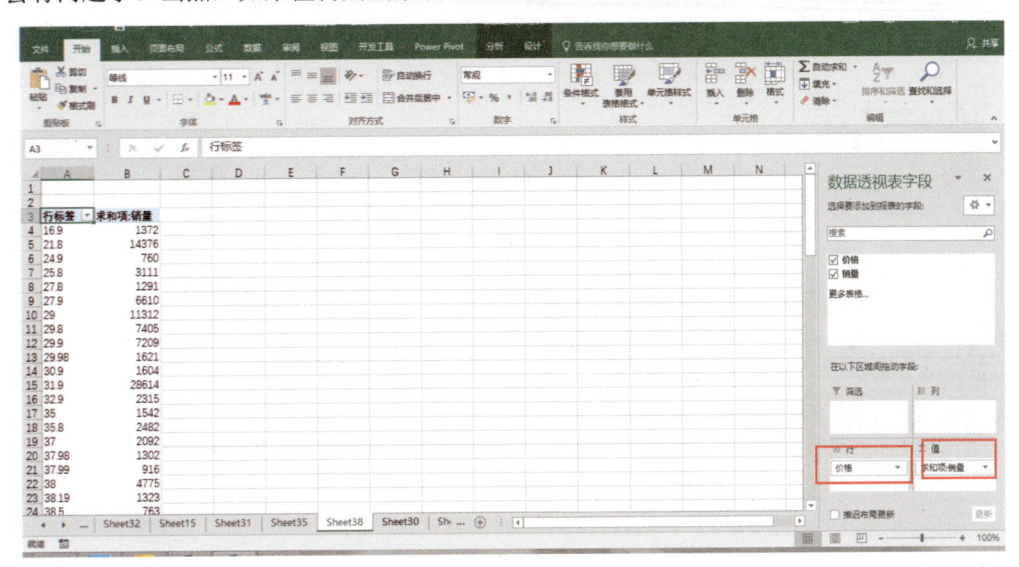

图 2-75

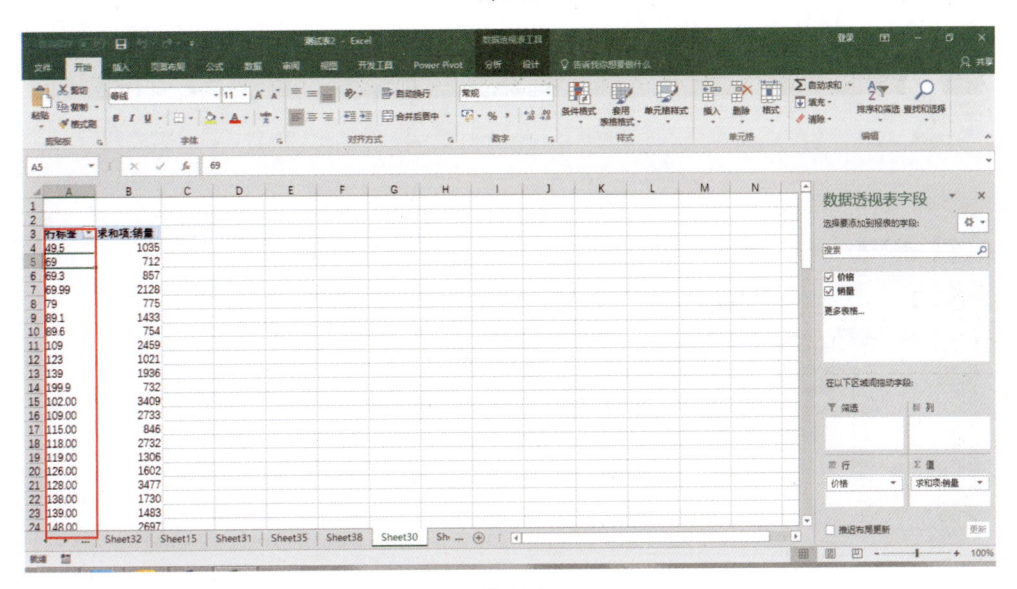

图 2-76

接下来，就需要正式分组了，分组很简单，如图 2-77 所示，用鼠标点击价格这一列的任意一个单元格，然后点击鼠标右键，选择"组合"，不同 Excel 的版本有区别，有些是选择创建分组，但是原理都一样，只是命名不同。

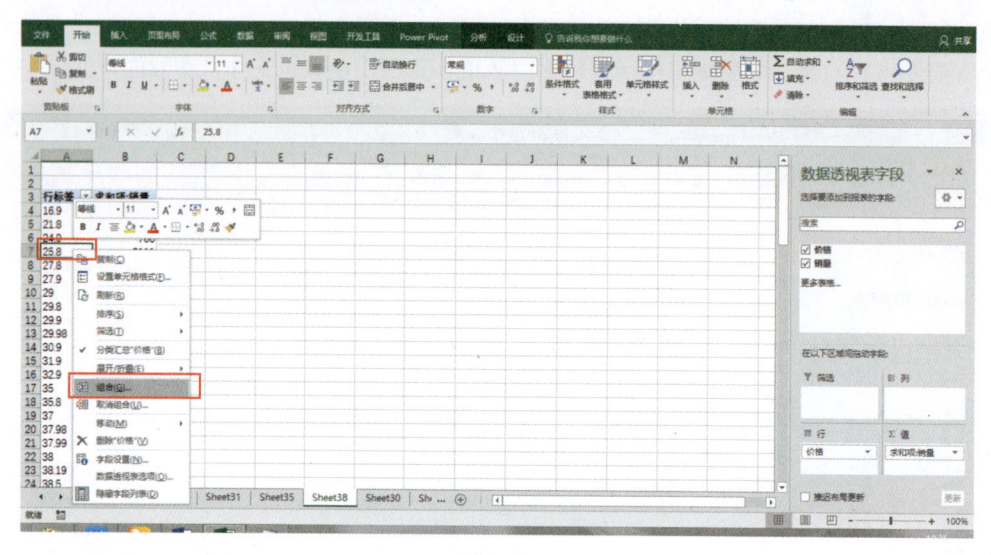

图 2-77

如图 2-78 所示，会弹出一个"组合"对话框，有"起始于""终止于""步长"三个参数，"起始于"默认最小值，"终止于"默认最大值，这些要根据实际需要填写。例如，价格可以起始于 15，终止于 400，步长设置为 20。

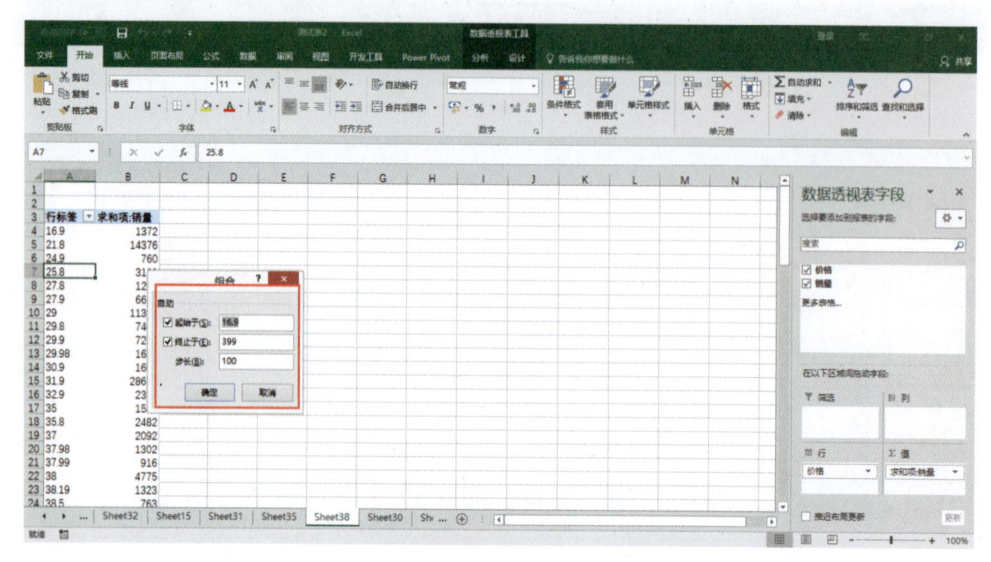

图 2-78

点击"确定"按钮后，会按照规则自动分组统计。从这里可以看到哪一个价格段的销售是最多的，哪一个价格段的销售是最少的，如图 2-79 所示。

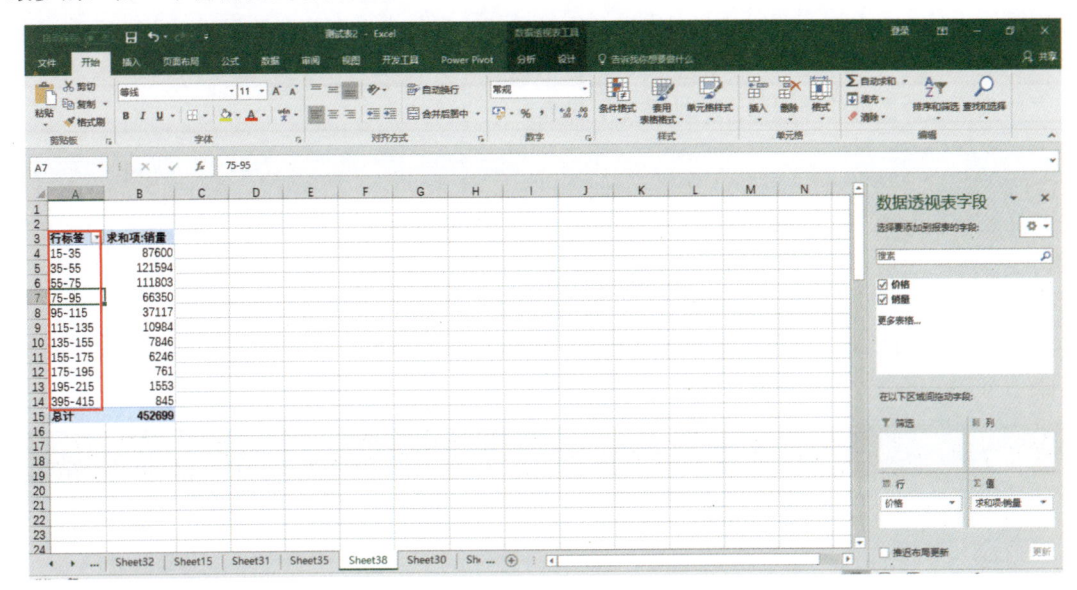

图 2-79

如果觉得数据还不是很直观，可以插入一个图，点击"插入"菜单下的"图表"选项卡就可以插入图，这样可以通过图表的形式清晰直观地展示数据，如图 2-80 所示。

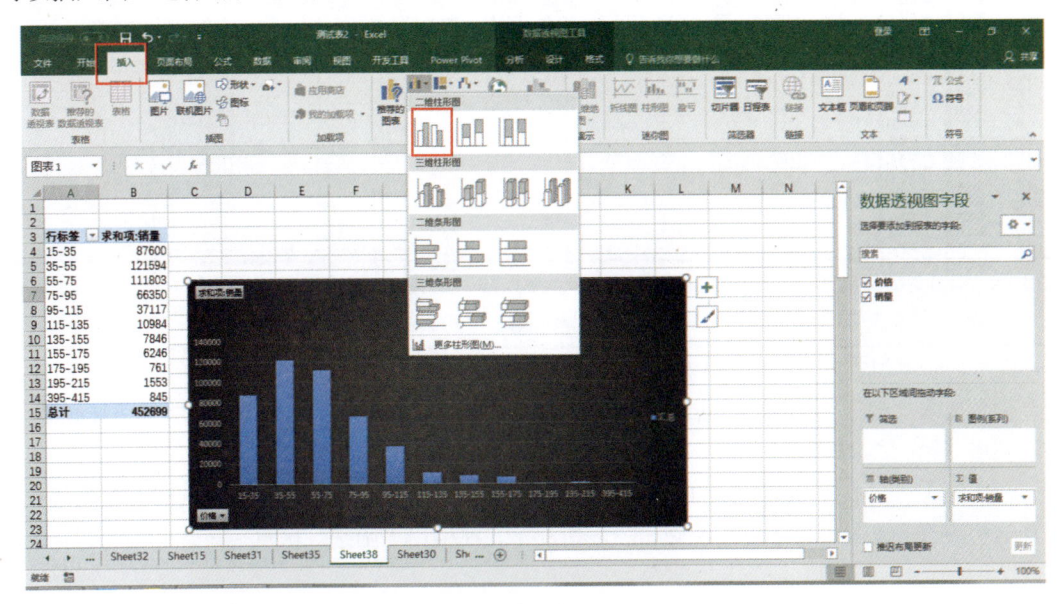

图 2-80

数据透视表的分组功能在做淘宝数据分析时是经常用到的，不只是在这个案例里，平时很多时候都能用到。它可以对日期分组，如以月为单位，也可以对其他文本型数据分型分组。本节用价格分析这个案例，单纯从分组来说是很简单的，但是重点在整理数据时对于新手来说会有点复杂，而且很多人在这个案例上出错，这也是为什么要以这个案例为基础，而且本节把中间大部分可能会出现的问题都一一地描述了出来。

2.2.5 切片器在数据透视表的应用

在数据透视表字段中有“筛选”“列”“行”“值”四个区域，在 2.3.2 节和 2.3.3 节中我们学习过筛选的使用方法。因为筛选在使用中太麻烦而且不方便，所以在数据透视表中应用得非常少，切片器可以替代筛选的功能。

例如，图 2-81 所示为用生意参谋下载的店铺流量情况数据，下面要做一个数据透视表分析每一个月流量渠道的访客数和支付金额的情况。

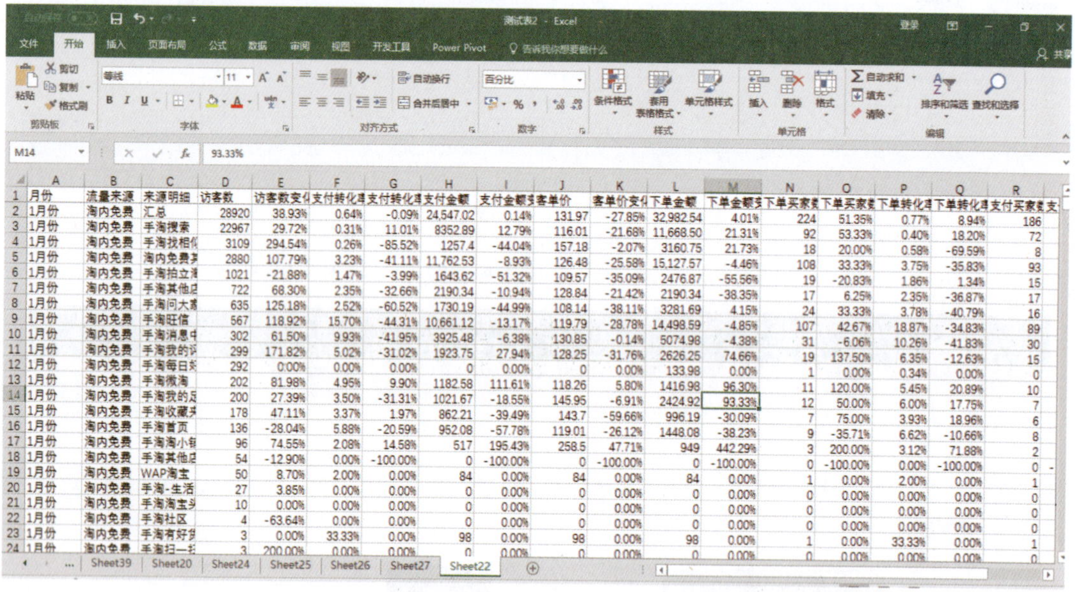

月份	流量来源	来源明细	访客数	访客数变	支付转化率	支付转化率	支付金额	支付金额变	客单价	客单价变	下单金额	下单金额变	下单买家数	下单买家数	下单转化率	下单转化率	支付买家数
1月份	淘内免费	汇总	28920	38.93%	0.64%	-0.09%	24,547.02	0.14%	131.97	-27.85%	32,982.54	4.01%	224	51.35%	0.77%	8.94%	186
1月份	淘内免费	手淘搜索	22967	29.72%	0.31%	11.01%	8352.89	12.79%	116.01	-21.68%	11,668.50	21.31%	92	53.33%	0.40%	18.20%	72
1月份	淘内免费	手淘找相	3109	294.54%	0.26%	-85.52%	1257.4	-44.04%	157.18	-2.07%	3160.75	21.73%	18	20.00%	0.58%	-69.59%	8
1月份	淘内免费	淘内免费其	2880	107.79%	3.23%	-41.11%	11,762.53	-8.93%	126.48	-25.58%	15,127.57	-4.46%	108	33.33%	3.75%	-35.83%	93
1月份	淘内免费	手淘拍立淘	1021	-21.88%	1.47%	-3.99%	1643.62	-51.32%	109.57	-35.09%	2476.87	-55.56%	19	-20.83%	1.86%	1.34%	15
1月份	淘内免费	手淘其他店	722	68.30%	2.35%	-32.66%	2190.34	-10.94%	128.84	-21.42%	2190.34	-38.35%	17	6.25%	2.35%	-36.87%	17
1月份	淘内免费	手淘问大家	635	125.18%	2.52%	-60.52%	1730.19	-44.99%	108.14	-38.11%	3281.69	4.15%	24	33.33%	3.78%	-40.79%	16
1月份	淘内免费	手淘旺信	567	118.92%	15.70%	-44.31%	10,661.12	-13.17%	119.79	-28.78%	14,498.59	-4.85%	107	42.67%	18.87%	-34.83%	89
1月份	淘内免费	手淘消息中	302	61.50%	9.93%	-41.95%	3925.48	-6.38%	130.85	-0.14%	5074.98	-4.38%	31	-6.06%	10.26%	-41.83%	30
1月份	淘内免费	手淘我的评	299	171.82%	5.02%	-31.02%	1923.75	27.94%	128.25	-31.76%	2626.25	74.66%	19	137.50%	6.35%	-12.63%	15
1月份	淘内免费	手淘每日好	292	0.00%	0.00%	0.00%	0	0.00%	0	0.00%	133.98	0.00%	1	0.00%	0.34%	0.00%	0
1月份	淘内免费	手淘微淘	202	81.98%	4.95%	9.90%	1182.58	111.61%	118.26	5.80%	1416.98	96.30%	11	120.00%	5.45%	20.89%	10
1月份	淘内免费	手淘我的足	200	27.39%	3.50%	-31.31%	1021.67	-18.55%	145.95	-6.91%	2424.92	93.33%	12	50.00%	6.00%	17.75%	7
1月份	淘内免费	手淘收藏夹	178	47.11%	3.37%	1.97%	862.21	-39.49%	143.7	-59.66%	996.19	-30.09%	7	75.00%	3.93%	18.96%	6
1月份	淘内免费	手淘首页	136	-28.04%	5.88%	-20.59%	952.08	-57.78%	119.01	-26.12%	1448.08	-38.23%	9	-35.71%	6.62%	-10.66%	8
1月份	淘内免费	手淘淘小铺	96	74.55%	2.08%	14.58%	517	195.43%	258.5	47.71%	949	442.29%	3	200.00%	3.12%	71.88%	2
1月份	淘内免费	手淘其他店	54	-12.90%	0.00%	-100.00%	0	-100.00%	0	-100.00%	0	-100.00%	0	-100.00%	0.00%	-100.00%	0
1月份	淘内免费	WAP淘宝	50	8.70%	2.00%	0.00%	84	0.00%	84	0.00%	84	0.00%	1	0.00%	2.00%	0.00%	1
1月份	淘内免费	手淘-生活	27	3.85%	0.00%	0.00%	0	0.00%	0	0.00%	0	0.00%	0	0.00%	0.00%	0.00%	0
1月份	淘内免费	手淘淘宝头	10	0.00%	0.00%	0.00%	0	0.00%	0	0.00%	0	0.00%	0	0.00%	0.00%	0.00%	0
1月份	淘内免费	手淘社区	4	-63.64%	0.00%	0.00%	0	0.00%	0	0.00%	0	0.00%	0	0.00%	0.00%	0.00%	0
1月份	淘内免费	手淘有好货	3	0.00%	33.33%	0.00%	98	0.00%	98	0.00%	98	0.00%	1	0.00%	33.33%	0.00%	1
1月份	淘内免费	手淘扫一扫	3	200.00%	0.00%	0.00%	0	0.00%	0	0.00%	0	0.00%	0	0.00%	0.00%	0.00%	0

图 2-81

按照之前学习的方法，需要插入一个数据透视表。把“月份”拖入“行”，把“访客数”和“支付金额”拖入“值”，并将其汇总设置为求和，把“来源明细”拖入“筛选”，然后选择想要分析的渠道，如图 2-82 所示。

这时会碰到一个体验很不好的地方，就是如果想换一种明细渠道分析，那么需要重新筛选，而且这种筛选的体验非常不好。所以，一般情况下，很少用“筛选”区域，而是直接用切片器。

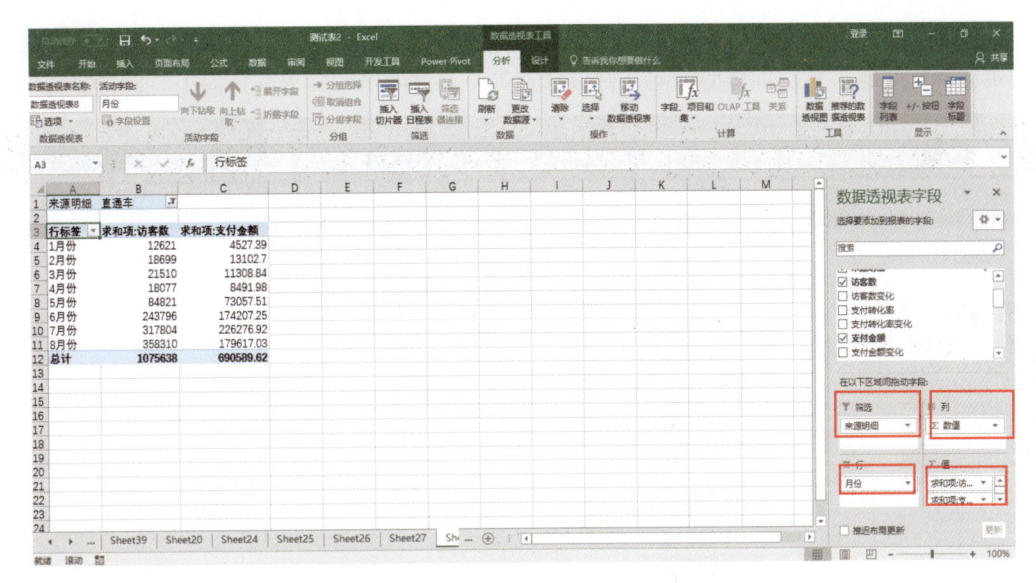

图 2-82

用切片器取代"筛选"区域很简单,在插入数据透视表的时候,只需要把"月份"拖入"行",把"访客数"和"支付金额"拖入"值",并将其汇总方式设置为求和,而不需要把"来源明细"拖入"筛选"区域。

然后,点击"插入"菜单下的"切片器"选项卡,在弹出的对话框中勾选"来源明细",点击"确定"按钮,如图 2-83 所示。

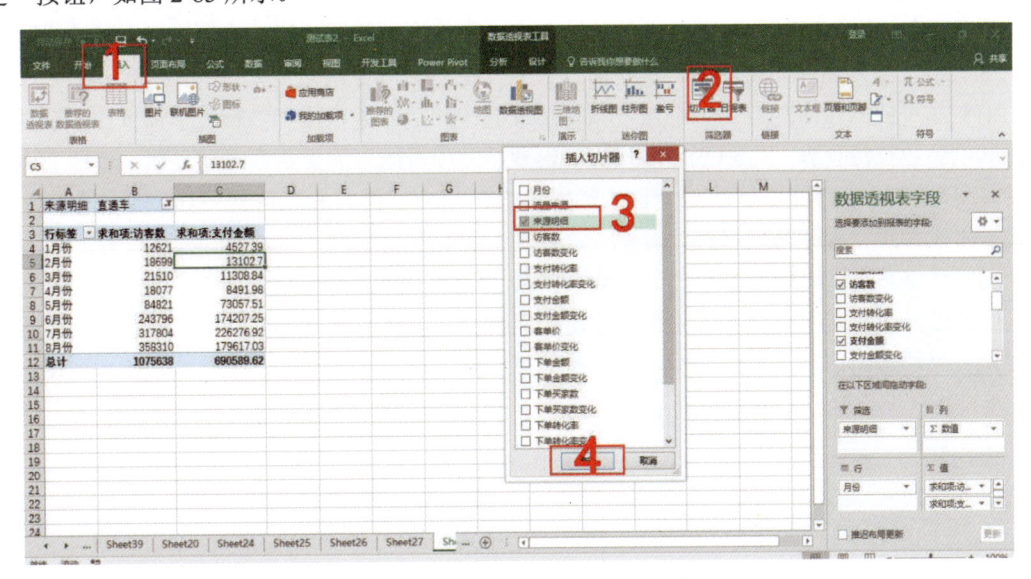

图 2-83

这时，会弹出一个切片器，点击想要分析的来源明细，数据透视表中的数据就会自动展现该明细渠道的数据。这样的体验明显比筛选功能好，而且效率也会更高，如图 2-84 所示。

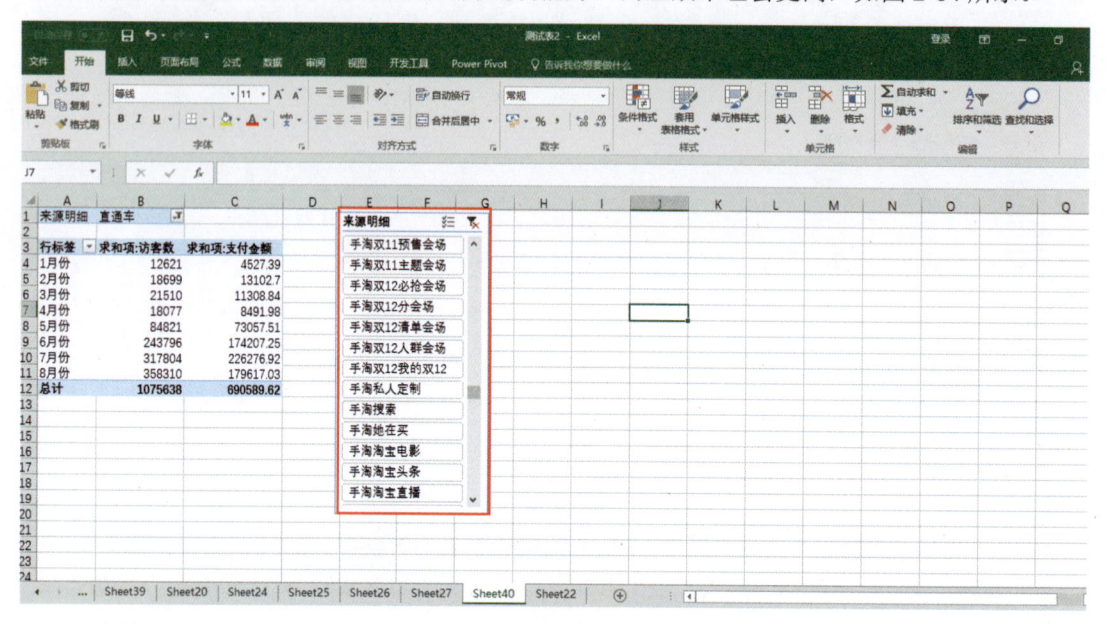

图 2-84

2.2.6 更改数据源和刷新数据透视表

在做淘宝数据分析时，经常会用到各种表格，但是不可能每一次在需要用的时候才做这样的一个表格，因为那样的话效率太低，而且会重复很多的内容，完全可以制作一个模板，下次使用的时候可以直接添加数据。但是，数据透视表中的数据源在添加数据之后需要重新更改数据源和刷新数据透视表，否则数据透视表的内容不会跟着数据的更新而自动更新。

如图 2-85 所示，以地域销量分析为例，可以做一个模板，后期需要增加数据就可以，而不需要每次都重复操作制表过程。

先把已经下载好的数据插入一个数据透视表，如图 2-86 所示。

如果想增加数据，只需要在数据源里添加数据，但是对于刚添加的数据，数据透视表里的内容是不自动更新的，需要做两步才能更新数据。

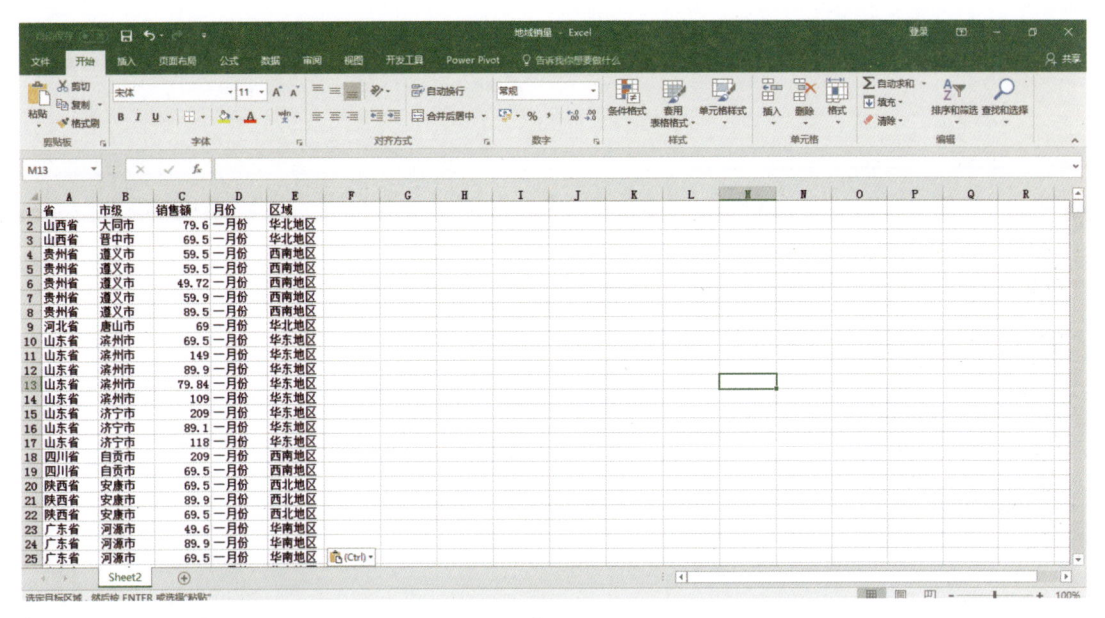

图 2-85

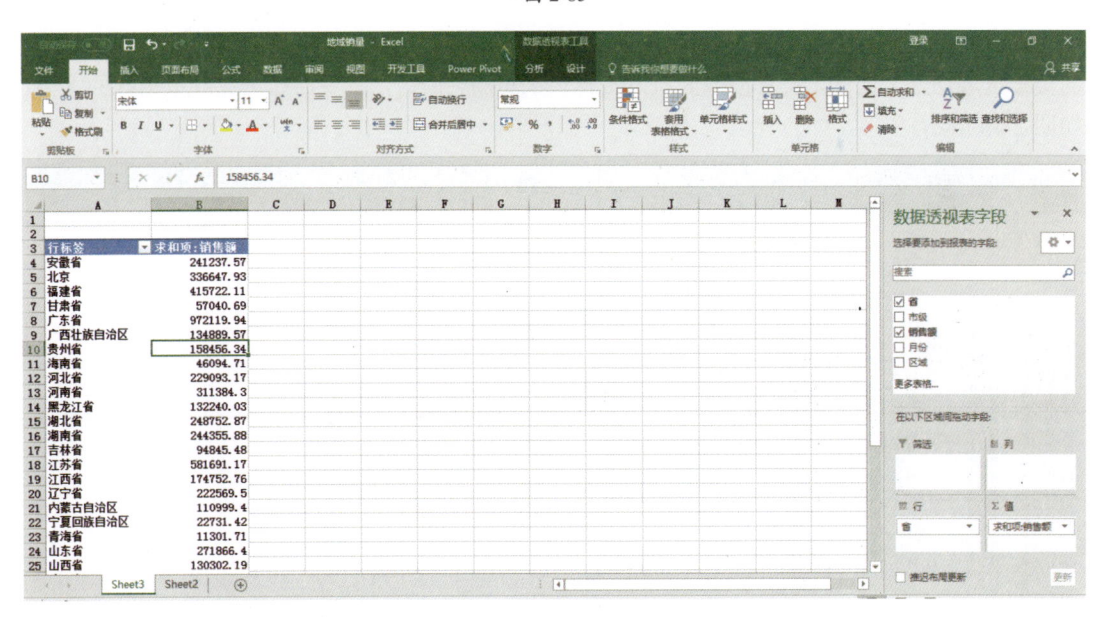

图 2-86

第一步：更改数据源。

如图 2-87 所示，在"分析"菜单下的"数据"选项卡中点击"更改数据源"。

73

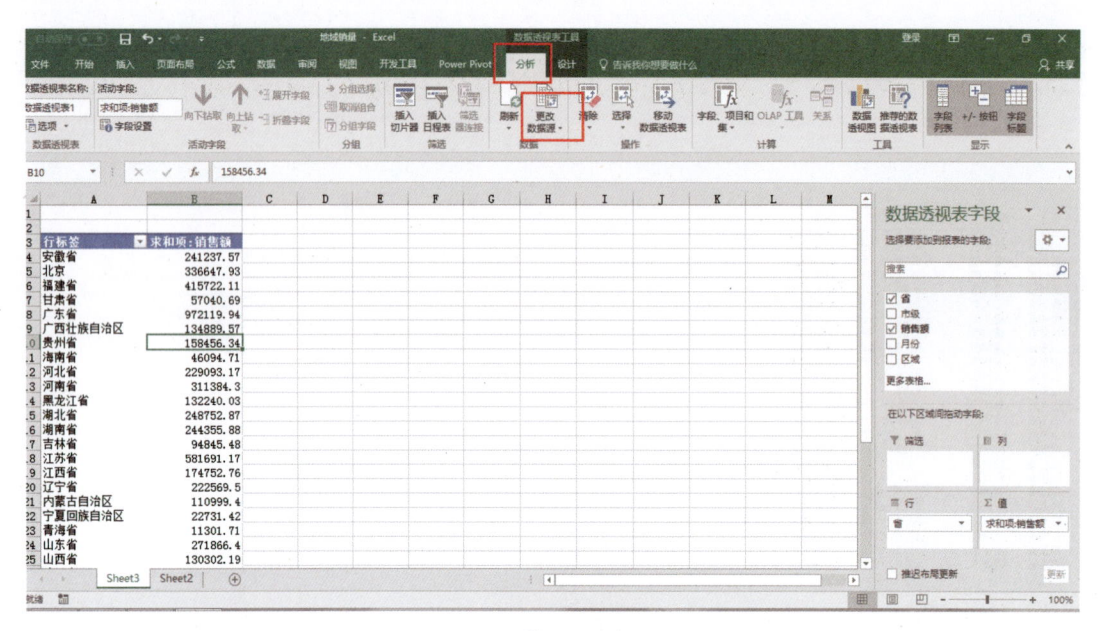

图 2-87

然后，在弹出的对话框中选中所有数据的数据源，可以看出，每一次添加数据的时候这里的数据区域还是之前的，没有根据更新的数据自动更新，因此，需要在这里更改数据源的区域，如图 2-88 所示。

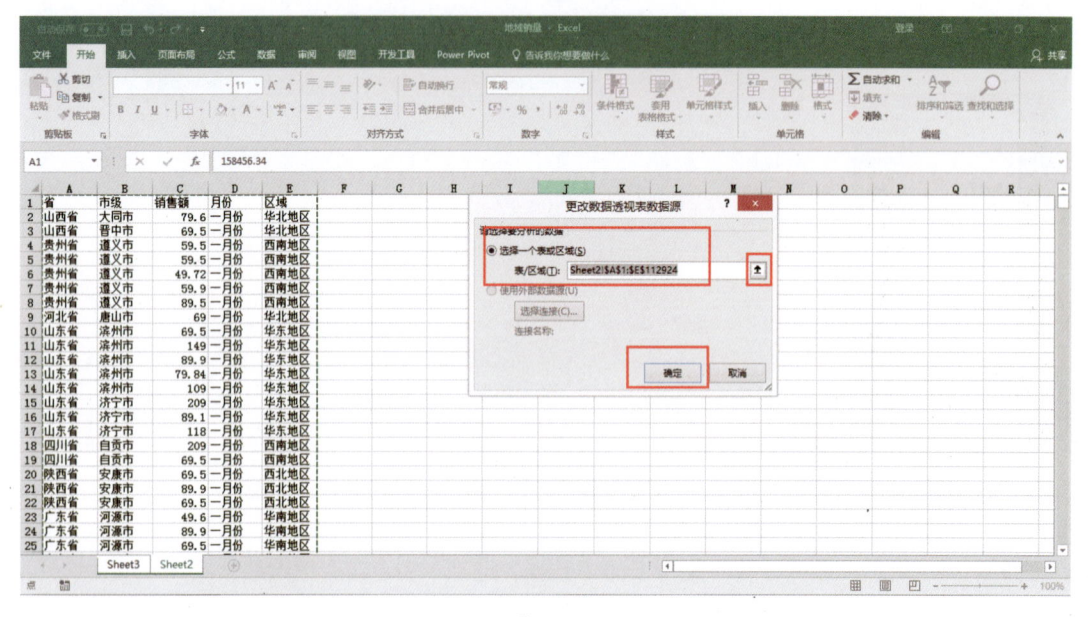

图 2-88

当更改了数据源之后，点击"确认"按钮，再次回到数据透视表中，这时发现这里的数据还是没有更新，那是因为数据透视表没有自动计算，需要刷新重新计算。

第二步：刷新数据。

如图 2-89 所示，点击"分析"菜单下的"数据"选项卡中的"刷新"，然后点击"全部刷新"。这样，整个数据透视表中的内容就会更新计算，相当于根据新的数据源重新做了一个数据透视表。

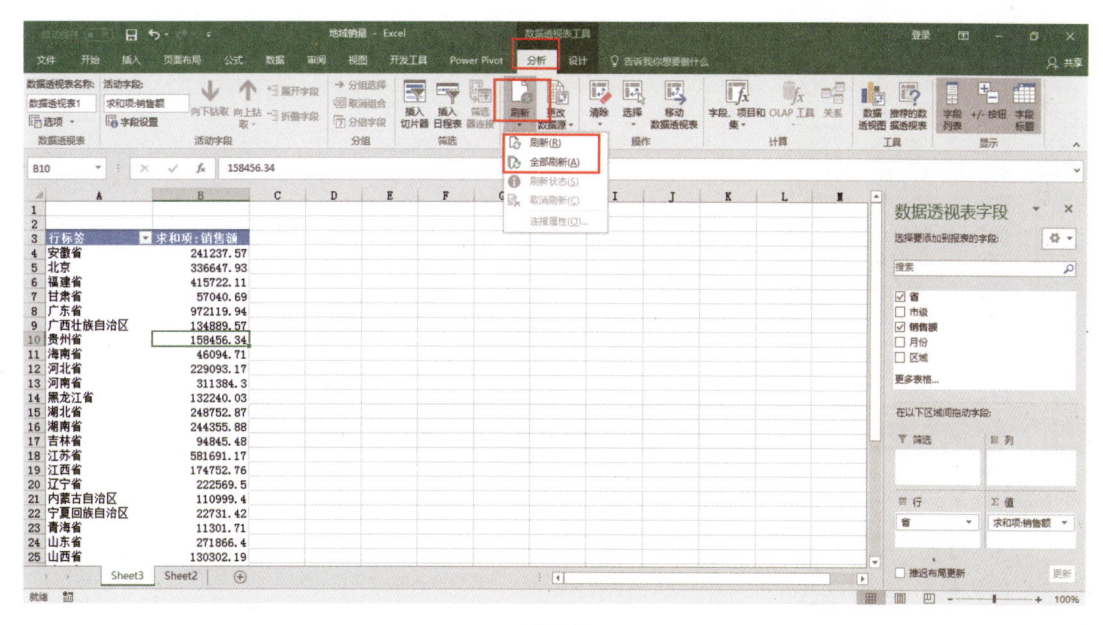

图 2-89

其实，这样的过程还不是便捷的，因为每次要更改数据源的时候比较麻烦，还有另外一种更好的办法可以省去这一步。

如图 2-90 所示，先选中所有的数据源，然后点击"插入"菜单下的"表格"，插入一个表格。

当点击"确定"按钮后，原来的数据源就会变成一个表格，一行带底色、一行没有带底色，这样循环，如图 2-91 所示。

这种一个带底色、一个没带底色的所有范围都是同一个表，在表的形式下插入一个数据透视表后再来看一次更改数据源。如图 2-92 所示，这时会发现表述和原来的不一样了，范围是表的名称，也就是说范围是整个表。所以，接下来如果想添加数据那么可以直接往这个表里面添加，因为只要数据添加在这个表里，那么不需要更改数据，但是每一次添加完数据之后，必须要刷新，如果没有刷新就不会重新计算，需要注意的是，添加的数据一定要放在表里面，如果放在表外面会出错。

谁说菜鸟不会电商数据分析

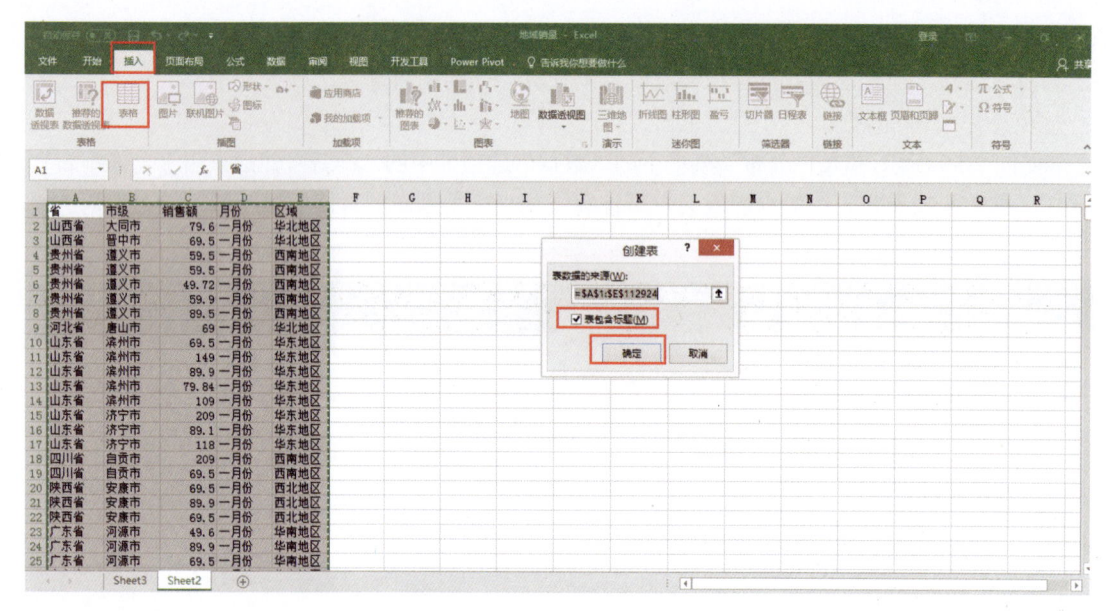

图 2-90

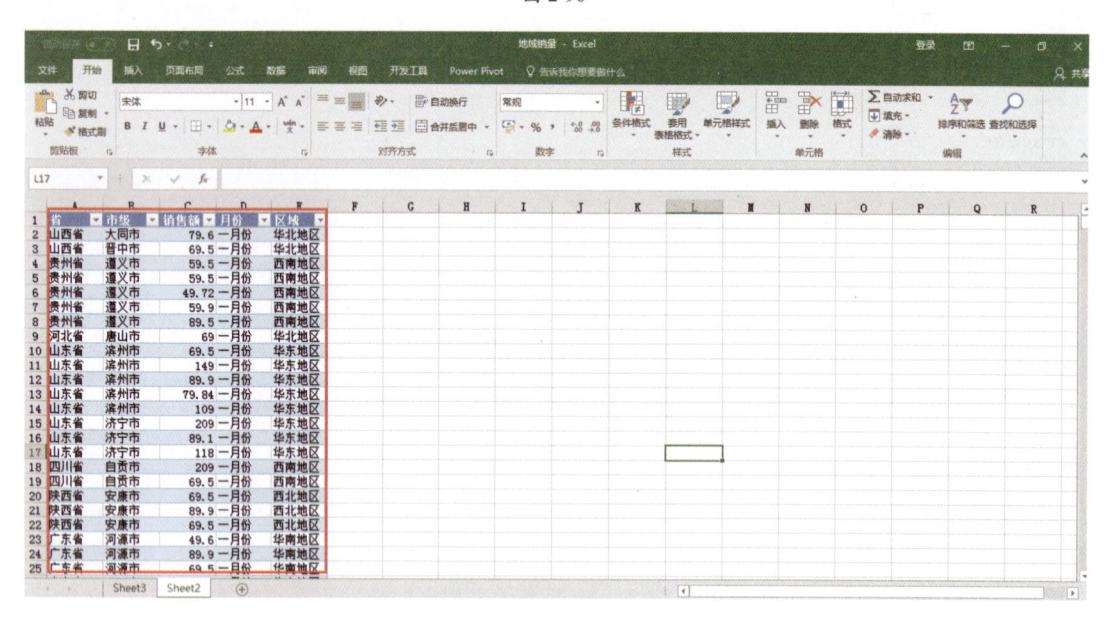

图 2-91

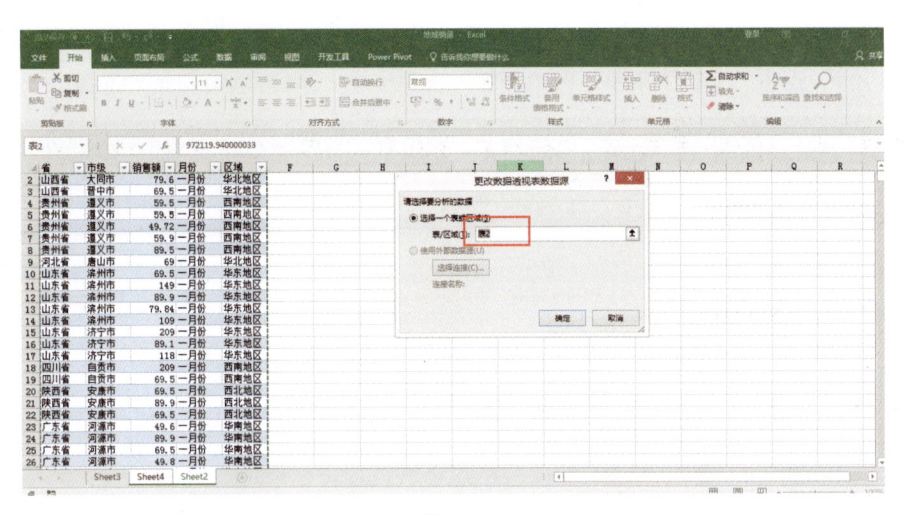

图 2-92

2.2.7 数据透视表中插入公式

在平时做淘宝数据分析的时候，经常会碰到淘宝没有直接给出有些指标的数据。例如，收藏率和加购率，淘宝并没有直接给出加购率和收藏率，但是它给出了访客数、加购人数和收藏人数，而我们都知道加购率＝加购人数／访客数。那么，我们可以利用这一点在数据透视表中插入这样的公式，让它自动计算出收藏率和加购率。

如图 2-93 所示，该数据是来源于生意参谋中某单品的数据，我们知道了访客数，也知道了加购人数和收藏人数，但是生意参谋的数据没有直接给出加购率和收藏率，也就是需要我们自己计算。

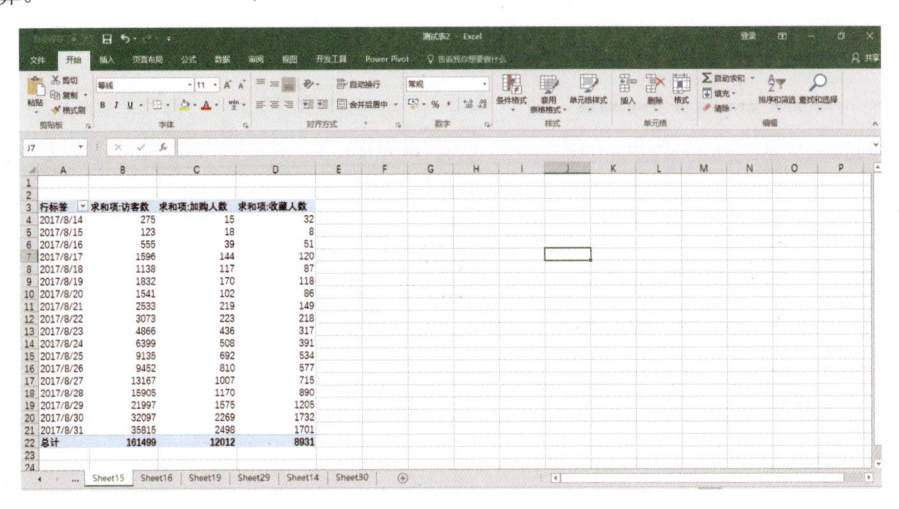

图 2-93

如果懂得了在 Excel 数据透视表中插入公式，那么要实现显示加购率和收藏率非常简单。如图 2-94 所示，点击"分析"菜单下的"计算"选项卡中"字段,项目和集"，选择"计算字段"。

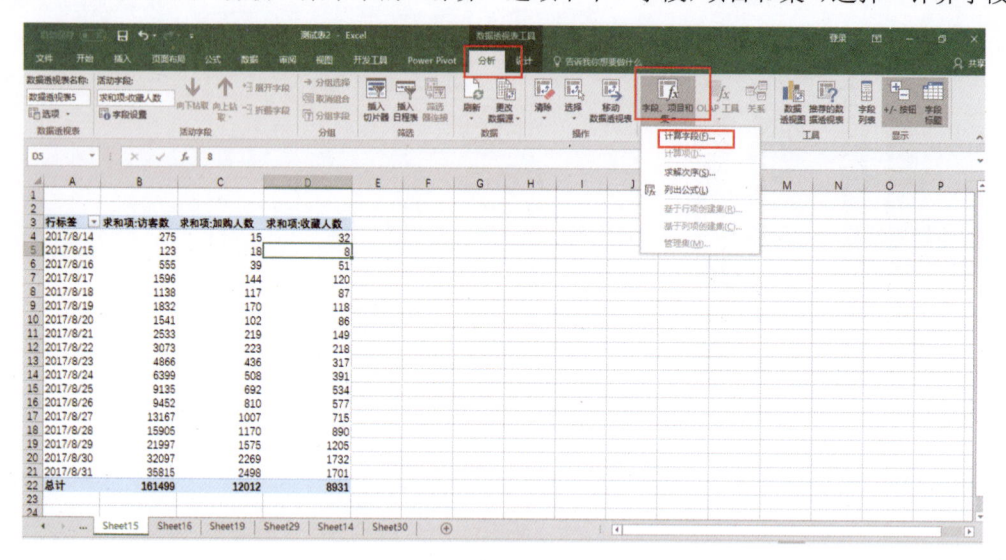

图 2-94

在弹出的"插入计算字段"对话框中，将"名称"输入"收藏率"，"公式"输入"= 收藏人数 / 访客数"，然后点击"确定"按钮，如图 2-95 所示。

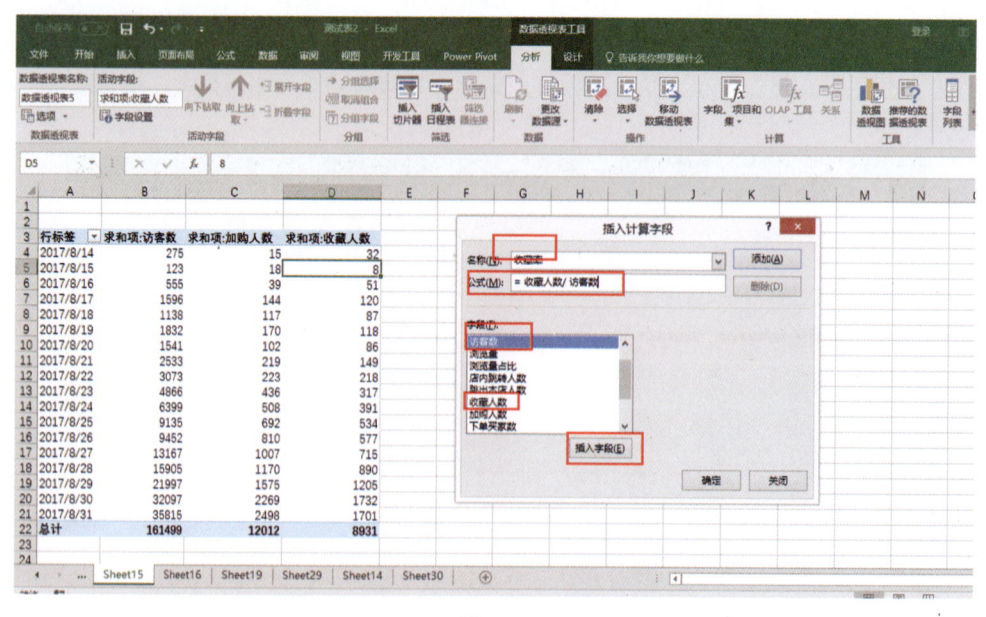

图 2-95

用同样的方法再插入加购率的公式，这样就可以得到收藏率和加购率的直观数据，如图 2-96 所示。

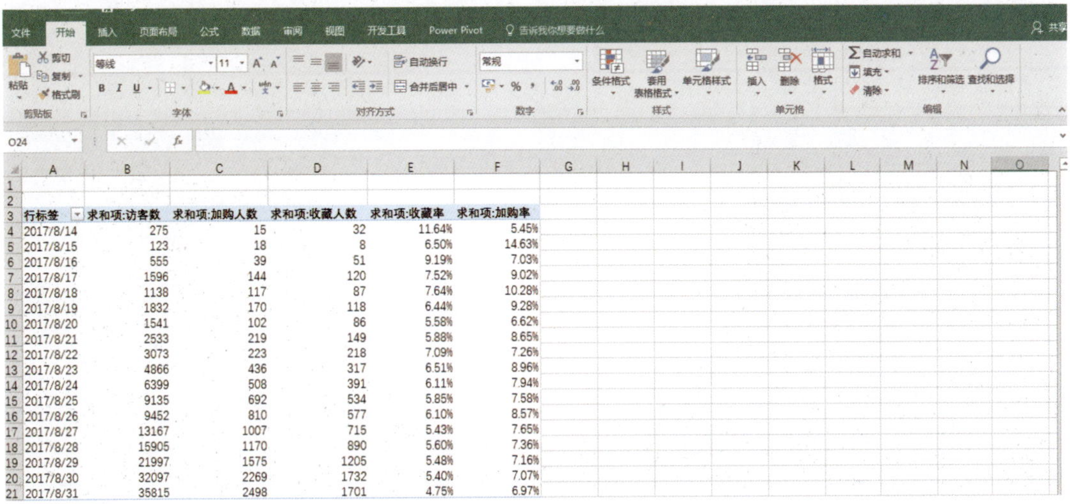

行标签	求和项:访客数	求和项:加购人数	求和项:收藏人数	求和项:收藏率	求和项:加购率
2017/8/14	275	15	32	11.64%	5.45%
2017/8/15	123	18	8	6.50%	14.63%
2017/8/16	555	39	51	9.19%	7.03%
2017/8/17	1596	144	120	7.52%	9.02%
2017/8/18	1138	117	87	7.64%	10.28%
2017/8/19	1832	170	118	6.44%	9.28%
2017/8/20	1541	102	86	5.58%	6.62%
2017/8/21	2533	219	149	5.88%	8.65%
2017/8/22	3073	223	218	7.09%	7.26%
2017/8/23	4866	436	317	6.51%	8.96%
2017/8/24	6399	508	391	6.11%	7.94%
2017/8/25	9135	692	534	5.85%	7.58%
2017/8/26	9452	810	577	6.10%	8.57%
2017/8/27	13167	1007	715	5.43%	7.65%
2017/8/28	15905	1170	890	5.60%	7.36%
2017/8/29	21997	1575	1205	5.48%	7.16%
2017/8/30	32097	2269	1732	5.40%	7.07%
2017/8/31	35815	2498	1701	4.75%	6.97%

图 2-96

数据透视表的布局和格式的调整请见附录 D。

2.3 玩转Excel图表

2.3.1 Excel 基本图表样式

在平时做淘宝数据分析的时候，如果不借助图表，很难从原来的一大堆数据中一眼就看出重点，如果有了图表，感觉明显会不一样，图表不仅可以让冗长的数据看起来更加简洁、抽象的数据看起来更加直观，而且能很好地把重要信息传达给看数据和报表的人。

Excel 的图表类型有很多，但是总结起来基本上可以归纳为五种：饼图、柱形图、折线图、散点图、条形图。当把这五种基本图表的样式学会之后，其他图表样式基本上都可以根据这五种图表变化而成。所以本节，我们将重点学习这五种基本的图表样式。

1. 饼图

在日常的数据分析中，饼图主要用来表示构成。例如，我们想看 7 月份淘宝女装市场几个子类目的市场容量构成图，就可以用饼图，如图 2-97 所示。

首先，从生意参谋“市场行情”→“行业大盘”下载想要的类目数据。为了方便演示，这里只下载女装类目下几个子类目的数据，如图 2-98 所示。

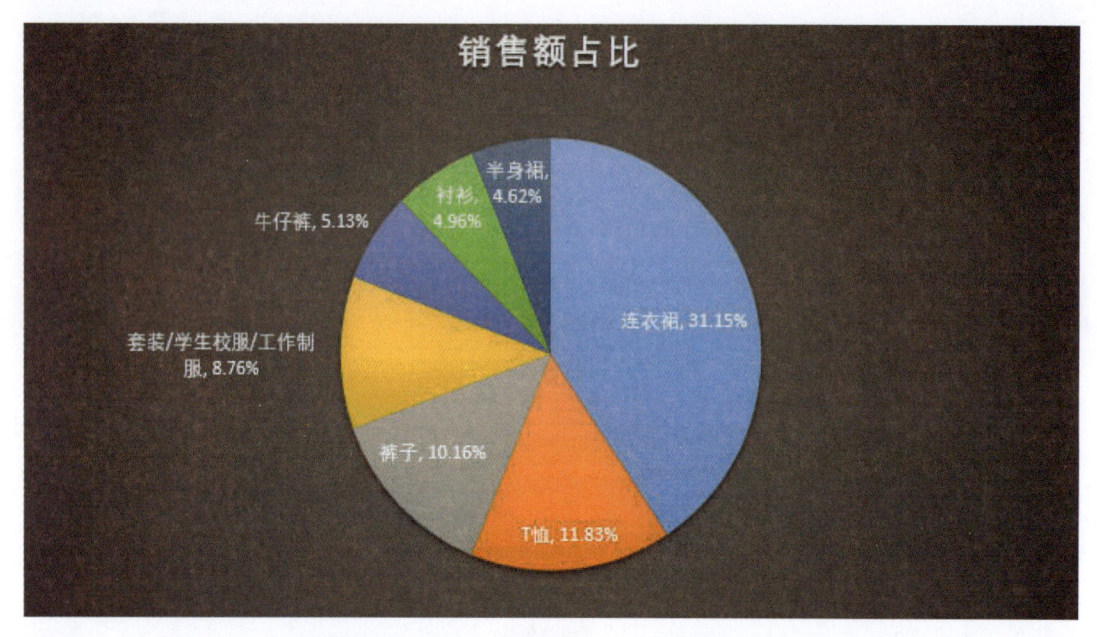

图 2-97

图 2-98

然后，选中需要插入图的数据，点击"插入"菜单下的"图表"选项卡，点击饼图并选中想要的饼图类型。这样，一个基本的饼图就做出来了，如图 2-99 所示。

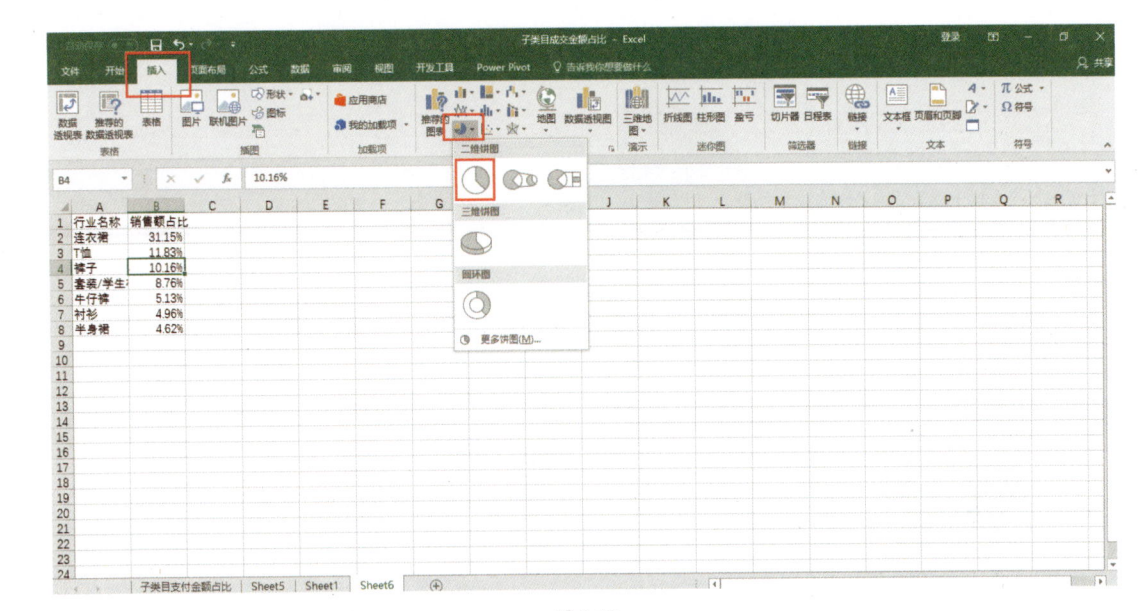

图 2-99

默认的饼图只是基本的，有时候并不能满足我们的要求。例如，我们没办法直接从饼图中很直观地看到哪一扇代表的是哪一个子类目，它的占比是多少，如图 2-100 所示。

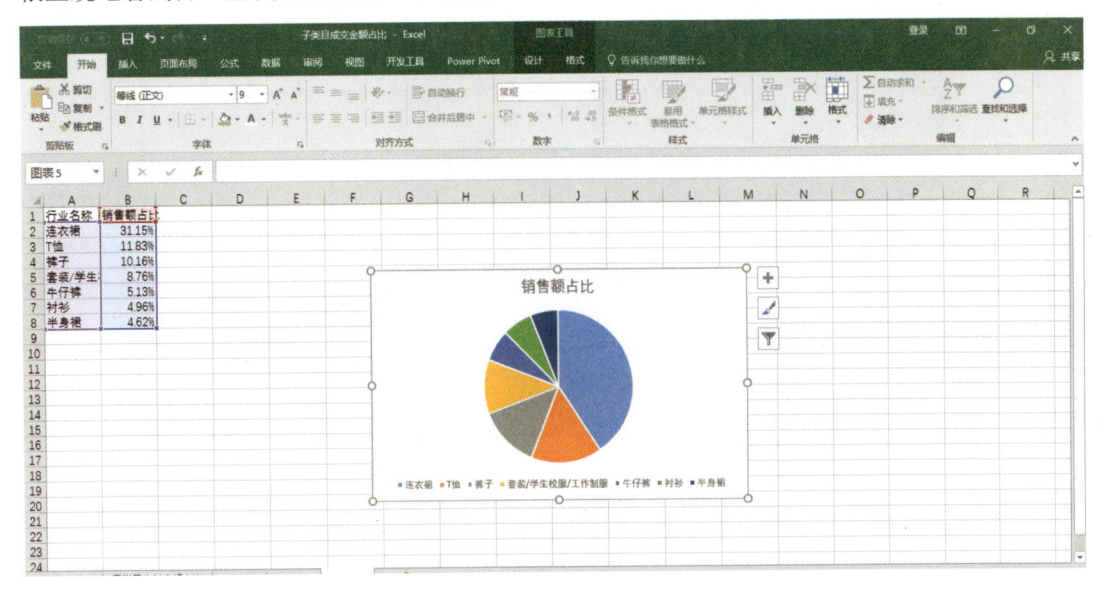

图 2-100

要显示这两个部分很简单，如图 2-101 所示，先点击饼图，然后点击鼠标右键选择"添加数据标签"，这时会把每一个子类目的占比展示出来。

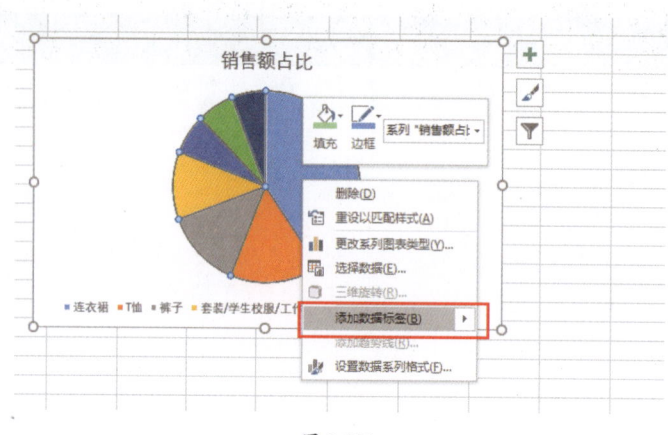

图 2-101

如图 2-102 所示，再次点击饼图，点击鼠标右键选择"设置数据标签格式"，然后勾选类目名称，这个时候，会自动把每一扇的类别都用文字的形式标记出来，可以很直观地看到哪一扇是属于哪一个类别的。

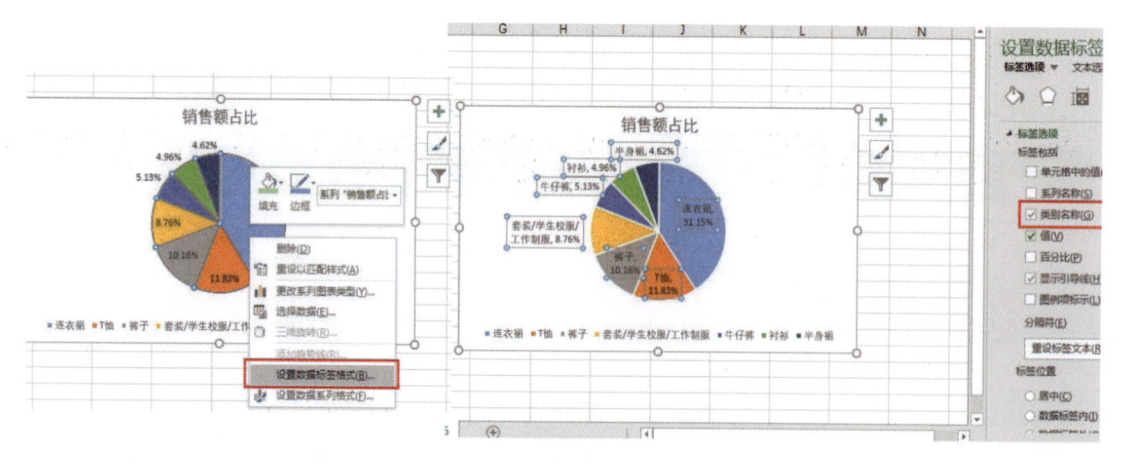

图 2-102

这样，一个简单的饼图就基本完成了，也可以再美观一下，把多余的标签删除、修改成自己喜欢的底色等，如图 2-103 所示。

2．柱形图

柱形图在 Excel 图表中主要用来展示过程、排序、时间趋势、频率的分布情况、相关性等分析。

例如，同样可以用柱形图展示 7 月份淘宝女装市场几个子类目的市场容量构成。

首先，还是和做饼图一样，先从生意参谋下载数据，然后点击"插入"菜单下的"图表"选项卡，选择柱形图的簇状柱形图，当然，也可以根据需要选择堆积柱形图或者百分比堆积柱形图，如图 2-104 所示。

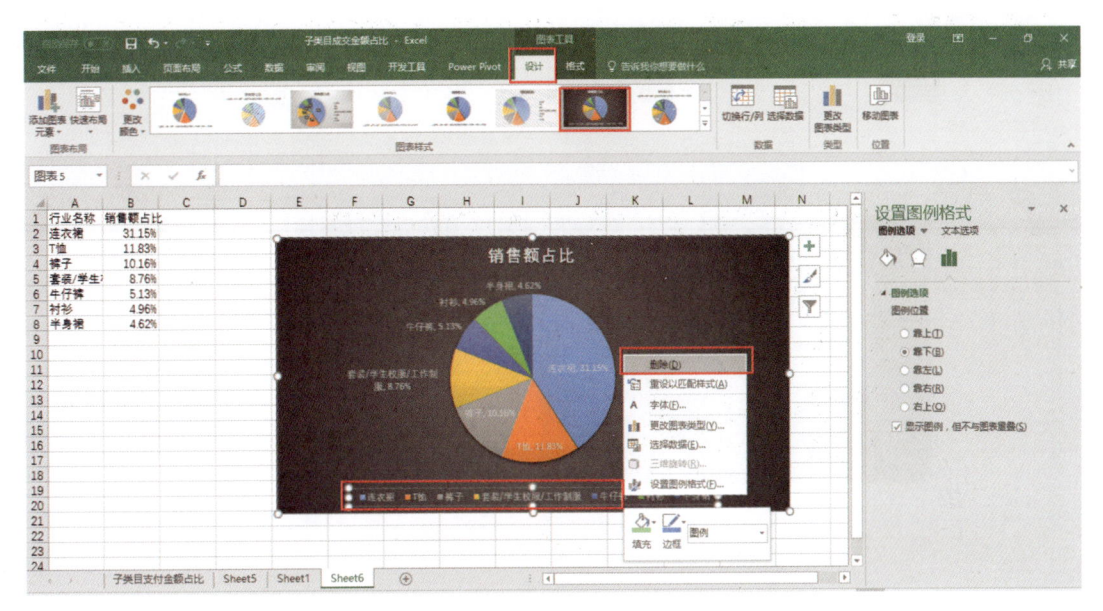

图 2-103

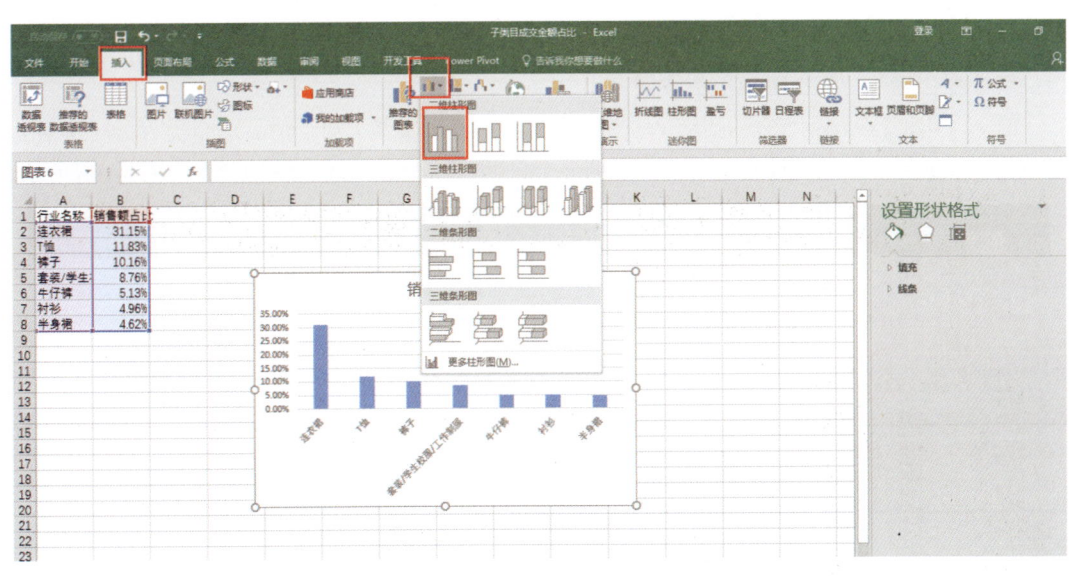

图 2-104

一般情况下，无需添加数据标签让柱形图显示类别名称和数值，因为柱形图和饼图不一样，柱形图多了横坐标和纵坐标，横坐标会自动显示类别名称，纵坐标会显示值。当然，如果希望把值显示在柱形上，也可以添加数据标签，方法和饼图一样，如图 2-105 所示。

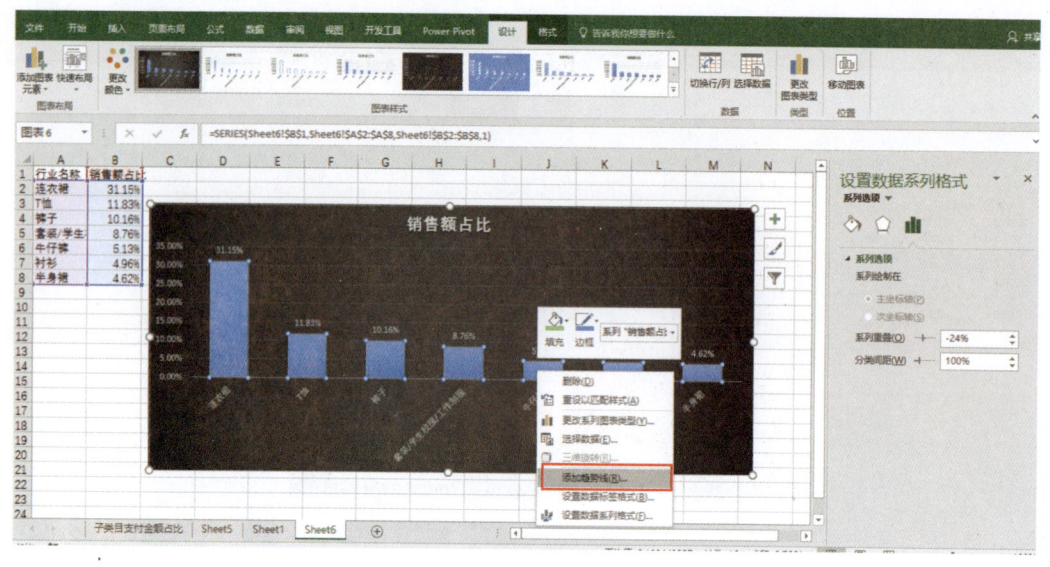

图 2-105

3. 折线图

折线图主要用来表现时间趋势和数据频率分布。例如，如果想要分析连衣裙这个子类目的市场容量变化趋势，那么可以用折线图。

首先，从生意参谋"市场行情"→"行业大盘"下载女装/女士精品这个类目的子类目占比数据。每下载一个月的数据都在后面添加一个日期，把对应的月份填写进去，如图 2-106 所示。

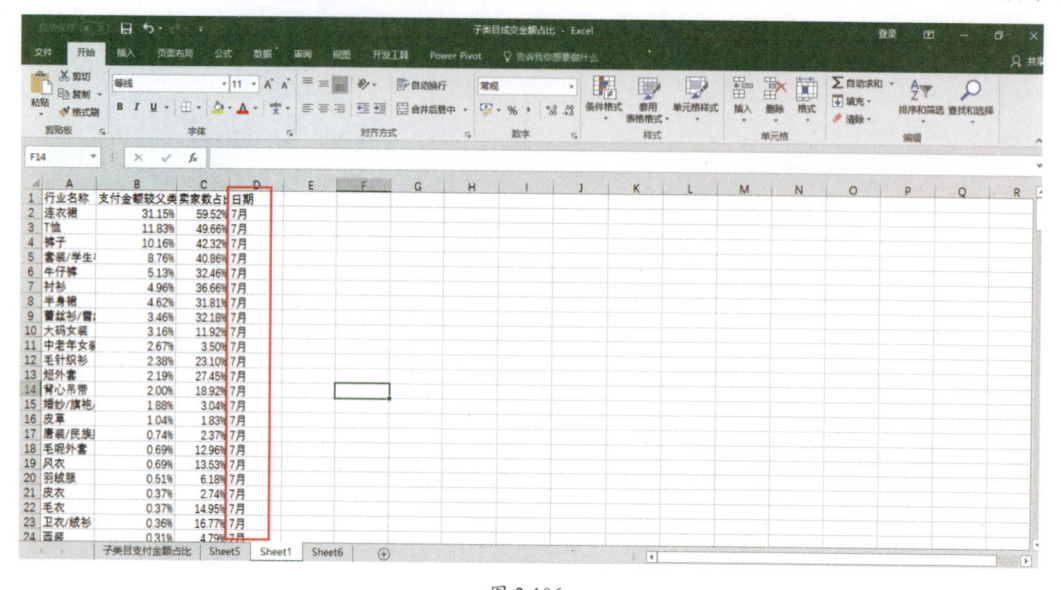

图 2-106

把所有数据复制出来之后插入一个数据透视表,把"日期"拖入"行",把"支付金额"拖入"值"并将其汇总方式设置为求和,把"行业名称"拖入"筛选"并筛选出连衣裙。当然,也可以不拖入"筛选",后面直接插入一个切片器管理更方便,具体方法参考 2.2.5 节中插入切片器的方法。接下来,把日期整理一下,让其按照从 1 月到 12 月的排序方式排序,如图 2-107 所示。

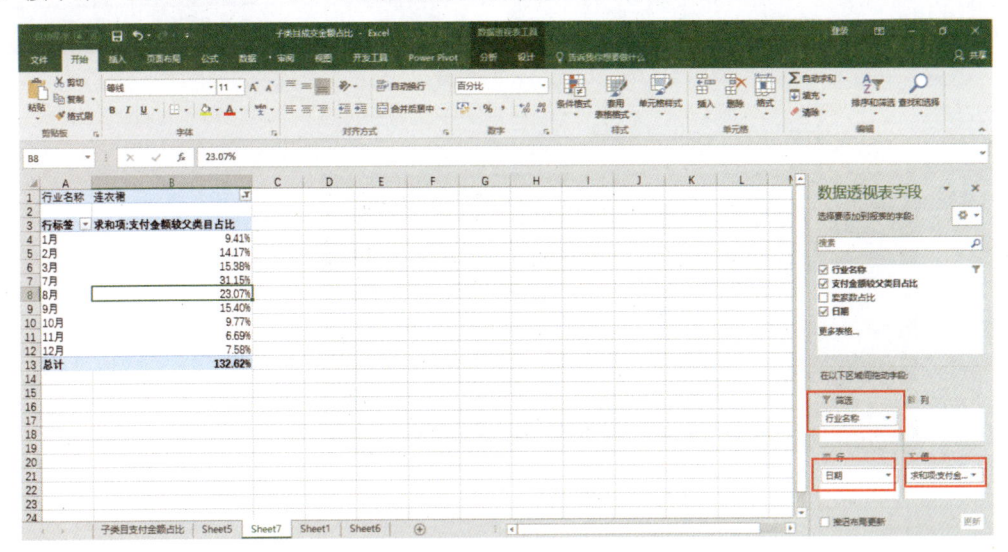

图 2-107

然后,就可以插入折线图了,点击"插入"菜单下的"图表"选项卡,选择折线图,然后选中一种想要的折线图即可,如图 2-108 所示。

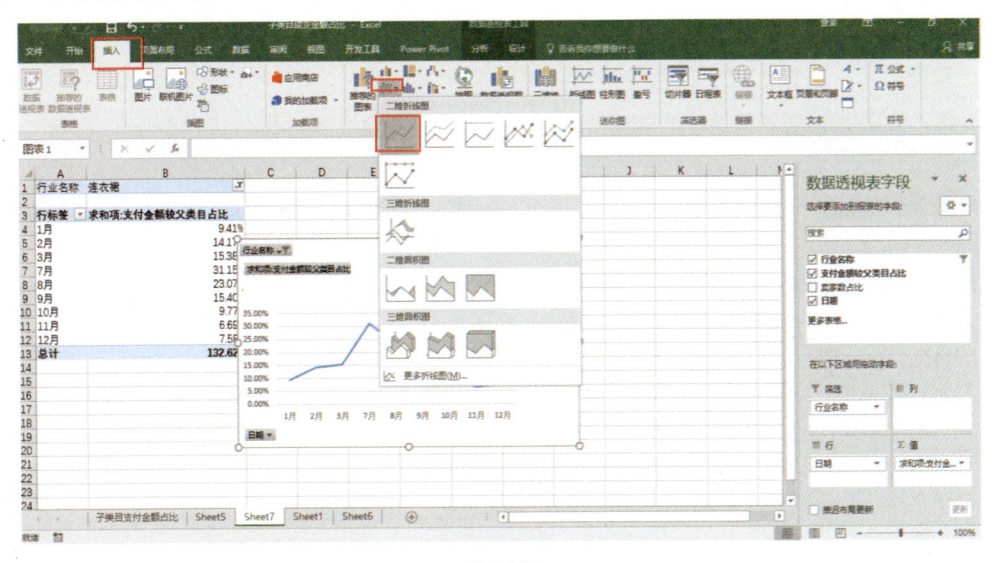

图 2-108

如图2-109所示，折线图就做出来了，可以从图表中很清楚地看到连衣裙市场容量的变化趋势，知道连衣裙的市场容量什么时候开始上升、什么时候开始热卖、什么时候开始衰退，有了这个数据，也就知道如果要做连衣裙，该什么时候上新、什么时候主推、什么时候清仓。

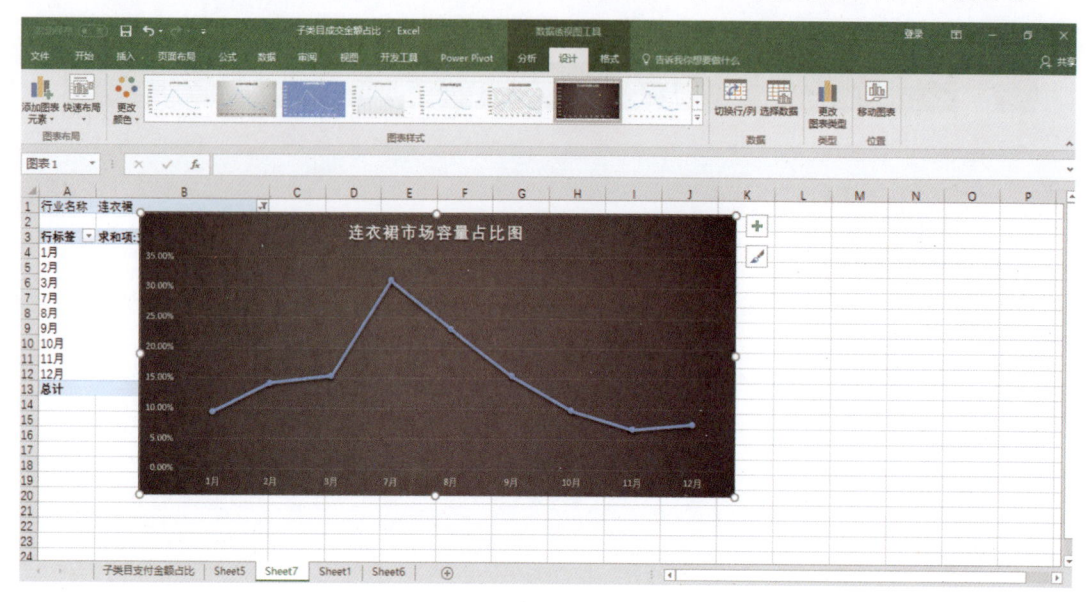

图 2-109

4．散点图

在利用 Excel 中图表做数据分析的时候，五个基本图表里饼图、柱形图、折线图用得最多，散点图和条形图相对来说用得少，这是因为散点图主要用在相关性分析方面，而相关性分析同样可以用柱形图，所以大部分人都习惯用柱形图。

例如，如果我们想通过点击率和转化率判断一个产品的好坏，那么可以把它们做成一个散点图。

如图 2-110 所示，首先还是需要挖掘和整理数据，把店铺每个款的点击率和转化率都整理成 Excel 表格。

然后，选中数据区域，记住，只需要选中数值的区域，其他不用选中，选中之后点击"插入"菜单下的"图表"选项卡，选择散点图并选择散点图样式，如图 2-111 所示。

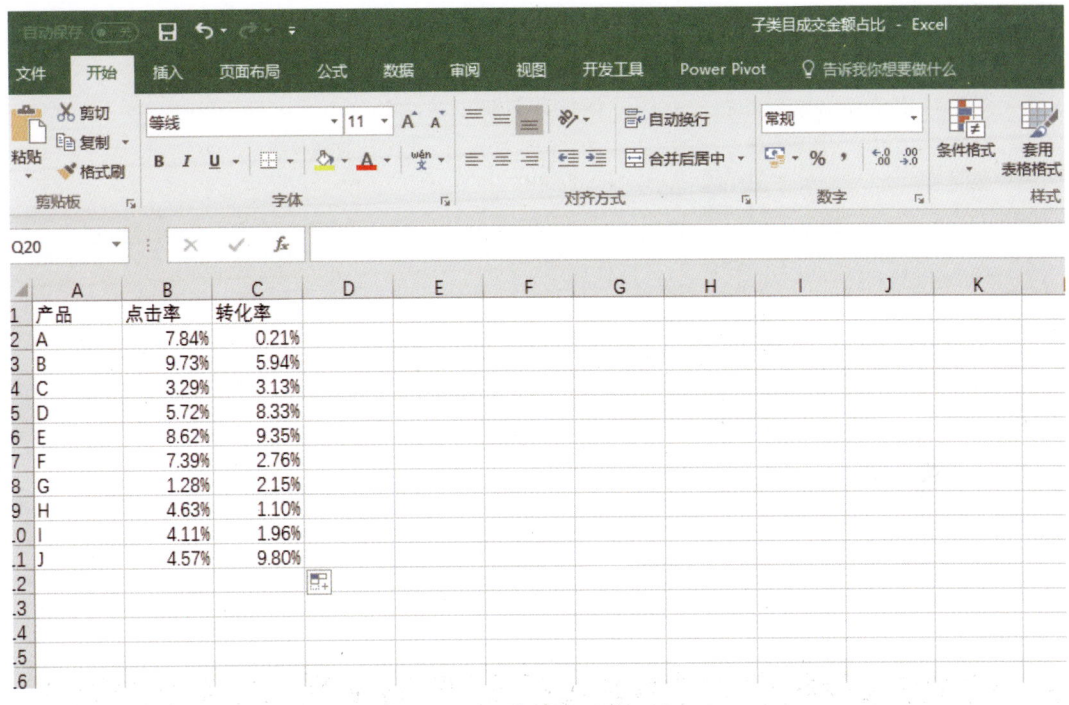

图 2-110

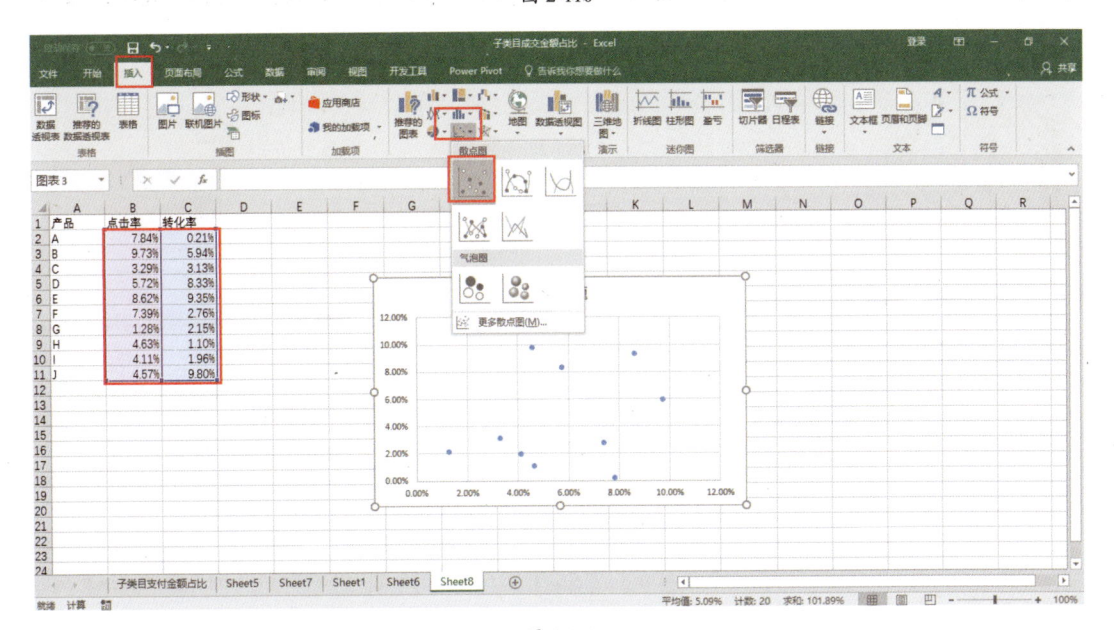

图 2-111

用鼠标右键点击图表中的一个散点，选择"添加数据标签"，这时所有的散点都会添加它们对应的值，然后再次点击鼠标右键，点击"设置数据标签格式"，如图 2-112 所示。

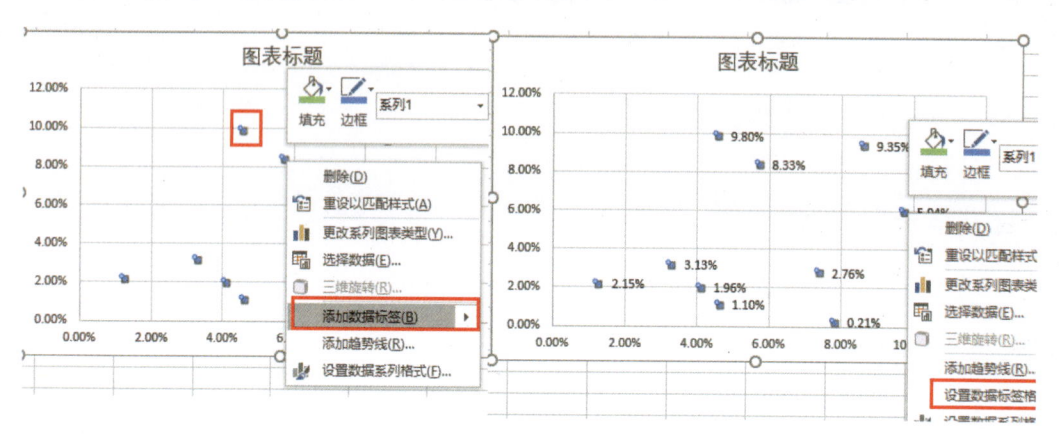

图 2-112

勾选"单元格中的值"，这时会弹出"数据标签区域"对话框，选中数据对应的标签确定即可。还可以去掉"Y 值"前面的勾选，如图 2-113 所示。

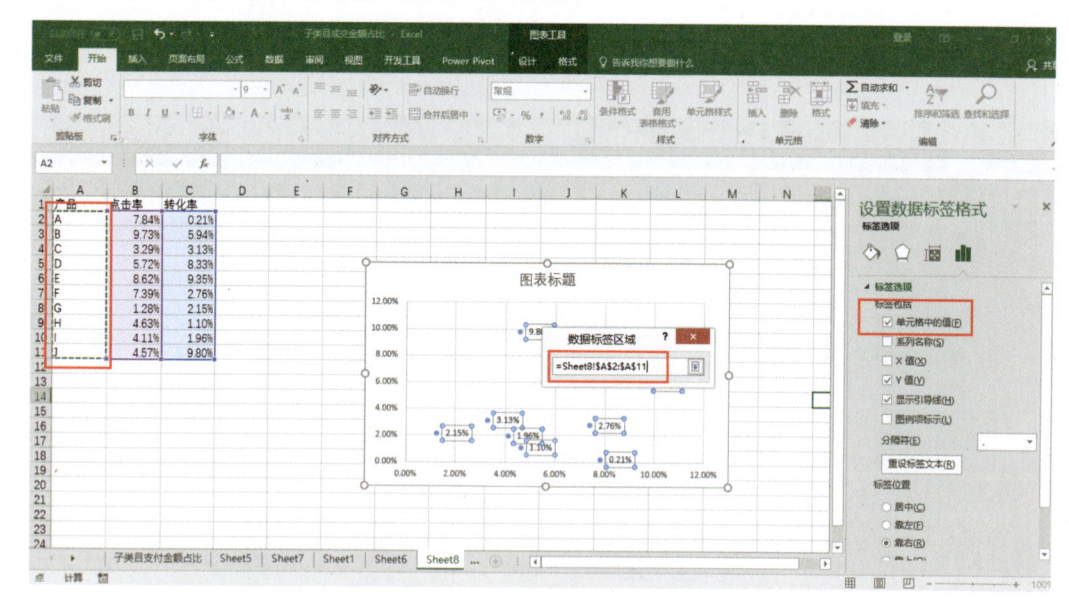

图 2-113

这样，一个简单的散点图就做出来了，从这里面可以轻易地看到哪个产品表现好，越靠近右上角的宝贝综合能力越好，因为越靠近右上角点击率和转化率都越高，越靠近左下角综合能力越差，因为点击率和转化率都差，如图 2-114 所示。

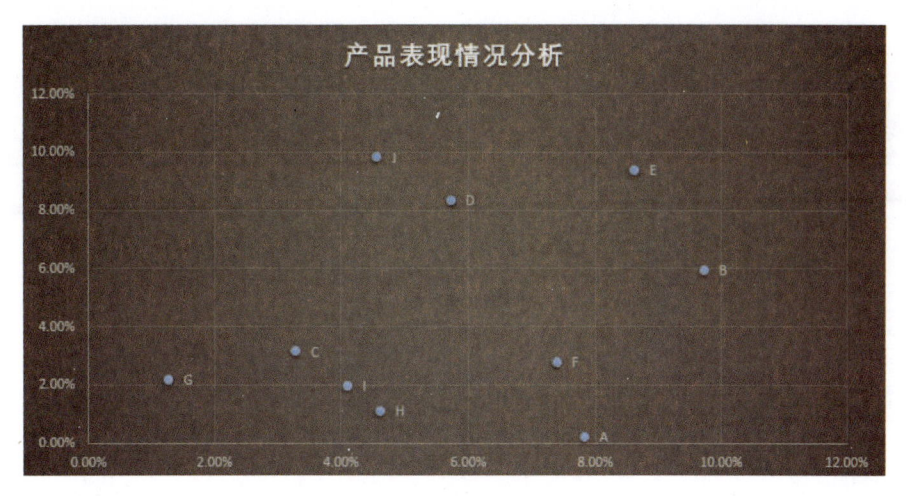

图 2-114

5．条形图

条形图主要用于构成、排序、频率分布情况，以及相关性方面，其实和柱形图非常像，就好像是倒过来的柱形图。例如，上面的柱形图案例也可以用条形图展示，如图 2-115 所示。

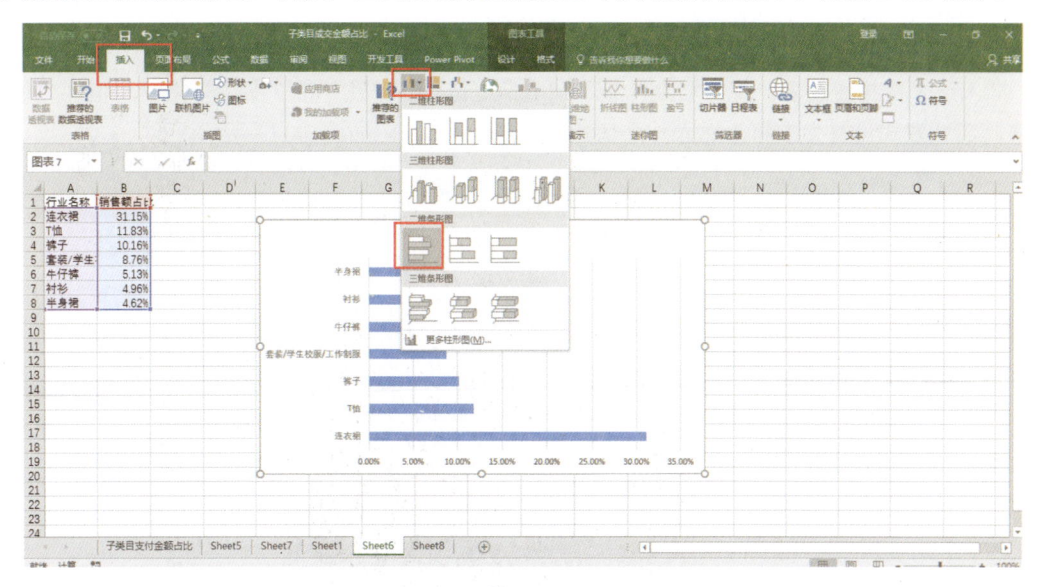

图 2-115

2.3.2 双坐标图

在日常淘宝数据分析过程中，单品数据的分析是经常要做的，我们需要经常分析一个单品的访客数和转化率的趋势以及它们的关联性。例如，我们现在想要分析单品的手淘搜索的访客数和转化率的趋势以及它们的关联性。

在生意参谋"商品"→"单品分析"→"来源去向"按日期下载单品的数据，如图 2-116 所示。

图 2-116

插入一个数据透视表，把"日期"拖入"行"，把"访客数"和"支付转化率"拖入"值"并将其汇总方式设置为求和，插入一个切片器选择"来源"，如图 2-117 所示。

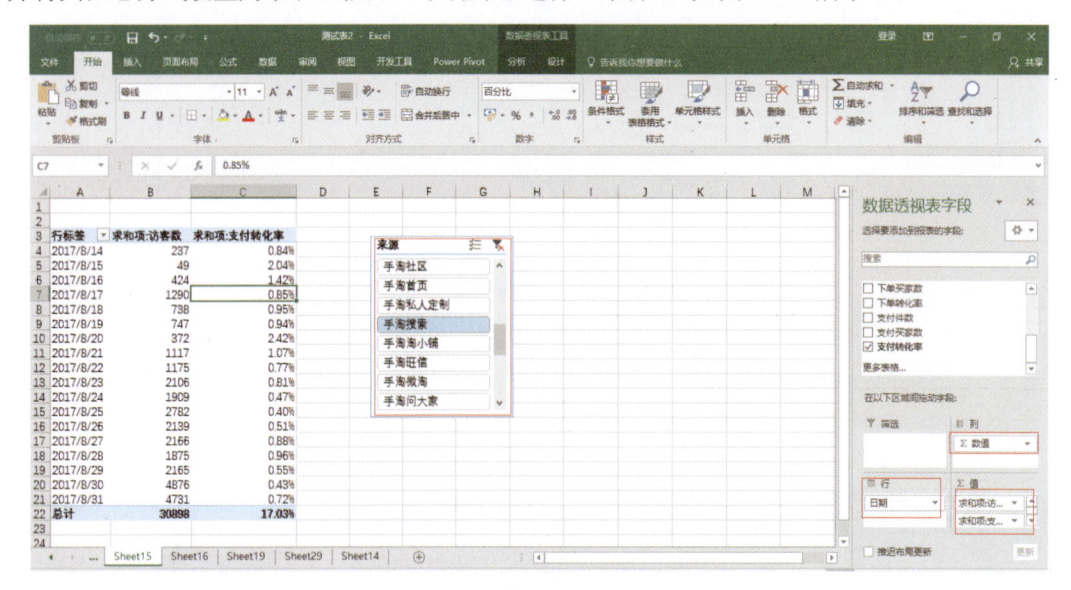

图 2-117

然后，插入一个图表并简单美化，这时访客数和转化率的趋势图就已经做出来了，但是我们发现了一个问题，那就是根本看不到转化率，因为它和访客数的差距太大，访客数的数值是几千，而转化率的值是零点几，把它们放在同一个表中根本就对比不了，如图 2-118 所示，但是如果要做两个图表太麻烦，也不便于对比分析。这时，双坐标图就可以派上用场了。

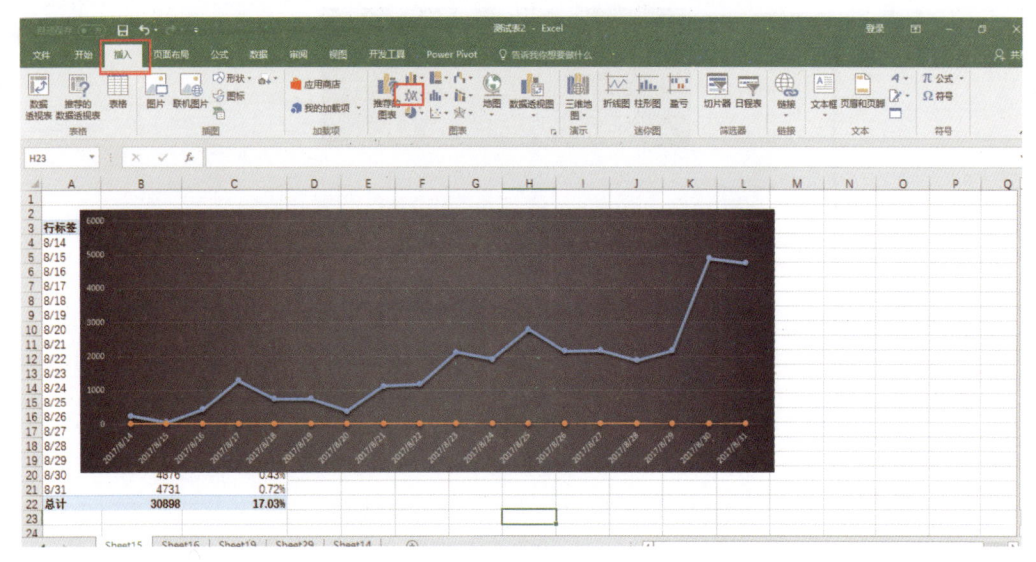

图 2-118

点击图表区域，点击鼠标右键，在弹出的菜单中选择"更改图表类型"，如图 2-119 所示。

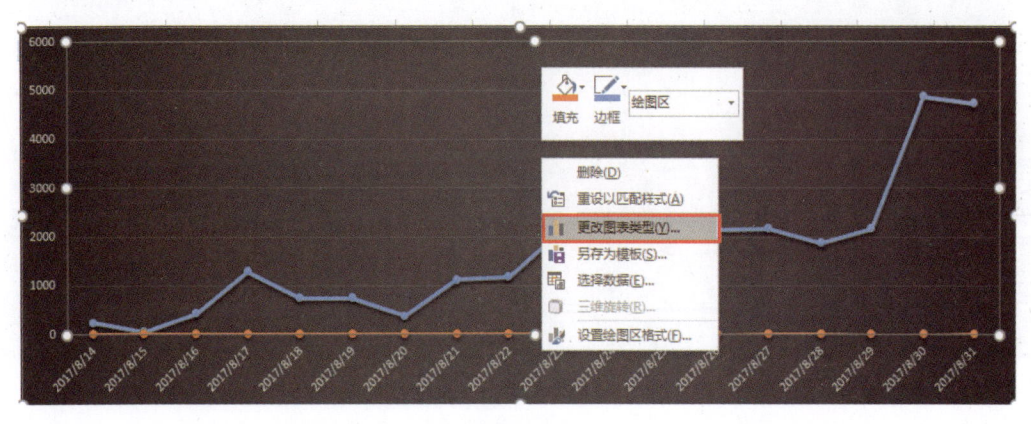

图 2-119

在弹出的对话框中，选择组合图形，勾选支付转化率的次坐标，如果想要访客数和转化率都用折线图展示，还可以把访客数的"图表类型"选择"折线图"，可以根据需要选择想要的类型，然后点击"确定"按钮，如图 2-120 所示。

91

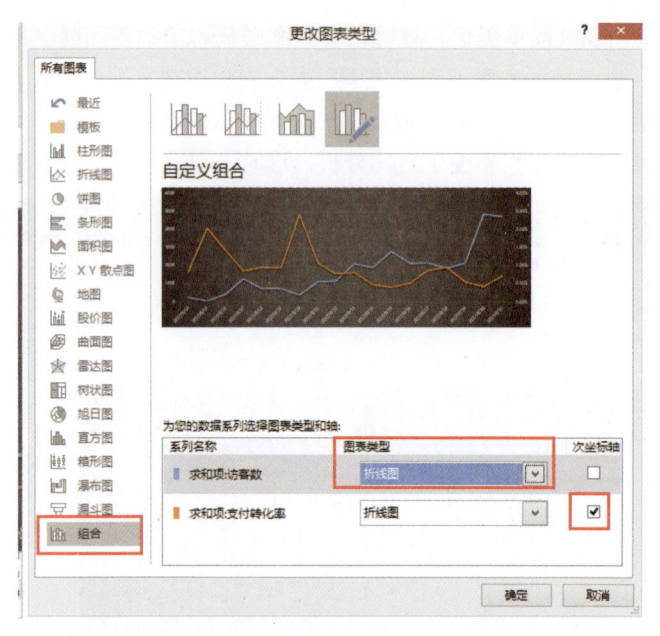

图 2-120

这时，可以发现刚才的问题已经轻易地解决了，转化率也能很清晰地展示出来，它就是双坐标图，左边的坐标轴代表的是访客数的值，右边的坐标轴代表的是转化率的值，如 2-121 所示。

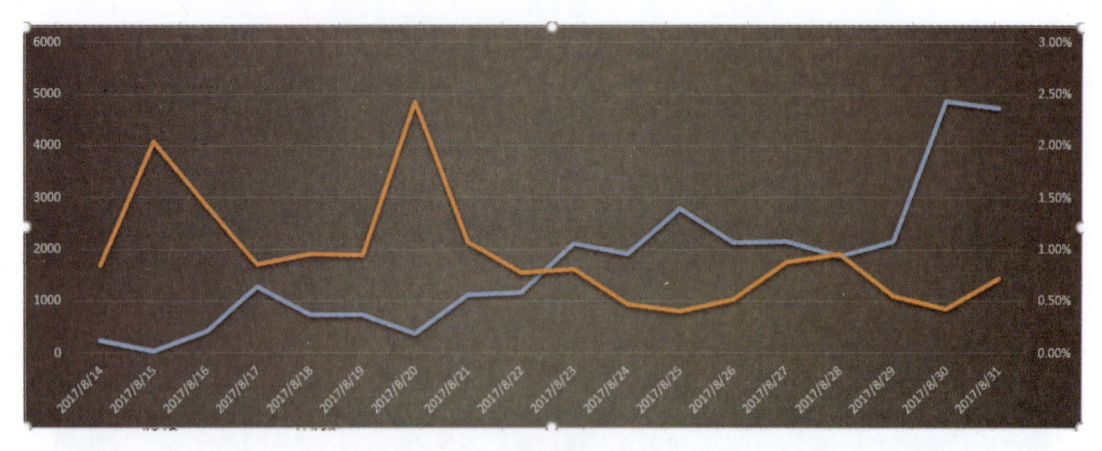

图 2-121

2.3.3 漏斗图

在淘宝数据分析过程中经常利用漏斗图分析买家在整个过程中转化率和流失率的情况，它可以揭示产品或者店铺的受欢迎程度，能够帮助我们直观地发现和说明问题所在。所以，本节重点学习漏斗图的做法。

要做这个图,首先要把想要的数据挖掘出来,要分析一个单品的买家在整个过程中的转化率和流失率情况。那么,肯定需要利用浏览量、访客数、加购人数、下单人数、成交人数,这些数据都可以在淘宝的生意参谋里面下载,生意参谋是一个很强大的工具,基本上平时要用到的数据都能在生意参谋的取数里面找到。

在生意参谋中选择"取数"→"我要取数",选择要下载的商品数据,选择好需要下载数据的时间段,然后选择"访客数""加购人数""下单买家数""支付买家数"四个指标,点击"预览数据",在弹出的对话框中点击"下载全部数据",如图 2-122 和图 2-123 所示。

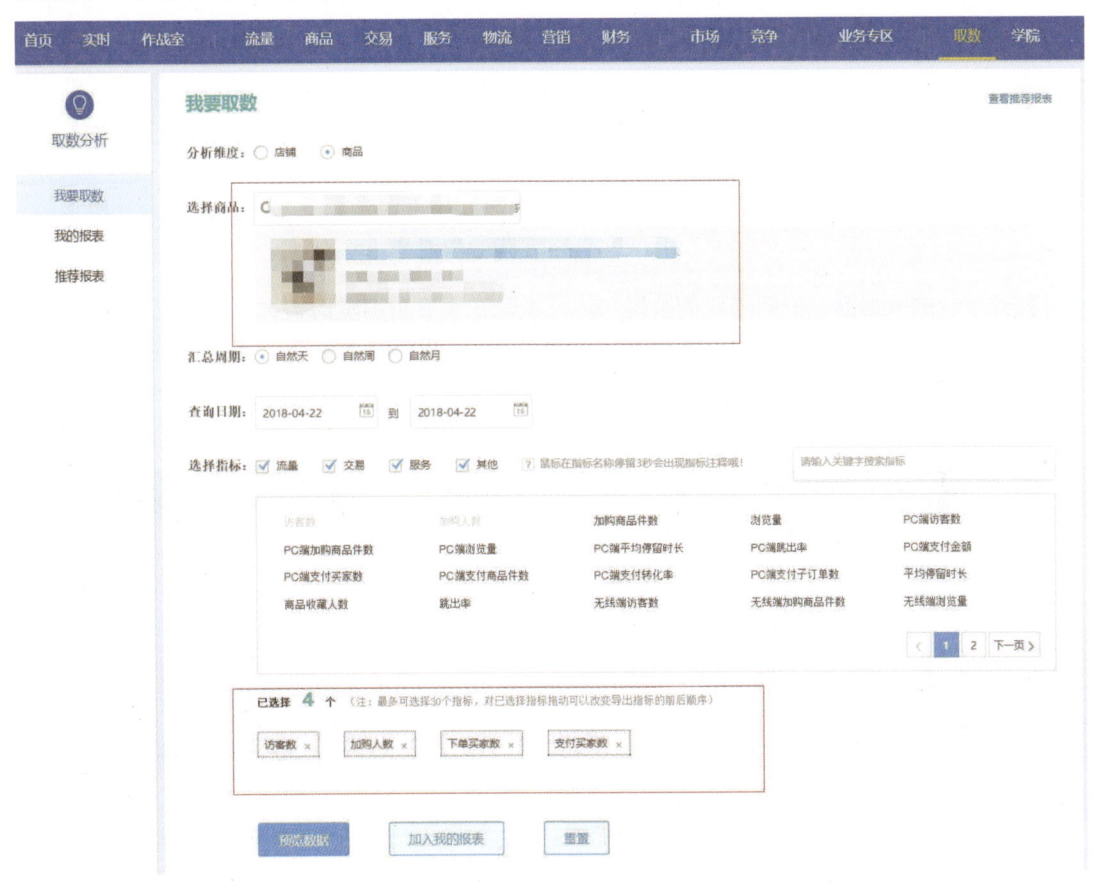

图 2-122

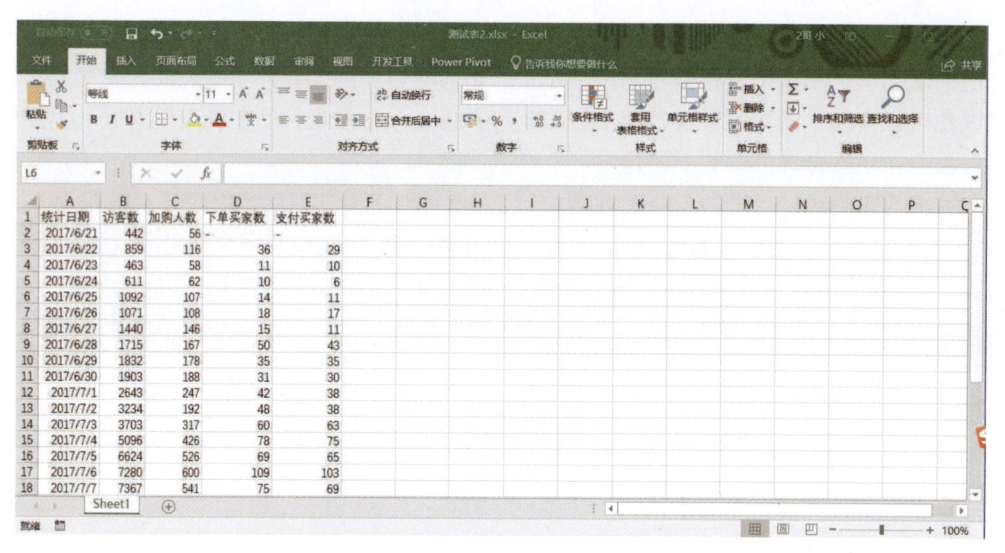

图 2-123

打开下载的数据后，复制需要的数据，记住，是在不启用编辑的情况下直接复制数据，如果启用了编辑，容易出错，所以一般情况下如果是淘宝下载的数据，在提示需要启用编辑的都不要启用，直接复制数据，粘贴到另外一个新建的 Excel 表中，粘贴的时候要选择值的粘贴模式，如图 2-124 所示。

图 2-124

因为下载的数据是按天统计的数据，而我们希望用的数据是汇总的数据，所以这时需要对数据汇总，要汇总数据很简单，插入数据透视表就可以解决。

插入一个数据透视表,把"访客数""加购人数""下单买家数""支付买家数"依次拖入"值"并将其汇总方式设置为求和,然后把默认在"列"区域的数值拖入"行"。这样,就把所有数据做了汇总,如图2-125所示。

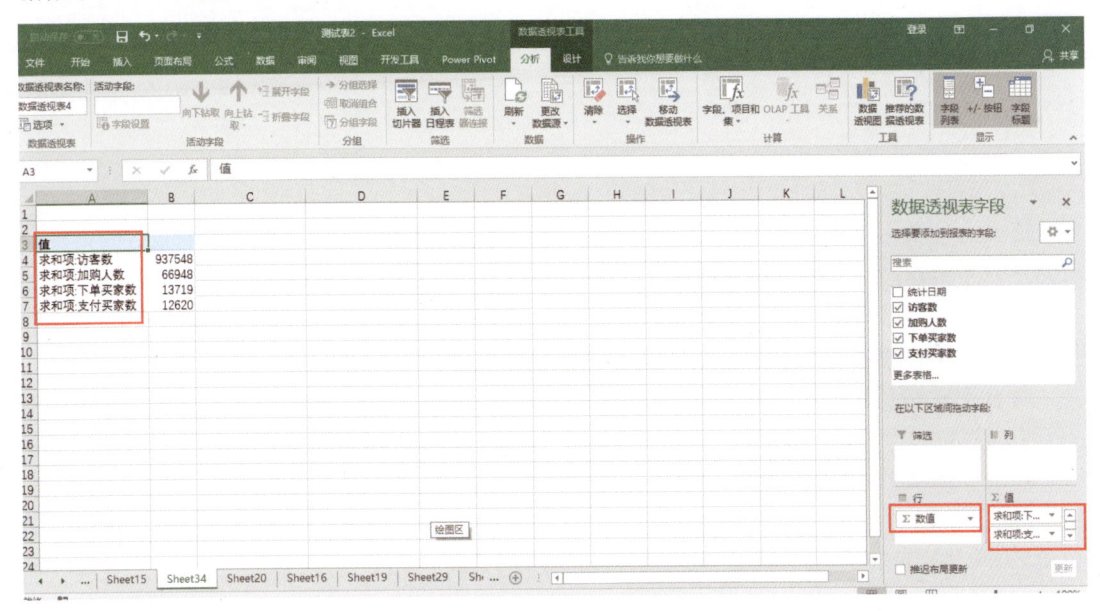

图 2-125

把汇总后的数据复制出来,粘贴值的形式粘贴到新的工作表中,并简单整理数据,如图2-126所示。

图 2-126

然后,需要在后面添加"占位数""环节转化率""总转化率"三个辅助列,并计算出数值,如图 2-127 所示。

95

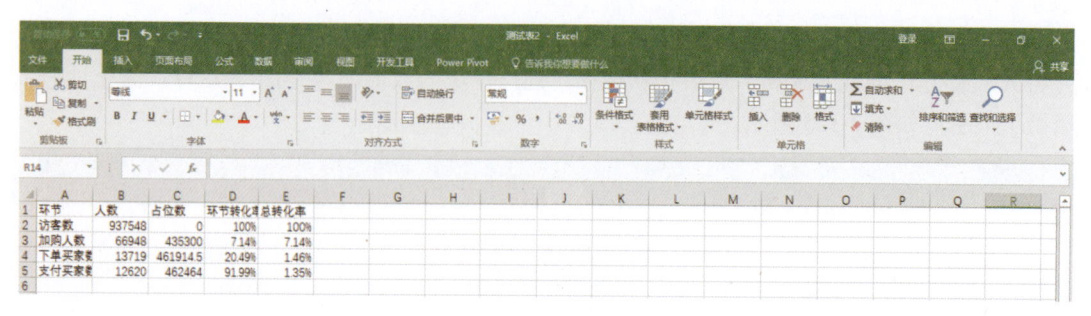

图 2-127

第 N 个环节占位数 =（第一个环节人数 – 第 N 个环节人数）/2。例如，加购人数的占位数 =(937548–66948)/2，其他以此类推。

第 N 个环节转化率 = 第 N 个环节人数 / 上一个环节的人数。第一个环节的转化率为 100%。例如，加购人数的转化率 =66948/937548，其他以此类推。

第 N 个环节总转化率 = 第 N 个环节人数 / 第一个环节人数。例如，下单买家的总转化率 =13719/937548，其他以此类推。

把所有数据算出来后，选中 A1:C5 单元格的数据，插入一个堆积条形图，如图 2-128 所示。

这时，会发现一个问题，我们的漏斗图是上面最大，下面最小，而这个正好反过来了，所以需要把它倒过来，先选中坐标轴，然后点击鼠标右键，点击"设置坐标轴格式"，勾选"逆序类别"，这时就已经把它倒过来了，如图 2-129 所示。

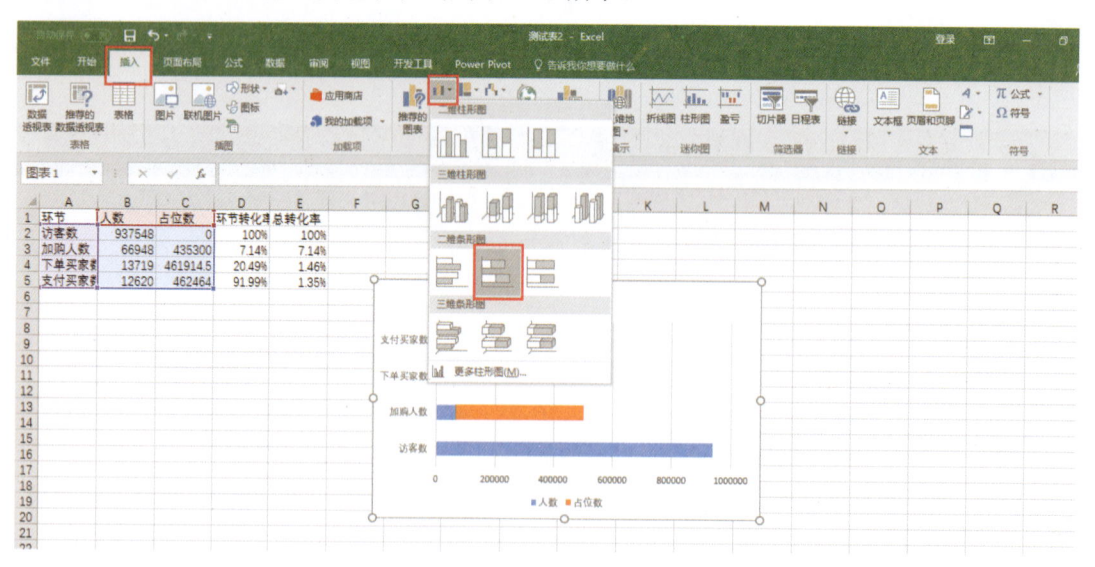

图 2-128

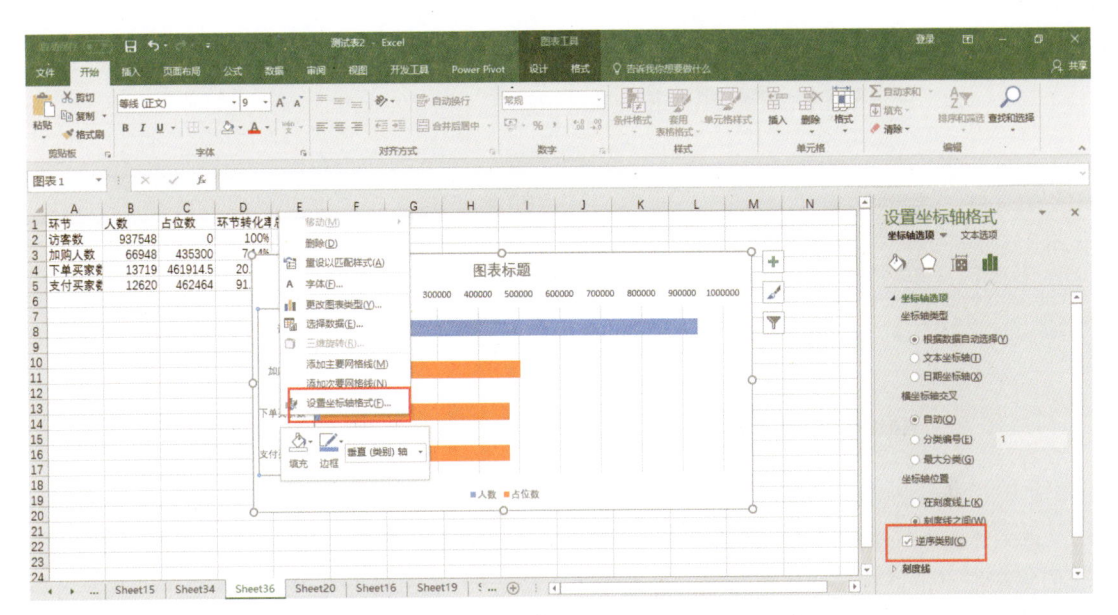

图 2-129

可是倒过来后还存在一个问题,"人数"应该放在中间,而不是贴着坐标轴,所以这里还需要调整一下。要实现这一步也不难,先选中图表,点击鼠标右键,然后点击"选择数据",如图 2-130 所示。

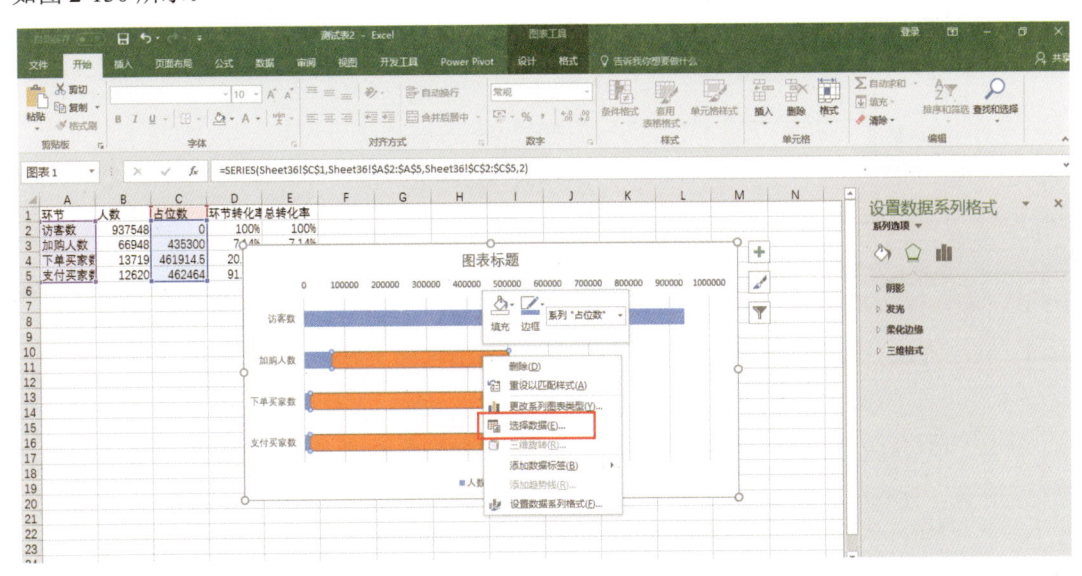

图 2-130

在弹出的对话框中把"人数"往下移,然后点击"确定"按钮,如图 2-131 所示。

· 谁说菜鸟不会电商数据分析

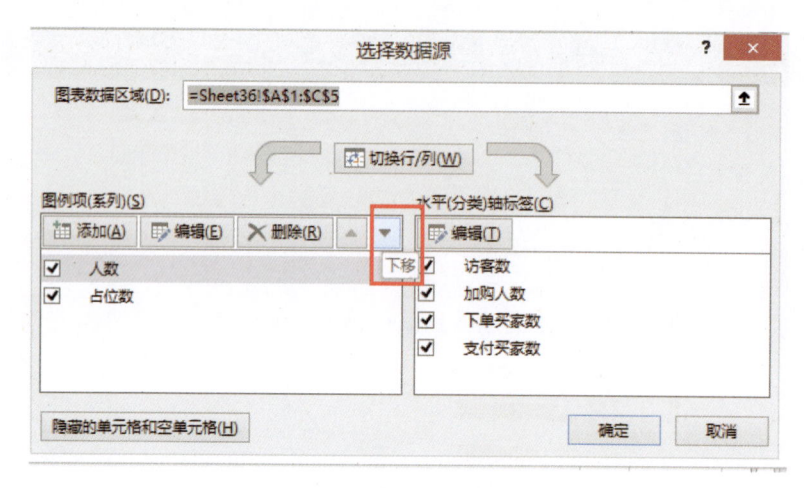

图 2-131

点击"确定"按钮后就已经实现了"人数"在中间区域,只是"占位数"这条显示出来了,我们需要把"占位数"的数据隐藏。先选中"占位数",点击鼠标右键,然后在"设置数据系列格式"命令,设置填充颜色为"无填充"即可,这样,基本的漏斗图就成型了。横坐标的坐标轴和图例都可以删除,如图 2-132 所示。

图 2-132

然后,用鼠标右键点击"人数"数据系列的条形,选择"添加数据标签"命令,并设置数据标签格式,标签选择单元格中总转化率的值,并去掉值的数据标签,如图 2-133 所示。

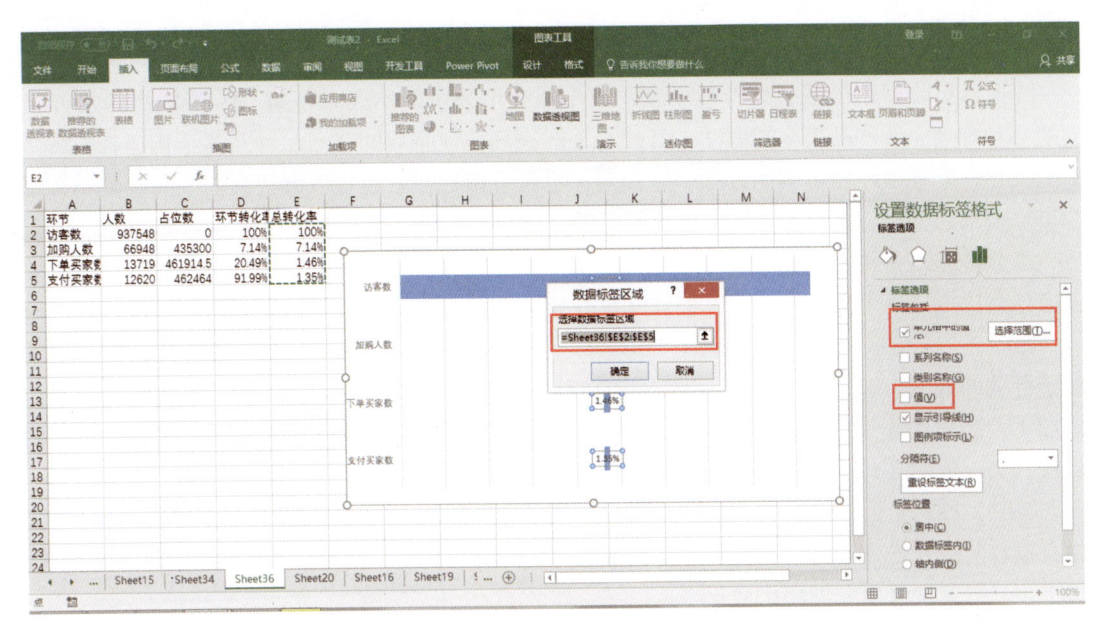

图 2-133

最后，手动插入一个箭头图形，并手动填写每个环节的转化率，如图 2-134 所示。

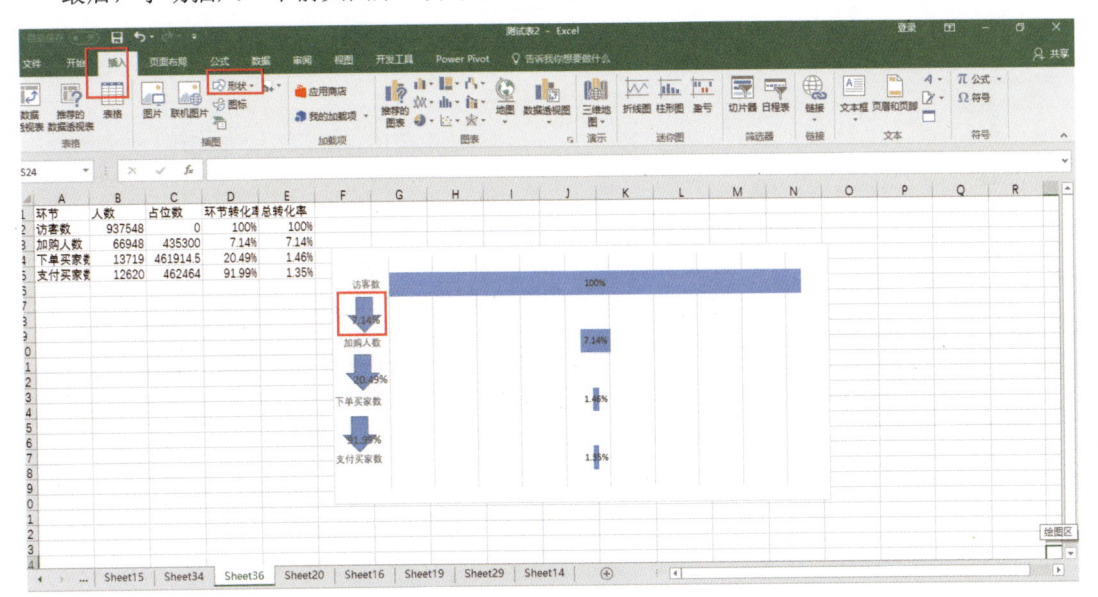

图 2-134

2.3.4 波士顿矩阵图

波士顿矩阵是由美国著名管理学家、波士顿咨询公司创始人布鲁斯·亨德森于1970年首创的一种规划企业产品组合的方法。目的在于解决如何使企业的产品品种及其结构适合市场需求的变化，同样，在做淘宝的过程中这套理论也是有用的，它也可以解决我们产品及其结构适合市场需求的变化。本节，我们将学习波士顿矩阵图的做法。

波士顿矩阵主要考虑的是市场的占有率和环比的增长情况，所以在作这个图的时候首先要考虑如何挖掘这两个数据，下面我们以女装行业子类目为案例。

如图2-135所示，在生意参谋的"市场"→"行业大盘"→"子行业交易排行"中可以下载子行业的成交市场占有率数据。把这里面的数据都复制出来，粘贴到Excel表格中。简单地整理下，在后面添加"月份"列填写该数据对应的月份，在这里以2017年7月份和8月份的数据为例，如图2-136所示。

如图2-137所示，插入一个数据透视表，把"月份"拖入"列"，"行业名称"拖入"行"，"支付金额较父类目占比"拖入"值"并将其汇总方式设置为求和。这样，对数据做了简单的整理。接下来，只需要算出它的环比增长率。

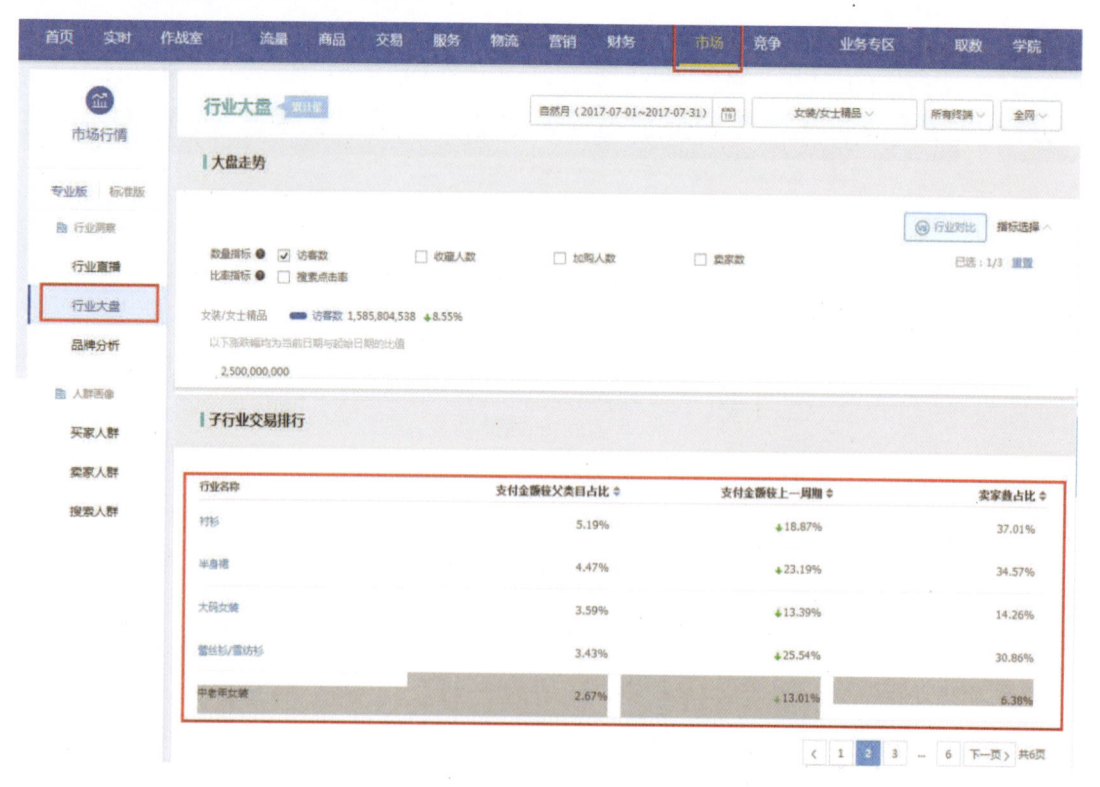

图 2-135

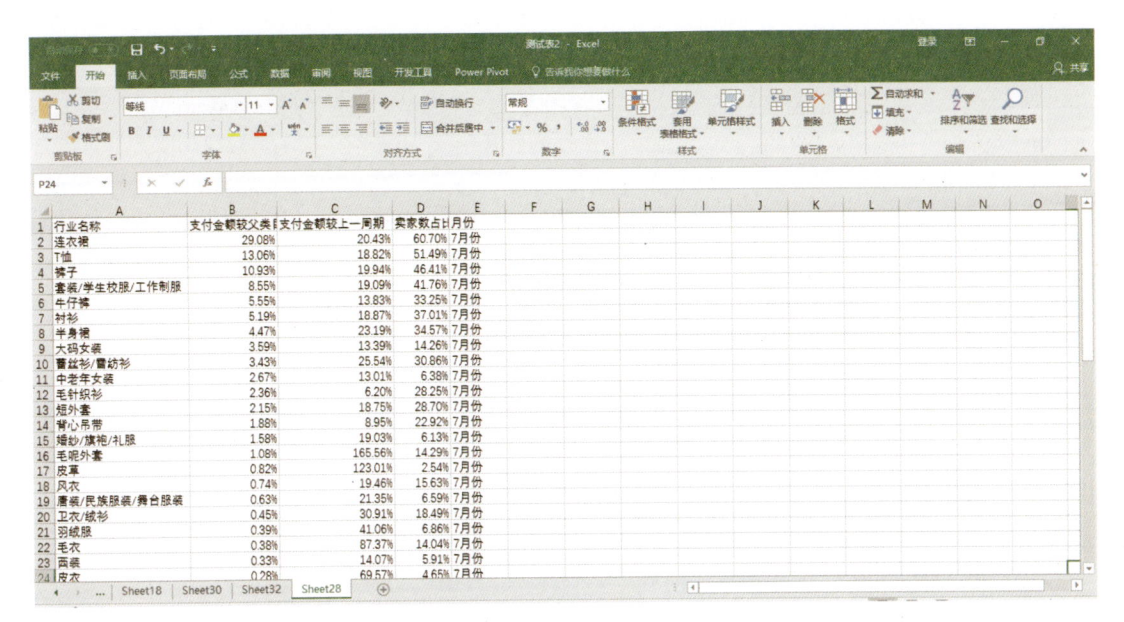

图 2-136

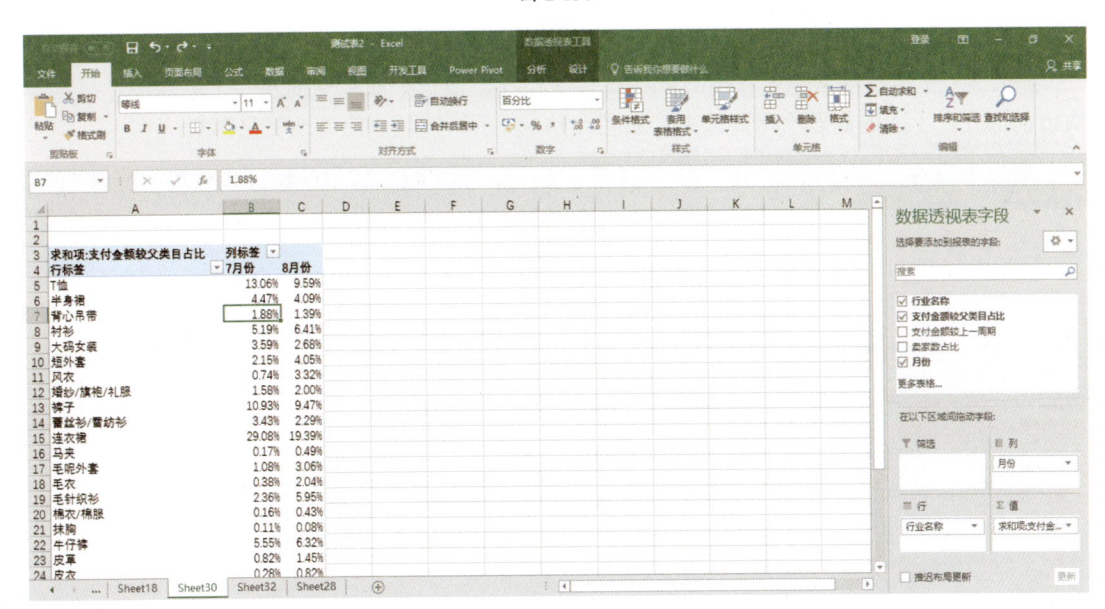

图 2-137

为了方便操作，把数据透视表中的数据复制出来，以粘贴数值的形式粘贴到一个新的工作表中，然后再在后面增加一列环比增长率并计算 8 月份的环比增长率，环比增长率 =（本期的某个指标的值 − 上一期这个指标的值）/ 上一期这个指标的值 ×100%。这样，8 月份的市场占

101

有率和环比增长率都算出来了，如图 2-138 所示。

图 2-138

如图 2-139 所示，选中 8 月份的市场占有率和环比增长率的数据插入一个散点图，只选择数值的部分，上面的标题不需要选中，如图 2-140 所示。然后，简单地美化图表。

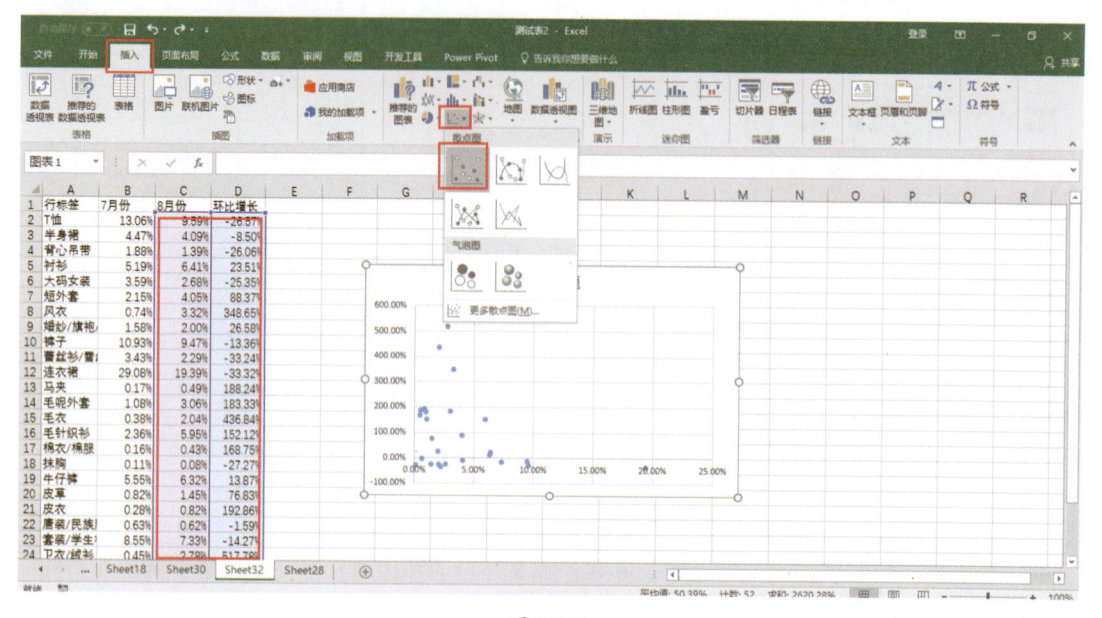

图 2-139

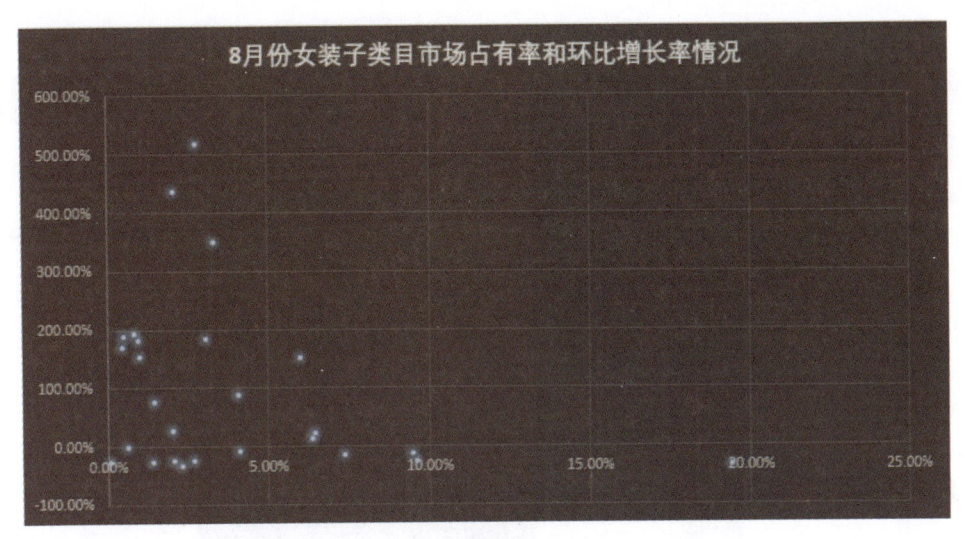

图 2-140

四象限有四个象限，所以接下来要通过把横坐标和纵坐标平移得到整个图表变成四个象限的效果，用鼠标右键点击横坐标设置坐标轴的格式，在"坐标轴值"中输入需要的交叉值，这个值一般怎么确定呢？这由实际需求决定。例如，这里以平均值为分界线，低于平均值的叫偏低，高于平均值的叫偏高。8月份市场占有率的平均值是 3.8% 左右，所以这里就设置"0.04"，如图 2-141 所示。

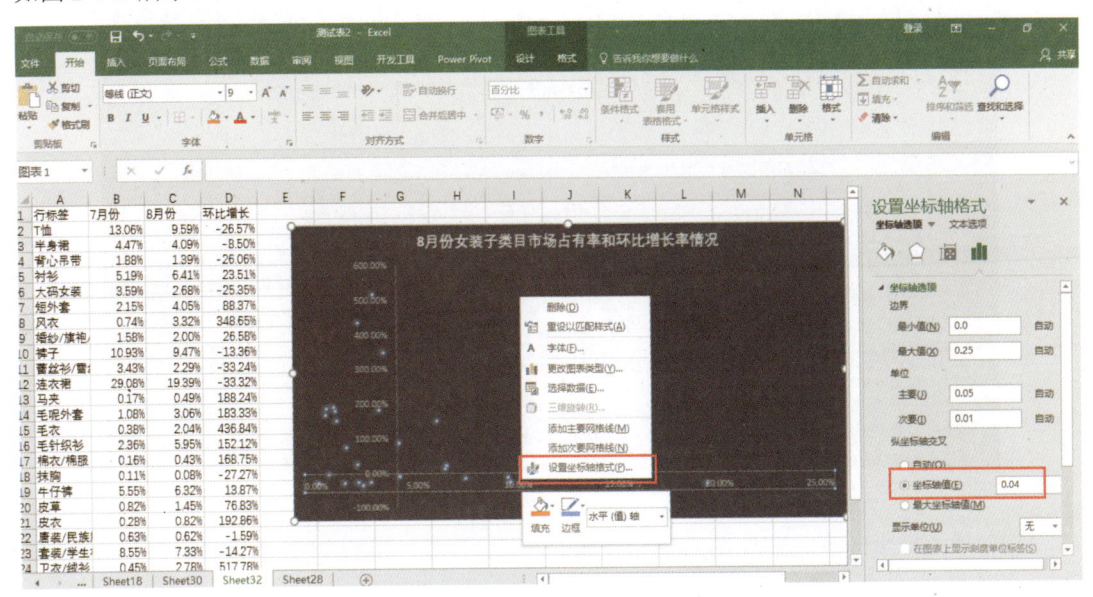

图 2-141

用同样的方法，也设置纵坐标和横坐标的交叉，如图 2-142 所示。

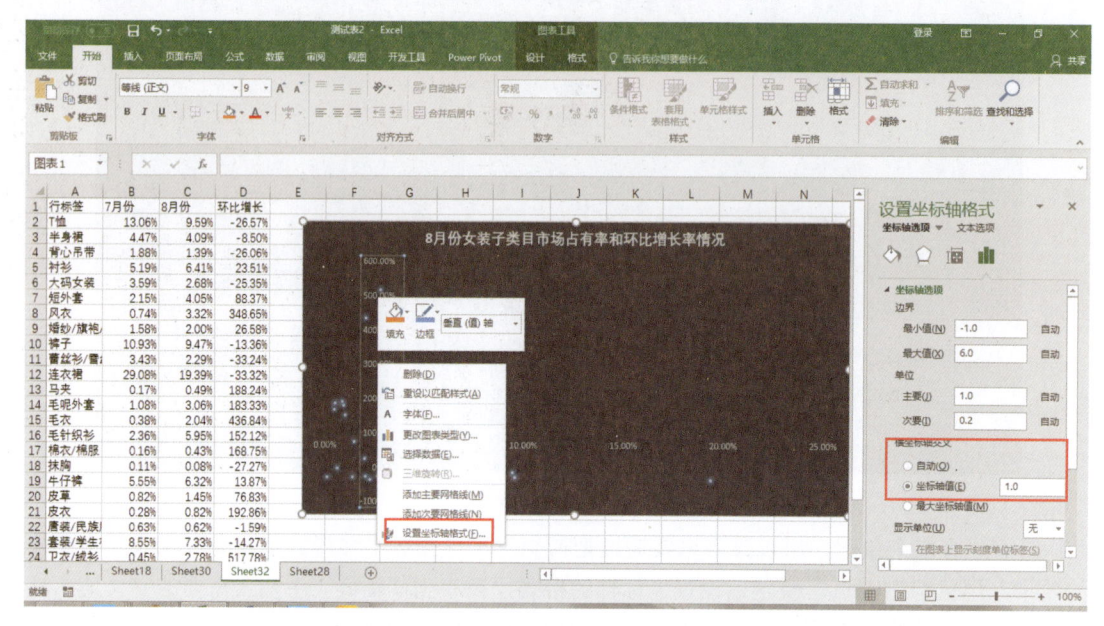

图 2-142

如图 2-143 所示，会发现这时横坐标的线没有显示出来，所以还需要把它显示出来。

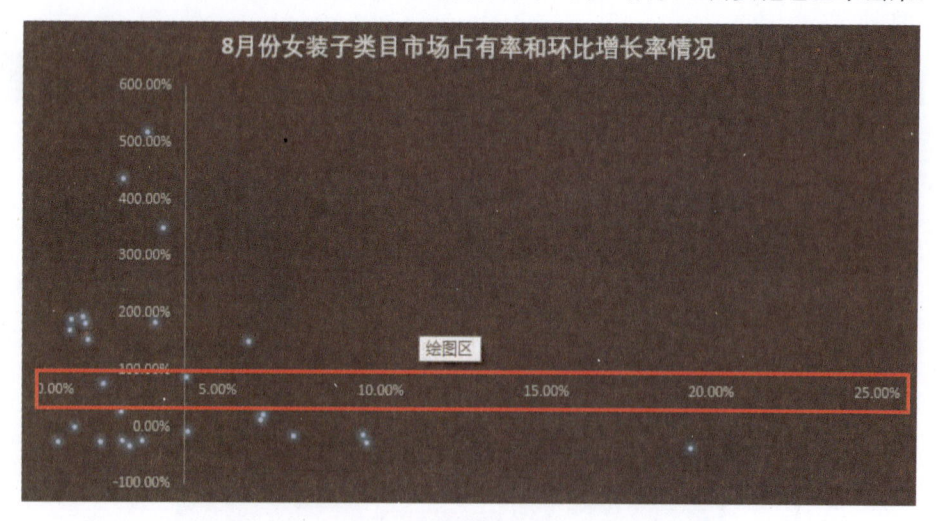

图 2-143

同样，设置横坐标的坐标轴格式，把刻度线的"主要类型"先改成"交叉"，然后再改成"无"，这样，坐标轴的线就会显示出来，如图 2-144 所示。

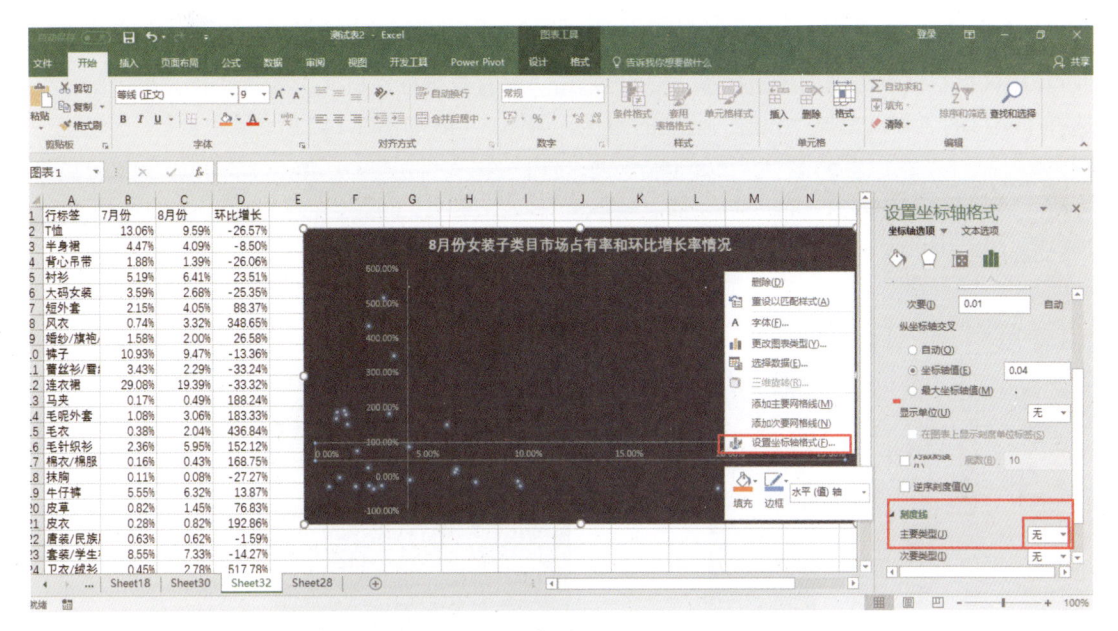

图 2-144

我们也不需要纵坐标的数值，同样修改纵坐标的坐标轴格式，把"标签位置"设置成"无"，如图 2-145 所示。

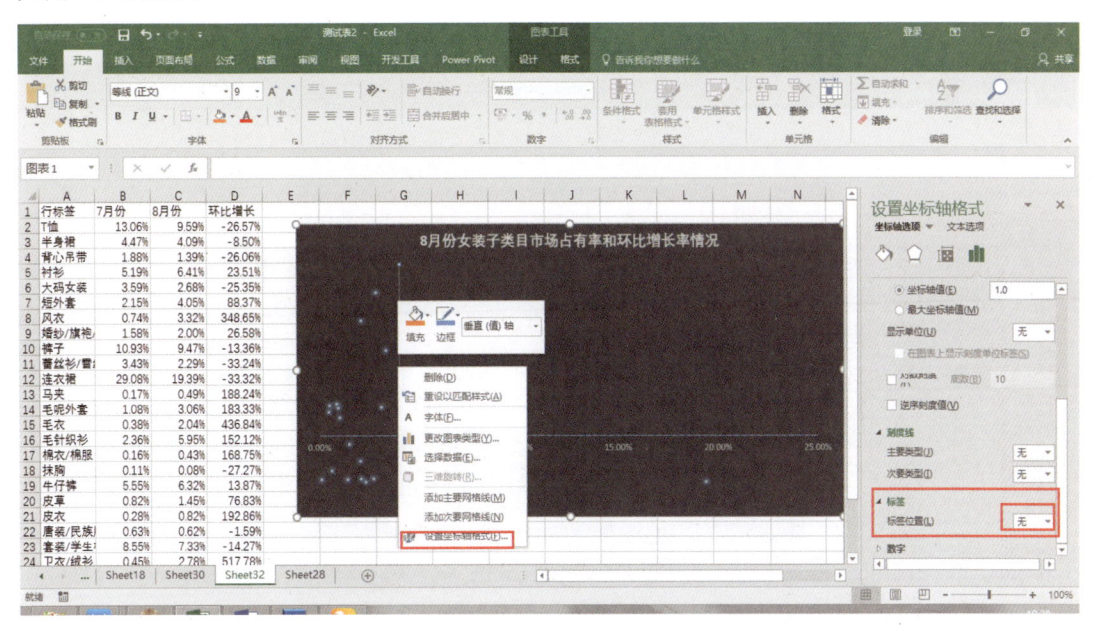

图 2-145

105

接下来，还需要把每一个散点的名称显示出来，点击图中的任何一个散点即可选中所有的散点，用鼠标右键点击添加数据标签，然后再点击"设置数据标签格式"，勾选"单元格中的值"，选择子类目的名称，去掉"Y 值"前面的勾选，如图 2-146 和图 2-147 所示。

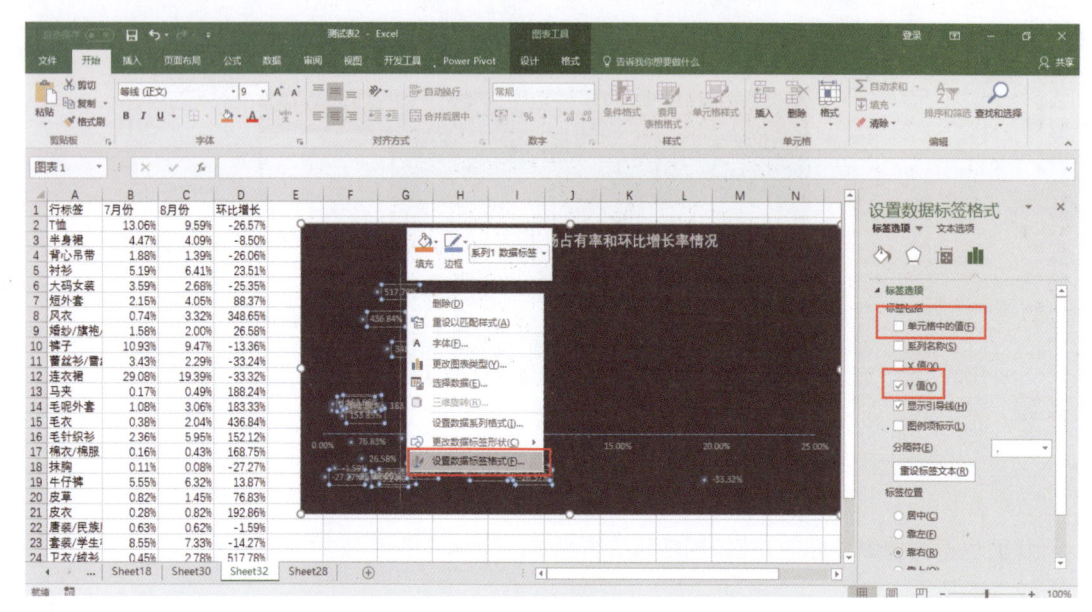

图 2-146

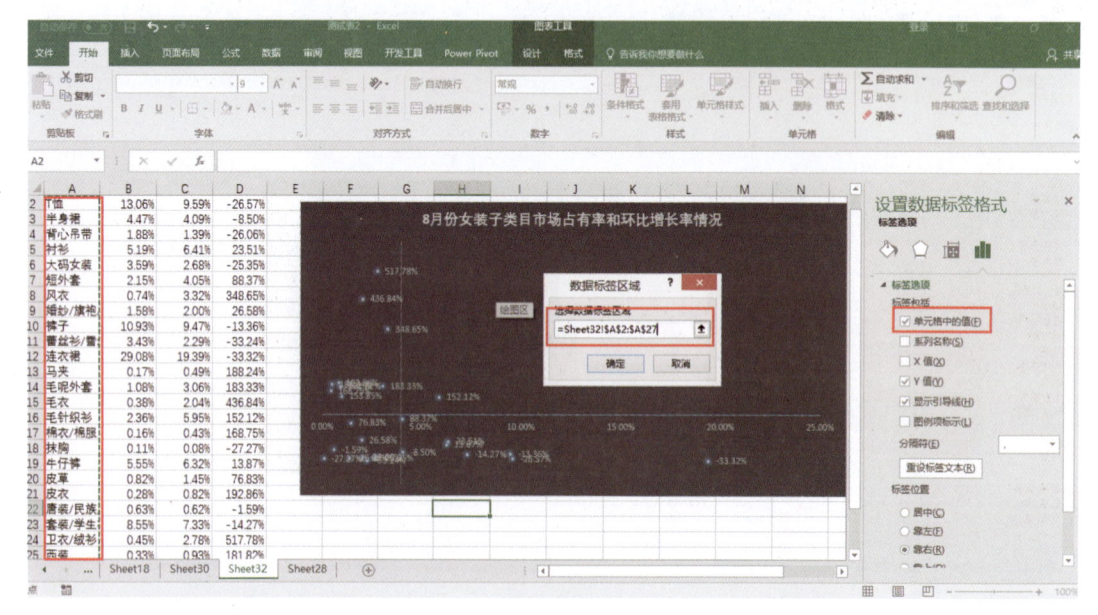

图 2-147

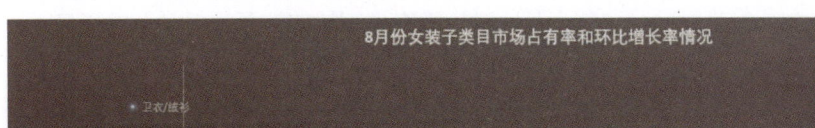

这样，一个基本的四象限图就做出来了，如图 2-148 所示。

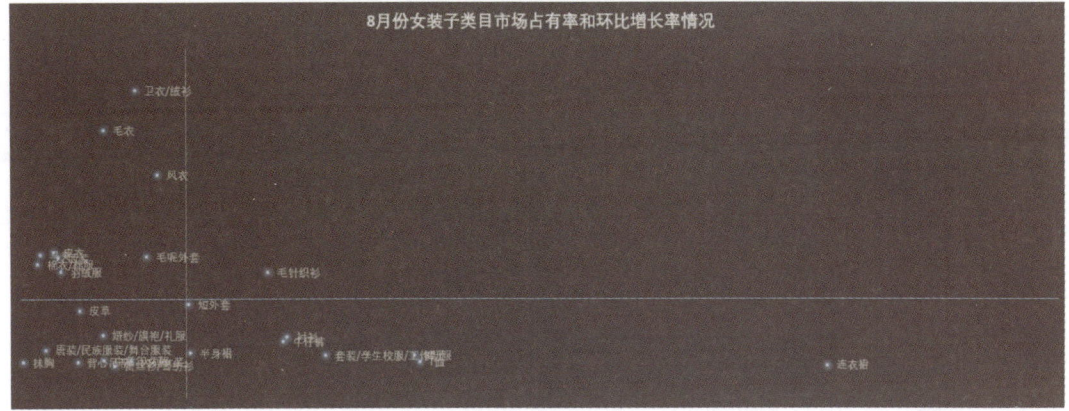

图 2-148

接下来，通过插入文本的方式完善图表，如图 2-149 所示。

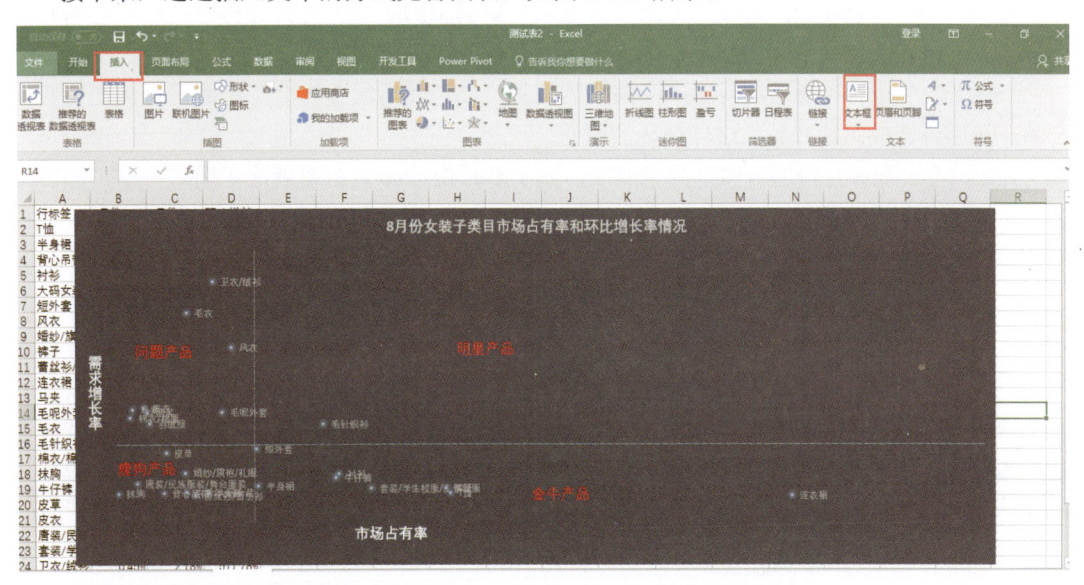

图 2-149

这里简单地解释每个产品的类型。

四象限图是根据四个象限按照市场增长率和相对市场占有率划分的。

（1）问题产品。从坐标来看我们知道，这一块的增长率是偏高的，高于设定的界限值，但是它的市场占有率是比较低的，低于设定的界限值，因为它目前的情况是增长很快，但是市场占有率不高，所以得到的利润有限，因此称为问题产品，但是要记住问题产品未必就是说它不好，只是说它现阶段市场占有率不高。例如，8月份的时候毛衣销量增长的速度很快，但是市场占有率不高，因为这个是季节问题，这类产品暂时还没得到市场的认可，但是有可能接下来它就会发展起来，所以这类产品其实需要重点关注。

（2）明星产品。这类产品是高增长率和高市场占有率的，往往属于当季热卖的、投入力度比较大的产品，例如8月份的毛针织衫，这个子类目处于迅速增长的市场，具有很大的市场份额，在短期内可以大力投入。

（3）金牛产品。这类产品是低增长率和高市场占有率的，一般来说这类产品属于比较成熟的产品，例如8月份的连衣裙，这一块的市场占有率还是很高的，但是它的销量增长的速度可能会很慢甚至负增长，因为这一季节连衣裙类目是很成熟了的。我们要小心这一区域的产品，不能投入太多，要重点考虑它的投资回报率，争取把利润最大化，要重点考虑后面发展的空间。

（4）瘦狗产品。这类产品是低增长率和低市场占有率的，在分析子类目时，这个区域的产品基本上属于快要淘汰的子类目，例如蕾丝衫和雪纺衫，在8月份的时候基本被淘汰了，所以在瘦狗区域。

其实，如果长期分析并关注这个图，会发现在做淘宝的子类目分析过程中，这些产品的区域会随着时间的变化而变化。

一般比较成功的转变是，问题产品演变为明星产品，然后演变为金牛产品，再演变为瘦狗产品，然后再变成问题产品，这样循环的演变。

例如，毛衣在8月份的时候是问题产品，到了9月份、10月份时就成了明星产品，然后再过几个月就成了金牛产品，再过几个月就成了瘦狗产品，这就是一个子类目正常的演变规律，也是生命周期的规律。

所以，看这个图的时候要懂得分析，例如，问题产品区域的子类目为什么会是问题产品？为什么它的增长率比较高，但是市场占有率比较低？是因为本身市场需求少，还是因为目前这个季节需求产品少，未来它的发展方向是怎样的？是变成明星产品还是瘦狗产品？我们要根据这个判定去投入，例如，毛衣这个类目在8月份虽然是问题产品，它的增长率高，但是市场占有率比较低，这时我们知道，整个毛衣市场容量在冬季会是很大的，现在之所以低是因为它的销售季节没有到，所以市场占有率暂时比较低，然后通过它的增长率高可以看出，这个产品已经开始要成为明星产品了，这时需要加大投入。

2.3.5 帕累托图

帕累托图又称为排列图、主次图，是按照发生频率大小顺序绘制的直方图，表示有多少结果是由已确认类型或范畴的原因所造成的。帕累托法则往往称为二八原理，即80%的问题是20%的原因所造成的。帕累托图在项目管理中主要用来找出产生大多数问题的关键原因，用来解决大多数问题。在做淘宝数据分析的过程中，帕累托图可以用在找出主要影响因素。

例如，如果现在想分析主要影响店铺流量的宝贝情况，那么就可以利用帕累托图。

如图 2-150 所示，先把宝贝的流量数据下载下来，这个很简单，直接在生意参谋的商品效果里面就可以下载。然后，在后面添加一栏"累计占比"，累计占比的计算方法很简单，就是累计访客数除以总访客数，可以直接在 C2 单元格中输入简单的函数公式"=SUM($B$2:B2)/SUM($B$2:$B$21)"。

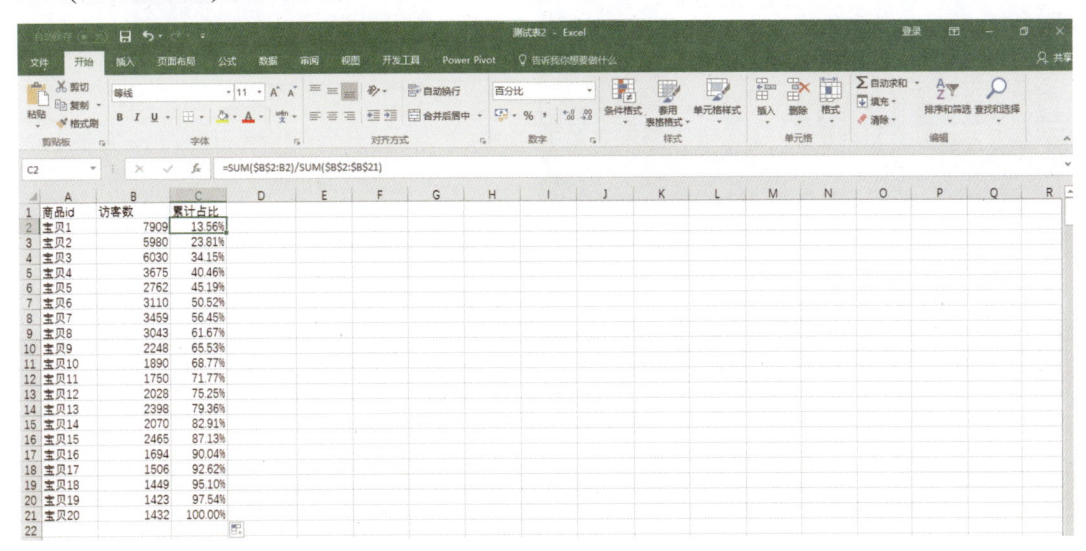

图 2-150

接下来，插入一个二维柱形图，如图 2-151 所示。

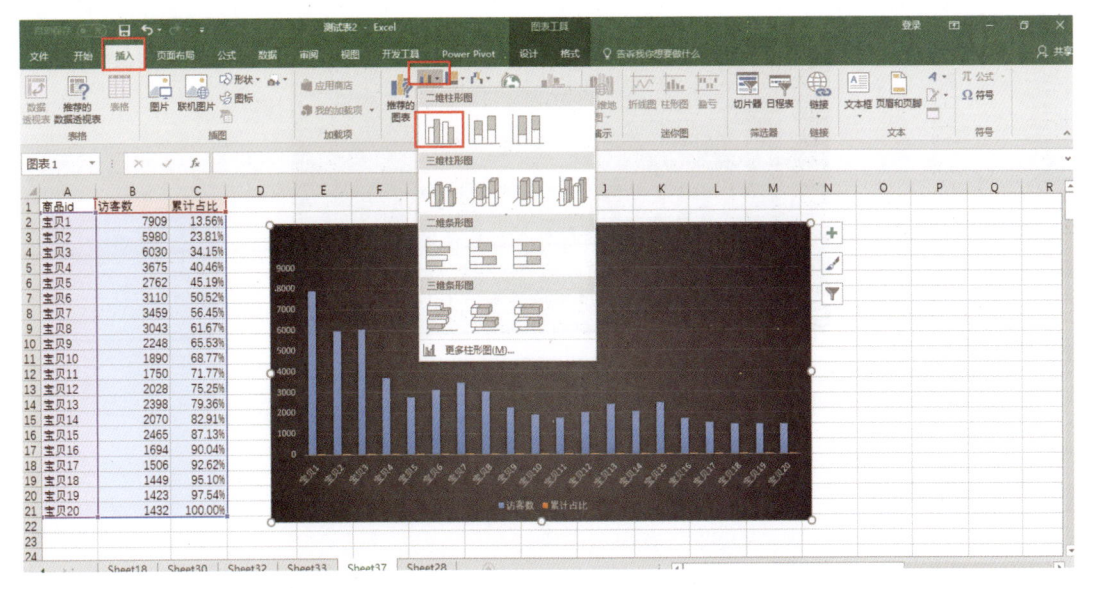

图 2-151

修改成以"累计占比"为次坐标的双坐标轴格式的图表，如图 2-152 所示。

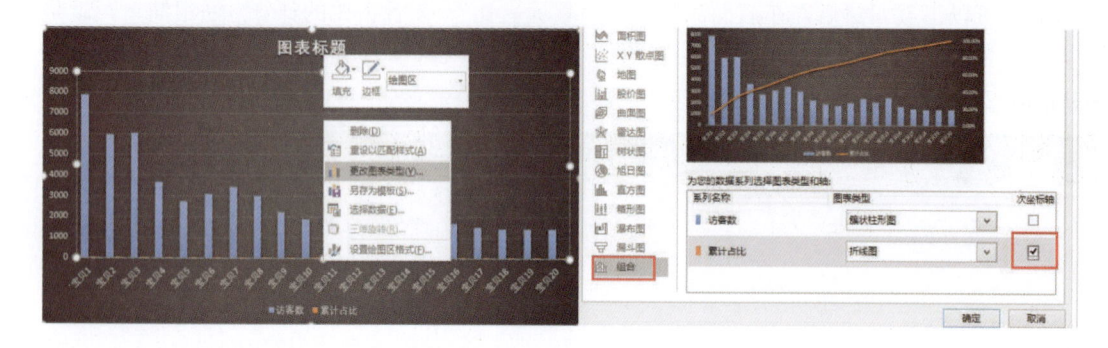

图 2-152

修改次坐标轴的"最大值"为"1"，也可以把主坐标的坐标轴最大值设置成访客数总和，这样做的目的是让折线的位置正好落在柱形图第一个柱子的右上角，但是有时候为了数据更加直观，主坐标可以不改，这个根据自己需求决定。这样，一个简单的帕累托图就做出来了，可以根据自己的需求美化图表，如图 2-153 所示。

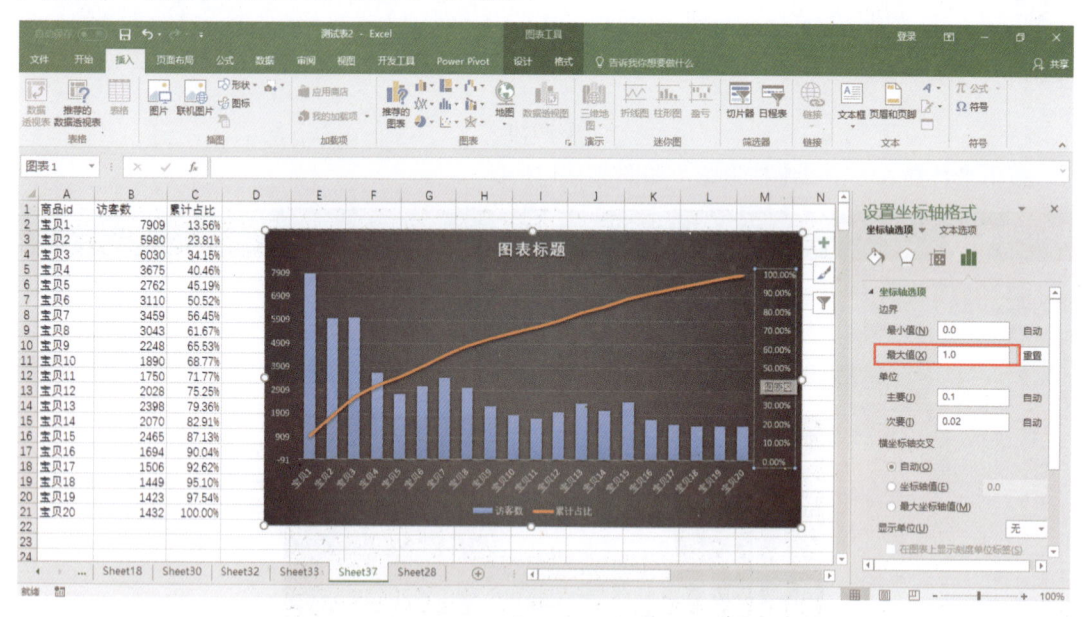

图 2-153

瀑布图请见附录 E。

第3篇 分析方法篇

在前面两篇中，我们对淘宝数据分析过程中需要用到的基础知识都已经做了简单的介绍，虽然是基础性的知识，甚至大部分是 Excel 操作的基础内容，看起来似乎和淘宝数据分析实战没有太大的关系，其实不然，下面的内容是建立在前两篇基础之上的，所以当读者看本篇的时候需要掌握前两篇的内容，否则操作起来会有难度。从本篇开始，我们将会把前面学到的基础内容应用到淘宝数据分析的实操中。本篇主要学习和了解淘宝数据分析过程中我们经常应用的数据分析方法。

3.1 AB测试法

AB 测试不是一个时髦的概念。AB 测试法是营销和设计工作者经常用到的一个分析方法，也是在做淘宝数据分析过程中非常有效的一套方法。

AB 测试，简单来说是设计两个版本（A 和 B），A 为目前的版本，B 是猜想更好的版本或者新的版本。然后，通过测试比较这两个版本之间你所关心的数据，最后选择效果最好的版本。

在淘宝数据分析过程中，最典型的 AB 测试法案例是直通车创意优化之 AB 测试法。

当要对直通车图片优化的时候，一般先对现行图片分析、提炼现有创意的要素，然后分析这些要素中哪些是表现好的、哪些是表现不好的。在分析的过程中我们会形成一种猜想的结论，如认为这张图片点击率差可能是因为文案的问题，所以猜想换一种文案效果会更好，也有可能我们认为这张图片点击率差是拍摄角度的问题，它的文案其实很好，如果没有这个文案，可能点击率更低，那么我们猜想的就是换一张不同角度拍摄的图片效果更好，不更改文案。

我们会根据这些分析和猜想提出优化的策略，然后根据这个优化的策略做一张新的图片，把这张新的图片放入同一个计划的直通车创意图上，把两张图片进行轮播的模式测试。

我们提取测试一段时间后的测试数据，然后把新创意的数据和原来的创意数据一一对比分析，最后根据这个数据的结果判定原来的猜想是否正确，优化方向是否正确。

AB 测试法本质上是一种可控的试验，也就是说，它建立在原来的基础之上，进可攻退可守，哪怕新的猜想数据不行，也可以退回原来的地步，不至于失控。所以，在做淘宝数据分析的过程中，经常需要用到 AB 测试法。

3.2 杜邦分析法

杜邦分析法利用几种主要的财务比率之间的关系综合地分析企业的财务状况。具体来说，它是一种用来评价公司盈利能力和股东权益回报水平，从财务角度评价企业绩效的经典方法。其基本思想是将企业净资产收益率逐级分解为多项财务比率乘积，这样有助于深入分析比较企业经营业绩。由于这种分析方法最早由美国杜邦公司使用，故名杜邦分析法。

杜邦分析法主要用在财务分析上，但是对做淘宝数据分析的人来说，它同样可以用在淘宝数据分析上，因为杜邦分析法可以让我们在分析问题的时候层次变得更加清晰，条理变得更加分明，也更容易把问题凸显出。例如，如果你是一名运营，老板突然问你，最近为什么我们的销售额下降了？你该怎么回答呢？

难不成你回答说：我也不知道。

如果这时候你用了杜邦分析法，如图 3-1 所示，那么就可以轻易地回答老板的问题了。你可以很详细地、有条有理地告诉他是什么原因，是哪一块出了问题。因此，本节我们重点学习杜邦分析法。

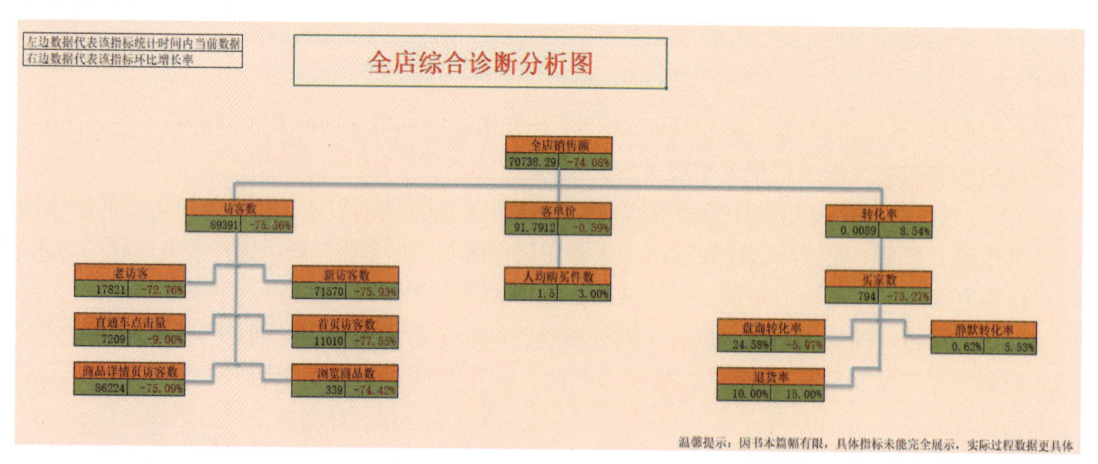

图 3-1

要做一个全店的诊断杜邦图，自然需要的数据源要和全店以及目标相关。这个不难，生意参谋的取数可以直接下载数据，然后复制粘贴到新建的 Excel，如图 3-2 所示。

当然，虽然生意参谋的数据比较完善，但不是所有数据都有，所以还需要把从生 e 经和直通车报表的数据也下载粘贴进去，另外就是生意参谋没有收藏率和加购率这些概念，所以需要利用公式计算，总之就是需要把你认为对店铺有影响的所有数据都放进数据源。如果保存的数据超过一年，那么还需要在最后添加年份、月份这两列数据，如图 3-3 和图 3-4 所示。

第3篇 分析方法篇

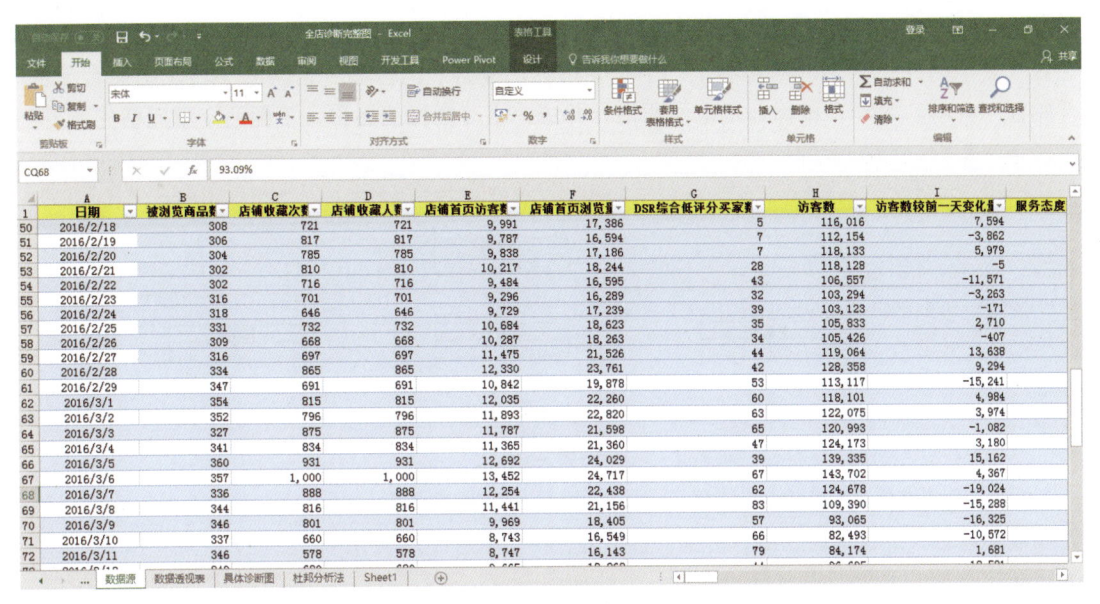

图 3-2

图 3-3

图 3-4

113

把数据都下载并整理好后,就可以开始做杜邦图了。首先,根据思路构建图的框架。例如,想做一个全店的诊断图,销售额是一个重要指标,根据"销售额 = 访客数 × 转化率 × 客单价"开始往下分解。每一个指标都是上面两格合并成一格写指标的名称,下面两个单元格先留着到时候填写数据,如图3-5所示。

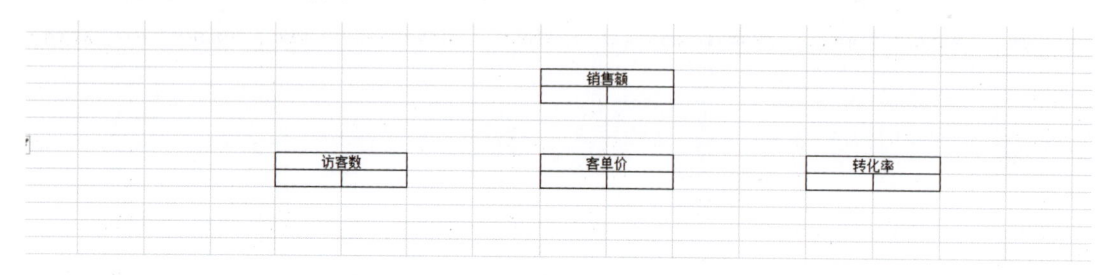

图 3-5

然后,把访客数、客单价、转化率三个指标继续根据思路拆分。例如,访客数有PC端访客数、无线端访客数、直通车访客数、钻展访客数等,转化率有静默转化率、盘询转化率、PC转化率、无线转化率等。总之,根据目的构建一个结构图。

如图3-6所示,构建好以后,以刚刚下载整理的数据为数据源插入两个数据透视表。把结构图上需要的数据指标拖入"值"并将其汇总方式设置为求和,但是有一些指标不能拖入,如那些不需要汇总和,而需要平均值的。例如,停留时间、访问深度、转化率等,这些指标的求和是没有意义的。例如,想对比这一周和上一周的停留时间和转化率,那么肯定希望看的是它的平均值而不是求和值。当然,如果对比数据只是以一天为单位,那也可以以求和的形式拖入,因为一天的求和也是一天的平均,但是在杜邦图中,我们经常想要分析很多天的数据,所以不建议以求和的形式统计平均值数据。

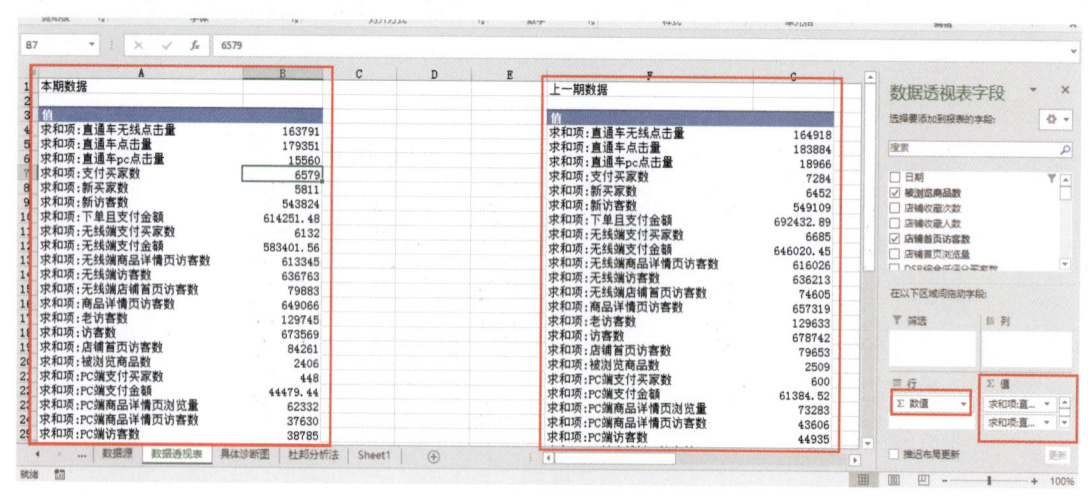

图 3-6

可能很多人会想，要求平均值很简单，将其拖入"值"并将其汇总方式设置为平均就可以了。这样看起来好像是合情合理的，但是实际上不建议这么做，因为会出现逻辑错误。如图3-7所示这个数据，如果按照平均值的方法统计转化率，得出的结果应该为2.17%。但是，实际上它的转化率应该是2.57%，因为一共访客数是700，成交18单。这实际上是逻辑统计的问题，因为平均值统计的是2.5%、0%、4%这三个数的平均，而要算的转化率肯定不是这三个数的平均值，要算的是多少流量带来了多少订单，应该是18/700。

访客数	订单数	转化率
400	10	2.50%
100	0	0.00%
200	8	4.00%

图 3-7

所以，在做杜邦图中如果碰到转化率的，不要直接用平均值的方法，而要利用除法公式，就是总订单数除以总访客数。

当把数据透视表做好之后，结构图上需要的数据指标只要是涉及求和的都拖入"值"并将其汇总方式设置为求和之后，就可以开始完善杜邦图了，要把结构图的数据都填写进去。

如图3-8所示，在设计结构图时每一个指标下面都留了两个位置，这两个位置其实都是有含义的，第一个位置需要填入的数据是当前的数据，如想要统计最近三天访客数的和，那么第一个单元格填入的就是最近三天访客数的和这个数据，第二个单元的含义是和对比数据之间的环比增长情况，如想要对比最近这周和上周的环比增长率情况，那么第二个单元格就填写环比增长率。

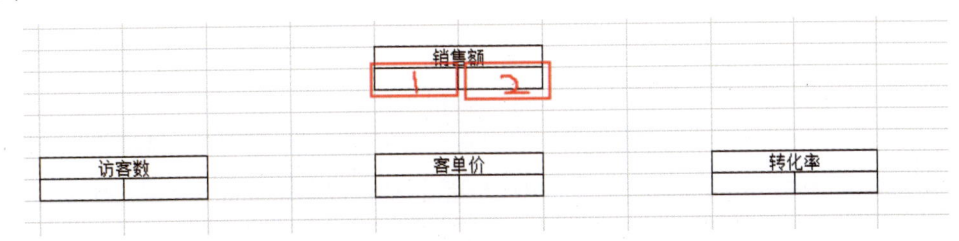

图 3-8

这也是为什么前面在做数据透视表的时候要做两个数据透视表的原因，其实就是为第二个单元格准备的，因为根据环比增长率的公式"环比增长率 =（本期的数据 – 上一期的数据）/ 上一期的数据"，所以需要两个数据透视表，一个代表本期数据，另一个代表上一期数据，如图3-9所示。

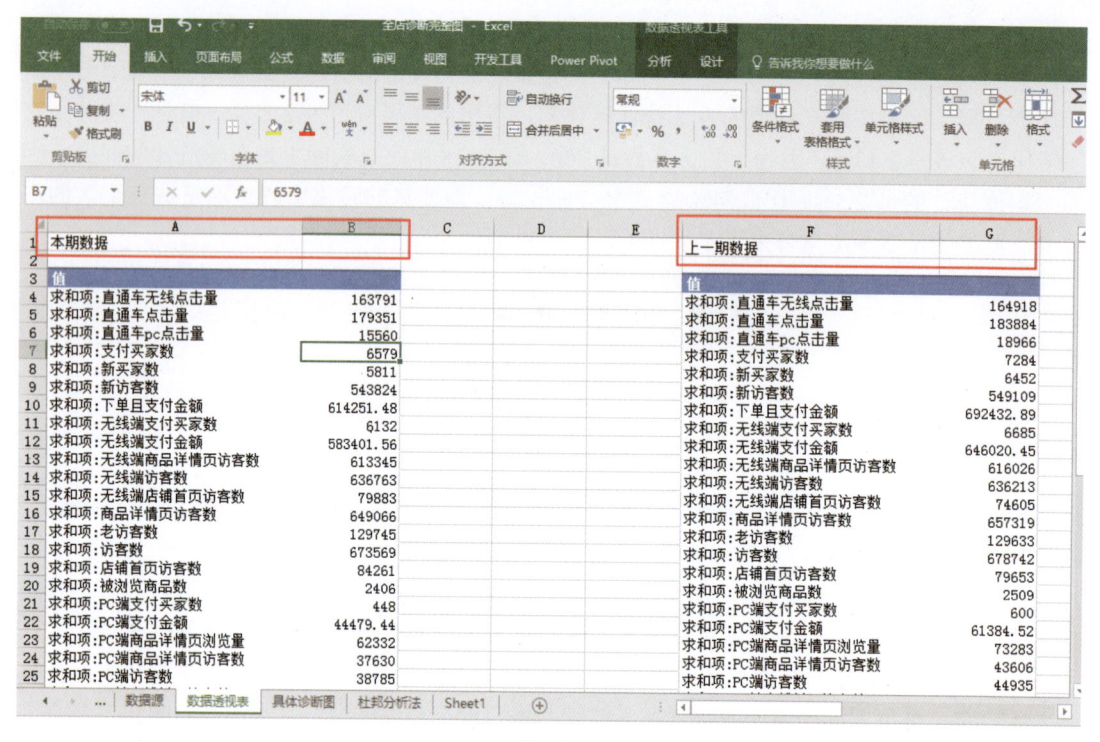

图3-9

如何实现自动统计本期数据和上一期数据呢？如果学懂了数据透视表中切片器的功能，要实现这一步就很简单了，只需要每个数据透视表都插入一个切片器，然后每个切片器选择对应的日期就可以了。

先点击第一个数据透视表，点击"插入"菜单下的"切片器"选项卡，勾选"日期"，点击"确定"按钮，这样本期数据的切片器就做出来了，如图3-10所示。

因为要建立两个切片器，为了方便区分，给每个数据都设置一个名称，先点击切片器，然后点击鼠标右键，在弹出的菜单中选择"切片器设置"，在弹出的对话框中把"标题"设置为对应的名称，如图3-11所示。

用同样的方法把第二个数据透视表也做一个切片器，并把两个切片器移动到结构图表中，要移动过来很简单，先选中切片器剪切，然后在结构图表中粘贴，如图3-12所示。

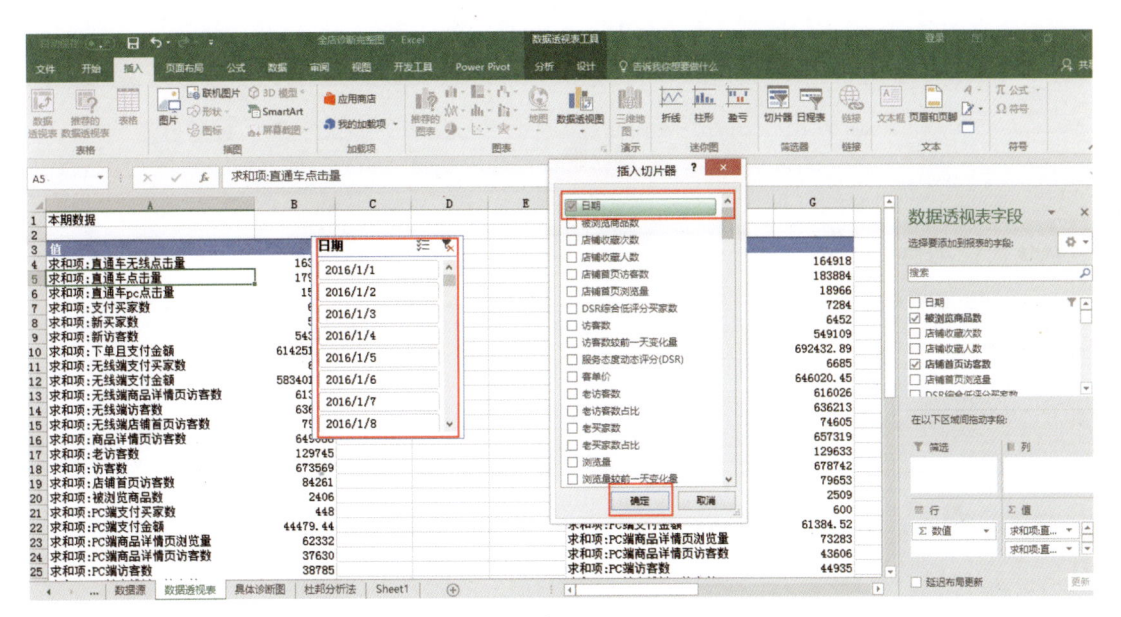

图 3-10

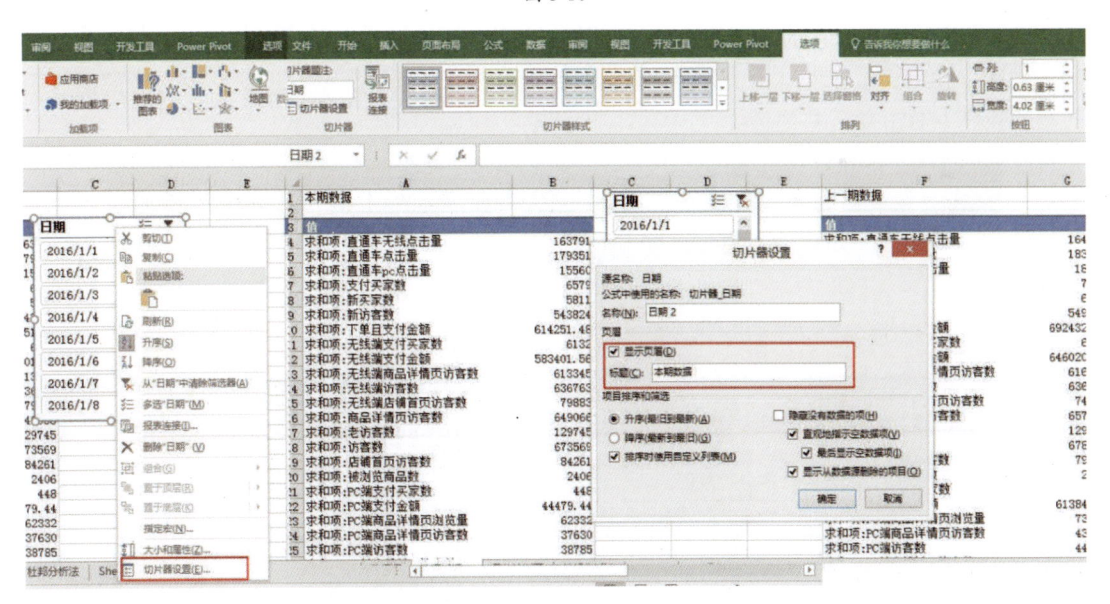

图 3-11

把切片器移动过来之后，就正式开始填入数据。从"销售额"这个指标开始填数据，刚刚已经知道了这两个单元格，前面的填本期数据，后面的填环比增长率。

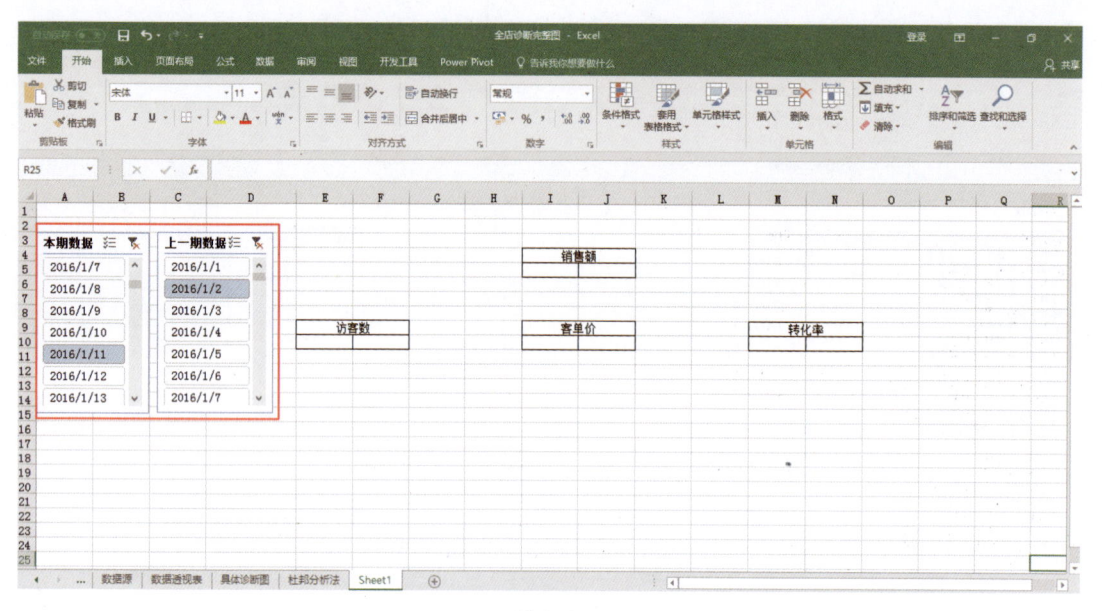

图 3-12

要填写第一个单元格的数据很简单，先找到这个指标的值在本期数据透视表中的位置。例如，如图 3-13 所示，销售额的本期数据就是下单且支付金额的数据，也就是说它的数据等于数据透视表中 B10 单元格的值。

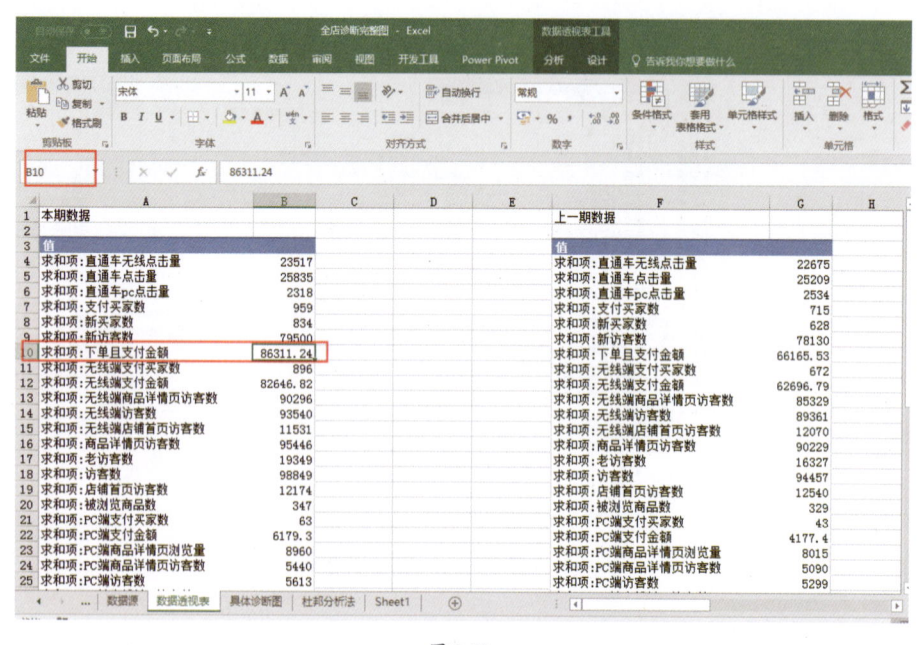

图 3-13

所以，可以在 I5 单元格中输入"= 数据透视表 !B10"，这样，就直接调取到数据透视表中销售额的数据，当切片器日期选择变化的时候，这里的值也会跟着变化。第一个单元格就正式完成了，如图 3-14 所示。

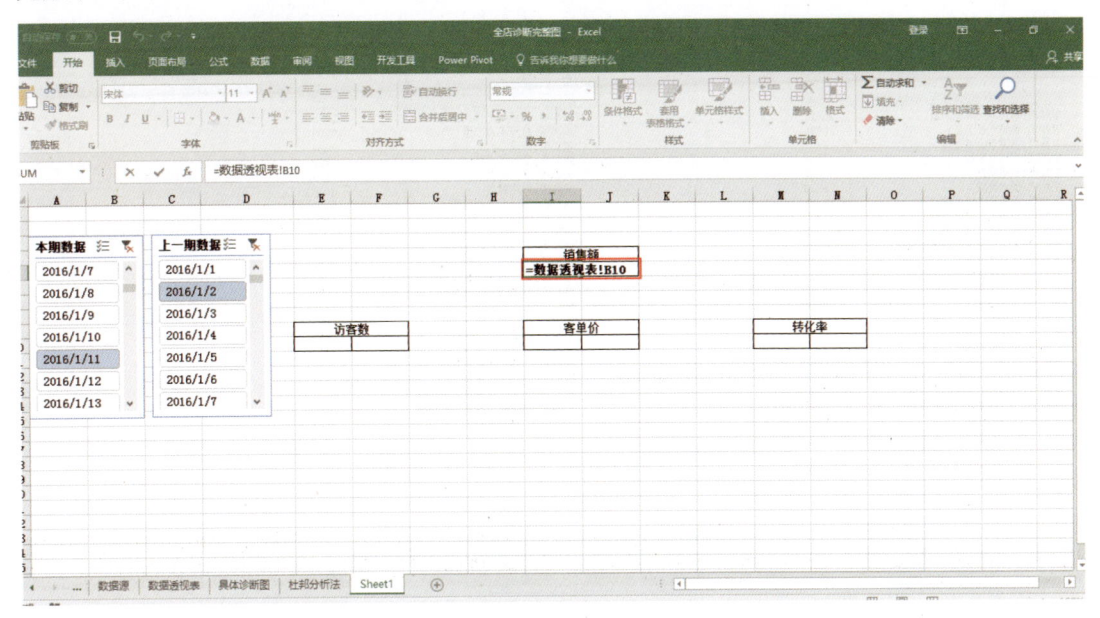

图 3-14

明白了第一个单元格的填法之后，要填写第二个单元格就很简单，第二个单元格无非就是包含一个公式"=（本期数据－上一期数据）/ 上一期数据"，已经知道本期数据该怎么调取了，如销售额的本期数据是"= 数据透视表 !B10"。所以，接下来要做的是知道上一期数据是多少。

同样的原理，数据透视表中 G10 单元格的值就是上一期销售额的数据，所以上一期数据应该是"= 数据透视表 !G10"，如图 3-15 所示。

所以，销售额环比增长率 =（本期销售额数据－上一期销售额数据）/ 上一期销售额数据 =(数据透视表 !B10 －数据透视表 !G10)/ 数据透视表 !G10。因此，只需要在该指标预留的第二个单元中输入"=(数据透视表 !B10 －数据透视表 !G10)/ 数据透视表 !G10"，如图 3-16 所示。

119

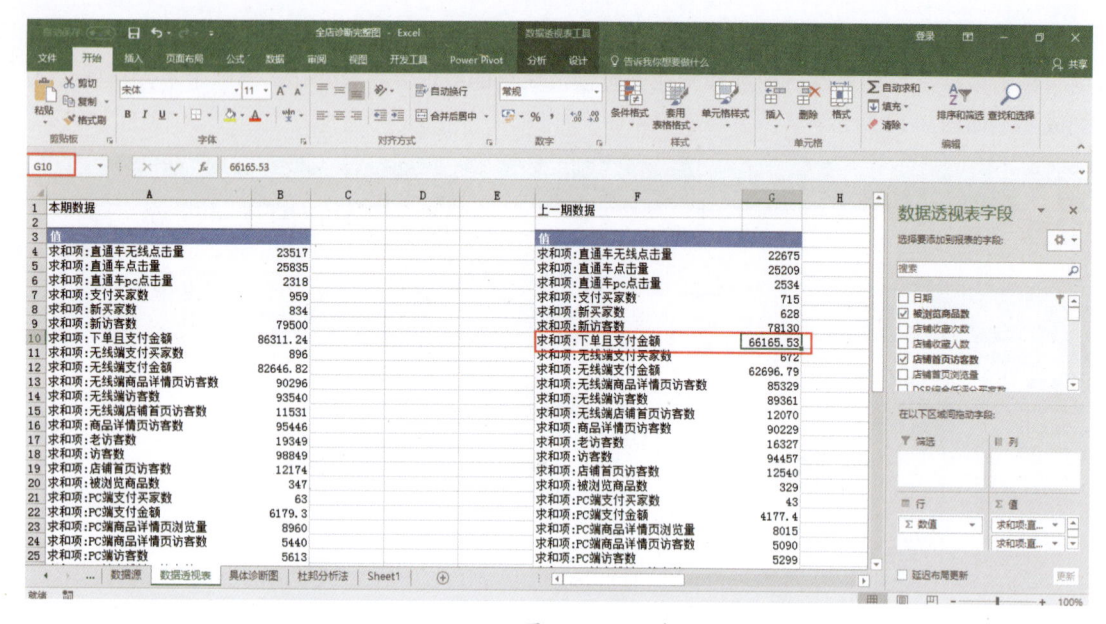

图 3-15

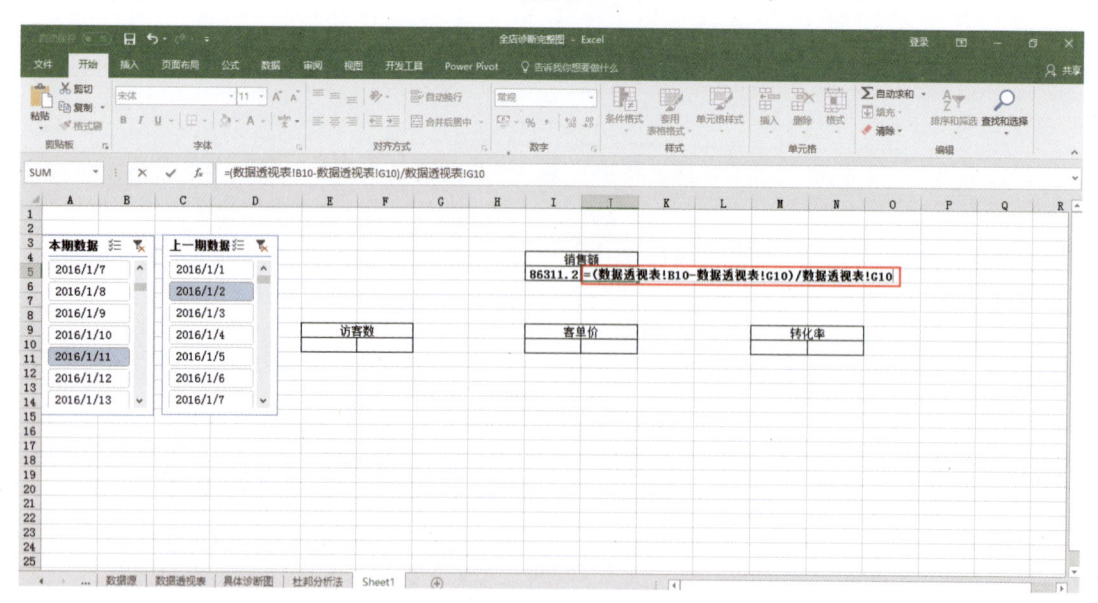

图 3-16

接下来，按照同样的原理把其他求和项的指标都填写完成，如访客数、客单价，但是有些指标在数据透视表中没办法直接找到，刚刚已经说了，不要拖入那些需要平均值的指标到数据透视表中，因为它们可能有逻辑错误，所以没办法直接在数据透视表中调取这些需要平均值的指标数据，但是，可以通过计算得出来。

例如，转化率＝支付买家数／访客数。支付买家数和访客数的数据都可以在数据透视表中调取，因此，只需要在第一个单元中输入公式"＝支付买家数／访客数"。

我们知道支付买家数的数据就是数据透视表中 B7 单元中的值，即"＝数据透视表!B7"。访客数的值就是数据透视表中 B18 的值，即"＝数据透视表!B18"。

因此，转化率的本期数据＝数据透视表!B7/数据透视表!B18，只需要在第一个单元格中输入"＝数据透视表!B7/数据透视表!B18"，如图 3-17 所示。

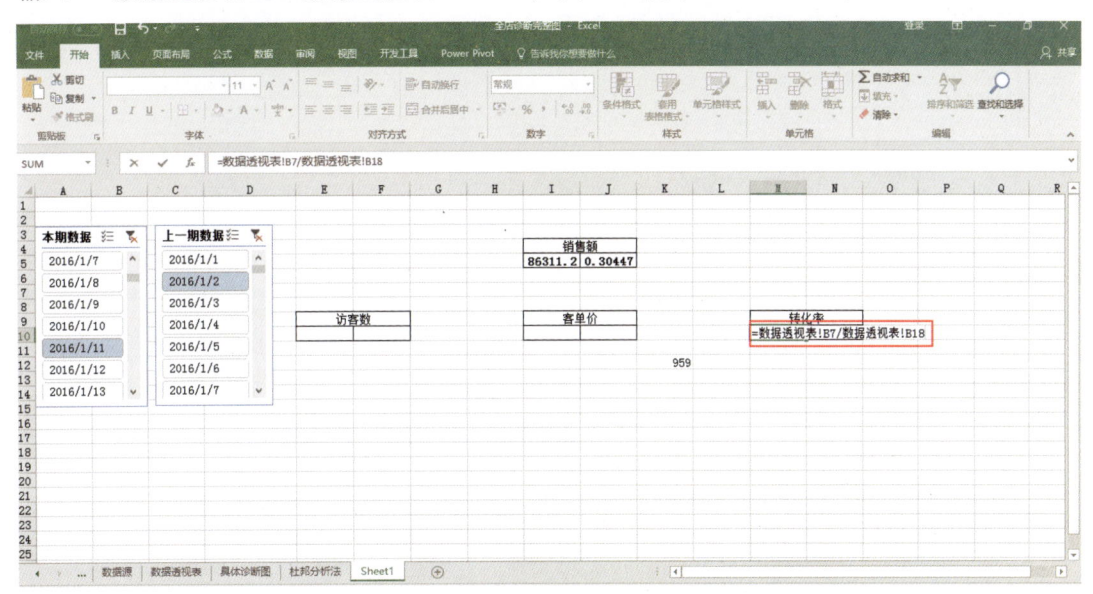

图 3-17

用同样的方法，可以知道上一期的转化率＝数据透视表!G7/数据透视表!G18。所以，环比增长率＝((数据透视表!B7/数据透视表!B18)－(数据透视表!G7/数据透视表!G18))/(数据透视表!G7/数据透视表!G18)。

用这样的方法把所有的指标数据预留的单元格都填写完成，整个杜邦图就基本做出来了，为了方便对比数据，需要把环比增长率低于零的用红色显示出来。要实现这一步很简单，可以使用前面学过的条件格式。

如图 3-18 所示，选中所有指标的第二个预留单元格，点击"开始"菜单下的"条件格式"→"突出显示单元格规则"→"小于"。

谁说菜鸟不会电商数据分析

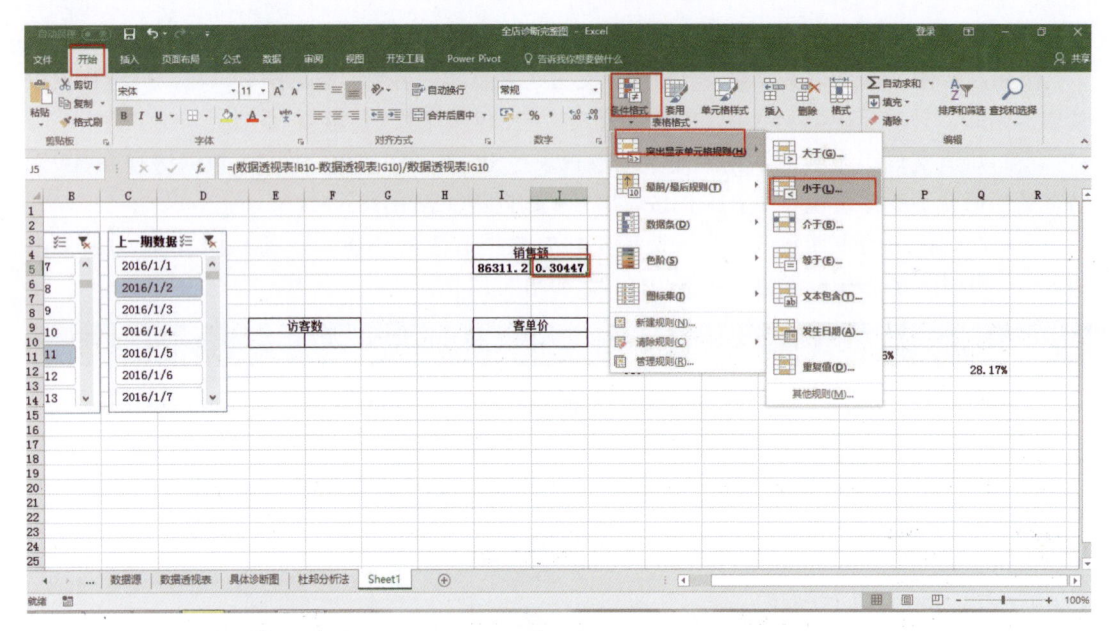

图 3-18

然后，在弹出的单元格中输入"0"，设置想要的填充颜色，点击"确定"按钮，如图 3-19 所示。

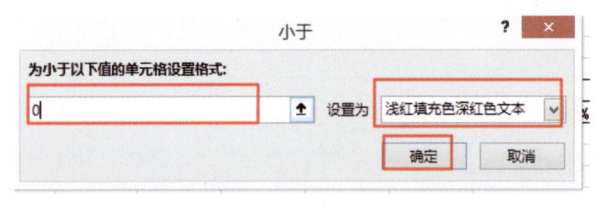

图 3-19

接下来，还可以把图表美化一下，例如给表格添加一个底纹颜色，用线头把各项指标的关系串联起来等。

做好这个表格之后，需要把数据源用表格的形式套入，在 2.2.6 节已经讲过，如果要想每次添加数据的时候，数据透视表的数据源不需要更改，那么就需要把数据源用表格的形式。而做这样的一个表格，不可能只用一次，以后肯定需要添加新的数据进去，所以自然就需要把数据源用表格的形式显示。方法很简单，只需要先选中所有数据源，然后插入表格，如图 3-20 所示。

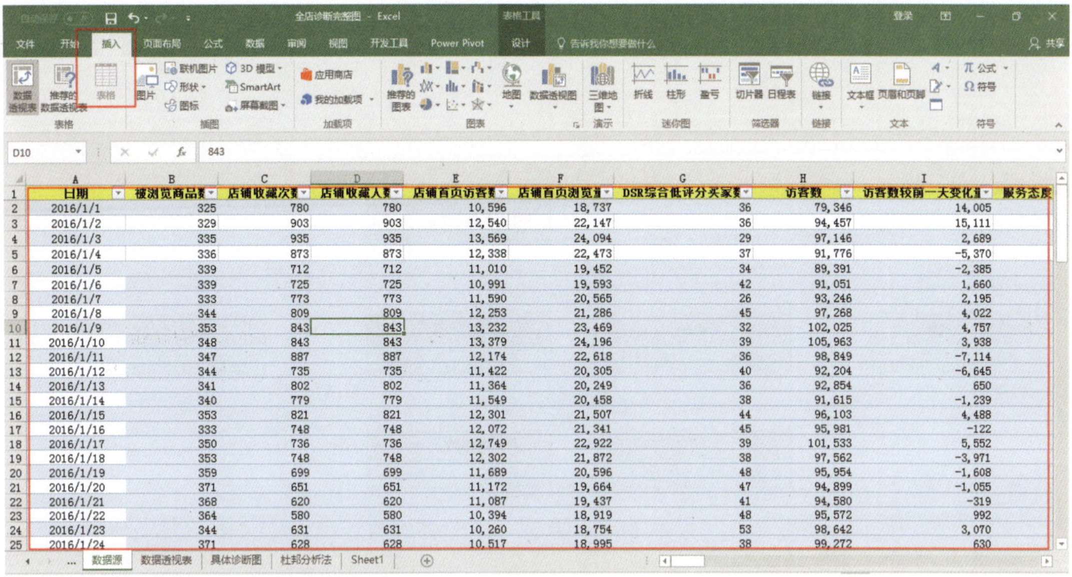

日期	被浏览商品数	店铺收藏次数	店铺收藏人数	店铺首页访客数	店铺首页浏览量	DSR综合低评分买家数	访客数	访客数较前一天变化量	服务态度
2016/1/1	325	780	780	10,596	18,737	36	79,346	14,005	
2016/1/2	329	903	903	12,540	22,147	36	94,457	15,111	
2016/1/3	335	935	935	13,569	24,094	29	97,146	2,689	
2016/1/4	336	873	873	12,338	22,473	37	91,776	-5,370	
2016/1/5	339	712	712	11,010	19,452	34	89,391	-2,385	
2016/1/6	339	725	725	10,991	19,593	42	91,051	1,660	
2016/1/7	333	773	773	11,590	20,565	26	93,246	2,195	
2016/1/8	344	809	809	12,253	21,286	45	97,268	4,022	
2016/1/9	353	843	843	13,232	23,469	32	102,025	4,757	
2016/1/10	348	843	843	13,379	24,196	39	105,963	3,938	
2016/1/11	347	887	887	12,174	22,618	36	98,849	-7,114	
2016/1/12	344	735	735	11,422	20,305	40	92,204	-6,645	
2016/1/13	341	802	802	11,364	20,249	36	92,854	650	
2016/1/14	340	779	779	11,549	20,458	38	91,615	-1,239	
2016/1/15	353	821	821	12,301	21,507	44	96,103	4,488	
2016/1/16	333	748	748	12,072	21,341	45	95,981	-122	
2016/1/17	350	736	736	12,749	22,922	39	101,533	5,552	
2016/1/18	353	748	748	12,302	21,872	38	97,562	-3,971	
2016/1/19	359	699	699	11,689	20,596	48	95,954	-1,608	
2016/1/20	371	651	651	11,172	19,664	47	94,899	-1,055	
2016/1/21	368	620	620	11,087	19,437	41	94,580	-319	
2016/1/22	364	580	580	10,394	18,919	48	95,572	992	
2016/1/23	344	631	631	10,260	18,754	53	98,642	3,070	
2016/1/24	371	628	628	10,517	18,995	38	99,272	630	

图 3-20

做好这个表格后，要学会使用这个表格。这个表格其实是一个模板，做好后可以一直使用，不需要重复做，只需要把新的数据添加进去，有很多商家在使用我发给他们的模板时，都说添加数据进去之后，杜邦图里面的数据并没有把添加的数据统计进去，还是原来的数据，其实这是因为大家还没有刷新，我们已经学习过数据透视表每次添加数据的时候都需要刷新重新计算这一节内容。

因此，每次添加完新的数据源后，首先要做的就是刷新数据透视表的全部数据，如图 3-21 所示。

当填完数据、刷新完后就可以正式分析了。例如，老板问你：为什么我们最近七天的销售额跌了这么多？

那么，你就在当期数据这个切片器中选择最近七天的数据，在上一期数据切片器中选择上一个七天的数据，切片器是可以选择多天的，按住 Shift 键或者 Ctrl 键选择多天即可，如图 3-22 所示。

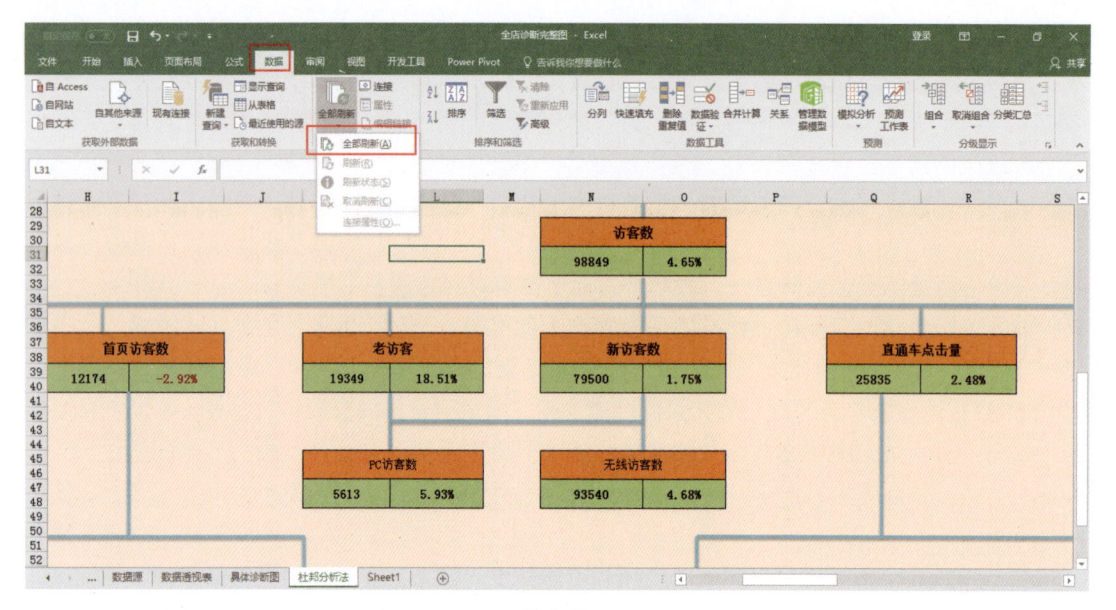

图 3-21

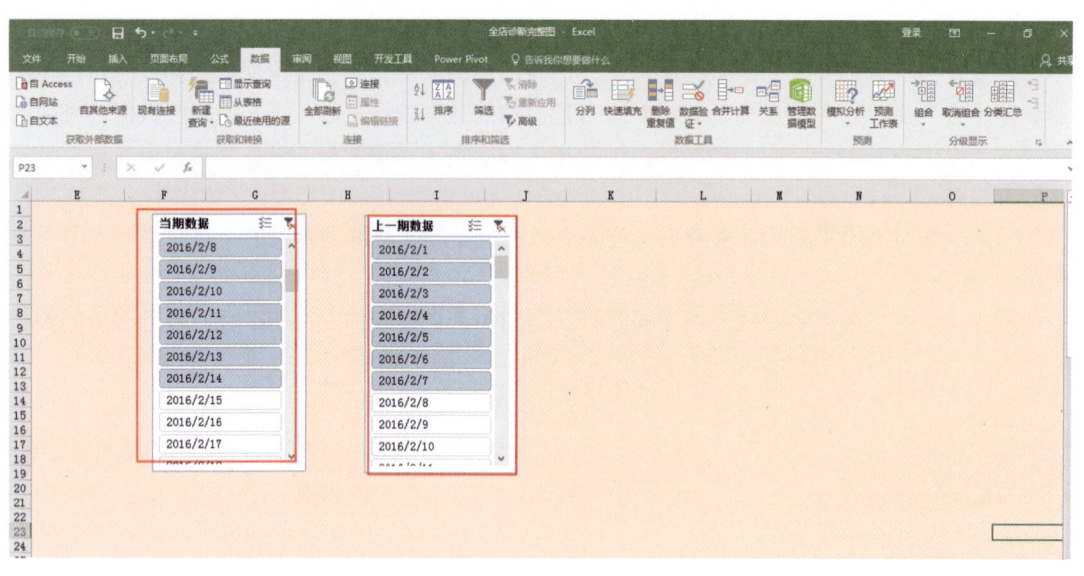

图 3-22

记住，两边日期的天数必须选择相同，第一个切片器选择七天数据，那么第二个切片器也必须选择七天，如果选择的天数不一样，最后数据结果可能会误导你。另外，就是当期数据必须比上一期数据晚。例如，当期数据选的是 2 月 4 日，那么上一期数据必须选择 2 月 4 日之前的数据，如果选择反了，那么就会出现环比增长率错误的结果。这两个问题是很多商家平时遇到的问题。

当选择完之后，就可以看杜邦图了，在环比增长率单元中可以看到哪些负数的红字，这说明这个指标比之前下降了，能直观地知道问题出现在什么地方，接下来就可以针对这些问题进行优化。

3.3 对比分析法

对比分析法通常是把两个或者两个以上相互联系的指标数据进行比较，通过实际数与基数的对比体现实际数与基数之间的差异，借以了解经济活动的成绩和问题的一种分析方法。对比分析法在做淘宝数据分析过程中是常用的，例如，竞争对手分析其实用的就是对比分析法，通过把我们的实际数据和竞争对手的数据进行比较，了解之间的差异并分析原因。

对比分析的特点是可以非常直观地看出两者之间的差距。例如，通过和竞争对手之间的对比分析，可以很直观地看出我们和竞争对手之间的差异和变化，并且还可以非常准确、量化的表达两者之间的差距。

在淘宝数据分析过程中，对比分析法从以下几个维度进行分析。

1．不同时期之间的对比

在做数据透视表的时候，用过环比增长率和同比增长率，其实这两个就是属于不同时期的指标进行对比。例如，用目前和上一行对比，通过这个结果了解自身是做得好了还是做得差了。

2．与竞争对手或者行业对比

用自身的数据和竞争对手或者行业大盘进行比较，可以了解到我们目前处在一个什么位置，是做得好还是做得差。如果做得差，可以根据这个方向优化和提升。例如，通过和竞争对手比较看出我们店铺最大的问题在于转化率太差，那么接下来要做的就是分析为什么会这样、影响转化率的因素有哪些，然后想办法提高转化率。

3．优化前后的对比

在日常淘宝运营过程中，经常需要做很多调整，如修改标题、优化主图、修改详情页等，如果不进行优化前后对比，很难知道调整是否得当、效果是否明显，这是很多商家经常犯的错误，他们优化之后没有与之前的对比，所以根本不知道优化后是比优化前变好了还是没有变化。

4．活动前后对比

当店铺做到一定规模的时候，上活动是我们的一个日常安排，但是上活动自然要达到想要的目的。因此，要对活动前后对比分析，看看活动开展得是否有效、是否有提升、是否达到了目的。

当然，实际过程中对比分析的方法远远不只这四个维度，这里只是举例了四个维度最常见的使用方法而已，平时要根据自己的目的采用不同维度的对比分析方法。

3.4　5W2H分析法

　　做数据分析，逻辑理论是非常重要的，很多商家和我讨论数据分析的时候，我先会问他逻辑理论是什么。我会根据他说的逻辑理论判定他的数据分析，如果一开始我就确定他的逻辑理论是错误的，那么后面所有的内容我都不会看，哪怕他数据做得再漂亮、图表做得再专业，只要他的逻辑理论是错误的，那么他的整个结果也肯定是错误的。

　　在日常的淘宝数据分析过程中，有些人的逻辑思路非常清晰，但是有些人总是抓不住重点，甚至做了数据图，结果也很明显了，但是他就是没办法抓住重点，所以针对这类人，我写了一套比较通用的分析方法。当然，如果你的逻辑比较清晰，其实你不需要看这节内容，但是如果你的逻辑一直很混乱，那么你可以参考下。

　　5W2H分析法还有一个名字——七何分析法。七何是指何时、何地、何人、何事、何因、如何做、何价。

　　例如，现在想分析店铺的人群画像，如果你的逻辑思维很混乱，不知道如何分析，那么就可以按照七何分析法的指导理论分析。

　　何时：我们的买家一般是什么时候购物？他们最佳购物时间点是上午、下午，还是晚上或者凌晨？他们多久会购买一次？每个月一般哪一天购买的是最多的？是不是和发工资有关系？等等。

　　何地：购买我们产品的人分布地点是哪里？广州？杭州？各省份情况如何？各市级情况如何？然后，分析我们的产品是否是这一带人群所喜欢的。

　　何人：购买我们产品的人是什么样的？年纪多大？性别是男是女？消费水平情况如何？工作职务如何？这群人有什么特点？例如，上班族的公司职员，你会发现在晚上十一点以后他们购买得就比较少了，上午十点左右的时候反而是他们购物的高峰期，而学生人群就不一样，学生人群大部分晚上十一点以后都还是高峰期，但是上午十一点以前反而一般般，不算太高。这时你就可以思考他们的人群特点，上班族因为要按时上班，第二天要早起，所以他们睡得早，而到公司上班一段时间，做了一两个小时的事后，他们会休息一下、会闲一些，这个时候就购物了。学生正好相反，特别是现在的大学生，晚上十二点以前很少睡、白天十一点以前也很少起床。

　　何事：我们给用户提供了什么？是否满足客户的需求。

　　何因：造成这个结果的原因是什么？假如我们的产品在东北卖得好，其他地方卖得差，那么就要分析产生这个结果的原因是什么。

　　如何做：在分析人群画像行为的时候，有一点需要分析，就是这群人会如何做，他们会先加入购物车还是直接付款？他们是喜欢用花呗还是信用卡？他们喜欢购买打折的产品吗？我们要根据这些特点做有针对性的营销。

何价：买家的消费水平是怎样的？他们每个月能承受多少的购物花费？一般喜欢购买什么价位的产品？购买的数量是多少？一个月会购买几次东西？

七何分析法的特点其实就是思路清晰、简单明了。七何分析法易于理解和使用，有助于思路的条理化、杜绝盲目性，有助于全面思考问题，从而避免在流程设计中遗漏项目。这个方法是我平时做数据分析时经常用到的，如果你对数据分析比较盲目，可以按照这个思路分析，我这次以人群画像为案例，其实不只人群画像可以这样做，其他的分析都可以按照这个思路，学会灵活变通就行了。

3.5 漏斗图分析法

在第 2 篇学习过漏斗图的做法，其实漏斗图不只是一个图，它同样更是一套非常不错的数据分析方法，特别是在淘宝数据分析过程中，经常会用到这一分析方法。

漏斗图分析法适用于流程比较规范，而且还比较多的业务。例如，一个买家从访问，到加入购物车，到下单，到最后评价，这个流程比较规范而且还比较多，所以，买家购物环节是使用漏斗图分析法比较多的。

用漏斗图分析法可以很直观地看到每个环节的情况，可以看到每个环节的转化情况、流失情况。

漏斗图分析法对我们有以下重要的帮助。

1. 快速发现问题，及时调整问题

漏斗图是对业务流程最直观的一种表现形式，可以很快发现流程中存在的问题。例如，我们发现在漏斗图中下单买家数到支付买家数这个过程中的转化率比较低，很多人在这一环节中流失了，这时我们就要想办法做好这一环节，要了解为什么买家下单了但是最后支付的时候却不支付了呢？我们可不可以通过催付的方式提高这一转化率？或者我们可不可以通过给这些人派发定向优惠券提高他们的支付转化率？

2. 把问题具体化、细分化

很多的时候我们虽然知道有问题，但是没办法知道具体问题出现在哪一块，特别是环节比较多的业务。例如，我们明明知道转化率比较低，很多人进来之后都没有成交，没有带来价值，但是就是不知道具体是哪一个环节出现了问题，这时，漏斗图就可以发挥它的优势了，它能清楚直观地让你看出每个环节的具体情况。例如，你发现访客进来之后，加购率特别低，下单的更低，这时，你的问题可能出现在款式或者详情页上，因为你根本就没有吸引住他们。但是，如果你发现前面的环节都特别好，就是最后一个环节出现问题，大部分的人都下单了，就是不支付，这时可能就不是款式的问题了，可能是因为你的价格太高，或者同样竞争对手比你优势更大，或者就是你的卖点没有突入，你的营销没有紧迫感，也有可能是因为不能使用信用卡和花呗支付，我以前就碰到过这种情况，当时有一个新店因为没办法开通信用卡和花呗的服务，

结果那时候我看到在漏斗图中从下单到支付这个过程竟然流失了 15% 以上的人，这简直就是到嘴的鸭子都飞走了啊，后来当我们开通信用卡支付后，这一环节直接提升了 10% 以上。

3. 在营销推广中提高流量的价值和转化率

因为漏斗图可以直观地告诉你问题出在什么环节，所以你就可以通过优化业务流程提高访客购买率，进而提高访客的价值，还可以避免广告费的浪费。

3.6 问题树分析法

问题树分析法是在淘宝数据分析过程中最常用的一套方法，问题树又称逻辑树、演绎树或分解树等。问题树分析法是将问题的所有子问题分层罗列，从最高层开始，并逐步向下扩展，把一个已知问题当成树干，然后开始考虑这个问题和哪些相关问题或者子任务有关。每想到一点，就给这个问题（也就是树干）加一个"树枝"，并标明这个"树枝"代表什么问题。一个大的"树枝"上还可以有小的"树枝"，以此类推，找出问题的所有相关联项目。问题树主要是帮助你理清自己的思路，不进行重复和无关的思考。

例如，我们要诊断店铺问题的所在，可以把销售额当成树干，根据"销售额 = 访客数 × 转化率 × 客单价"这个公式，在树干上加上三个树枝，分别是访客数、转化率、客单价，如图 3-23 所示。

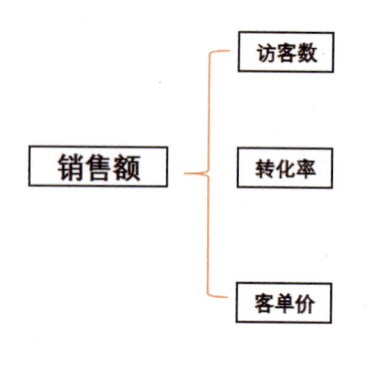

图 3-23

再把访客数、转化率、客单价当成树干，开始考虑与这三个因素有关的问题，把它们当成树枝。例如，我们知道访客数与展现量和点击率有关，转化率与详情页、竞争环境、款式、销量、价格、售后服务、评价、drs 评分、买家秀、客服技巧、促销活动、拍摄水平有关，就把这些问题发展成树枝，如图 3-24 所示。

```
                    ┌─ 展现量
           ┌ 访客数 ─┤
           │        └─ 点击率
           │
           │        ┌ 详情页
           │        │ 竞争环境
           │        │ 款式
           │        │ 销量
           │        │ 价格
销售额 ─────┼ 转化率 ─┤ 售后服务
           │        │ 评价
           │        │ drs评分
           │        │ 买家秀
           │        │ 客服技巧
           │        │ 促销活动
           │        └ 拍摄水平
           │
           └ 客单价
```

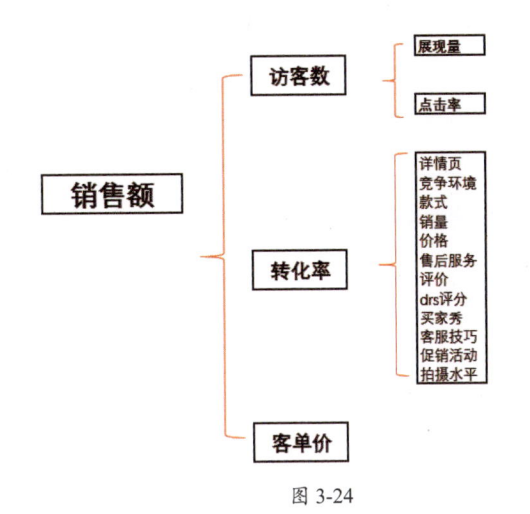

图 3-24

然后，再把这些树枝当成树干，继续考虑这个问题与哪些问题有关系，把想到的问题又发展成新的树枝。以此类推，当把所有问题都罗列出来之后就可以开始分析了，我把具体的分析方法归纳成以下六个步骤。

第一步：确定问题和目标。

也就是说，要明确知道要解决什么问题，例如上面的案例，我们明确知道目前要解决销售额的问题。因为只有知道了目标，才能确定树的主干。

第二步：分析各种可能性。

根据目标和问题采用鱼骨的分析方法分析各种可能性，即影响这个问题的因素有哪些。

第三步：验证可能性。

当分析出这些可能性之后，需要验证问题是不是出现在这个环节。例如，我们知道目前影响销售额的因素有访客数、转化率、客单价，所以要验证到底问题出在哪一个环节，是访客数不够还是转化率太低，抑或者是客单价太低，还是每个环节都有问题？总之，就是要制定验证方案。

第四步：确定问题。

当验证了这些可能性的时候，我们会得出一些结果，这就是确定问题。例如，我们已经知道了影响店铺销售额的原因是访客数不够，那么访客数就是根本问题。

第五步：从根本问题开始循环第二步。

因为一开始找到的是大问题，所以接下来需要分析影响它的可能性，然后再有针对性地进行可能性验证和确定问题。例如，我们已经确定了影响店铺销售额的因素是访客数，接下来就以访客数为大问题，分析影响它的可能性，知道有展现量和点击率，所以这时要验证影响店铺访客数低的原因到底是展现量不够还是点击率太低？确定问题之后又回到第二步，以此类推。

第六步：制定解决措施。

当针对所有问题都验证完之后，找到了真正细分的问题，我们就要制定解决这个问题的措施和方案。

　　这就是问题树分析法，一种非常有效的数据分析方法，能保证我们寻找问题并解决问题过程的完整，把工作细分让我们更加清晰，更加有方向感。但是，问题树分析法也有很大缺点。这个缺点是可能因为你专业知识不够或者经验不足会遗落它涉及的相关问题。例如，影响展现量的因素有很多，但是因为你对这方面不是很专业，可能就会遗落，而很多的时候，真正影响你店铺的就是这些遗落的问题。因此，问题树分析法存在这样的一个大缺点，需要你细心并且专业能力比较强，考虑比较周到。特别是对新手来说，这个缺点可能导致没法应用这个方法。

第4篇 数据运营篇

4.1 市场行情分析

4.1.1 市场容量分析

古人有一句话说得好，兵马未动粮草先行。这句话在古代战争片中经常会听到，其实，放在今天的商战中也是有现代意义的，同样就拿做淘宝的人来说，在开一个店铺之前，需要做很多方面的筹备工作，而市场容量是在切入一个市场之前必须分析的内容。

如果不懂得做市场容量分析，那么你根本就不知道目前所处的行业市场容量怎么样，每年的销售额有多少等，当你不知道这些的时候，就不好给自己定一个目标。例如，你的行业市场容量很小，做到行业第一的商家一年才几百万元的销售额，那么你定一亿元的目标肯定是实现不了的，哪怕你的实力再强，哪怕资源再丰富，你也没办法做到，当在不知道行业市场容量的情况下，你也不好配比投放预算，明明这个行业销售额才100万元的容量，如果配1000万元的预算推广费用，那么最后肯定是会亏的。因此，在做一个行业之前，首先要做的就是对行业的市场容量进行分析。

下面，我按照平时自己数据分析操作的整个流程做一次演示。

第一步：确定目标和分析内容的框架。

例如，想要分析女装子类目的市场容量，那么目标就是女装市场子行业的市场容量分布情况。

第二步：采集数据。

因为要分析女装下面每个子类目的市场容量，那么肯定要采集女装市场每个子类目的成交数据。要采集每个子类目的成交数据其实有很多渠道，最典型的有生意参谋和生e经，其实不管哪个渠道，只要能采集每个行业的子类目成交情况数据都可以，这里以生意参谋为操作案例。

很多人用爬虫工具采集数据。爬虫工具确实能极大地提高工作效率，但是生意参谋是禁止使用爬虫工具的，因此今天这里只分享手动采集数据的方法。

如图 4-1 所示，进入生意参谋的市场行情，选择左边的"行业大盘"，然后选择需要采集的数据日期，选择想要采集的类目。选择日期的时候建议以月为单位选择，因为后面还可以利用这些数据做其他分析。

图 4-1

然后，在下面有一个子行业的交易排行数据，在这里淘宝把该类目下的所有子行业的成交数据都显示出来了。如图 4-2 所示，但是这里面实际会有一些误差，因为淘宝展示的并不是每个子类目的成交金额，而是它的成交金额占比，也就是说淘宝已经帮你算一遍了，这时会出现一个情况，例如，假设 1 月份毛衣的成交金额占比为 50%，2 月份毛衣的成交金额占比为 80%，那么最后得出来的和，毛衣的成交金额占比为 130%。很显然，如果论成交金额占比应该最高只能 100%。所以，如果下载的是生意参谋这种占比的数据，到时候只能参考趋势，不能看实际数据；如果下载的是生 e 经那种成交金额，没有经过占比处理的话，最后统计的就更好一些。当然，最后你会发现大概都是差不多的，所以生意参谋的数据也可以参考，因为目的是看趋势。

把这些数据复制粘贴到 Excel 表格中，并在最后添加一列日期，添加日期的目的是以后这个数据还能作为趋势分析。如果只是为了分析市场容量，其实不添加也没关系，但是建议以月单位，把从 1 月份到 12 月份的数据都全部采集出来，如图 4-3 所示。

第4篇　数据运营篇

图 4-2

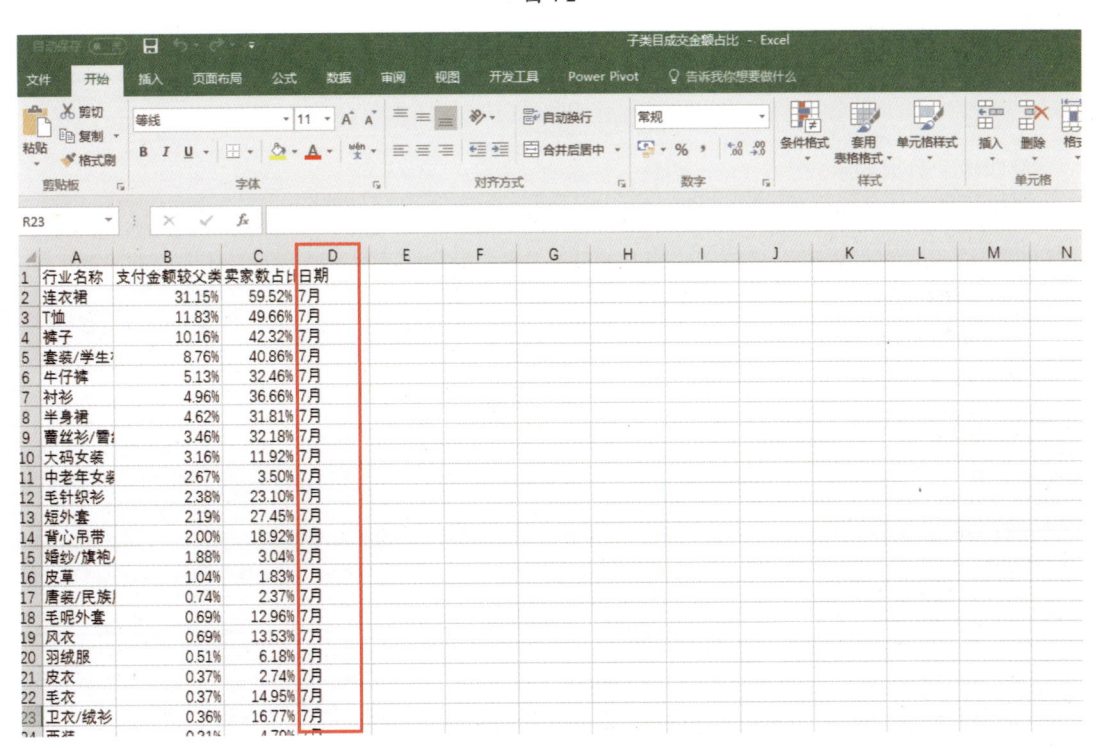

图 4-3

第三步：数据处理。

把采集好的数据插入一个数据透视表，将"行业名称"拖入"行"，"支付金额较父类目占比"拖入"值"并将其汇总方式设置为求和，如图4-4所示。

133

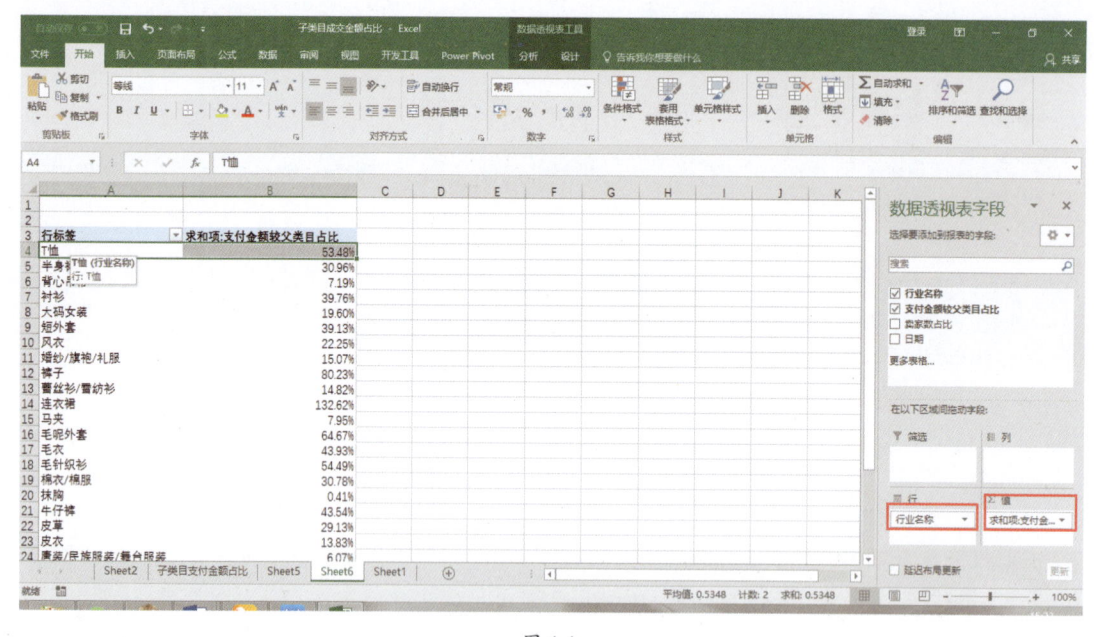

图 4-4

第四步：数据展示。

把数据透视表中的数据插入一个饼图，如图 4-5 所示。

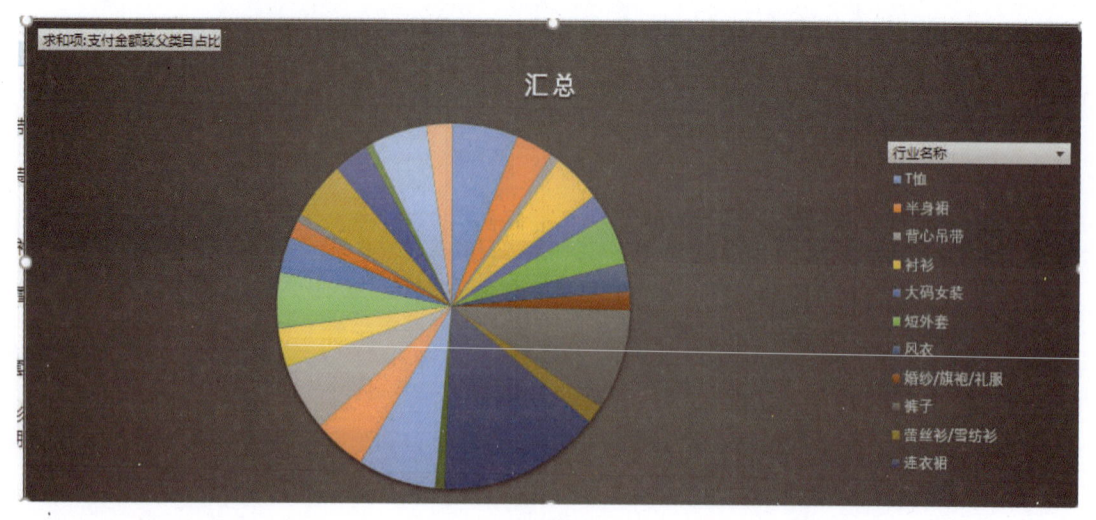

图 4-5

从这个饼图中根本分不清哪一扇属于哪一个子类目、占比多少，为了方便分清楚每扇的位置，可以把右边的图例删除，把左上角的字段按钮隐藏，用鼠标右键点击饼图，选择添加数据标签，设置数据标签格式，把饼图添加数据标签并显示名称，去掉"值"，勾选"百分比"，因为我们希望它显示成交金额占比，如图 4-6 所示。

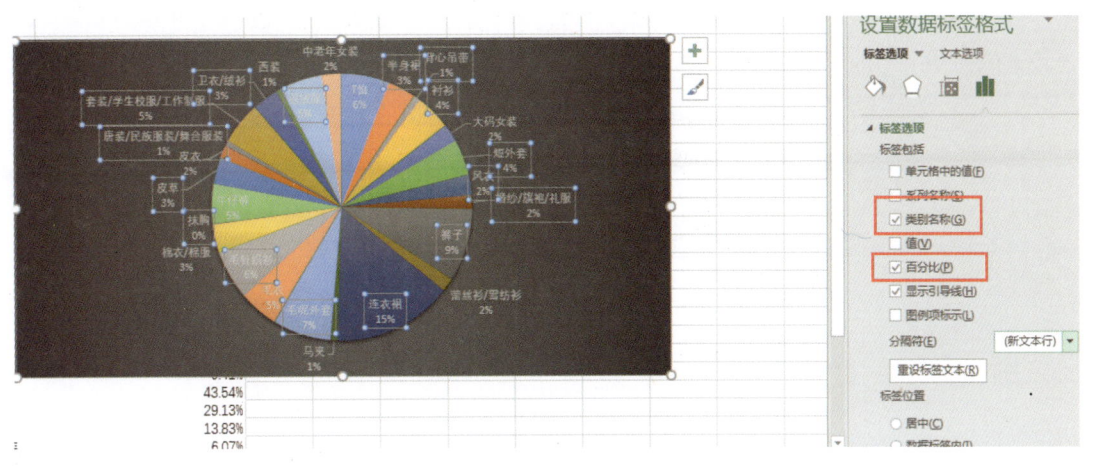

图 4-6

如果扇太多可能会影响查看和分析，需要把它修改为复合饼图。点击图表区域，然后点击鼠标右键，选择"更改图表类型"，如图 4-7 所示。

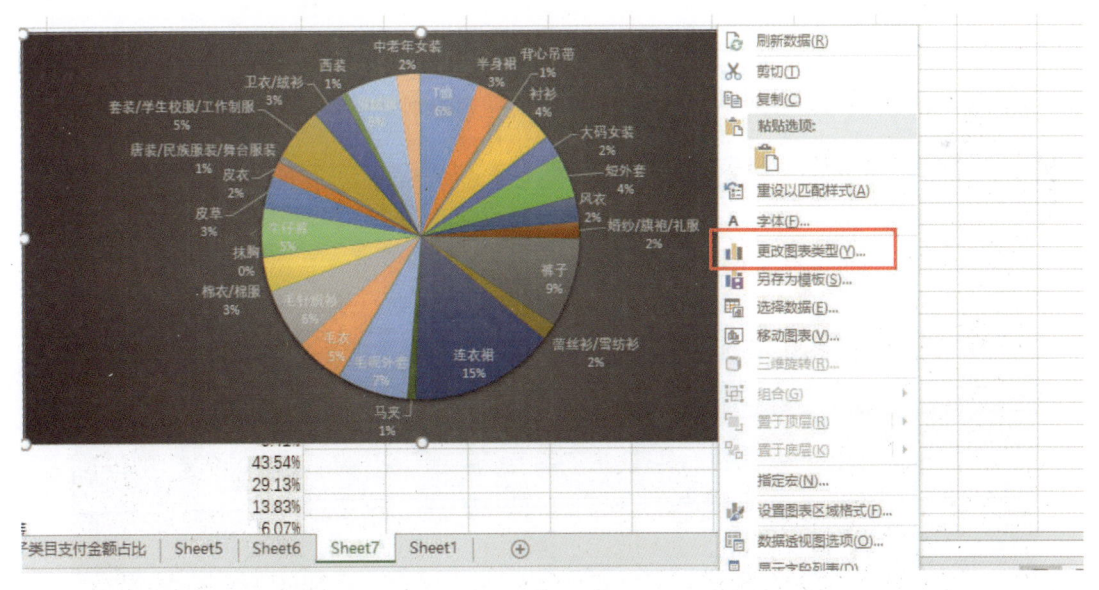

图 4-7

在弹出的对话框中选择复合饼图，点击"确定"按钮，如图 4-8 所示。

135

图 4-8

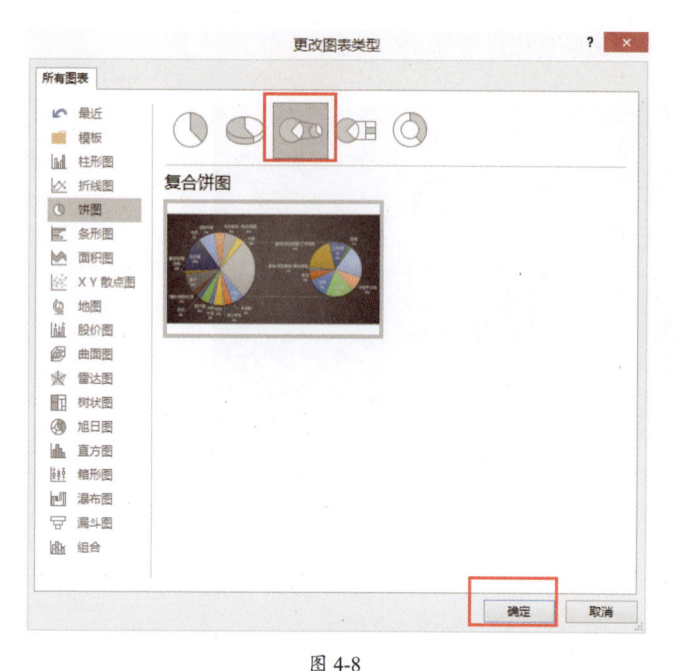

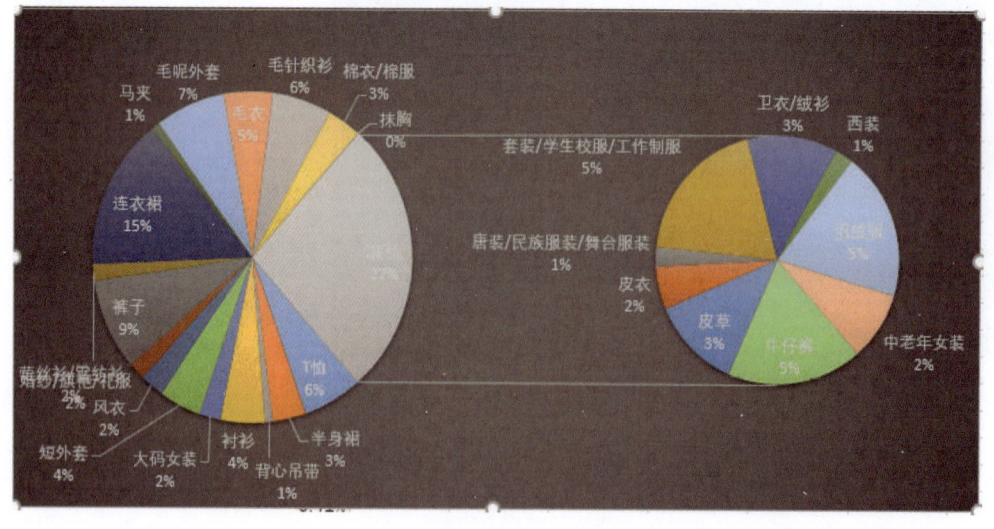

这样，一个简单的复合饼图就做出来了，如图 4-9 所示。

图 4-9

还可以简单地调节两扇的布局，用鼠标右键点击饼图，在弹出的快捷菜单中选择"设置数据系列格式"，在"第二绘图区中的值"填写希望第二扇展示的份数。例如，如果希望第二扇展示 10 个子类目，那么可以把"第二绘图区中的值"填写成"10"，如图 4-10 所示。

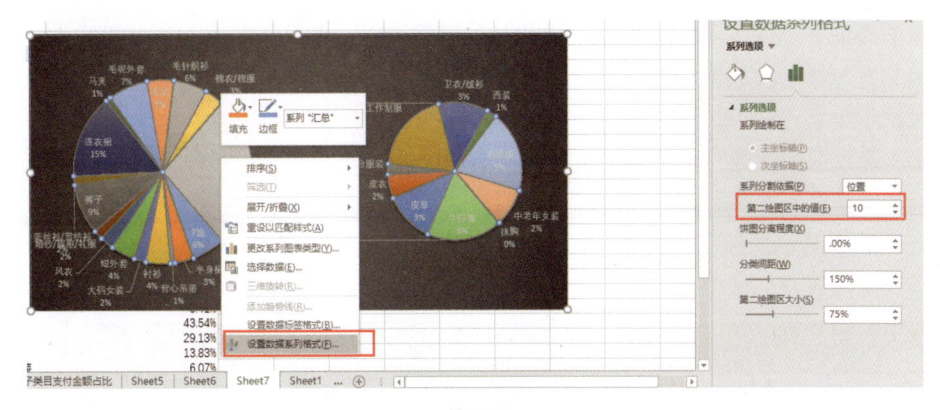

图 4-10

然后，我们把图降序排列一下，把市场占比份额比较大的放在大饼图上，如图 4-11 所示。

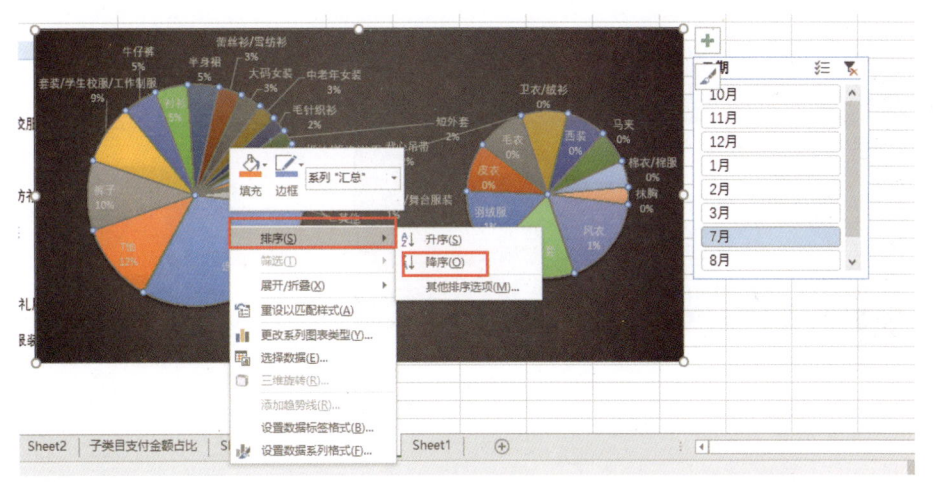

图 4-11

接下来就可以分析，当然，这里并没有下载 12 个月的数据，所以会有一些误差，但是你自己在做的时候建议采集 12 个月的数据。

在分析的时候有一点需要注意，就是不能看绝对数据，也就是说，不能光看哪个数据比较大就说明它的市场容量最大，要针对具体数据具体分析。

例如，图 4-12 中裤子的成交金额占比为 9%、T 恤的成交金额占比为 6%，单纯从绝对数据来说，裤子的市场占比容量是大于 T 恤的市场占比容量的，但是这不能说明裤子的需求容量就比 T 恤高。因为裤子这个子类目一年中都会有，夏季有夏季的裤子，冬季有冬季的裤子，所以它包含了一年的数据，而且除了牛仔裤有单独的子类目外，其他各类型的裤子都放在裤子这个类目里面，例如打底裤、休闲裤等这些都统一算在裤子这个类目里面，也就是说实际上裤子是可以再细分类目的，目前这个裤子是多个细分类目的总和，但是 T 恤就不一样，T 恤已经是

137

这个类目的最细分类目了，而且 T 恤一般都是以夏季为主，所以它的跨季度并没有裤子这个类目长，因此看起来它的数据会小一点，但是实际上在旺季 T 恤类目的市场容量可能要远远大于裤子下面的子类目。

因此，看数据的时候一定要根据实际情况分析，不要只盲目地看数据表面的这些东西。也就是说，当发现某一个类目的容量比较大的时候，要思考为什么它会比较大，是因为真的需求量大，还是因为其他的原因。如图 4-12 所示，为了能够更进一步地分析，我们还可以给这个图插入一个切片器，把每个月或者每个季度都单独分析一遍。

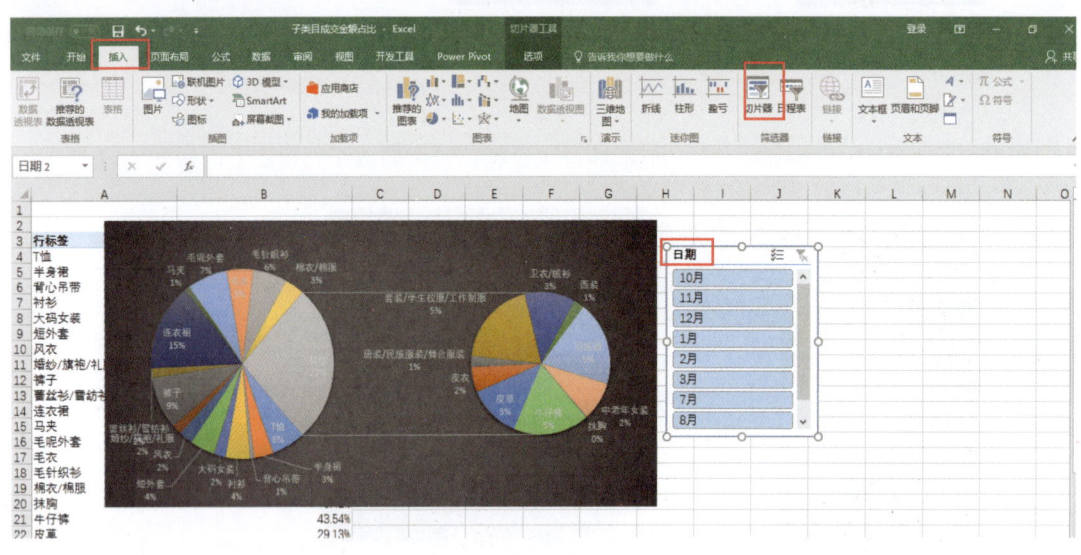

图 4-12

例如，如果想看 7 月份市场容量最大的是哪一个类目，那么可以在切片器中点击 7 月份。这样，7 月份的市场容量就显示出来了，如图 4-13 所示。

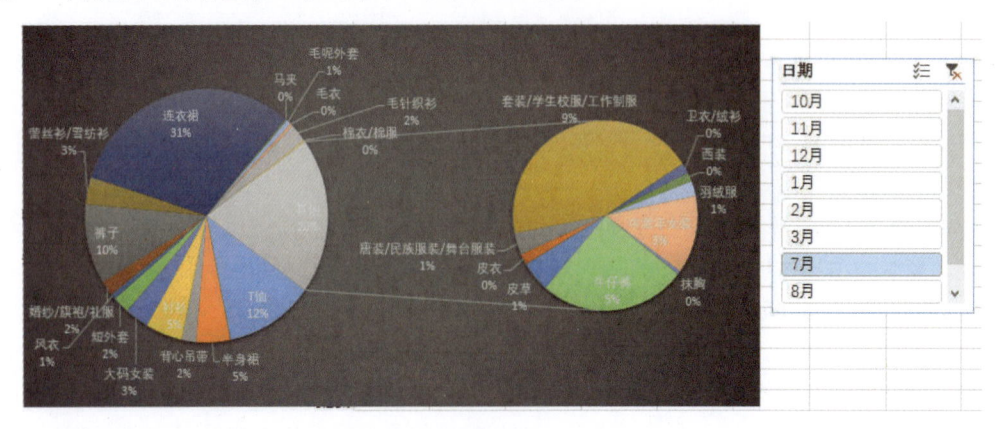

图 4-13

从图 4-13 中可以看到 T 恤类目比裤子类目的成交金额占比高，而且裤子这个类目还是包含了除牛仔裤以外的所有裤子。很显然，裤子的市场容量占比没有 T 恤和连衣裙高。

因此，在分析数据的时候一定不能只看表面的数据，很多人都说数据有毒，不看还好，一看反而误导了自己，其实，有毒的不是数据，而是你不会看数据，你只看到了数据表面的东西，忽略了数据背后的那些因素，所以才出现了误导你的情况。

4.1.2　行业发展趋势分析

在竞争激烈的电商环境中，单纯地了解市场容量是远远不够的，就好比女装和 T 恤一样，从市场容量分析中可以知道它确实占有很大的份额，但是这只能说明这份蛋糕比较大而已，能不能在这份蛋糕中抢到自己满意的那一份还需要做很多事。例如，至少要知道这行业什么时候开始切入最好、什么时候是最旺季、什么时候到了衰退期，如果没有这个时间观念，你在 9 月份再去做短袖 T 恤，然后猛砸钱，你觉得这样能抢到 T 恤这份蛋糕的份额吗？

因此，在做一个子行业的时候，首先要做的就是了解这个子行业的生命周期，清楚地知道它什么开始萌芽、什么时候开始爆发、什么时候开始衰退，在萌芽时要赶快准备，在爆发时要快速引爆，在衰退时要提前收割。

我们仍然利用 4.1.1 节的数据分析，这也是为什么在 4.1.1 节的时候我说在挖掘数据之后要在最后面添加时间列的原因，因为本节需要利用时间趋势，如图 4-14 所示。

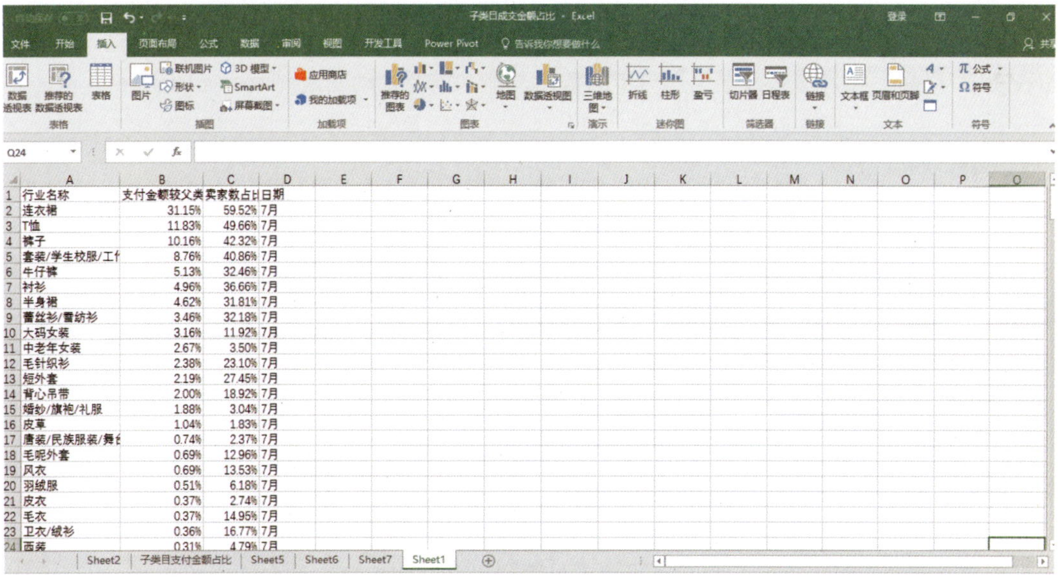

	A	B	C	D
1	行业名称	支付金额较父类	卖家数占比	日期
2	连衣裙	31.15%	59.52%	7月
3	T恤	11.83%	49.66%	7月
4	裤子	10.16%	42.32%	7月
5	套装/学生校服/工作	8.76%	40.86%	7月
6	牛仔裤	5.13%	32.46%	7月
7	衬衫	4.96%	36.66%	7月
8	半身裙	4.62%	31.81%	7月
9	蕾丝衫/雪纺衫	3.46%	32.18%	7月
10	大码女装	3.16%	11.92%	7月
11	中老年女装	2.67%	3.50%	7月
12	毛针织衫	2.38%	23.10%	7月
13	短外套	2.19%	27.45%	7月
14	背心吊带	2.00%	18.92%	7月
15	婚纱/旗袍/礼服	1.88%	3.04%	7月
16	皮草	1.04%	1.83%	7月
17	唐装/民族服装/舞台	0.74%	2.37%	7月
18	毛呢外套	0.69%	12.96%	7月
19	风衣	0.69%	13.53%	7月
20	羽绒服	0.51%	6.18%	7月
21	皮衣	0.37%	2.74%	7月
22	毛衣	0.37%	14.95%	7月
23	卫衣/绒衫	0.36%	16.77%	7月
24	西装	0.31%	4.79%	7月

图 4-14

插入一个数据透视表，把“日期”拖入“行”，“行业名称”拖入“列”，“支付金额较父类目占比”拖入“值”并将其汇总方式设置为求和，如图 4-15 所示。

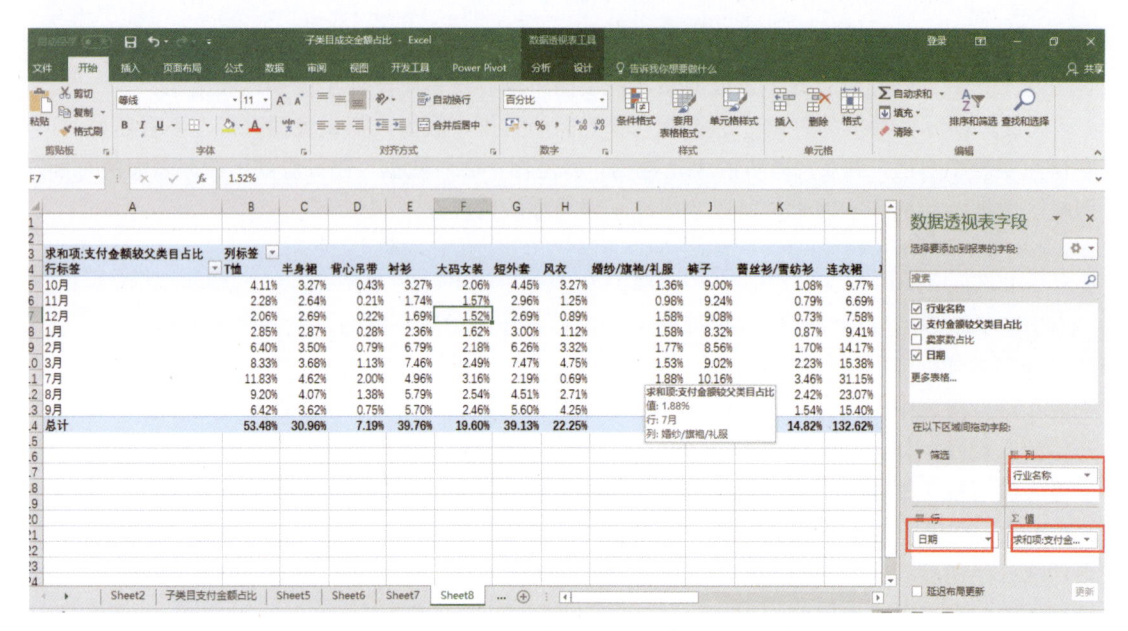

图 4-15

接下来，把时间按照正确的日期排序。如果日期不是升序排列，需要拖动一下，方法很简单，先选中需要拖动的行，把光标放在行的边缘，当出现四个黑色小箭头时按住左键拖动，一直到想要放下的地方松开鼠标。因为这里采集的数据中 1 月、2 月和 3 月是第二年的数据，所以保留在 12 月以后。如果这些数据也是当年的数据，那么需要拖动到最前面，如图 4-16 所示。

图 4-16

插入一个折线图，因为要分析的是时间的趋势，折线图是经常用来反映时间趋势的一种图形，如图 4-17 所示。当然，也有人用柱形图。

但是，这时会发现根本看不出什么，因为线条太多，没有趋势可言，所以还要整理一下，先把右边的图例删除，再把左边的按钮隐藏，然后以"行业名称"插入一个切片器，如图 4-18 所示。

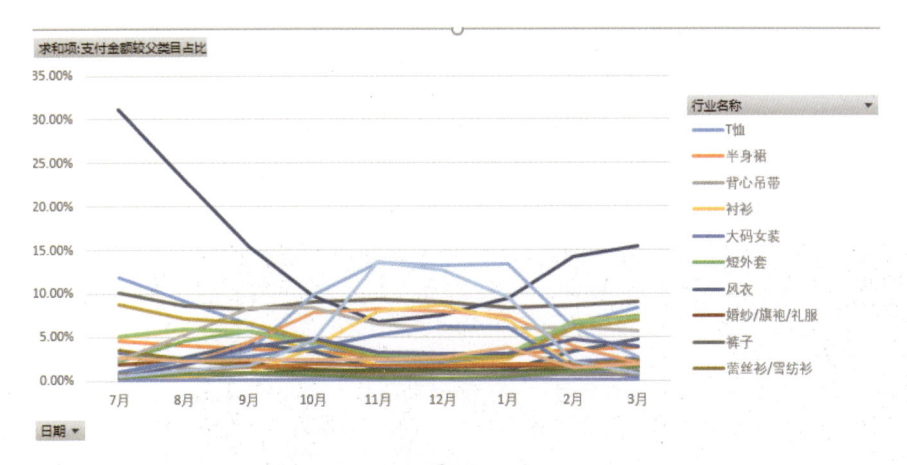

图 4-17

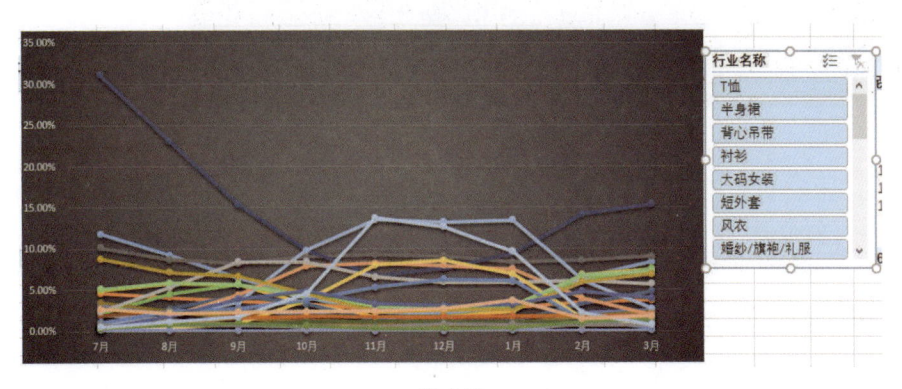

图 4-18

接下来，可以通过切片器控制，如图 4-19 所示。例如，如果现在想要分析毛呢外套的生命周期和时间发展趋势，那么可以点击切片器上的"毛呢外套"。这时，可以清楚地看到该子类目的时间发展趋势。

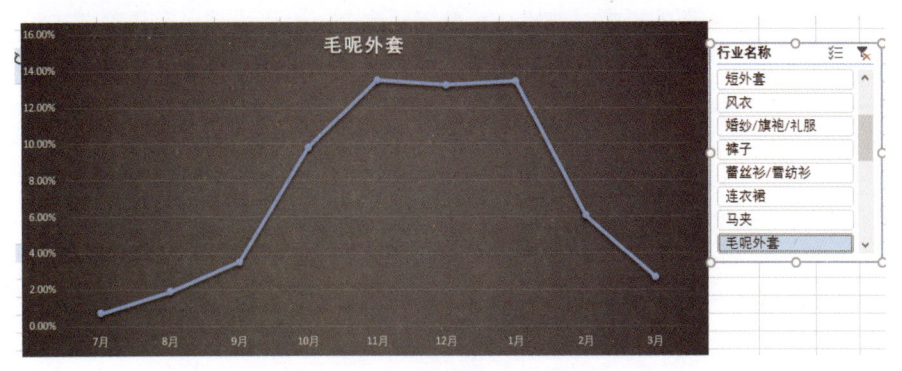

图 4-19

141

例如，从图 4-19 中可以看出，9 月份的时候毛呢外套销售额数据开始迅速上升，到 11 月份的时候进入旺季，1 月份的时候开始迅速衰退，也就是说，如果想要做毛呢外套，那么至少要在 9 月份左右就切入，在 10 月份和 11 月份的时候已经打爆，在 12 月份到 1 月份的时候要做好库存管理。如果在 1 月份还大力投入直通车，那可能到时候连成本都回收不了。

也可以同时选择多个类目分析，如图 4-20 所示。

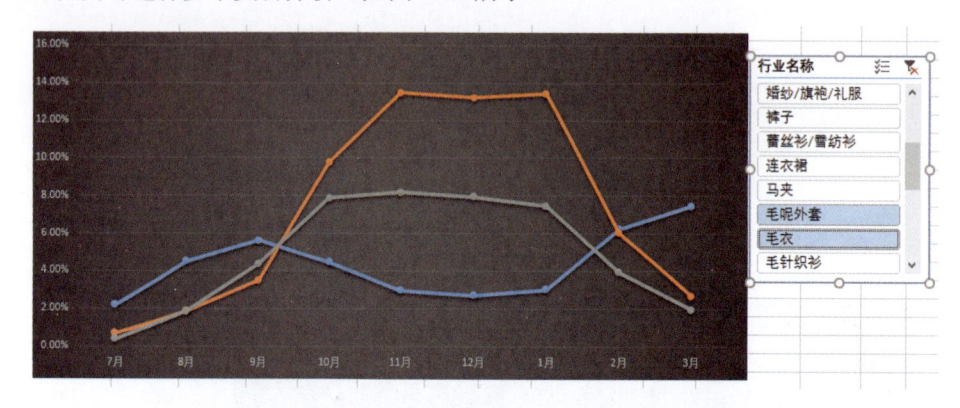

图 4-20

同样的，在分析数据时不能只看绝对值，要根据实际情况具体分析。例如，图 4-20 中橙色是毛呢外套的数据、灰色是毛衣的数据、蓝色是短外套的数据。从表面上来看，毛呢外套的数据好像差不多高于毛衣一倍，但是这能说明毛呢外套的销量需求是毛衣的两倍吗？

很显然不是的，因为图 4-20 反映的是支付金额的占比数据，支付金额是销量和客单价这两个因素共同造成的，而一般来说毛呢外套的价格可能是毛衣的两倍以上，甚至三四倍以上，这样一来，毛呢外套的销量需求未必比毛衣多，但是如果想要具体分析销量与月份关系，那么在之前采集数据时采集到的是销量而不是支付金额，这时就可以按照这个高低判定哪一个销量的需求量最大。

还有一点需要特别注意的是，我们采集的这些数据是去年的数据，今年的趋势未必完全一样，因为受到天气等多方面的影响，在拿这个数据预测今年的市场时一定要参考实际情况及时调整，数据一定要合理利用，尽信数据不如无数据。

4.1.3 竞品市场行情分析

《孙子·谋攻篇》说过："知彼知己，百战不殆；不知彼而知己，一胜一负；不知彼，不知己，每战必殆。"商场如战场，淘宝其实就是一个战场，单纯地了解市场容量、行业的时间发展趋势是远远不够的，因为我们不是一个人在淘宝开店，淘宝的流量和销量不是平均分配的，是需要竞争的。因此，我们更要分析行业的竞争态势。

要对竞争对手全方位的数据解剖分析、对比优缺点、发挥我们自身的优势，只有这样才能在这块蛋糕中抢到一份属于自己的蛋糕。

本节仍然以女装的毛呢外套为例，通过对竞品多维度的数据解剖，深入浅出地阐明竞品分析在实际数据分析过程中的重要性。

1. 搜索趋势分析

如图 4-21 所示，进入生意参谋的市场行情的"行业大盘"，日期选择最近 30 天。

图 4-21

例如，从图 4-21 中可以看到，最近 30 天毛呢外套这个行业的访客数基本呈上升趋势。然后，结合 4.1.2 节毛呢外套的时间趋势可以知道去年毛呢外套是 9 月份进入萌芽期，而且快速发展，但是我又参考了实际情况，发现今年确实发展比去年要慢一点，大概慢半个月到 1 个月，因此今年 9 月中旬正好就相当于去年快速萌芽的时期，所以如果想做毛呢外套，这时就要开始准备切入这个行业了。

2. 类目构成分析

类目构成分析也是非常重要的，因为这里涉及一个搜索规则，类目占比越大，说明人群越大，淘宝会优先展示热销类目，所以我们需要把宝贝放入热销类目下。当然，如果长期做女装，你肯定知道毛呢外套一定要放入毛呢外套这个类目，而且肯定是毛呢外套这个子类目搜索占比最大，但是很多行业，特别是那些你本身不熟悉的类目，刚刚切入一个新的行业，如果不分析是很容易出错的，而一旦出错可能会严重影响你的自然搜索流量。因此，需要对类目的构成进行分析。

如图 4-22 所示，进入生意参谋的市场行情，点击"搜索词查询"，输入一个产品类目词。例如，如果想要分析女装毛呢外套，那么就在搜索框中输入"毛呢外套女"，然后点击搜索，并选择想要查询的数据日期范围。

谁说菜鸟不会电商数据分析

图 4-22

从图 4-22 中看出,"毛呢外套女"这个产品在"女装/女士精品"类目的占比最大,占比为 99.26%,而在子类目下搜索人气最高的是"毛呢外套",占比为 76.69%,其次是"短外套",占比为 8.95%。

当然,这种情况是很明显的,应该放在"毛呢外套"下面,但是如果是另外的两个类目,数据差别不大,假设实际数据是短外套占比为 50%、毛呢外套占比为 45% 呢?

我们是直接选择占比大的吗?

这时如果它们的差距不是特别大,那么还需要对这两个行业的大盘数据分析之后才能决定选择。

如图 4-23 所示,进入市场行情的"行业大盘",选择毛呢外套,然后点击"行业对比"。

图 4-23

144

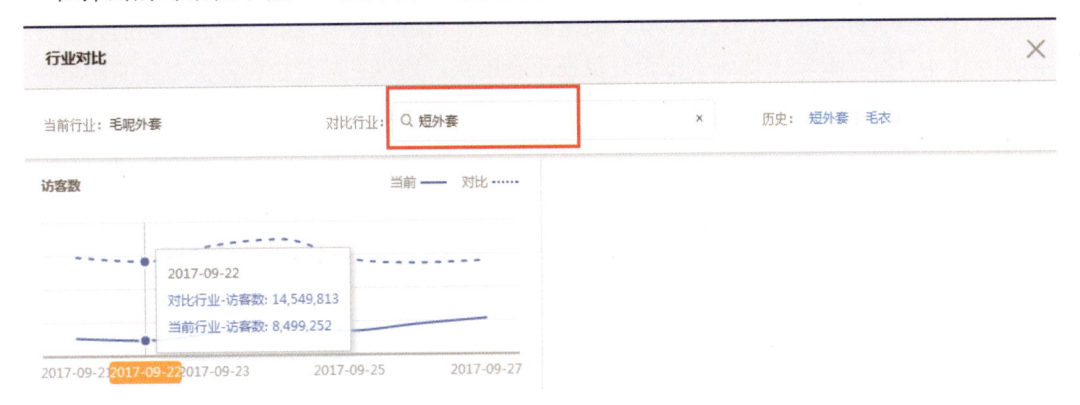

在弹出的对话框中输入"短外套",把两个类目进行对比,如图 4-24 所示。

图 4-24

从图 4-24 中可以看出,短外套的访客数高于毛呢外套的访客数,可是,有一个问题是短外套的访客数最近是下滑的趋势,而毛呢外套的访客数最近是上升的趋势。然后,结合 4.1.2 节毛呢外套的时间趋势和短外套的时间趋势分析发现,毛呢外套的访客数接下来是快速上升,而短外套的访客数是下滑的趋势,所以,假设此刻要选择类目,不能选择占比为 50% 的短外套,而应该选择占比为 45% 的毛呢外套。

刚刚我们选择的是对比访客数,还可以选择对比卖家数,因为卖家数越多说明竞争越激烈。

如图 4-25 所示,通过卖家数的对比可以看出,短外套的卖家数也是比毛呢外套的卖家数要高,也就是说竞争更激烈,然后结合访客数一起分析,我们得出的结论是毛呢外套虽然目前访客数没有短外套高,但是它呈上升趋势,而且根据往期趋势发展,接下来会有快速爆发的时候,而它的竞争卖家数目前还没有短外套竞争卖家数高,因此相对来说,此时此刻毛呢外套的潜力比短外套要更大,因此类目应该直接设置毛呢外套,而不是短外套。

图 4-25

3. 价格分析

价格也是影响销售的一个重要环节，但是并不是价格越低卖得越好，因为不同的人群对价格的期望值不一样，高端人群碰到低价时反而不会购买，所以竞品分析也需要对竞品的价格进行分析。

从生意参谋的专业版市场行情的"搜索人群画像"中可以看到买家对价格偏好的数据，这些数据有助于我们进行竞品分析。

例如，如图 4-26 所示，可以看出搜索"毛呢外套女"的人群最偏向的价格是区间 190~275 元，占比为 37.01%，其次是区间 115~190 元，占比为 24.74%，再其次是区间 275~555 元，占比为 19.96%。

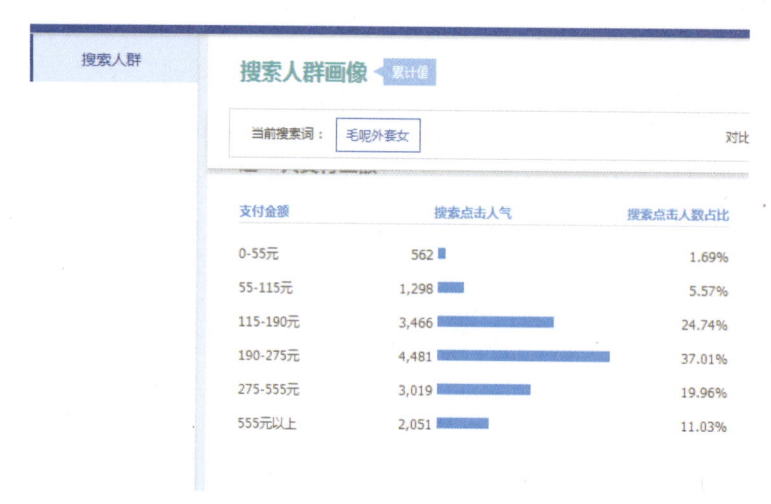

图 4-26

但是一定要记住的是，并不是只有占比最高的那个区间才能去做，只是说，买家最偏向的是这个区间而已，购买最多的是这个区间的产品，但是也有其他区间占比也比较高，如区间 115~190 元占比为 24.74%，相对来说这个区间占比也比较高，只是相对区间 190~275 元没那么多人喜欢而已。

4. 职业人群分析

同样，生意参谋的市场行情中的人群画像给我们提供了职业人群的数据。

例如，如图 4-27 所示，可以看出占比最高的是公司职员，占比为 33.09%，其次是个体经营，占比为 22.09%，再其次是学生，占比为 20.23%。这三个类目其实差距不是很大，所以这种情况要根据产品来参考，要思考你的产品更适合哪类人群，但是假设这个数据改一下，公司职员占比为 68%，其他占比不足 10%，那么这类产品更应该考虑的就是公司职员了。在写标题、填写属性、做详情页时，都应该以公司职员这类人群的购物喜好为主，这样对转化率的帮助会很大。

图 4-27

5. 成交地域分析

成交地域分析也是竞品分析必不可少的一步，因为现在竞争太激烈，我们都会投入广告，如果对买家的成交地域把握得好，可以极大地节省推广费用，提高投入产出。另外，如果对地域把握得比较好，还可以针对地域偏好进行优化，如关键词的选择、详情页的优化等，如图4-28所示。

图 4-28

6. 服务分析

做了市场的整体行情分析后，还需要针对竞争对手的竞品进行分析，主要是分析服务指标。例如，是否加入了七天加退换货、是否有品质承诺、是否有运费险、是否有短视频等，总之要尽可能地做到人无我有、人有我优。

4.1.4 市场潜力分析

市场潜力分析是在淘宝数据分析过程中经常需要做的一个分析，就算知道了市场的容量、市场的竞争环境，但是如果未来发展没有空间，也很难做好，所以我们经常会围绕如何挖掘潜力市场这个目的进行一系列的分析。例如，一个大类目下哪些子类目是最有前途的，接下来哪些子类目会有很大发展空间。

我以前写的文章大部分都是围绕女装这个类目，因为我毕竟从事了 7 年的淘宝，这 7 年我都是做的女装，所以写女装相对来说更加轻松一些，可是很多商家说，小 2 哥，你每次写的都是女装的类目，什么时候写其他类目呢？

其实，如果你真正掌握了知识点的原理，你会发现不管什么类目都是相同的，无论是小类目也好，还是大类目也罢，千变万变，原理不变，所以这一次我的案例不用女装，选用孕妇产品这个类目，这个类目我从来没有操盘过，也没有了解过，所以特别适合写。

因为有时候，我们有可能会探索一些新类目。例如，假设我今天打算做孕妇产品，那么应该如何选择市场？应该如何选择子行业？

第一步：分析孕妇产品里面每一个子行业的市场容量。

我们要先采集最近三年孕妇装 / 孕产妇用品 / 营养这个类目的成交数据和卖家数据，下载的地方还是和之前的市场容量分析一样，在市场行情的“行业大盘”下的子行业排行采集。然后，把最近三年所有子行业数据都复制出来。例如，如图 4-29 所示，这里复制的是 2015—2017 年的所有数据。

	A	B	C	D	E
1	行业名称	支付金额较父	卖家数占比	年份	月份
2	妈妈产前产	19.65%	22.16%	20.15	1月
3	孕产妇护肤	14.90%	23.98%	20.15	1月
4	孕妇装	13.28%	29.31%	20.15	1月
5	孕妇裤/托	12.38%	18.67%	20.15	1月
6	哺乳文胸/	8.55%	12.21%	20.15	1月
7	家居服/哺	8.52%	14.21%	20.15	1月
8	防辐射	7.56%	4.79%	20.15	1月
9	束缚带/塑	4.42%	11.03%	20.15	1月
10	孕产妇营养	3.41%	11.71%	20.15	1月
11	妈咪包/袋	2.73%	6.80%	20.15	1月
12	月子营养	2.32%	3.02%	20.15	1月
13	孕产妇奶粉	1.40%	6.27%	20.15	1月
14	产妇帽/孕	0.90%	8.76%	20.15	1月
15	妈妈产前产	20.86%	22.54%	20.15	2月
16	孕产妇护肤	13.16%	24.63%	20.15	2月
17	孕妇装	12.91%	27.88%	20.15	2月
18	孕妇裤/托	11.90%	18.16%	20.15	2月
19	哺乳文胸/	9.27%	12.18%	20.15	2月
20	家居服/哺	8.00%	13.99%	20.15	2月
21	防辐射	6.77%	4.79%	20.15	2月
22	束缚带/塑	4.54%	11.11%	20.15	2月
23	孕产妇营养	4.20%	12.27%	20.15	2月
24	妈咪包/袋	3.11%	6.79%	20.15	2月

Sheet1

图 4-29

按照前面学过的市场容量分析的方法做出一个市场容量占比图，如图 4-30 所示。

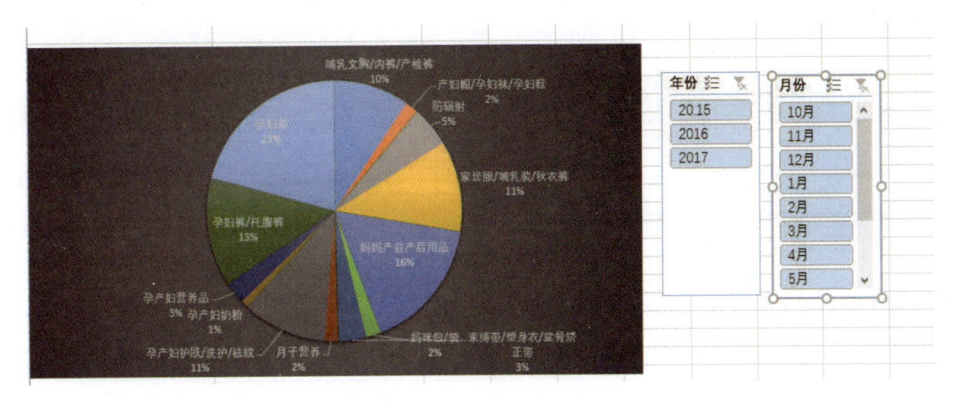

图 4-30

从这里可以分析出每一个子行业、每一个年份，甚至每一个月份的市场容量占比图，能清楚地知道哪一个子行业的市场需求比较大，哪一个子行业的市场需求比较小。

第二步：分析每一个行业的蛋糕指数。

当然，单纯地知道市场容量是远远不够的，还要了解市场容量和竞争卖家数之间的关系。例如，虽然有 1000 万元市场容量，但是有 2000 万个卖家，那么要在这个行业抢到蛋糕就比较难了，但是反过来，虽然只有 100 万元市场容量，但是只有 50 个卖家竞争，那么分到蛋糕就会比较容易一些。

因此，接下来就需要分析市场容量和卖家数之间的关系，可以把所有数据插入一个数据透视表，把"行业名称"拖入"行"，如图 4-31 所示。

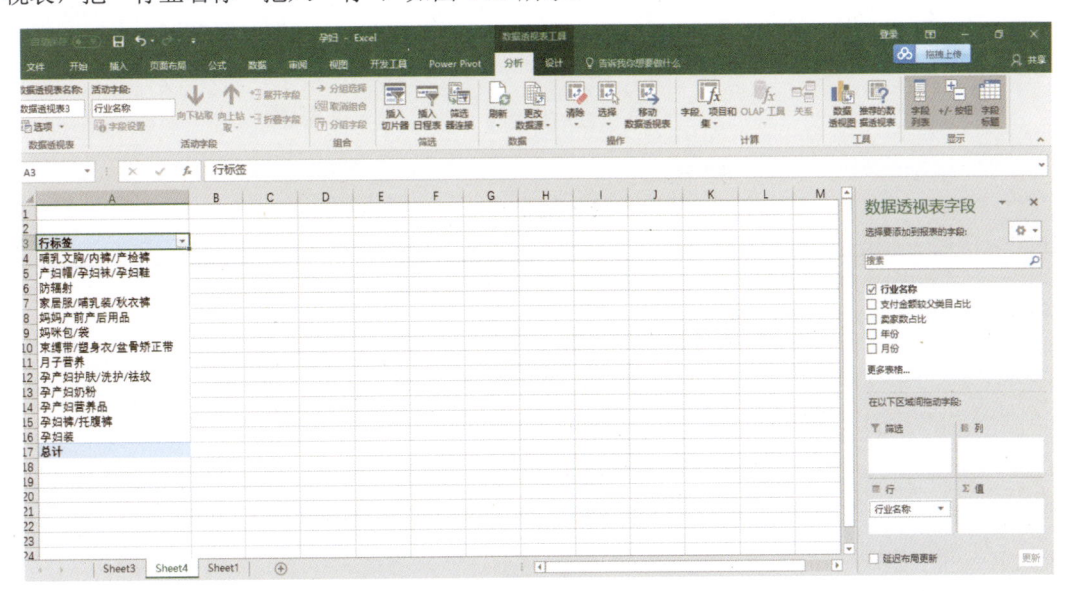

图 4-31

149

然后，选择"分析"菜单下的"字段"选项卡，插入"计算字段"，如图 4-32 所示。

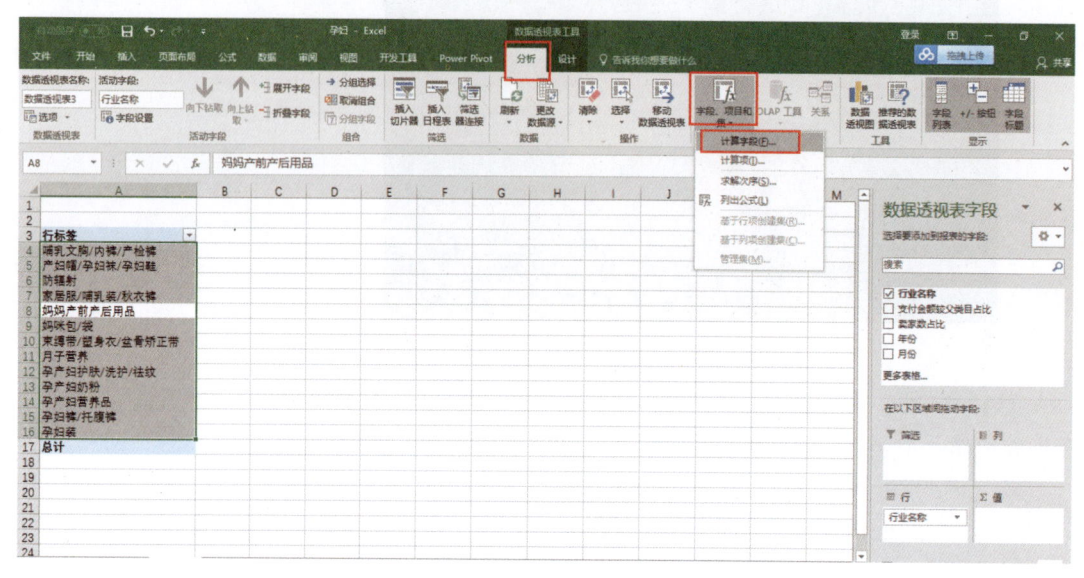

图 4-32

在弹出的对话框中把"名称"输入"蛋糕指数"，"公式"输入"= 支付金额较父类目占比 / 卖家数占比"，填完之后点击"确定"按钮。如图 4-33 所示，可能这里有人会疑惑，我们采集的是淘宝处理之后的百分比数据，而不是具体的量的数据，这样算可以吗？其实是没关系的，虽然最后的结果数据和实际数据不一样，但是它们的趋势是可以参考的，而我们要看的就是趋势，所以这样操作是没有问题的。

图 4-33

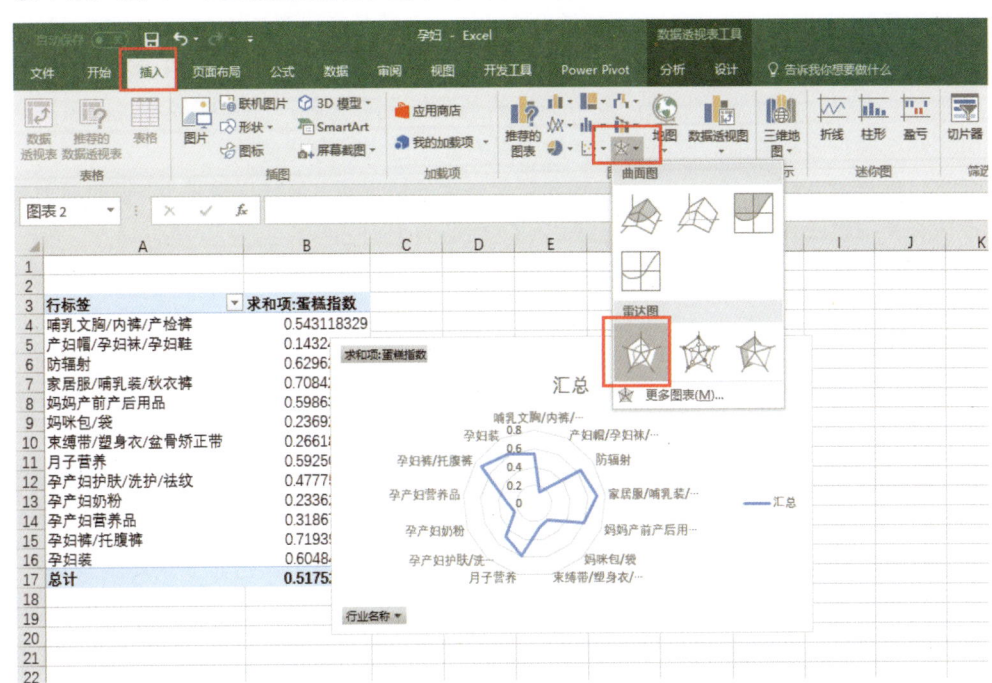

接下来，插入一个蛋糕指数的雷达图，如图4-34所示。

图 4-34

可以美观一下图表，然后插入一个日期的切片器，现在的数据是三年的汇总数据，而实际过程中可能分析一个月的数据或者一年的数据。因此，插入一个切片器便于分析，如图4-35所示。

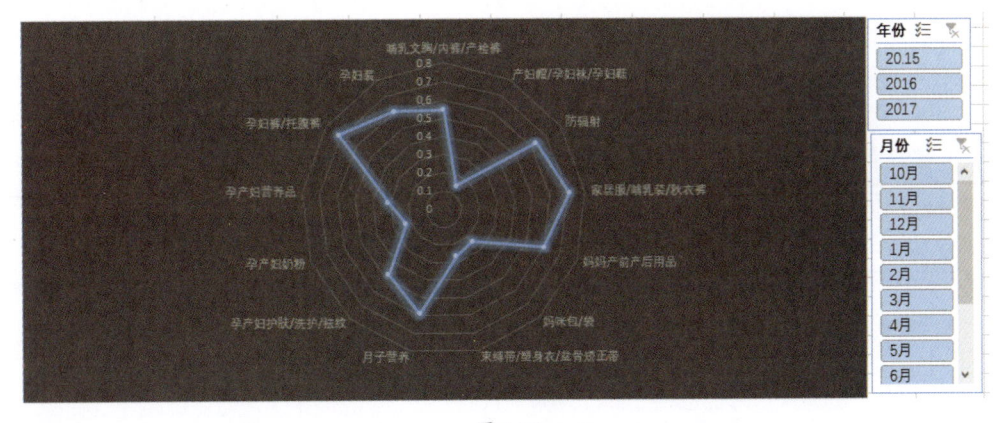

图 4-35

到了这一步时，蛋糕指数图就做出来了，接下来的重点是分析这个图。
我们先来理解蛋糕指数公式，蛋糕指数 = 支付金额较父类目占比 / 卖家数占比。

如果按照高低来看，支付金额有两种可能：一种是高，说明它的市场容量大；一种是低，说明它的市场容量小。同样，卖家数也有两种可能：一种是高，说明它的竞争大；一种是低，说明它的竞争比较小。

从理论上来说，市场容量最大、竞争最低的是我们最喜爱的产品，即经常说的蓝海产品。而这时蛋糕指数得出来的值一定是比较高的。因为分子越大，分母越小。

所以，这时我们得出一个结论：在市场容量比较大的情况下，蛋糕指数越大，说明潜力越大，因为意味着竞争越低。这种产品肯定是我们一定要做的。

当然，这是最理想的状态，但是实际过程中往往没有这么理想的状态，所以蛋糕指数还会出现以下几种情况。

第一种情况：蛋糕指数大，市场容量比较小。这说明了什么？竞争度很小，这种产品要不要做需要进一步分析。需要对它进行增长趋势分析，如果增长趋势比较大，那么是值得做的，因为它有可能是一个新的蓝海产品，做得早的也许就能抓住蓝海这个机遇。

第二种情况：蛋糕指数大，市场容量也大。如果碰到这种情况肯定是值得做，因为需求大竞争小。

第三种情况：蛋糕指数小，市场容量大。这说明，竞争非常大，这时如果要做就要看有没有这方面的优势和资源，如果有优势，能在竞争中占有一定的优势，是值得做的，但是如果在竞争环境中没有这个优势，那么很难抢到这个蛋糕。虽然市场容量确实很大，但是你未必能抢到。

第四种情况：蛋糕指数小，市场容量小。这时一般有两种情况，第一种是竞争卖家数很大，这说明很多人在抢很小的一个份额，这种情况一般都是那种突然爆发，然后突然死掉的产品，因为一爆发就导致很多卖家竞争，但是因为很多卖家并不懂数据分析，当这个行业已经不行的时候他们还往里面挤，所以这种情况肯定不值得做；还有一种情况就是卖家竞争也小，两个都小，所以蛋糕指数也有小的时候，这种情况至少目前不宜做，要继续观察趋势。

在分析蛋糕指数的时候，一定要从这四种情况分析，要根据市场容量一起分析，这是为什么第一步要做市场容量分析的原因。如果没有以市场容量为依据，单纯看蛋糕指数可能会被误导，因为蛋糕指数大不一定代表好，如果它的增长趋势越来越小，甚至没什么增长趋势，那只能说明没人做而已。例如，整个行业才1万元市场容量，但是因为只有一个人做，所以他的蛋糕指数有可能是大的。

同时，还需要分析每年蛋糕指数的变化。例如，如图4-36所示，通过分析发现，2015年防辐射产品的蛋糕指数很大，而到了2016年，它的蛋糕指数就比较小了，这个时候就值得重点分析了。分析的方法其实很简单，结合市场容量分析一起分析。

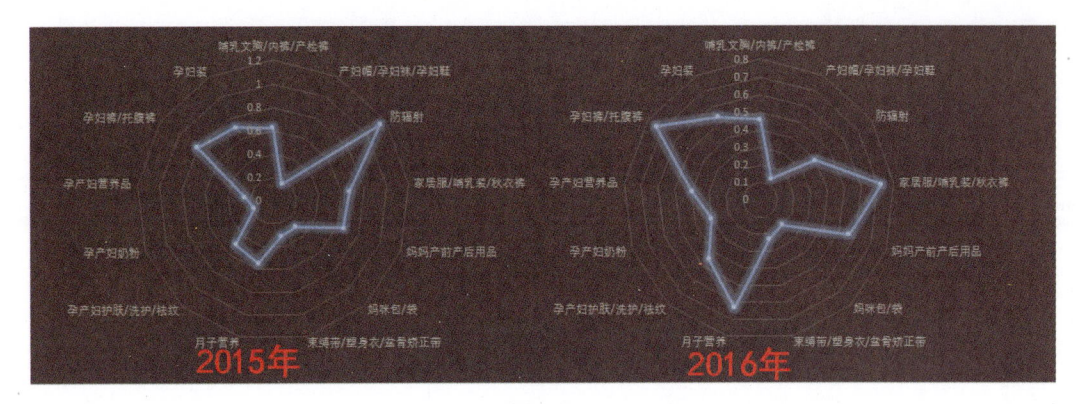

图 4-36

我们先对比 2015 年和 2016 年防辐射产品之间的市场容量，如图 4-37 所示，我们看出 2015 年防辐射产品的占比是 6% 左右，到了 2016 年时下降到 4%，也就是说，市场容量降低了，从蛋糕指数降低的情况来看，至少说明了它的竞争卖家数并没有相应的降低，也就是说竞争的还有那么多人，甚至更多，但是市场容量已经降低了 2% 了。这种情况下，你就要重点分析值不值得再进入这个行情了，需要分析市场容量为什么会下降，是因为防辐射这个概念已经过时了，还是因为其他什么原因。只有当分析清楚了原因之后，你才能确定是否接下来继续进军这个行业。

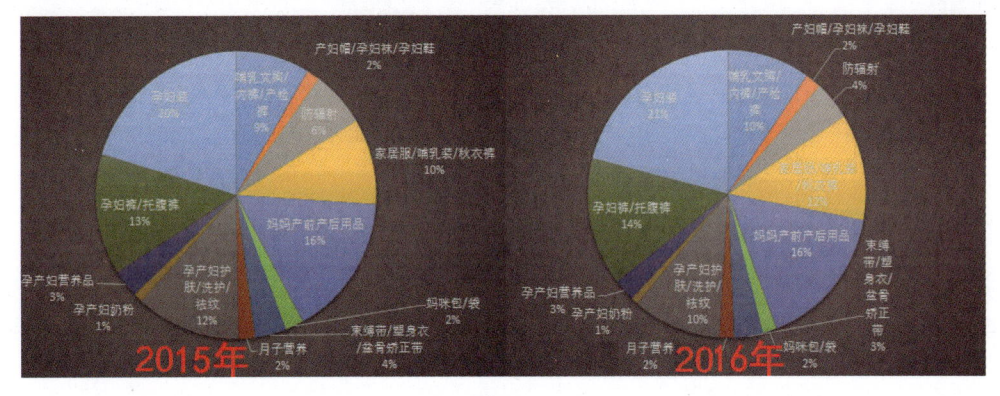

图 4-37

第三步：环比和同比增长趋势分析。

虽然通过前面两步知道了哪一些行业的市场容量比较大，而且蛋糕指数比较高，但是这时未必就代表一定可以做，最好还是分析一下最近三年环比增长情况和同比增长情况，特别是那种蛋糕指数大、市场容量小的子行业一定要重点分析它的同比和环比增长趋势，因为这里面有可能有即将爆发的蓝海产品。

先分析环比增长情况，把数据源插入一个数据透视表，将"年份"拖入"列"，"月份"拖入"行"，"支付金额较父类目占比"拖入"值"并将其汇总方式设置为求和，如图 4-38 所示。

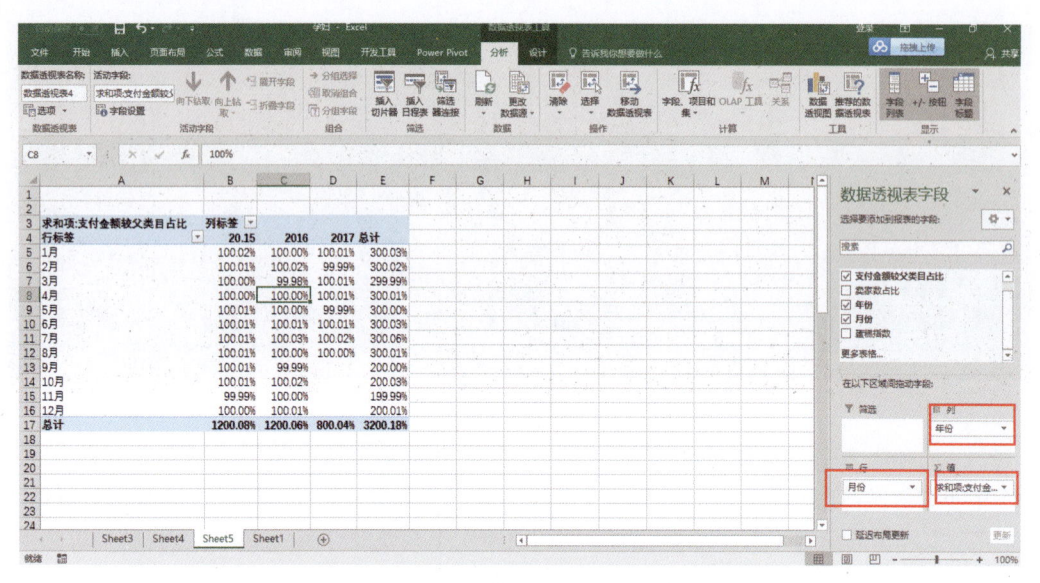

图 4-38

接下来，以同比增长的方式显示出来。先点击 B 列的数据，然后点击鼠标右键，在弹出的快捷菜单中选择"值显示方式"，再选择"差异百分比"，如图 4-39 所示。

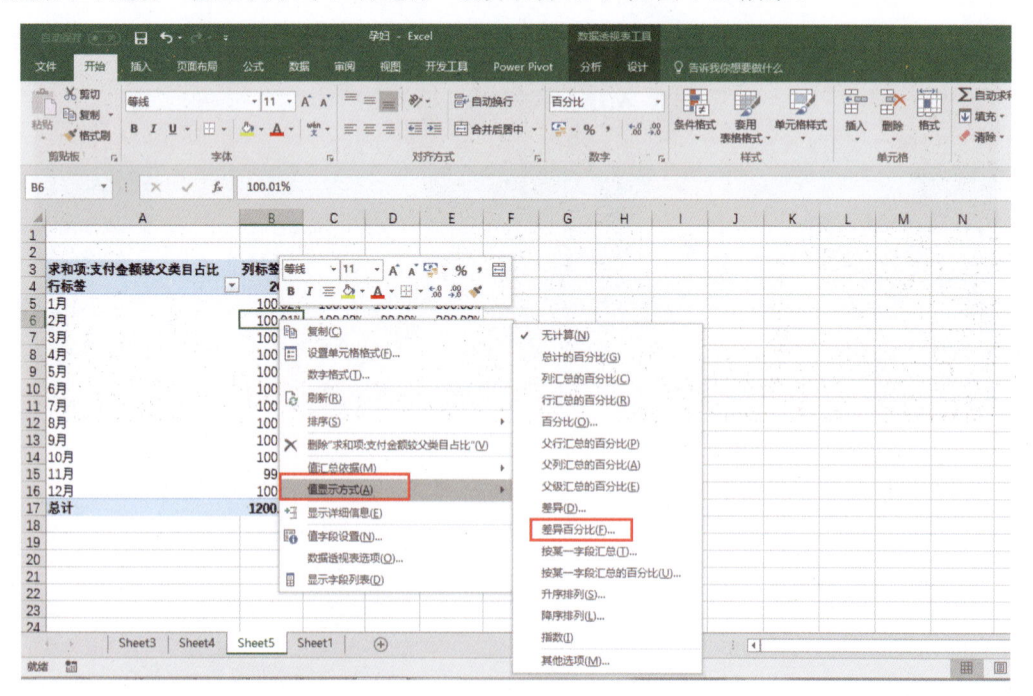

图 4-39

在弹出的对话框中把"基本字段"选择"年份","基本项"选择"上一个",然后点击"确定"按钮,这样就会以同比增长率的方式显示,如图4-40所示。

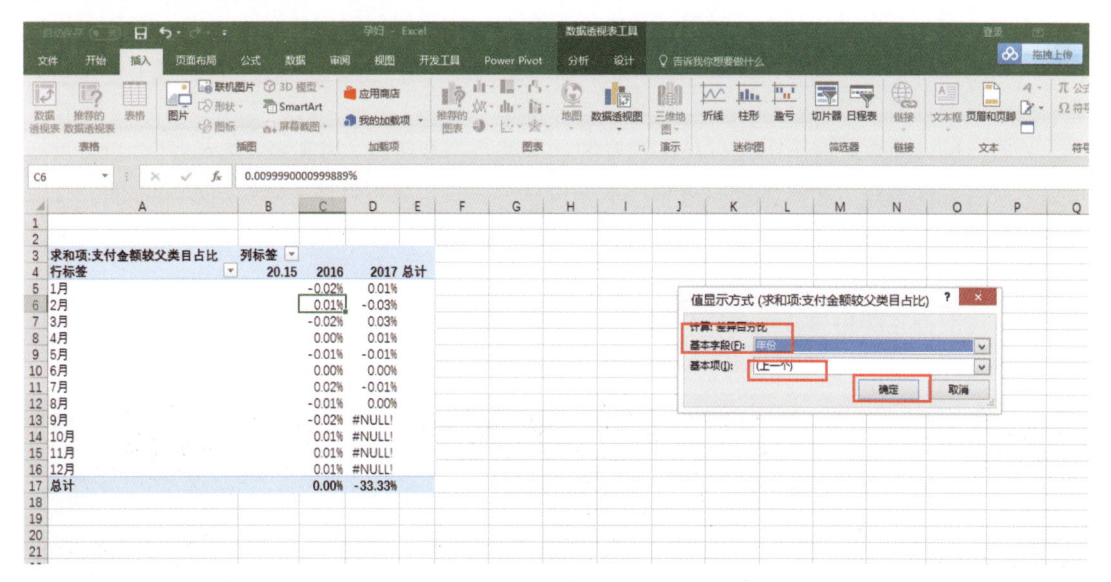

图 4-40

然后,插入一个柱形图,并插入一个"行业名称"的切片器,选择想分析的子行业,如图4-41所示。

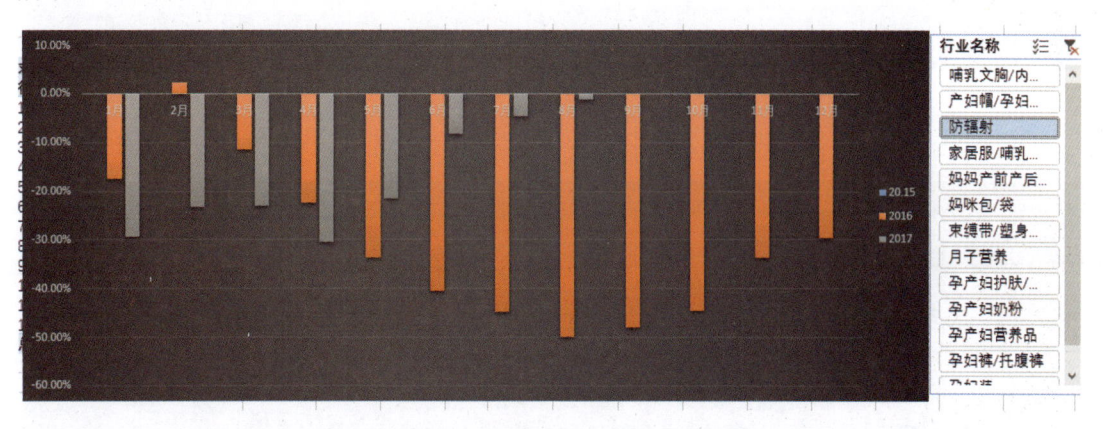

图 4-41

从图4-41中可以看到防辐射产品的同比增长情况,刚刚已经分析了防辐射产品的蛋糕指数越来越低,市场容量低了,这时在分析它的同比增长时发现,同比增长率基本是一年比一年低。很显然,这个行业基本上严重下滑了,加上我们已经分析了这时的竞争其实还是很大的,所以这个时候如果没有特别强大的资源优势,不值得切入。

还可以用同样的方法分析它的环比增长情况。

第四步：子行业的趋势分析。

当完成了前三步时，基本上对每一个类目都有一定的了解，对它的潜力、市场容量、蛋糕指数，以及它的同比增长情况和环比增长情况都有一定的了解，这时要开始分析这个行业的趋势，分析它有没有季节变化的因素、应该什么时候切入等。

例如，根据分析，有一个类目是比较好的，那就是"家居服/哺乳装/秋衣裤"。当然，好仅仅只是这几步数据分析，因为我是第一次分析这个类目，没有过多了解，所以有可能会有误差，分析数据要结合实际情况。但是从数据上来看，"家居服/哺乳装/秋衣裤"这个类目是比较好的，如图 4-42 所示。

第一，因为它的市场容量占比比较大，而且是上升趋势。2015 年占比只有 10%，到 2016 年占比为 12%，而 2017 年前 8 个月占比为 13%，也就是说，它的市场容量一年比一年大。

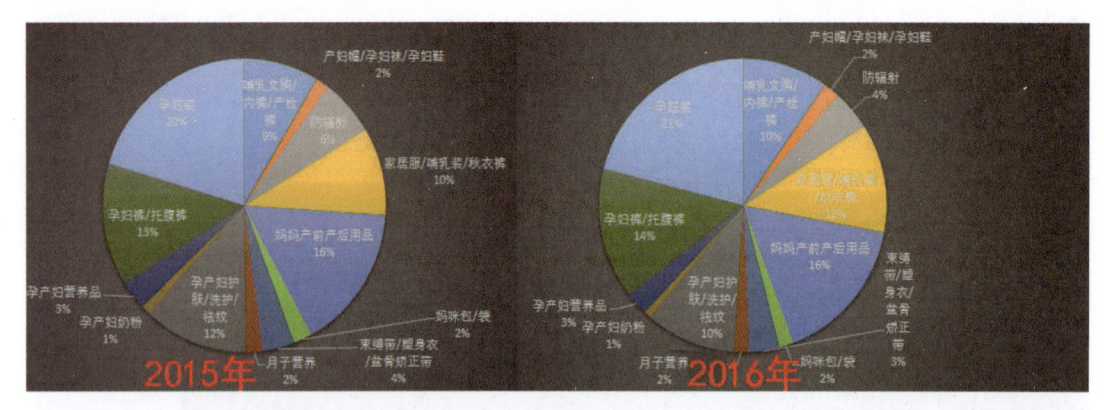

图 4-42

第二，它的蛋糕指数越来越大，说明这个时候竞争其实还不是特别激烈，如图 4-43 所示。

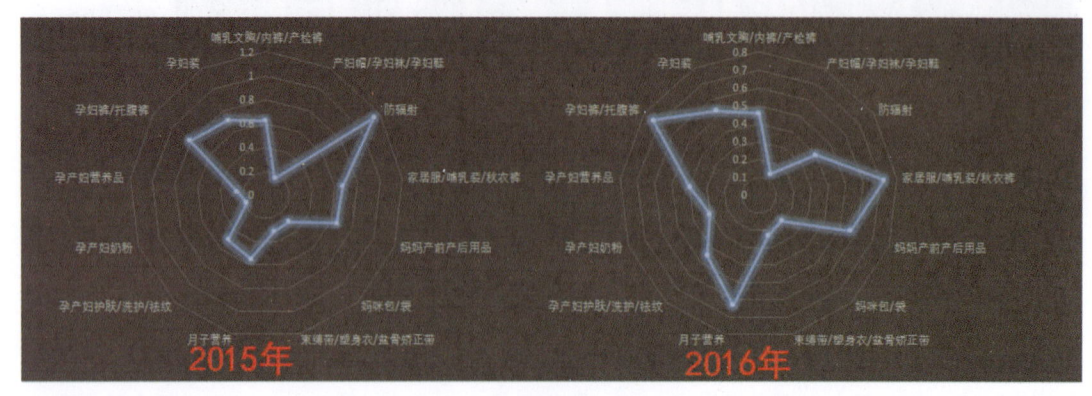

图 4-43

第三，它的同比增长率一直正增长，而且趋势越来越大，如图 4-44 所示。

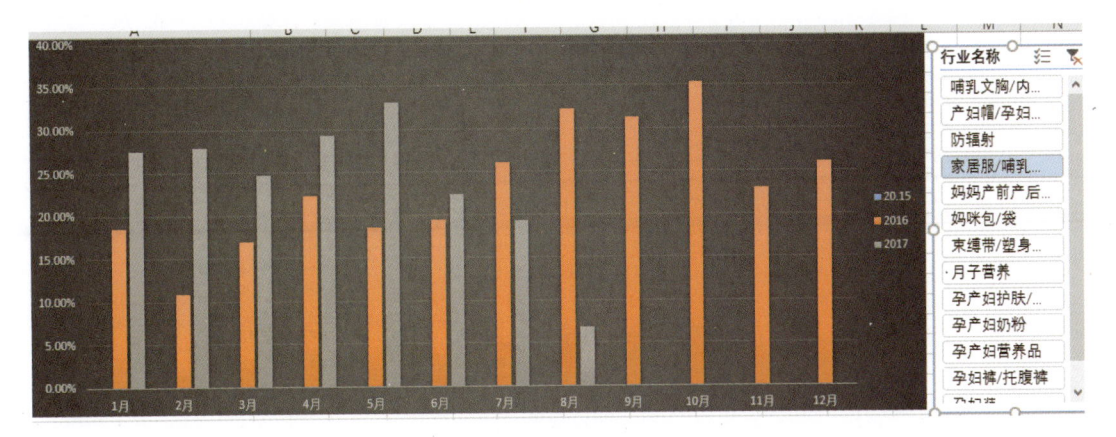

图 4-44

假设不考虑其他外在因素,"家居服/哺乳装/秋衣裤"这个子类目数据上是比较好的,当然,也可能有一些具体问题我没有分析,在分析的时候一定要分析具体问题,这里主要讲解方法。

假设经过所有的验证,"家居服/哺乳装/秋衣裤"这个类目是一个不错的类目,我们决定要做这个类目,那么要分析这个类目的时间发展趋势。

如图 4-45 所示,先插入一个数据透视表,把"行业名称"拖入"列","月份"拖入"行","支付金额较父类目占比"拖入"值"并将其汇总方式设置为求和。

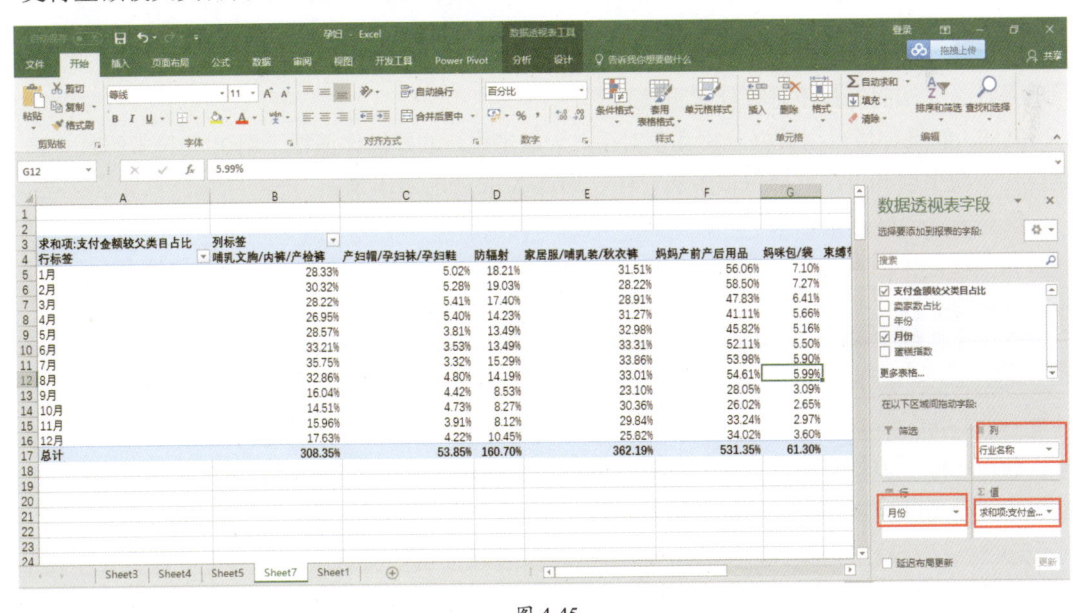

图 4-45

然后,插入一个折线图,并以"行业名称"和"年份"插入一个切片器,如图 4-46 所示。

157

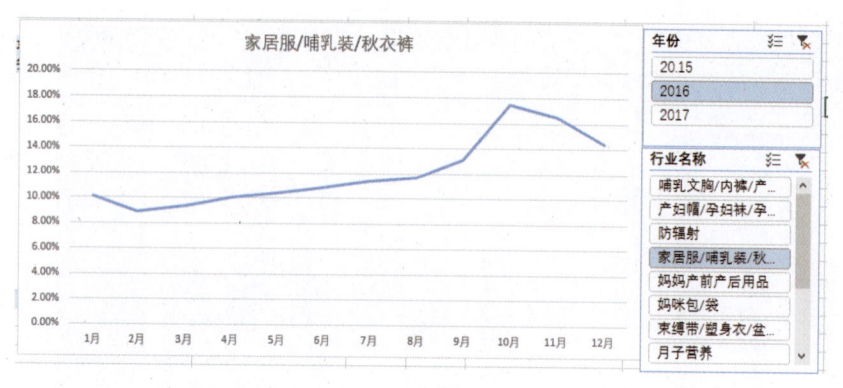

图 4-46

从 2015 年和 2016 年的数据可以看到，最高峰是 10—12 月，这时要分析为什么会这样，是因为这几个月的孕妇多吗？还是因为有双十一和双十二的影响？总之，如果你确定这个是正确的，那么可能切入的最佳时间是在 8 月份。当然，其实这个类目的季节变化不是很大，没有淡季，所以每个月都可以切入。

到了这一步的时候，你基本上对这个行业，对这个类目已经开始有了更加清晰的认识，当然，接下来还有很多内容需要分析，如竞争环境分析、产品属性分析等。

4.1.5 解剖竞争对手爆款的前世今生

经常会有很多网友咨询我：小 2 哥，我看一个竞争对手的产品突然间爆发起来了，你说他用的是什么方法呢？是不是有什么黑技术？

其实，如果你懂得用数据分析竞争对手，一般来说，就好像你懂得了用 X 光技术照片一样，竞争对手的手段和方法就好像很多病一样，通过 X 光就能照出来。

说竞争做得好，做起来了，有爆款，一般来说指的是竞争对手宝贝销量高，而销量与流量和转化率这两个因素有直接关系。因此，当分析竞争对手为什么能做到这么高的销量时，首先可以从流量和转化率这两个角度出发。

先从流量角度分析，要分析竞争对手的流量，先要调取竞争对手每个渠道的流量数据。

一般来说，都可以在生意参谋的市场行情里面调取到这些数据。打开生意参谋，点击"市场"，然后点击左边的"商品店铺榜"。商品店铺榜有四个板块：行业粒度、品牌粒度、产品粒度、属性粒度。先判定最容易在哪个板块里找到竞争对手。例如，竞争对手是天猫店铺，可能最容易找到品牌粒度，那么可以直接去品牌里面。

这里以行业粒度为案例，如图 4-47 所示，如果想分析下面这个竞争对手，那么在"商品店铺榜"里按照这个店铺和这个宝贝的条件筛选数据。例如，如果已经知道这个宝贝在打底裤里面，这个店铺是四皇冠的店铺，那么就在选择类目的时候选择"打底裤"，在选择信誉的时候选择"四皇冠"。然后，把标题复制粘贴到搜索框中搜索，基本上竞争对手的宝贝就筛选出来了。

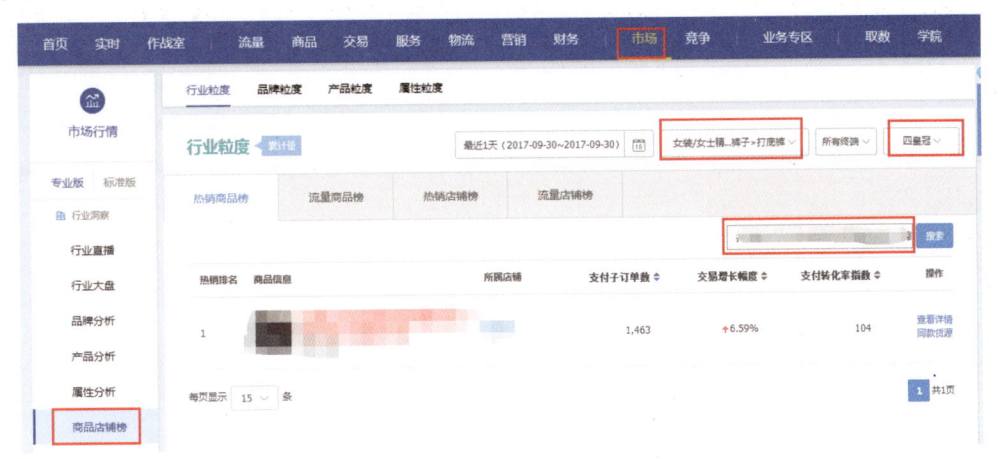

图 4-47

点击"查看详情"会跳转到商品的数据页面，可以大概看到它的销量和流量的趋势，以及流量来源的情况，如图 4-48 所示。

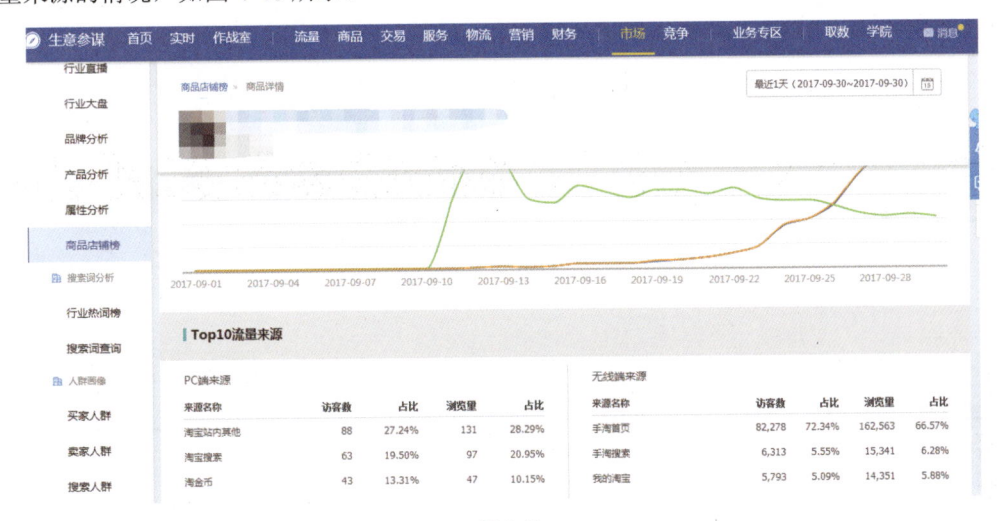

图 4-48

我们要简单看一下，这个竞争对手是从什么时候开始操作的，如果知道了他开始操作的日期，那么把接下来的整个数据都采集下来，就能根据他的流量变化趋势判定他的操作手法。例如，图 4-48 所示的数据，在 9 月 10 日的时候数据还是零，而到 9 月 11 日的时候有成交两单的数据，所以可以从 9 月 11 日开始采集这个宝贝的数据。

把无线端流量来源每天的数据都复制粘贴到 Excel 表格中，一般情况下采集无线端的数据就可以了，因为现在 PC 端已经占比很低了，但是如果发现这个竞争对手 PC 端数据很好，那么也需要采集PC端。每采集一天的数据都需要在后面加上这些数据对应的日期，如图4-49所示。

图4-49

把所有数据采集完成之后，插入一个数据透视表，把"来源名称"拖入"行"，"访客数"拖入"值"并将其汇总方式设置为求和，如图4-50所示。

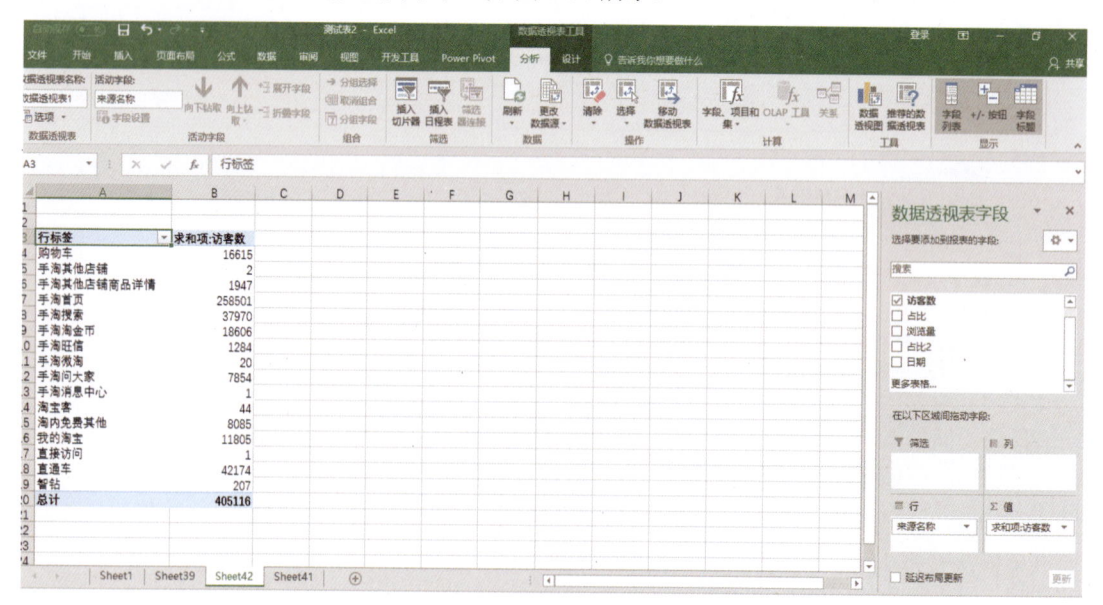

图4-50

插入一个饼图，这样，就可以大概分析这个宝贝流量来源的占比情况，例如，如图4-51所示，它的流量来源占比第一的是手淘首页，占比为64%，第二的是直通车，占比为10%，第三的是手淘搜索，占比为9%，也就是说，这三个渠道超过整个宝贝80%的流量。因此，接下来要重点分析这三个流量渠道。

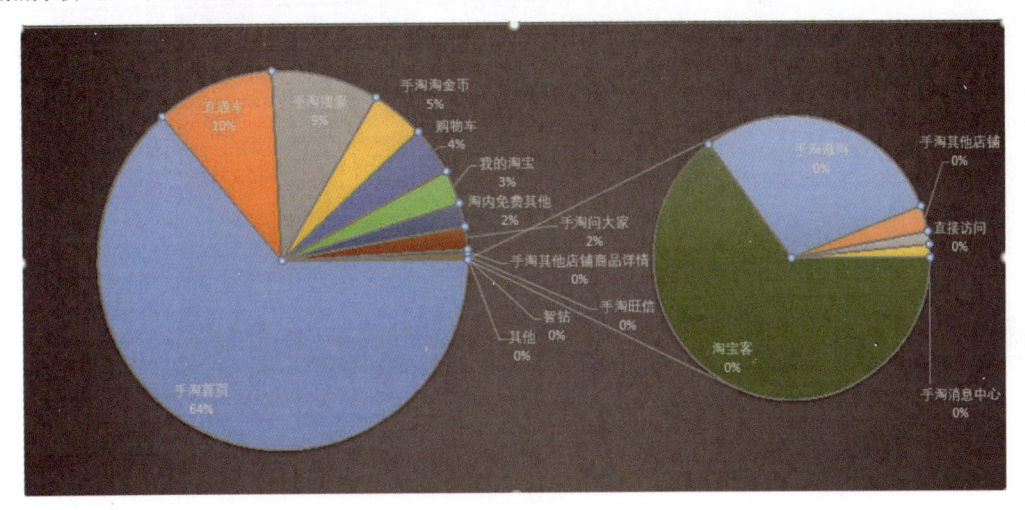

图 4-51

在原来的数据源中插入一个数据透视表，把"日期"拖入"行"，"来源名称"拖入"列"，"访客数"拖入"值"并将其汇总方式设置为求和，如图4-52所示。

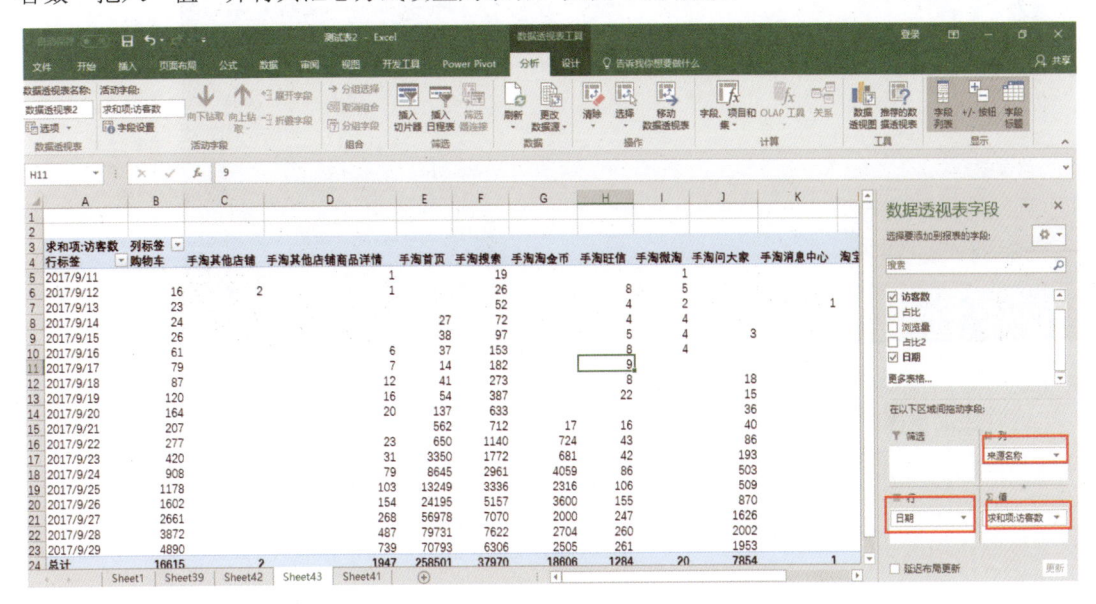

图 4-52

插入一个折线图，并以"来源名称"为选择插入一个切片器。这时，如图4-53所示，图形展示基本做出来了，接下来只需要分析就可以了。

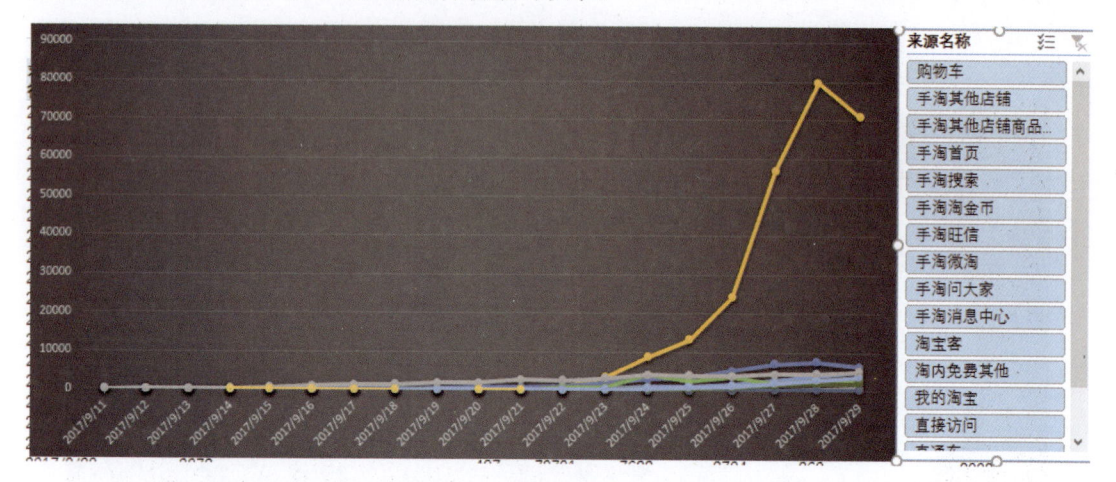

图 4-53

刚刚已经从总占比中分析出来，这个宝贝的主要流量来源是手淘首页、直通车、手淘搜索，它们的占比超过80%。因此，可以重点分析这三个渠道，如图4-54所示，在切片器中只选择这三个渠道，其他渠道不要选择。

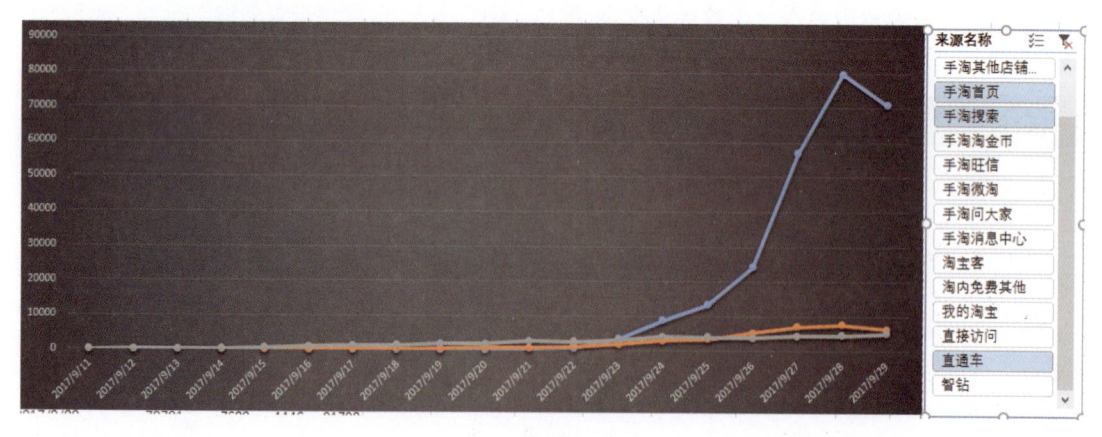

图 4-54

这时会发现因为手淘首页流量太大，所以导致不好分析其他两个渠道的数据趋势，要解决这个问题有很多方法，例如，每次只选择一个流量渠道，不要三个同时选择，这样肯定是很好看的，但是这样也有一个问题，就是没办法直观地看到这三者之间的联系，所以这里可以采用双坐标图，如图4-55所示，把手淘首页流量用次坐标表示，在前面的双坐标里已经学习过这个内容，如果忘记了可以重新学习。

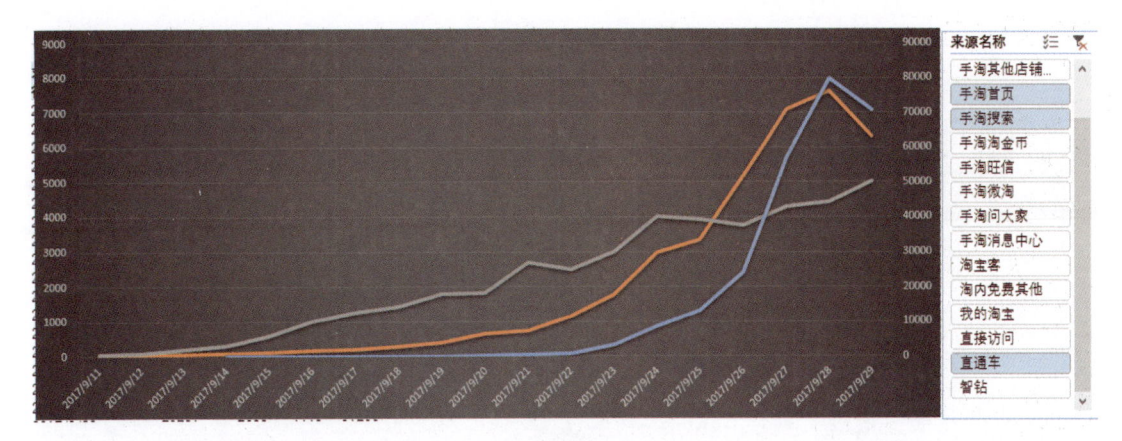

图 4-55

这时，可以清晰地看到这三个来源的趋势，灰色的线代表直通车流量，橙色的线代表手淘搜索流量，蓝色的线代表手淘首页流量。但是，这种双坐标一定要注意两者之间坐标的差异。例如，如果只看图，9月28日手淘搜索和手淘首页的流量好像差不多，但是实际上差别很大，手淘搜索流量只有不到 8000 个，而手淘首页流量差不多是 80000 个。

再单独分析每个流量渠道的趋势，如图 4-56 所示，直通车流量从一开始就有投入，而且是慢慢上升的投入，从 9 月 11 日开始有直通车流量，开始几十个，然后几百个，再然后几千个。

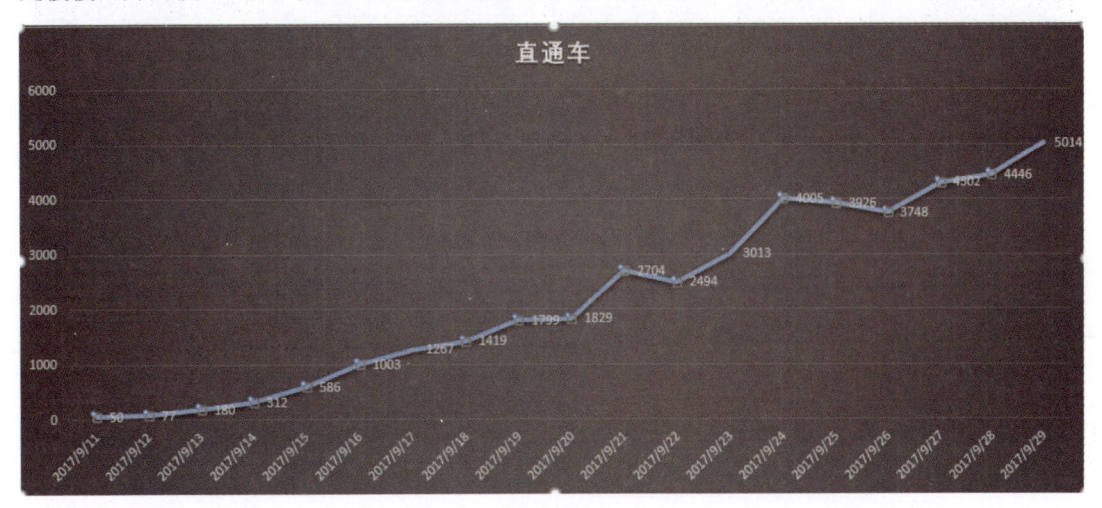

图 4-56

手淘搜索流量比直通车流量要晚一步，一开始手淘搜索基本是没有流量的，如图 4-57 所示，到 9 月 20 日才开始每天有 500 个左右的流量，而 9 月 20 日直通车流量有 2000 个左右。

163

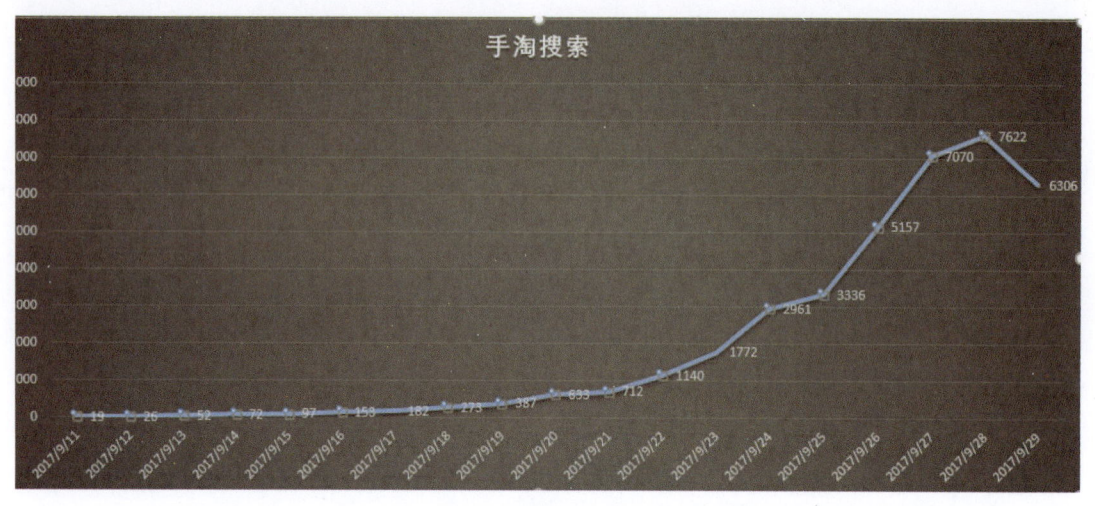

图 4-57

手淘首页流量实际上和手淘搜索流量的趋势差不多，但是它后面爆发得特别猛，如图 4-58 所示，它也是 9 月 21 日左右开始 500 个，但是到 9 月 23 日，它突然猛涨到 3000 多个，这时已经基本追上直通车流量，超越了手淘搜索流量。

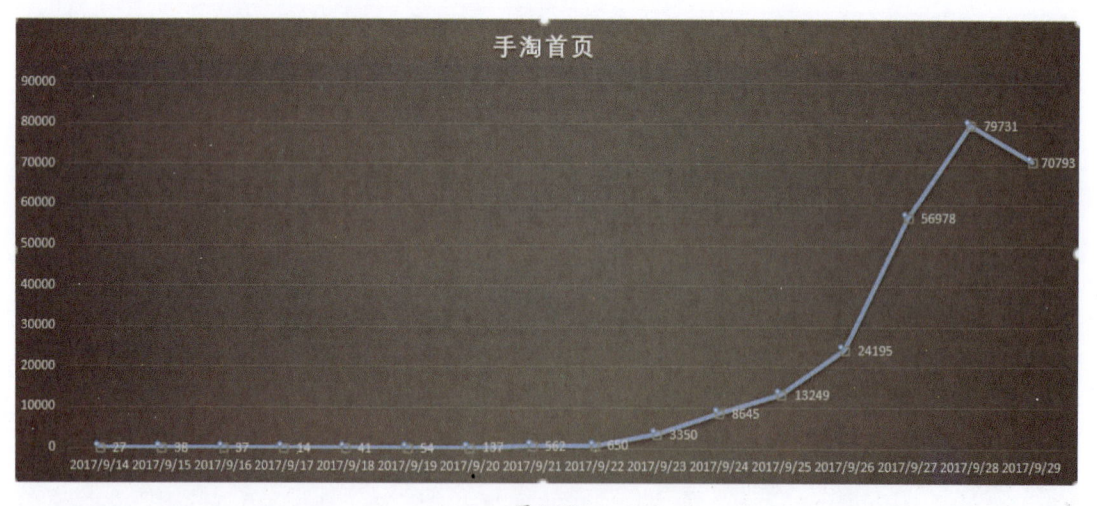

图 4-58

所以，结合这三个图可以看到，这个商家以直通车流量为切入口，利用直通车流量带动手淘搜索流量和手淘首页流量，所以直通车推了有十几天的时候，手淘搜索流量和手淘首页开始上升，然后手淘首页流量爆发，并且手淘搜索流量在 9 月 25 日超越直通车流量。从这三个图可以看出，他是利用直通车带动手淘搜索流量和手淘首页流量的。

如图 4-59 所示，可以看出他的订单趋势，在 9 月 23 日以前，是稳步上升的，9 月 10 日 0 单、

9月11日2单、9月12日9单、9月13日22单、9月14日12单、9月15日20单、9月16日53单、9月17日47单、9月18日47单、9月19日77单、9月20日90单、9月21日122单、9月22日174单、9月23日251单，后面就每天500单以上了。

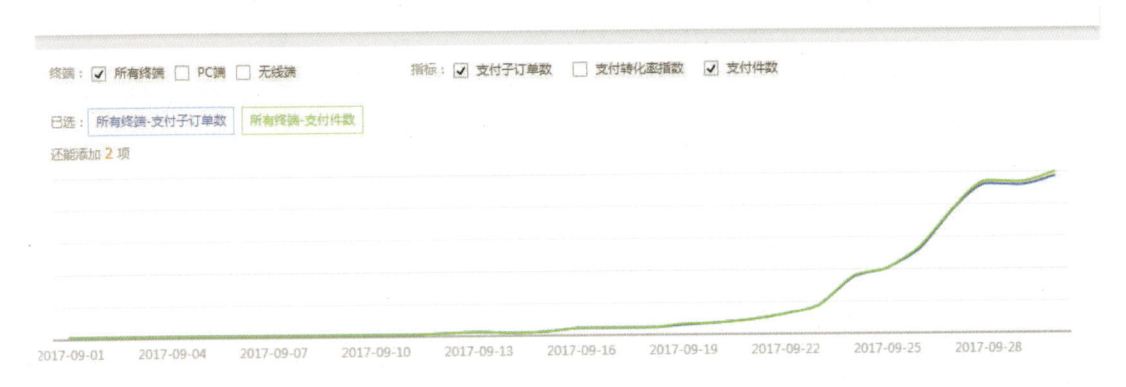

图 4-59

从流量分析中可以看出，前面一周手淘首页和手淘搜索基本上都没有流量，每天流量低于100个，也就是说，这时的订单要么是人工操作的（如借用老顾客成交），要么是来自直通车的。

然后，我们看一下关键词成交的数据。如图4-60所示，9月11日成交2单，有1单来自店铺名字（打马赛克的关键词是店铺名称关键词）这个关键词，还有1单来自直通车流量和其他渠道。当天直通车流量为50个。

图 4-60

如图4-61所示，9月12日有3单来自店铺名称这个关键词，1单来自"打底裤女"这个关键词，还有5单来自直通车流量和其他渠道。当天直通车流量为77个。

如图4-62所示，9月13日有2单来自店铺名称这个关键词，1单来自"打底裤秋季2017新款女 纯棉"这个关键词，其他19单来自直通车流量和其他渠道，当天直通车流量为180个。

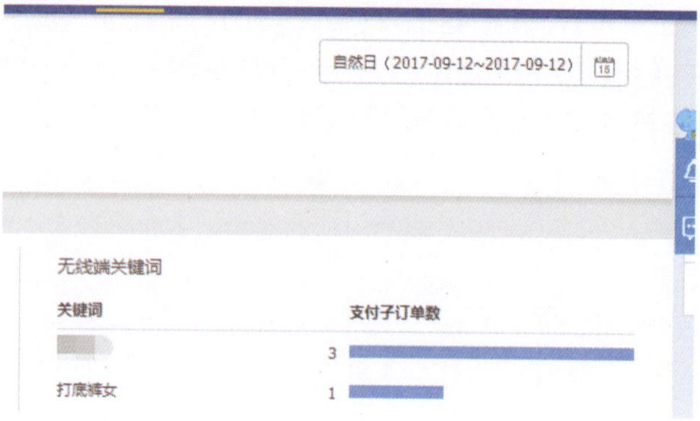

图 4-61

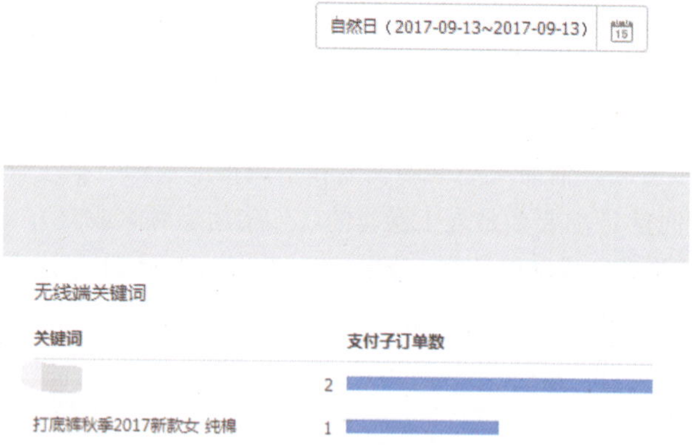

图 4-62

如图 4-63 所示，9 月 14 日有 2 单来自包含店铺名称的关键词，其他 10 单来自直通车流量和其他渠道，当天直通车流量为 312 个。

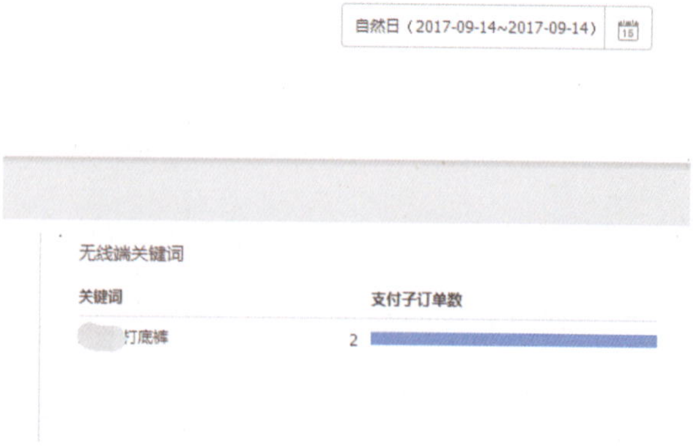

图 4-63

如图 4-64 所示，从 9 月 15 日开始没有店铺名称关键词了，有 3 单来自关键词，17 单来自直通车流量和其他渠道。当天直通车流量为 586 个。

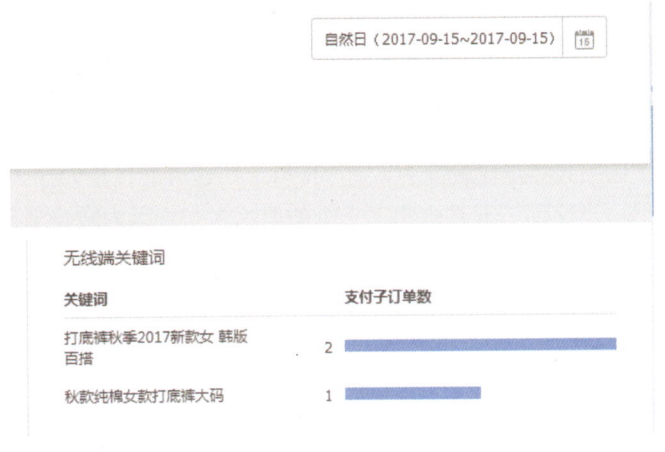

图 4-64

如图 4-65 所示，9 月 16 日也没有店铺名称关键词成交，当天关键词成交 5 单，直通车流量和其他流量成交 48 单，当天直通车流量为 1003 个。

图 4-65

然后，我继续看了后面几天的流量，都没有店铺名称关键词的成交。根据这些数据可以肯定的是，前面几天有店铺名称关键词成交肯定是人为操作的。可能是刷单，也可能是利用老顾客活动成交。否则，很少有人会这样搜索店铺名称成交，而且每天都能有店铺名称成交的，但是后来就突然再也没有店铺名称的关键词，从这一点可以知道，他至少有四天在做基础销量，可能是刷单刷的，也可能是老顾客成交的，反正不是正常的成交，是人为操控的。

因为此时其他流量和直通车流量主要都是来自直通车流量，所以成交的订单主要来自直通车。例如，9月16日的48单主要流量是1003个直通车流量，当然，这48单里可能会有之前的加购或者老顾客成交的，我们假设10单来自非直通车流量，38单来自直通车流量，从这里可以看出，这款的转化率其实是比较高的，有3%以上。这可能也是为什么它的直通车流量从几十个到一百多个然后迅速到三五百个和上千个的原因之一，因为转化率高，对款式有把握，所以烧得也多。

从整体上来说，可以大概推算出他的操作手法，通过开直通车和人为操作基础销量，带动手淘首页流量和手淘搜索流量，我们已经推测他的转化率比较高，然后从手淘首页流量也可以推出这个款点击率也高，因为如果点击率太低，手淘首页流量很难这么快爆发。有了转化率和点击率，然后配合直通车流量，通过这样的操作手法就快速地把该宝贝操作成功了。

4.2 店铺流量分析

4.2.1 关键词有效度分析

标题优化一直是淘宝优化中比较重要的环节，而标题优化中的关键词选择是标题优化中的一个重要环节，一开始我们选择关键词都是根据主观意识或者淘宝的大盘数据分析之后选择的。我从当时的数据分析中认为这个关键词是会适合我们这款宝贝的。但是，有时实际过程和我们分析的有误差。因此，在宝贝有一定流量之后，我们需要对关键词再一次分析，看看它是否真的适合我们的宝贝，看看哪一个词用得好、哪一个词用得不好，哪一个词真正给我们带来流量了、哪一个词没有给我们带来流量、浪费空间了，这就是我们经常说的关键词有效度分析和标题数据监控。

如果做一个如图4-66所示的表格，我们清楚地知道每个词根带来的流量、订单量、支付金额、uv价值等数据，那么可以轻易地知道哪些词用得好，哪些词没有带来价值。

我们的目的是做关键词有效度分析，要采集单品的关键词数据，要采集这个数据可以使用生意参谋，也可以使用生e经，但是一般情况下能用生意参谋采集的数据尽量使用生意参谋，毕竟它是官方的工具。

图 4-66

如图 4-67 所示，进入生意参谋，点击上方的"商品"，然后点击左边的"单品分析"，选择需要分析的单品。这时，会弹出单品分析的页面。一般情况下，我们会直接选择"无线"，因为目前来说，流量主要在无线端。

图 4-67

然后，往下拉，如图 4-68 所示，这款宝贝的所有关键词数据都记录在"关键词效果分析"。选择想要采集的日期，然后下载，比较麻烦的是每次只能下载一天的数据，没办法下载多天的数据，要是以后生意参谋提供同时下载多天数据的机会就更好了。

169

谁说菜鸟不会电商数据分析

图 4-68

下载之后打开数据，如图 4-69 所示，一般会提示"启用编辑"，但是千万不要点击"启用编辑"按钮。因为如果点击"启用编辑"按钮，里面的数据就变成文本格式，变成文本格式后的数据是没办法统计结果的，所以打开之后不要点击"启用编辑"按钮，直接把需要的关键词数据都复制出来。

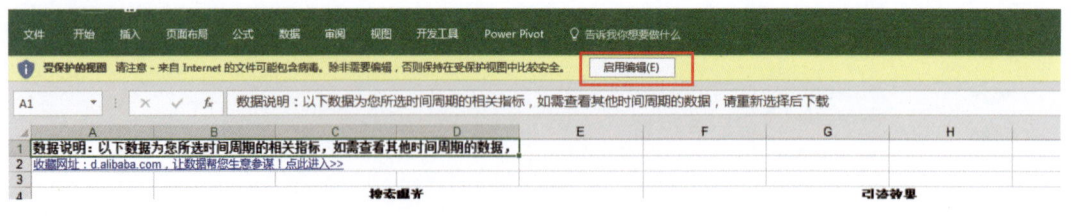

图 4-69

新建一个 Excel 表格，如图 4-70 所示，把刚刚复制的数据粘贴成数值的形式，并在后面添加一栏"日期"把对应的日期填写进去。记住，一定要粘贴成数值，否则也会变成文本。

如图 4-71 所示，一定要检查数字的单元格左上角是不是有绿色的小三角形，如果有，说明粘贴的是文本，并没有粘贴成数值，那么这个数据是没办法使用的，一定要粘贴成数值。以前很多的商家总是在这里出错，所以我再次强调要仔细检查，如果这里错了，后面的所有数据都没办法显示。

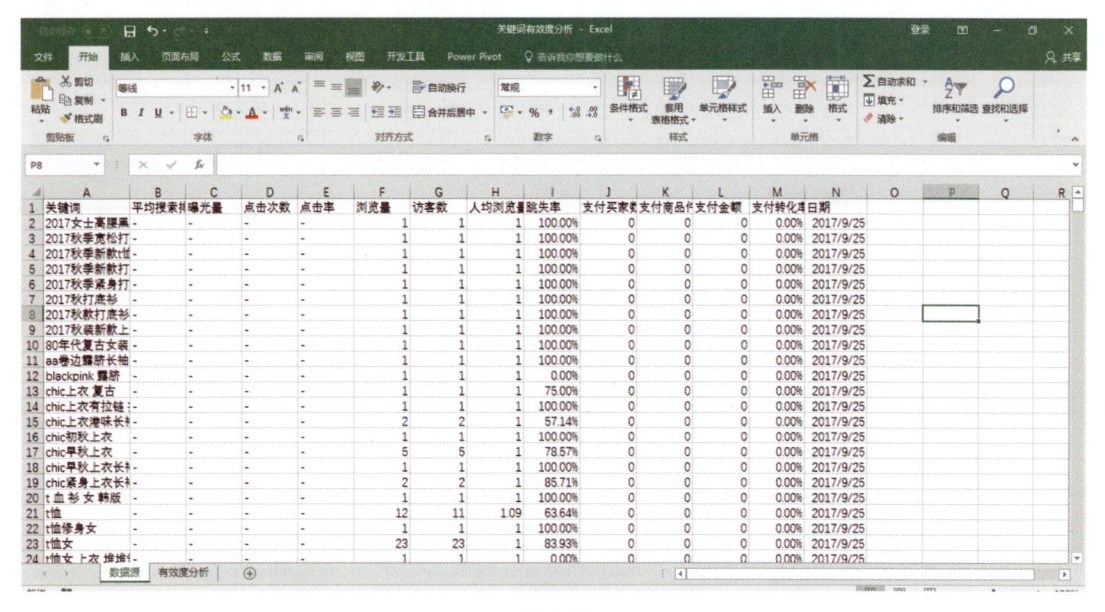

图 4-70

图 4-71

把所有需要采集的数据采集完成之后，就可以开始动手做关键词有效度分析的表格了。如图 4-72 所示，新建一个工作簿，在新建的工作簿里先把需要分析的指标都罗列出来。

我们希望达到一个什么目的？

肯定是当我们输入词根的时候，能自动显示出这个词根的访客数、浏览量、买家数、转化率、支付金额、uv 价值等指标的数值。

如图 4-73 所示，假设现在已经把词根输入到"词根"列，我们希望统计到这三个词根的访客数等指标的数值。在第 2 篇中已经学习过条件求和的函数，这里实际上就是条件求和。

谁说菜鸟不会电商数据分析

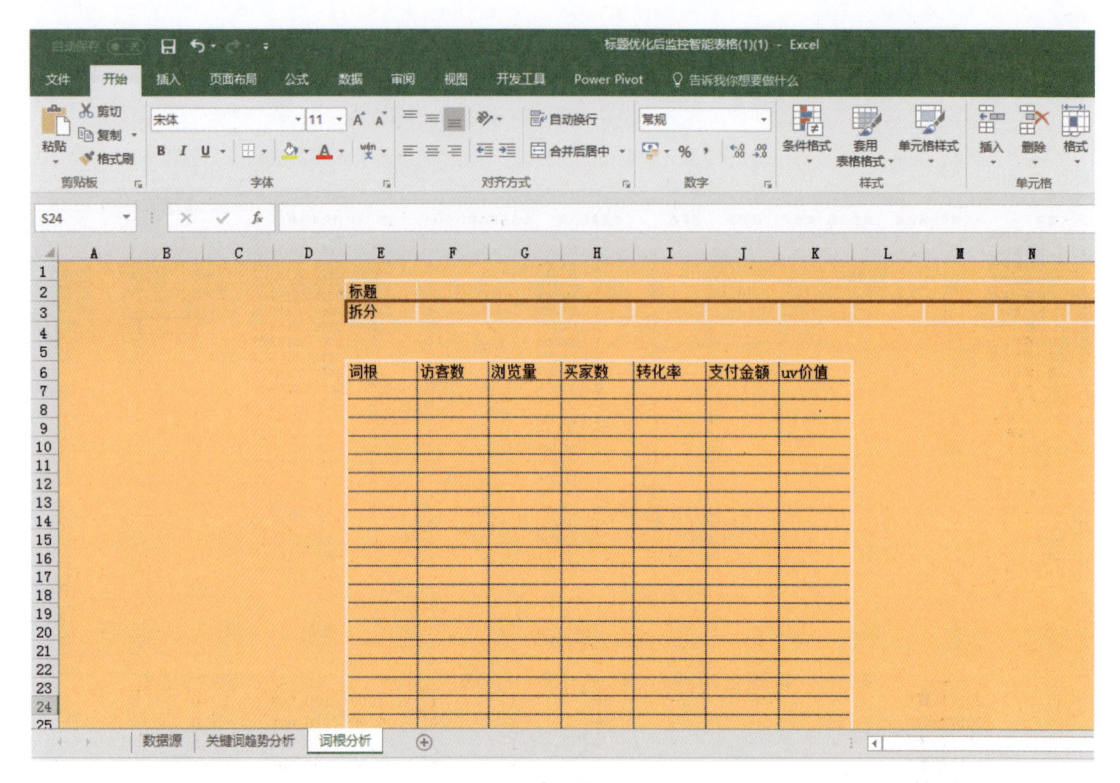

图 4-72

图 4-73

"*2017*"的访客数的函数公式应该为"=SUMIFS(数据源!G:G,数据源!A:A,E7)"。

所以，只需要在F7单元格中输入"=SUMIFS(数据源!G:G,数据源!A:A,E7)"，然后按Enter键即可得出第一个词根的访客数。要得出下面词根的访客数很简单，只需要快速填充公式。点击F7单元格，把光标放在单元格的右下角，当出现黑色十字的时候，按住鼠标左键往下拖，到了想要停止的地方松开鼠标即可完成快速填充公式，如图4-74所示。

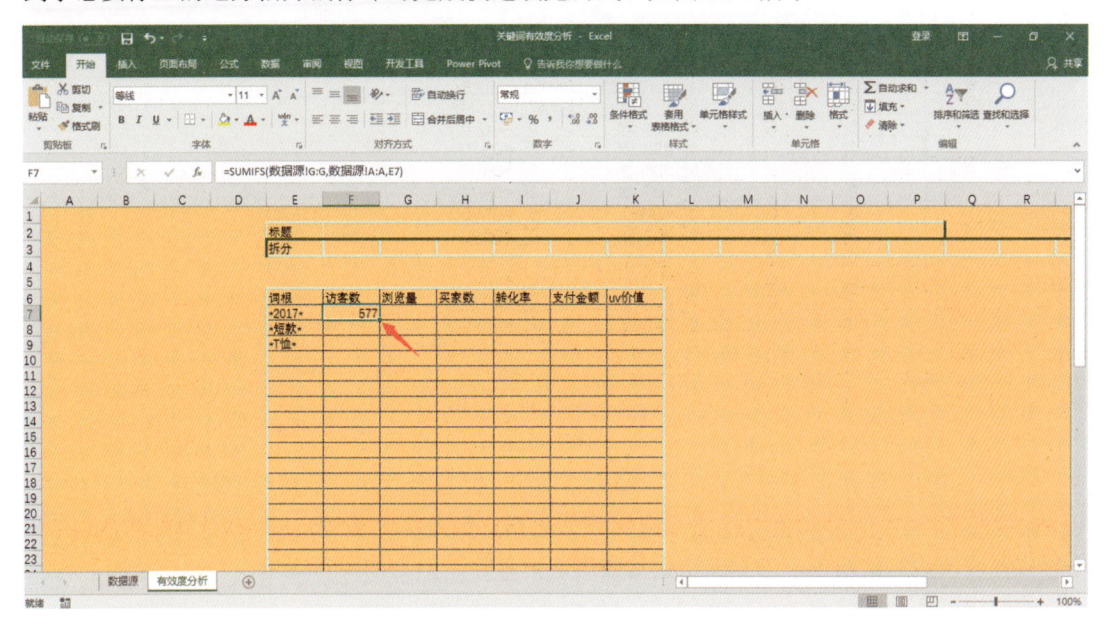

图 4-74

当懂得了如何把访客数的数值统计出来之后，统计浏览量、买家数、转化率、支付金额、uv价值的数据就很简单了，因为原理都一样。

在G7单元格中输入"=SUMIFS(数据源!F:F,数据源!A:A,E7)"，然后快速填充下面单元格中的公式。

在H7单元格中输入"=SUMIFS(数据源!J:J,数据源!A:A,E7)"，然后快速填充下面单元格中的公式。

在I7单元格中输入"=H7/F7"。这里一定不能用条件求平均的公式，因为如果用条件求平均会出现逻辑性的错误导致结果不对，我们已经知道了买家数和访客数，转化率自然就等于买家数除以访客数。

在J7单元格中输入"=SUMIFS(数据源!L:L,数据源!A:A,E7)"，然后快速填充下面单元格中的公式。

在 K7 单元中输入"=J7/F7",因为 uv 价值等于支付金额除以访客数,然后快速填充下面单元格中的公式,如图 4-75 所示。

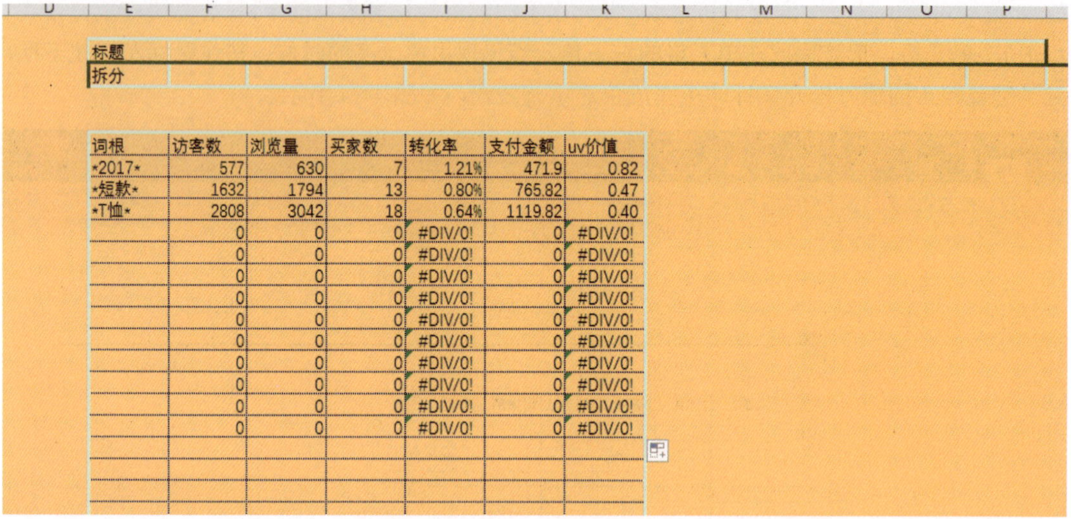

图 4-75

到这一步的时候其实基本上完成了该表格的制作,但是会发现两个问题,第一个是"转化率"和"uv 价值"里有错误的值,虽然不影响整体数据,但是影响美观,肯定需要改变,其实这个错误是除法规则的错误,这里的错误是数不能被零除,但是如果有些错误不知道原因,可以用检查错误这个功能检查。

为了避免出现这种错误,把 I7 单元格和 K7 单元格中的公式改一下。

把 I7 单元格中的公式改为"=IFERROR(H7/F7,0)"。翻译过来就是,如果错误,就让它显示 0,然后快速填充下面单元格中的公式。

把 K7 单元格中的公式改为" =IFERROR(J7/F7,0)"。翻译过来就是,如果错误,就让它显示 0,然后快速填充下面单元格中的公式。

如图 4-76 所示,这样,第一个问题就解决了,但是还有一个问题没有解决,就是每次都需要在前面输入"*"词根"*"会降低我们的效率("*"是通配符,通配符的意义参考第 2 篇的内容)。如果只需要在上面把词根填进去,然后词根这一列就自动变成"*"词根"*"的模式,那么就能极大地提高效率。

标题						
拆分						
词根	访客数	浏览量	买家数	转化率	支付金额	uv价值
2017	577	630	7	1.21%	471.9	0.82
短款	1632	1794	13	0.80%	765.82	0.47
T恤	2808	3042	18	0.64%	1119.82	0.40
	0	0	0	0.00%	0	0.00
	0	0	0	0.00%	0	0.00
	0	0	0	0.00%	0	0.00
	0	0	0	0.00%	0	0.00
	0	0	0	0.00%	0	0.00
	0	0	0	0.00%	0	0.00
	0	0	0	0.00%	0	0.00
	0	0	0	0.00%	0	0.00
	0	0	0	0.00%	0	0.00

图 4-76

其实，要实现这一步很简单，可以使用 OFFFSET 函数。

先把行单元格中的值转入词根列单元格中。

在 E7 单元中输入"=OFFSET($E$2,1,ROW(A1))"。实际上，如果只单纯考虑 E7 单元格，它的公式是"=OFFSET($E$2,1,1))"。翻译过来就是，以 E2 单元格为参照物，向下移动一位，向右移动一位。

因为希望用快速填充的方法把下面所有的单元格都填充公式，根据规律，第二个单元格的公式应该是"=OFFSET($E$2,1,2))"，第三个单元格的公式应该是"=OFFSET($E$2,1,3))"，第四个单元格的公式应该是"=OFFSET($E$2,1,4))"……以此类推。也就是说，我们需要把向右偏移这个参数用一个根据拖动变动的函数替代，在第 2 篇的时候学过两个函数：ROW 函数和 COLUMN 函数。ROW 函数是在同一列拖动的时候使用，COLUMN 函数是在同一行拖动的时候使用，而现在是在 E 列拖动，也就是同一列，所以用 ROW 函数，公式为"=OFFSET($E$2,1,ROW(A1))"。

在 E7 单元格中输入公式"=OFFSET($E$2,1,ROW(A1))"，然后按 Enter 键，点击 E7 单元格，把光标放在 E7 单元格的右下角，当出现黑色十字的时候按住鼠标左键往下拖动，在需要停止的地方填充，松开鼠标左键即可。

如图 4-77 所示，这时已经完成了行和列的置换，但是会发现这样没有数据，因为要统计包含这个词根的所有关键词数据，而不只是这个关键词，而包含的话，就需要在它前后加上通配符。也就是说，"2017"要变成"*2017*"，"韩版"要变成"* 韩版 *"。

要实现这一步很简单，可以应用 OFFSET 函数和"&"连接符。

在公式"=OFFSET($E$2,1,ROW(A1))"的前后加上一个"*"，然后用连接符连接起来。记住，"*"一定要用英文状态下的双引号引用起来，即变成"="*"&OFFSET($E$2,1,ROW(A1))&"*""。

所以，把 E7 单元格中的公式写成"="*"&OFFSET($E$2,1,ROW(A1))&"*""，确定之后快速填充下面所有单元格的公式。

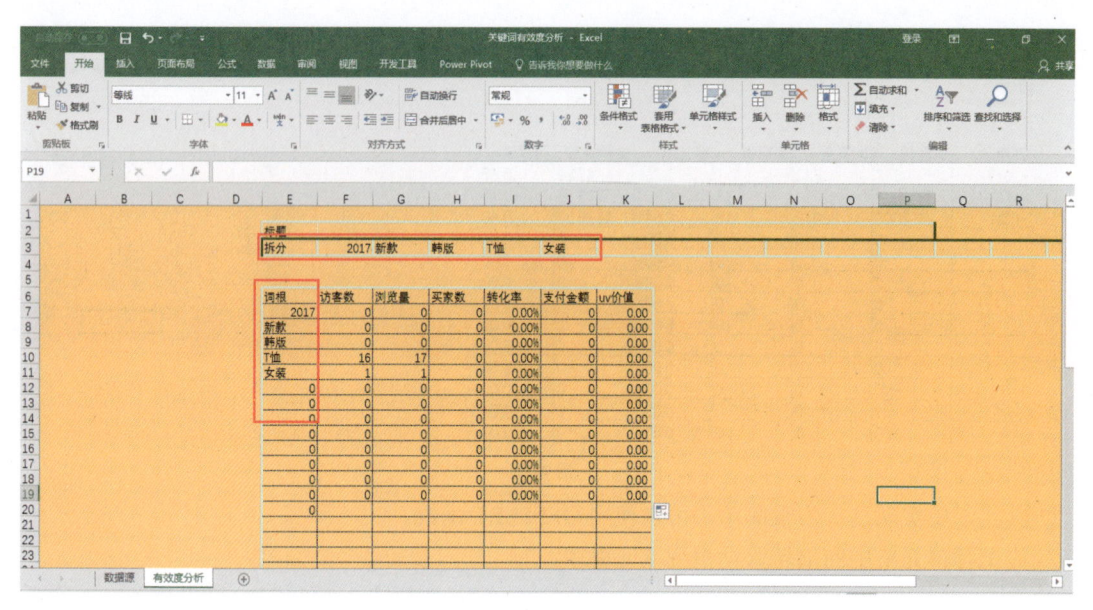

图 4-77

如图 4-78 所示，一个完整的词根分析模板标题就做好了，它可以当模板使用，即如果想分析另外一个单品，只需要把原来数据源里面的内容删除，然后把需要分析的宝贝数据复制进去。

词根	访客数	浏览量	买家数	转化率	支付金额	uv价值
2017	577	630	7	1.21%	471.9	0.82
新款	584	637	7	1.20%	471.9	0.81
韩版	423	450	3	0.71%	175.82	0.42
T恤	2808	3042	18	0.64%	1119.82	0.40
女装	31	34	0	0.00%	0	0.00
**	13656	14775	117	0.86%	7247.37	0.53
**	13656	14775	117	0.86%	7247.37	0.53
**	13656	14775	117	0.86%	7247.37	0.53
**	13656	14775	117	0.86%	7247.37	0.53
**	13656	14775	117	0.86%	7247.37	0.53
**	13656	14775	117	0.86%	7247.37	0.53
**	13656	14775	117	0.86%	7247.37	0.53

图 4-78

这个表格的主要功能是对关键词有效度分析，从这个表格中可以很轻易地看出哪一个词根表现得好，哪一个词根表现得差，哪些词根带来了流量，哪些词根根本就没有带来流量。当知道了这个问题之后,接下来的做法就很简单了,把表现不好的词根用新的关键词替换就可以了。

4.2.2 关键词趋势分析

单纯地知道词根的有效度是远远不够的,关键词有效度分析有一个局限性,因为它的数据是汇总数据,汇总数据有时候容易误导我们。例如,某个关键词前半个月的流量非常大,转化率也高,成交也好,但是后面完全没有流量了,而且今后也很难有流量,从汇总数据来看,这个关键词的整体数据是很好的,但是这种关键词对于我们来说未必是有效的关键词,因为我们还要看后面的数据。另外,这种汇总的关键词有效度分析也没办法看到这个关键词每天的数据,我们只看到了它的汇总数据,没办法看到它每天的变化趋势。

关键词的趋势分析是非常重要的,如果一个关键词原来数据特别好,但是突然下滑了,如果捕捉到这个信息,我们可能就能及时找到挽回的措施,但是如果一直都没发现,等到这个关键词已经死了,这个宝贝的流量都没了的时候再发现,可能就来不及挽回了。因此,关键词趋势分析也是分析关键词必不可少的。

同样的,还是利用 4.2.1 节采集到的数据源,如图 4-79 所示,应该能够发现,4.2.1 节中在采集数据的时候我们在后面添加了"日期"这一列,而 4.2.1 节根本就没有用到"日期"这个指标,其实,"日期"这一列不是为了 4.2.1 节的内容准备的,而是为了本节能和 4.2.1 节共用数据源。

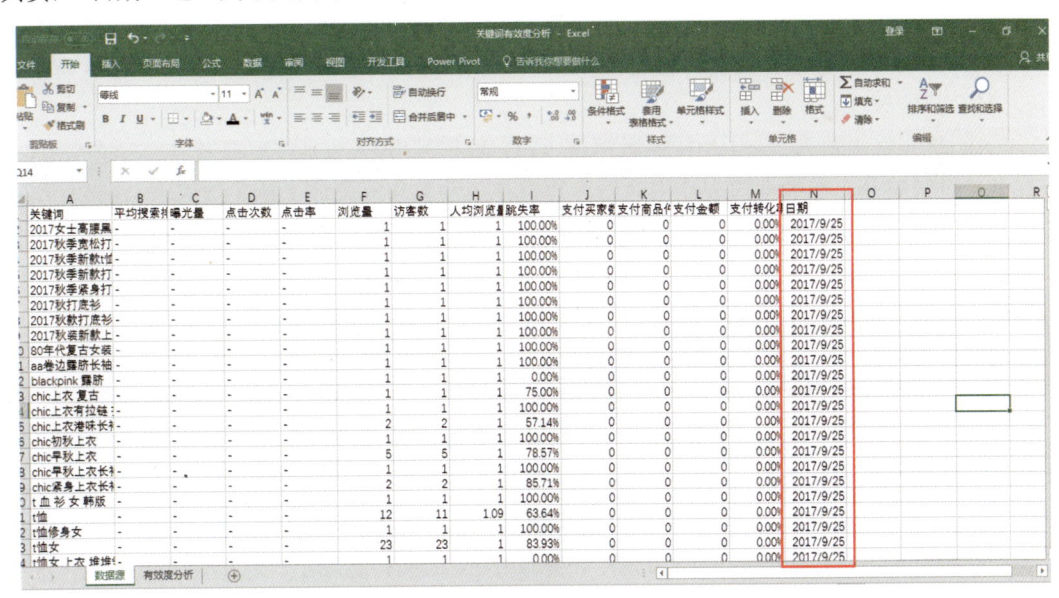

图 4-79

新建一个工作簿,可以将它命名为"关键词趋势分析"以便区分。然后,把大概框架构建出来,如图 4-80 所示,例如想要分析的主要是关键词的访客数、转化率、支付金额、支付买家数、uv 价值这些指标,那么可以按照这个思路构建框架。

谁说菜鸟不会电商数据分析

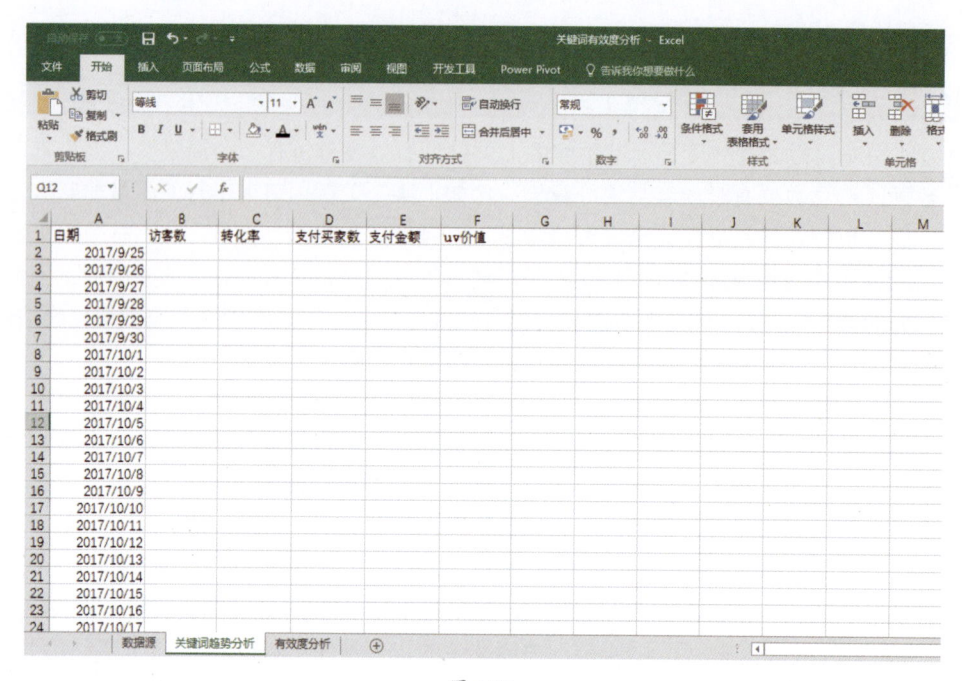

图 4-80

接下来，要做的是统计数据。假设现在想统计"T恤女"这个关键词的趋势，那么可以利用 SUMIF 函数统计。

在 B2 单元格中输入"=SUMIFS(数据源!G:G,数据源!A:A,$O$1,数据源!N:N,A2)"，这个公式翻译过来就是，在数据源表格中对访客数进行条件求和，条件1是关键词为 O1 单元格中的关键词，条件2是日期等于 A2 单元格的日期。我们把要分析的关键词放在 O1 单元格，如果想放入其他单元格就把 O1 单元格替换成其他单元格的地址。但是记住，要把 O1 单元格绝对引用，否则，快速填充下面的公式就会出错。然后，快速填充下面日期的公式，就能把每天的日期这个关键词的访客数都汇总。

用同样的方法把买家数和支付金额也汇总。

D2 单元格的公式应该为"=SUMIFS(数据源!J:J,数据源!A:A,$O$1,数据源!N:N,A2)"。

E2 单元格的公式应该为"=SUMIFS(数据源!L:L,数据源!A:A,$O$1,数据源!N:N,A2)"。

C2 单元格的公式应该为"=SUMIFS(数据源!J:J,数据源!A:A,$O$1,数据源!N:N,A2)/SUMIFS(数据源!G:G,数据源!A:A,$O$1,数据源!N:N,A2)"。实际上，这里的意思是支付买家数/访客数，支付买家数为"SUMIFS(数据源!J:J,数据源!A:A,$O$1,数据源!N:N,A2)"，访客数为"SUMIFS(数据源!G:G,数据源!A:A,$O$1,数据源!N:N,A2)"。

F2 单元格的公式应该为"= SUMIFS(数据源!L:L,数据源!A:A,$O$1,数据源!N:N,A2)/SUMIFS(数据源!G:G,数据源!A:A,$O$1,数据源!N:N,A2)"。实际上，这里的意思是支付金额

/访客数，支付金额为"SUMIFS(数据源 !L:L, 数据源 !A:A,$O$1, 数据源 !N:N,A2)"，访客数为"SUMIFS(数据源 !G:G, 数据源 !A:A,$O$1, 数据源 !N:N,A2)"。

如图 4-81 所示，当把所有的公式填写完成，并用快捷填充把公式复制到下面的单元格的时候，基本上框架填数的任务就完成了。

图 4-81

把这些数据插入一个折线图。如图 4-82 所示，我们会发现插入折线图之后有一个问题出现了，就是没办法单独控制这四条线每次只展现一条线的数据，用数据透视表的时候可以用插入切片器的方法控制，但是这里很显然没办法。所以，还需要想办法解决这个问题。

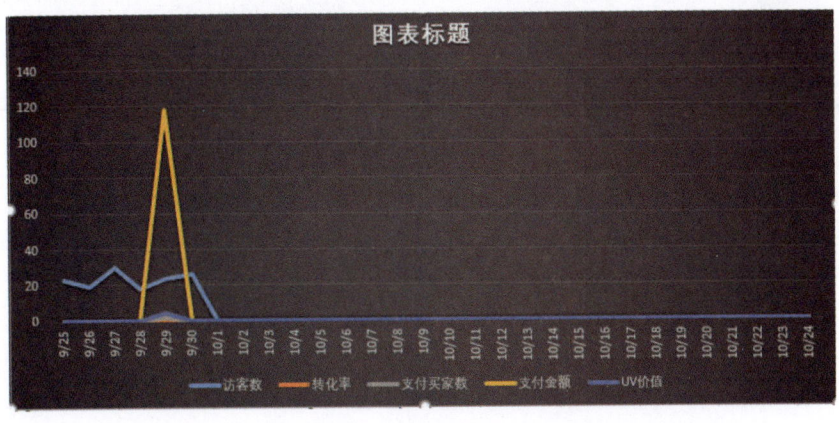

图 4-82

要解决这个问题不难，可以利用 Excel 本身"开发工具"的控件和函数结合。

如图 4-83 所示，在 Excel 菜单栏里面有一个"开发工具"菜单。

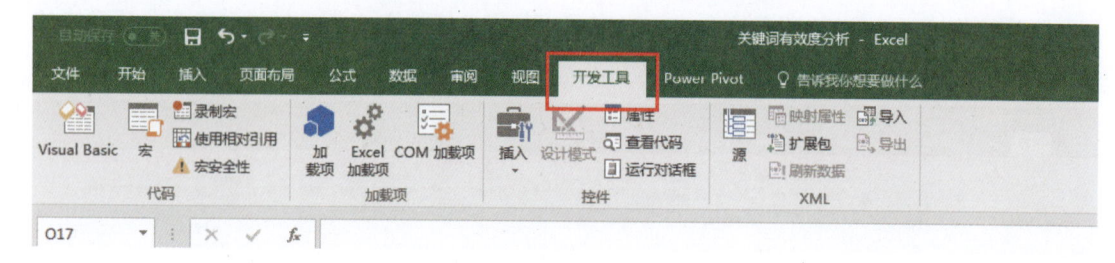

图 4-83

如果 Excel 没有出现这个菜单，那是因为你没调取出来，点击"文件"菜单，如图 4-84 所示，然后选择"选项"，在自定义功能区里面勾选"开发工具"，这样就调取出来了。

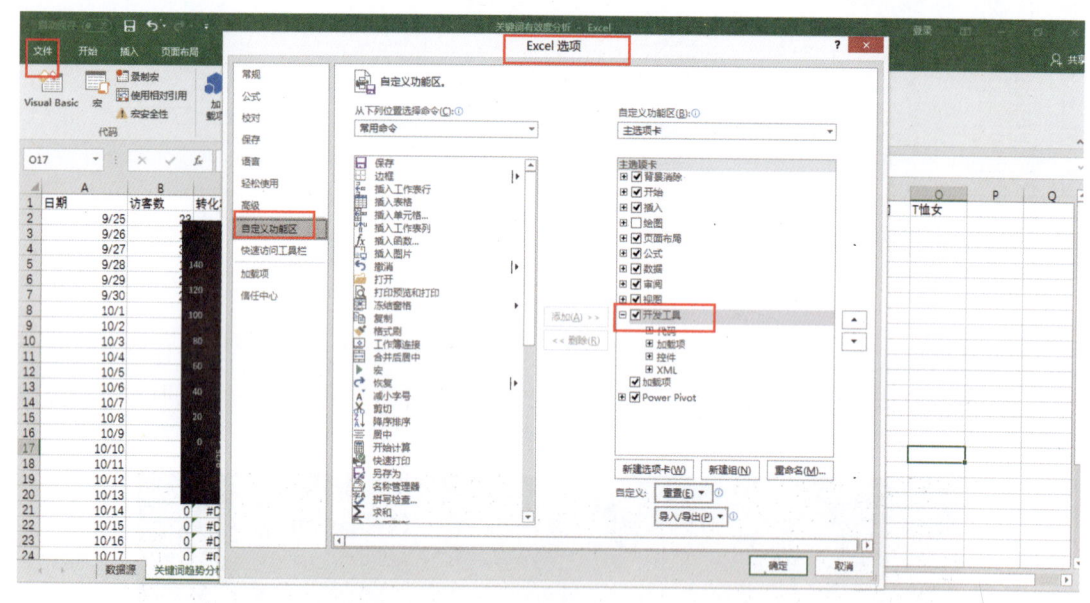

图 4-84

接下来，插入五个表格控件的复选框，如图 4-85 所示。

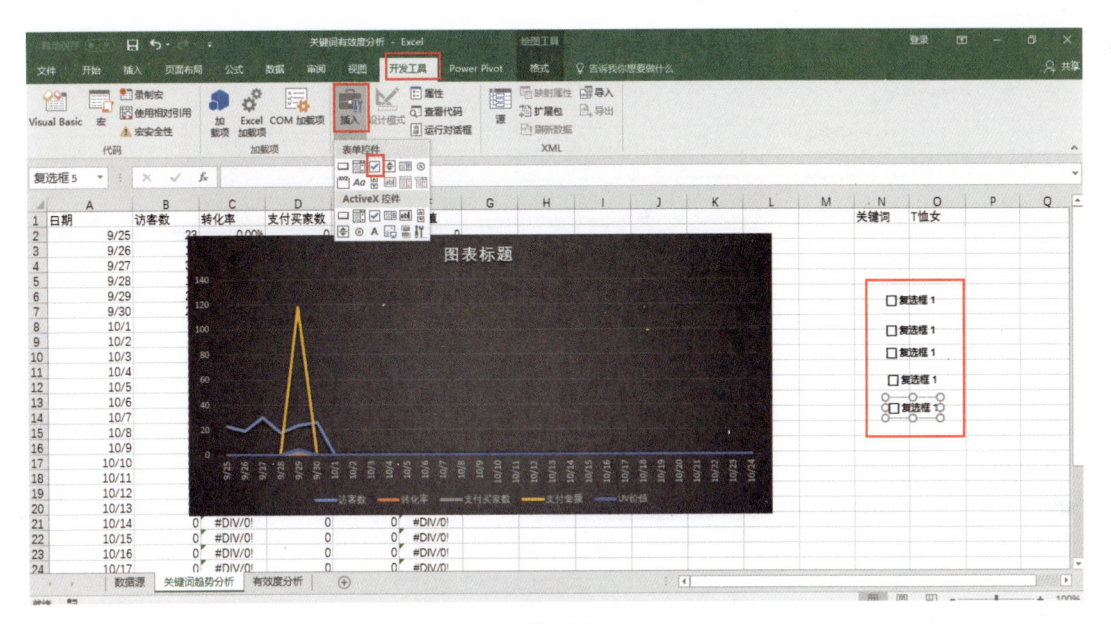

图 4-85

把鼠标放在控件上点击鼠标右键，在弹出的快捷菜单中点击"编辑文字"，编辑成每个指标的名称，如图 4-86 所示。

如图 4-87 所示，选中一个控件，点击鼠标右键，在弹出的快捷菜单中选择"设置控件格式"。

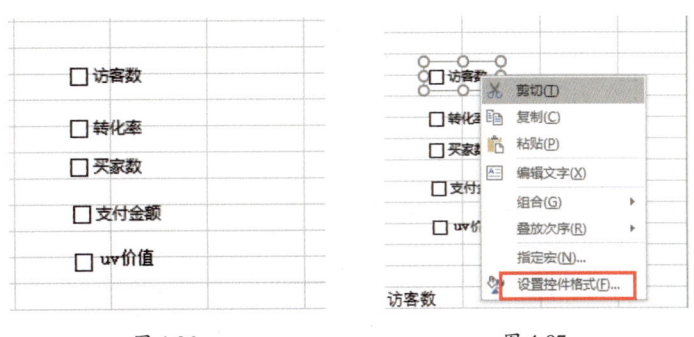

图 4-86　　　　　　　　　　图 4-87

在弹出的对话框中，把单元格链接到指定单元格，如图 4-88 所示。例如，这里链接到 O17 单元格。按照同样的方法，把其他所有的单元格都链接到不同的指定单元格。这个链接的单元格地址根据自己平时的操作习惯，怎么方便就怎么操作。

这时，我们会发现，如图 4-89 所示，凡是勾选了复选框的链接的指定单元格会出现"TRUE"标签，而取消勾选的，会出现"FALSE"标签。

图 4-88

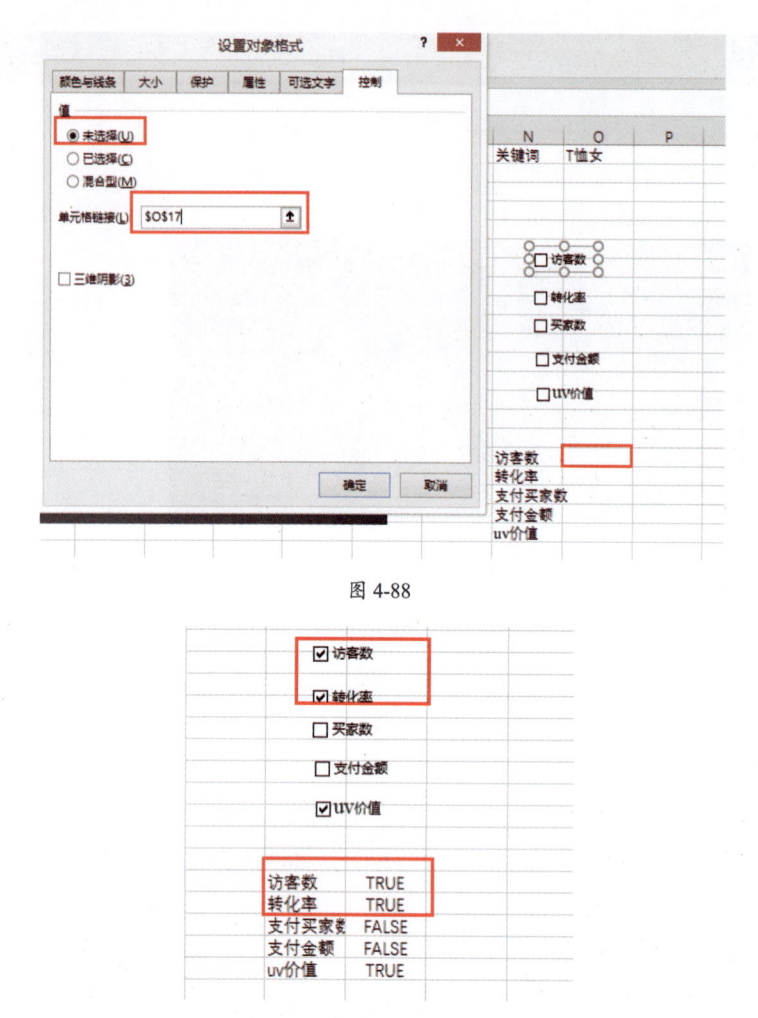

图 4-89

接下来，修改 B2、C2、D2、E2、F2 单元格的公式。

B2 单元格的公式由原来的"=SUMIFS(数据源 !G:G, 数据源 !A:A,$O$1, 数据源 !N:N,A2)" 改成 "=IF($O$17=TRUE,SUMIFS(数据源 !G:G, 数据源 !A:A,$O$1, 数据源 !N:N,A2),NA())"。翻译过来就是，如果 O17 单元格（链接的指定单元格）为"TRUE"，那么显示原来这个公式的数据，否则，显示"#N/A"。

然后，把 B2 以下单元格都快速填充这个公式。

C2 单元格的公式由原来的公式 "=SUMIFS(数据源 !J:J, 数据源 !A:A,$O$1, 数据源 !N:N,A2)/ SUMIFS(数据源 !G:G, 数据源 !A:A,$O$1, 数据源 !N:N,A2)" 改成 "=IF($O$18=TRUE,SUMIFS(数据源 !J:J, 数据源 !A:A,$O$1, 数据源 !N:N,A2)/SUMIFS(数据

源 !G:G, 数据源 !A:A,$O$1, 数据源 !N:N,A2),NA())"。同样的道理,当链接的单元格为"TRUE"时返回原来的公式, 否则, 返回"#N/A"。

然后, 把 C2 单元格以下的单元格都快速填充这个公式。

D2 单元格的公式由原来的公式"=SUMIFS(数据源 !J:J, 数据源 !A:A,$O$1, 数据源 !N:N,A2)"改成"=IF($O$19=TRUE,SUMIFS(数据源 !J:J, 数据源 !A:A,$O$1, 数据源 !N:N,A2),NA())"。

E2 单元格的公式由原来的公式"=SUMIFS(数据源 !L:L, 数据源 !A:A,$O$1, 数据源 !N:N,A2)"改成"=IF($O$20=TRUE,SUMIFS(数据源 !L:L, 数据源 !A:A,$O$1, 数据源 !N:N,A2),NA())。"

F2 单元格的公式由原来的公式"= SUMIFS(数据源 !L:L, 数据源 !A:A,$O$1, 数据源 !N:N,A2)/ SUMIFS(数据源 !G:G, 数据源 !A:A,$O$1, 数据源 !N:N,A2)" 改成"=IF($O$21=TRUE, SUMIFS(数据源 !L:L, 数据源 !A:A,$O$1, 数据源 !N:N,A2)/ SUMIFS(数据源 !G:G, 数据源 !A:A,$O$1, 数据源 !N:N,A2),NA())"。

然后, 把 D2、E2、F2 单元格下面的单元格都填充成这种 IF 函数的公式。

如图 4-90 所示, 勾选几个指标, 图表上就弹出几个指标的折线图。如果只想看一个指标的数据, 那么可以勾选一个指标。如果想看多个指标的数据, 那么可以勾选多个指标。另外, 为了更加方便对比, 建议做成双坐标图, 把转化率和 uv 价值做成次坐标。这样, 对于同时分析多个指标来说更加直观。

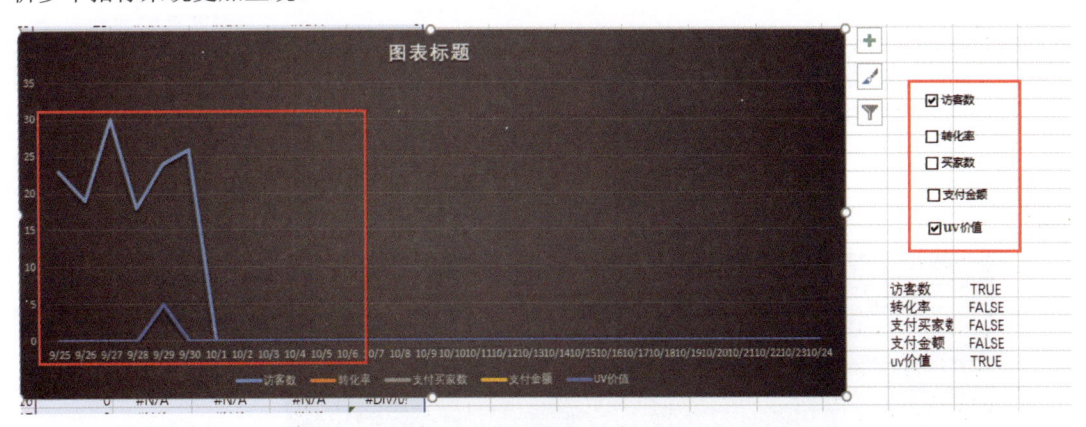

图 4-90

到这一步基本上已经完成了图表模板的制作, 但是我们会发现一个问题, 就是时间的问题, 一开始固定填写了日期。从 2017/9/25 到 2017/10/24, 但是在实际过程中, 这个日期不是固定的, 而是变化的, 而且我们会根据不同的需求和目的选择不同的日期, 很多时候我们希望能做到想看哪一天的数据就看哪一天的数据。

如图 4-91 所示, 可以在关键词下面添加一个开始日期, 即想要从哪一天开始查看接下来 30 天的数据。

谁说菜鸟不会电商数据分析

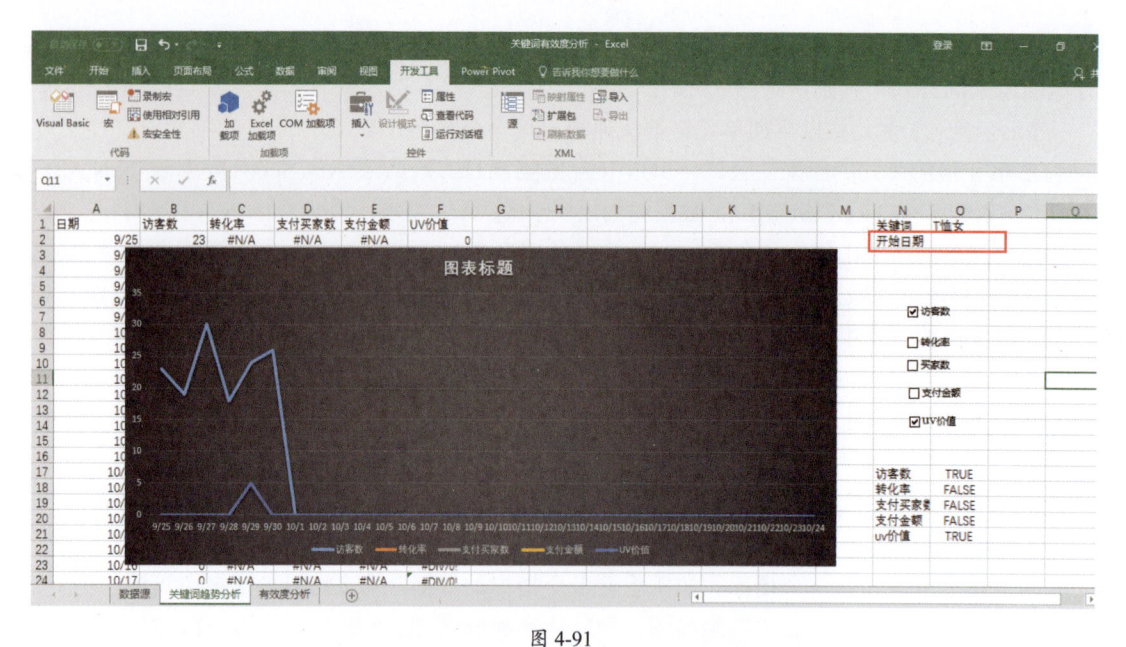

图 4-91

如图 4-92 所示，把 A2 单元格改成"=O2"，即开始的日期。

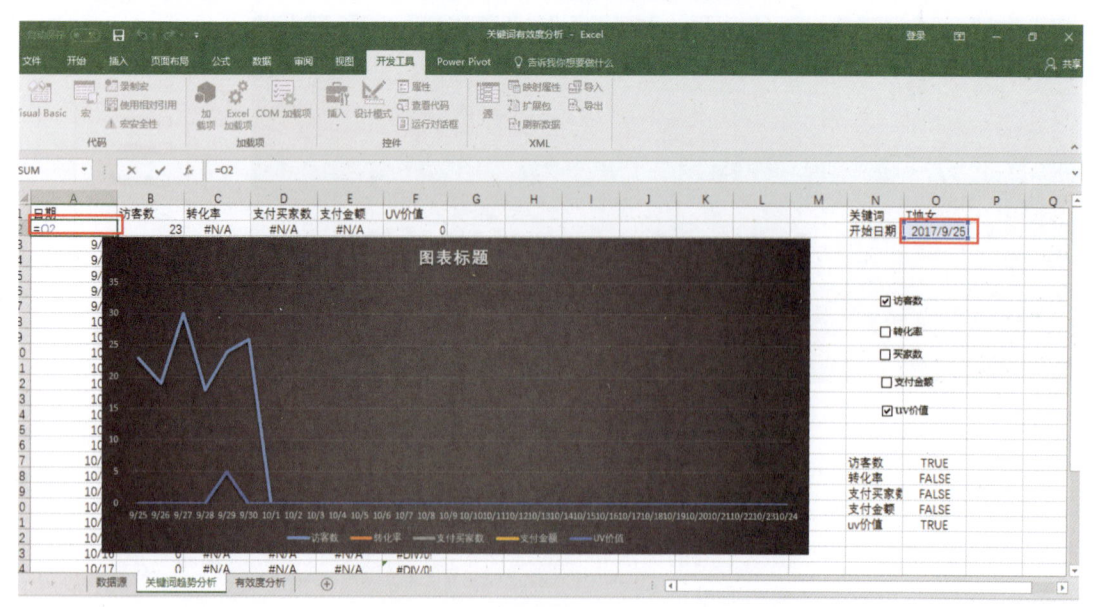

图 4-92

把 A3 单元格改成"=A2+1"，即多一天。然后，用快速填充的方法把 A3 单元格下面的 20 多个单元格都快速填充公式，即"A4=A3+1""A5=A4+1"……以此类推。

这样，想要从哪一天开始看数据，就在起始日期后面填写这一天，它会自动根据要求修改图表的日期和数据。

当然，可以把图表简单地美化一下，如图4-93所示，把不需要显示的东西隐藏起来，让界面变得更加整齐美观。

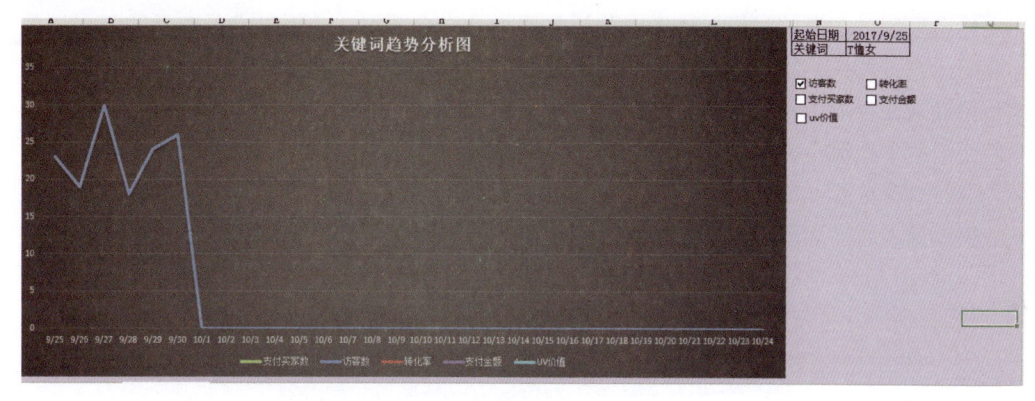

图 4-93

这个表格关键词的分析有两种形式的分析方法，一种是直接分析某个关键词的趋势数据，例如，要分析"T恤女"这个关键词的趋势，可以像图4-92一样，在关键词后面的O1单元格中输入"T恤女"。

另外一种是希望分析包含某个关键词的趋势数据。例如，想要分析包含"T恤女"这个关键词的趋势数据，那么在输入关键词的时候就要输入"*T恤女*"，如图4-94所示。

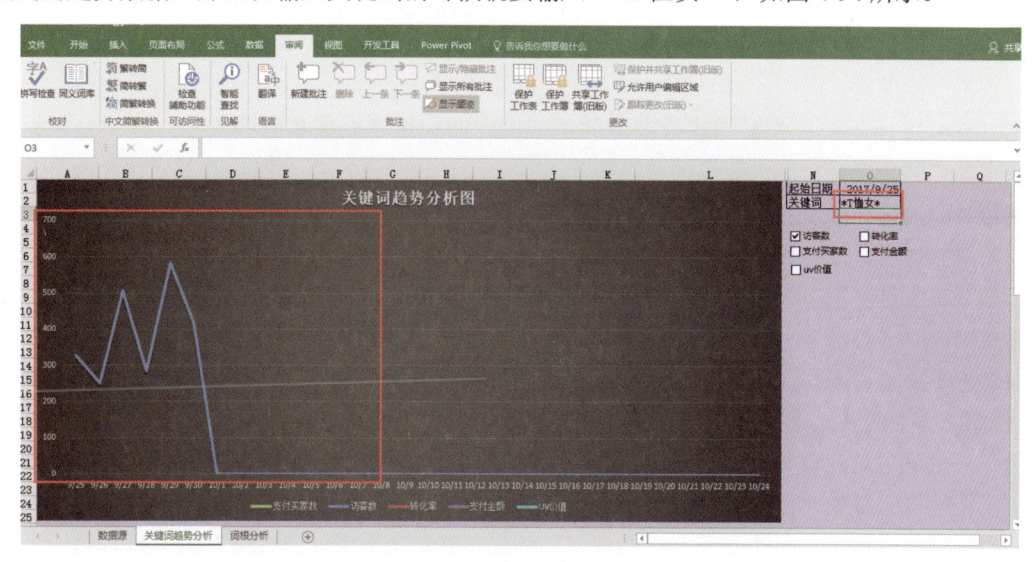

图 4-94

185

这个图以后可以用作模板，今后分析其他宝贝的数据就不需要再做表格了，只需要把数据源的数据替换成新宝贝的数据。

这个表格最大的优点是让你清楚地关注到主要关键词数据的变化情况。当你发现主要关键词流量上升的时候，你就要抓住这个机会快速地打爆这个款，但是当你发现原本流量很大的关键词突然出现流量下滑的时候，你就要分析到底为什么会下滑，是因为宝贝本身的问题还是因为行业的问题。如果是因为行业的问题，那么需要分析这个宝贝的整个行业出现了问题还是只是这个关键词在行业中出现了问题。例如，你发现某一个关键词流量下滑了，这个关键词原本是你们店铺的主要流量关键词，这时分析这个关键词发现是因为最近这个关键词市场流量突然下滑，那么你就要思考接下来怎么培养其他的关键词，因为这个关键词有可能是淘宝曾经在推，所以它的流量很大，而最近淘宝没有推了，所以流量直线下滑，而你以前的流量都是来自这个关键词，淘宝行业下滑了，自然你的流量也会下滑。因此，你需要尽快找到替补这个关键词的其他关键词。

4.2.3 店铺四大流量诊断分析

做淘宝基本上都离不开销售额，根据公式"销售额 = 访客数 × 转化率 × 客单价"可以看出访客数的重要性。因此，做数据分析的时候，有必要对店铺的流量进行分析。而流量的来源有不同的渠道，一般来说，可以汇总为免费流量、付费流量、自主流量、淘外流量四种渠道。这四种流量各自有不同特性，因此在分析一个店铺的流量时，要从不同的来源渠道进行分析。

在分析单品流量数据时，一般以日为单位。但是，分析全店流量时，一般以周为单位。

下面以分析一个店铺以周为单位的四个流量的访客数和支付金额为案例。当然，分析的指标由你自己决定，例如根据自己目的决定想要分析访客数还是转化率，方法都一样，只是采集的数据不一样而已。

如图 4-95 所示，首先要构建数据源的框架图，即构思需要采集哪些数据。框架是根据目的决定的，例如要分析四大流量的访客数和支付金额的趋势图，那么框架就需要包含两个，第一个是时间，因为要涉及趋势、要以周为单位，所以要有周这一列，同时为了区分是哪个月的数据，最好也有月这一列，为了方便填写数据，还需要根据生意参谋填写一周的开始日期和结束日期。其实这里也可以只要开始日期这列，不要结束日期这列，这两列的目的是帮助我们在填写数据的时候更加方便，否则，单纯看第几周，没办法知道对应的日期。其次是分析的指标，即四大流量的访客数和支付金额这几个指标，这些都是根据目的决定的。

构建完框架之后，我们就要开始完善数据了。周这列肯定是填写 1、2、3、4、5、6……这些数据，代表的是第几周。其实，这里可以利用 WEEKNUM 函数实现。第一周的开始日期要以这一年的周一开始，而不是 1 月 1 日开始，因为这是生意参谋统计数据的规则，我们要采集的是生意参谋的数据，因此要符合它的规定。例如，2017 年的周一是 2017/1/2，所以第一周的开始日期为 2017/1/2，结束日期是周末，即 2017/1/8。第二周的起始日期是第一周的起始日期加 7 天，可以利用公式完成，在 C3 单元格中输入"=C2+7"，在 D3 单元格中输入"=D2+7"，然后快速填充下面的公式。

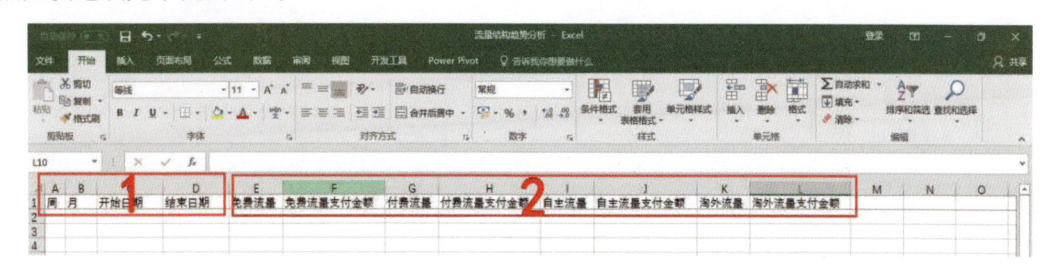

图 4-95

利用 MONTH 函数调取日期的月份，在 C2 单元格中输入"=MONTH(C4)&" 月 ""，然后快速填充下面的单元格调取月份。

经过这几步之后就把所有日期区域填写完成了，接下来只需要填充指标的数据，如图 4-96 所示。

图 4-96

进入生意参谋"流量"板块，选择"店铺来源"，日期选择以周为单位。如图 4-97 所示，这里可以看到所有的数据，然后把它填到 Excel 对应的时间表格里面。

187

图 4-97

这样，所有数据就填写完成了，以后每周补充新的一周数据。这个表格做好之后，就是模板了，今后不需要重新做这个表格，只需要每周把上一周的数据补充进去就可以了，积累的数据越多，对分析店铺越有帮助，特别是生意参谋的数据很多只保留三个月，而一旦登记进去就可以长期保存。不管以后什么时候需要用到这个数据都可以随时取到，如图4-98所示。

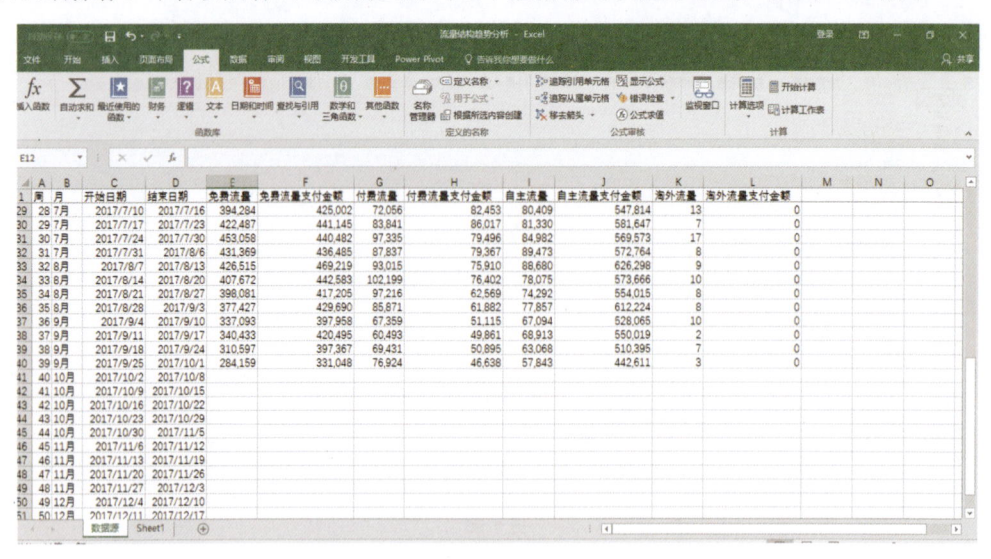

图 4-98

如图4-99所示，新建一个工作簿，命名为"展示区"，把A列安排为"周"列、B列安排为"月"列、C列安排为"指标"列，然后在其他地方安排两个单元格，一个是"开始周"，这里把它安排在O1单元格，也就是说我们想要看的数据从第几周开始，就在O1单元格中填写第几周，

188

另外一个是"指标"，把它安排在 O2 单元格，也就是说我们想要看哪个指标的数据，就在 O2 单元格中填写哪个指标。

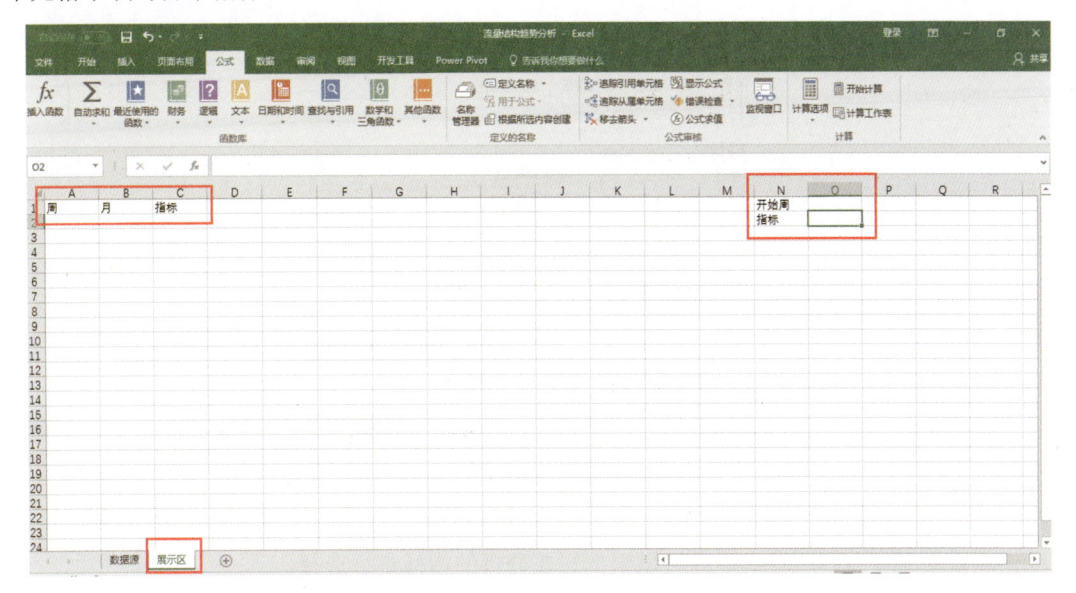

图 4-99

因为手动输入指标会比较麻烦，所以我们插入一个数据验证，如图 4-100 所示，先点击 O2 单元格，然后点击"数据"菜单下的"数据验证"。

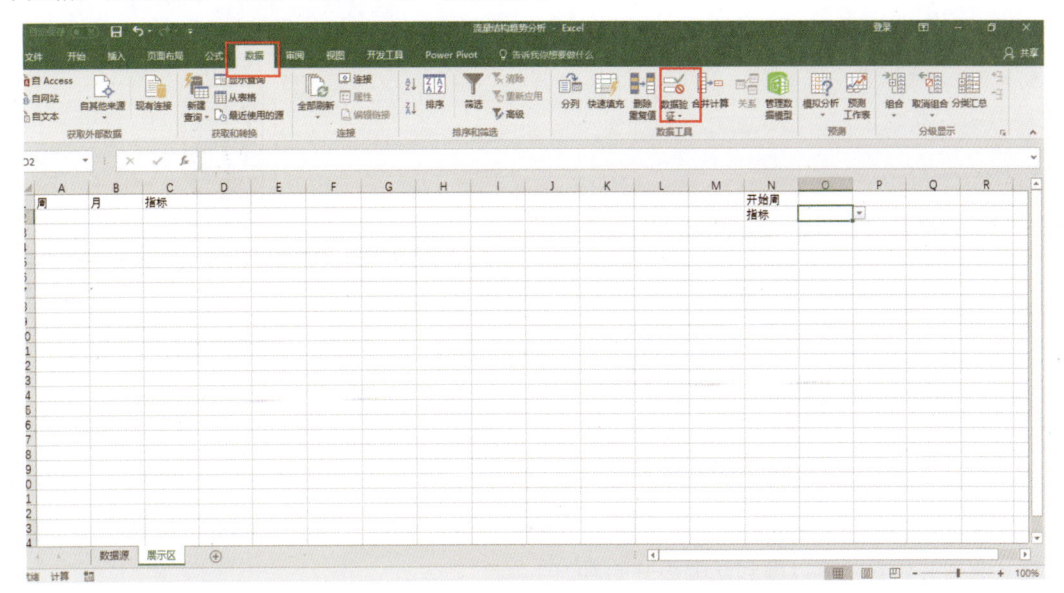

图 4-100

在弹出的对话框中把"允许"设置成"序列","来源"设置成指标名称的来源,本例中为数据源工作表中 E1 到 L1 单元格,选择这个区域,然后点击"确定"按钮,如图 4-101 所示。

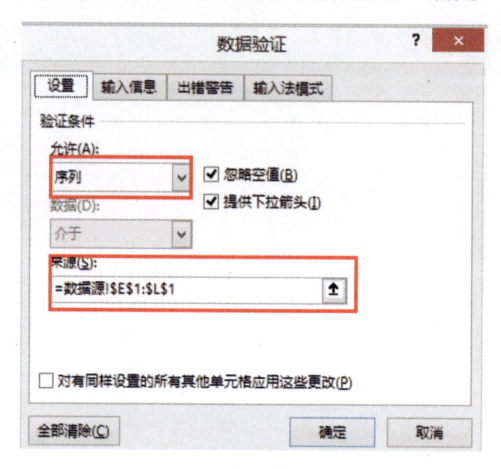

图 4-101

如图 4-102 所示,会出现一个倒三角形,当点击 O2 单元格时,会弹出一个下拉框,里面就能出现数据源里面的所有指标,可以根据想要分析的指标进行选择。

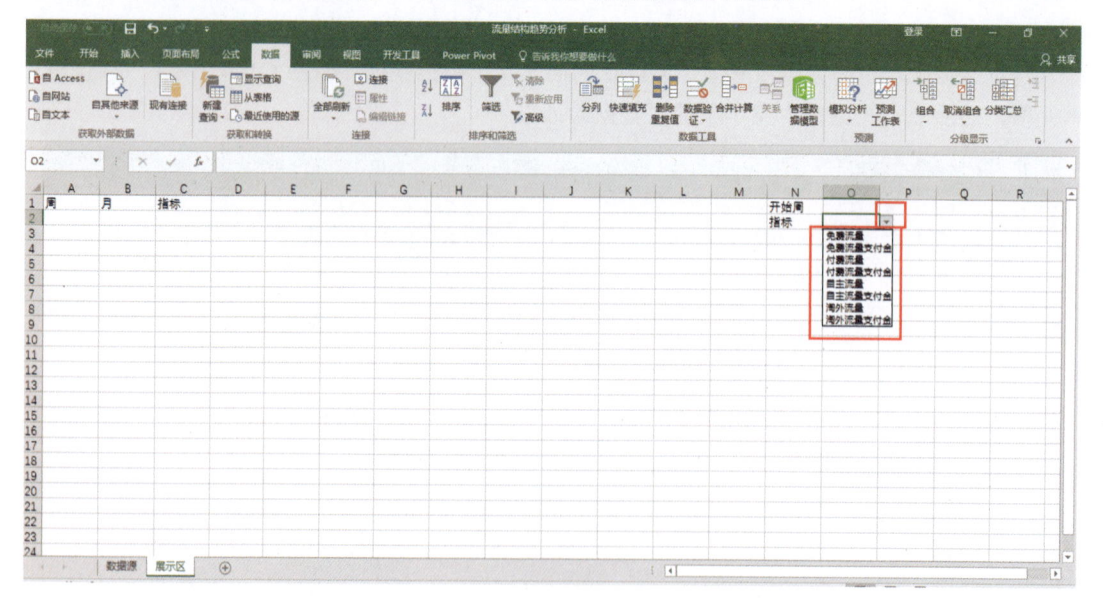

图 4-102

如图 4-103 所示,在 A2 单元格中输入"=O1",这样做的目的是我们可以灵活控制日期,想要从哪周开始看就可以做到从哪周开始看。

图 4-103

如图 4-104 所示，在 A3 单元格中输入"=A2+1"，也就是说，A2 单元格下面的数据都应该比前面的单元格大一天，以此递增。然后，快速填充下面的单元格，一般填充 20 个左右的单元格就可以了。

图 4-104

在 B2 单元格中输入"=VLOOKUP(A2, 数据源 !A:L,2,0)"，然后快速填充下面的所有单元格公式，如图 4-105 所示。

在 C1 单元格中输入"=VLOOKUP(A2,数据源!A:L,MATCH($O$2,数据源!$A$1:$L$1,0),0)"。

这个公式是一个嵌套函数公式，有 VLOOKUP 和 MATCH 函数。VLOOKUP 函数的目的是找到第几周，然后返回指定的列，但是这里的指标是可变的，例如，当选择免费流量，它在第五列，但是当选择付费流量，它在第七列，返回哪列由 O2 单元格选择的内容决定，所以需要利用 MATCH 函数确定应该返回哪列。

谁说菜鸟不会电商数据分析

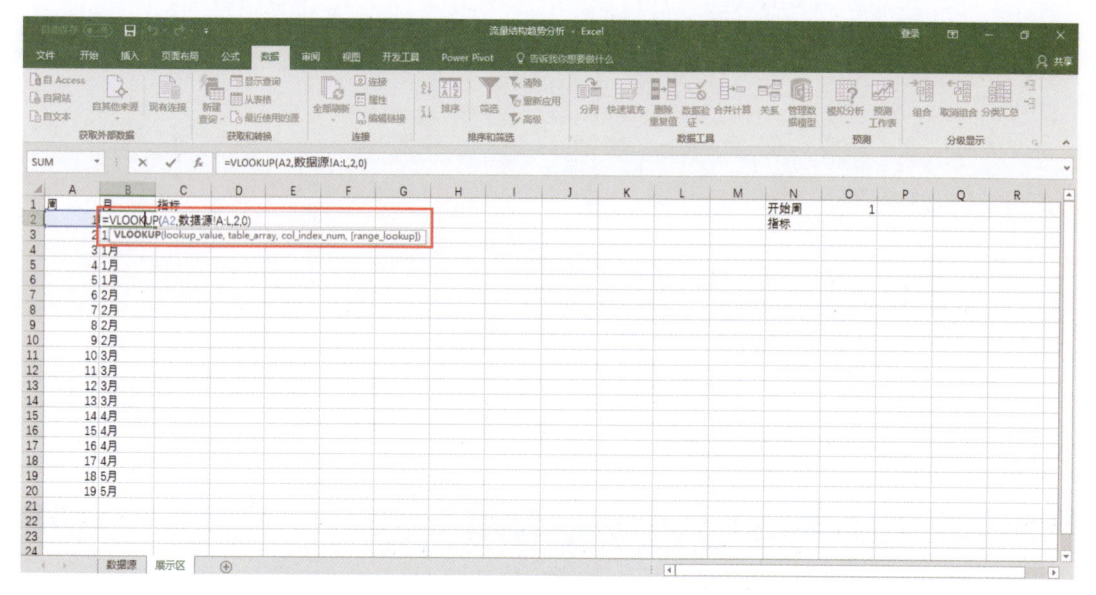

图 4-105

快速填充下面的所有单元格公式。快速填充的方法很简单，如图 4-106 所示，点击 C2 单元格，把鼠标的光标放在 C2 单元格的右下角，当出现黑色十字的时候双击鼠标左键。

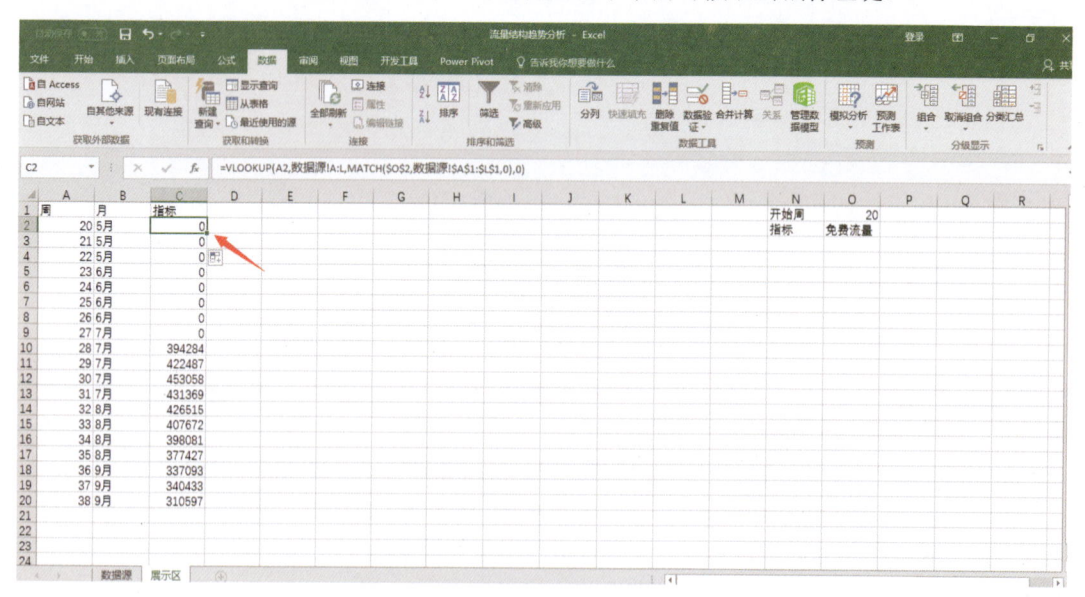

图 4-106

在后面再添加一个"环比增降情况"指标，用于了解环比的增降情况，前面我们已经多次讲到过环比公式"=（本期数据－上一期数据）/上一期数据"。所以，在D3单元格中输入"=(C3-C2)/C2"，然后快速填充下面单元格的公式，如图4-107所示。

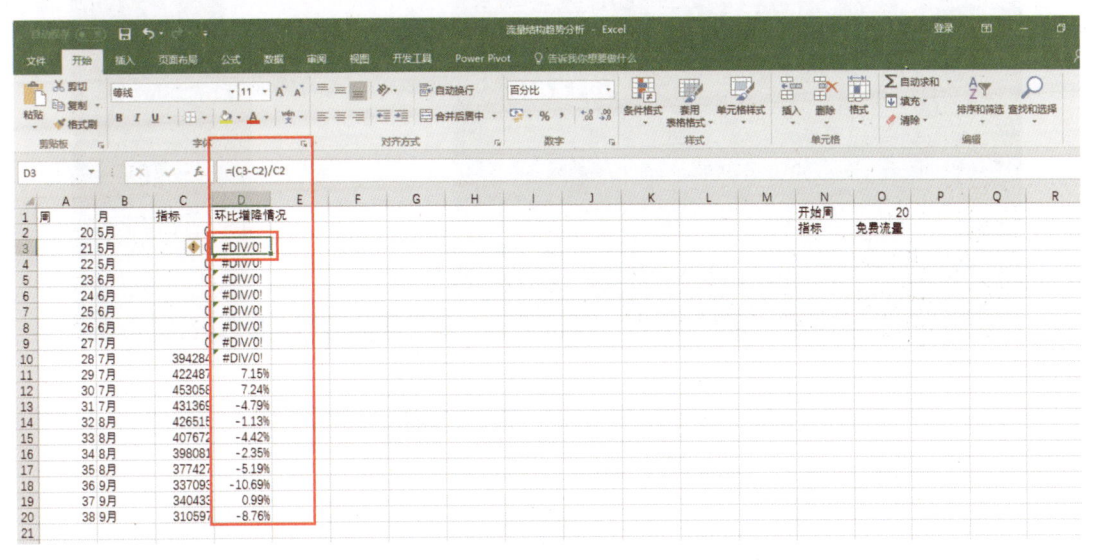

图4-107

把所有数据都填写完成之后，插入一个折线图，如图4-108所示。

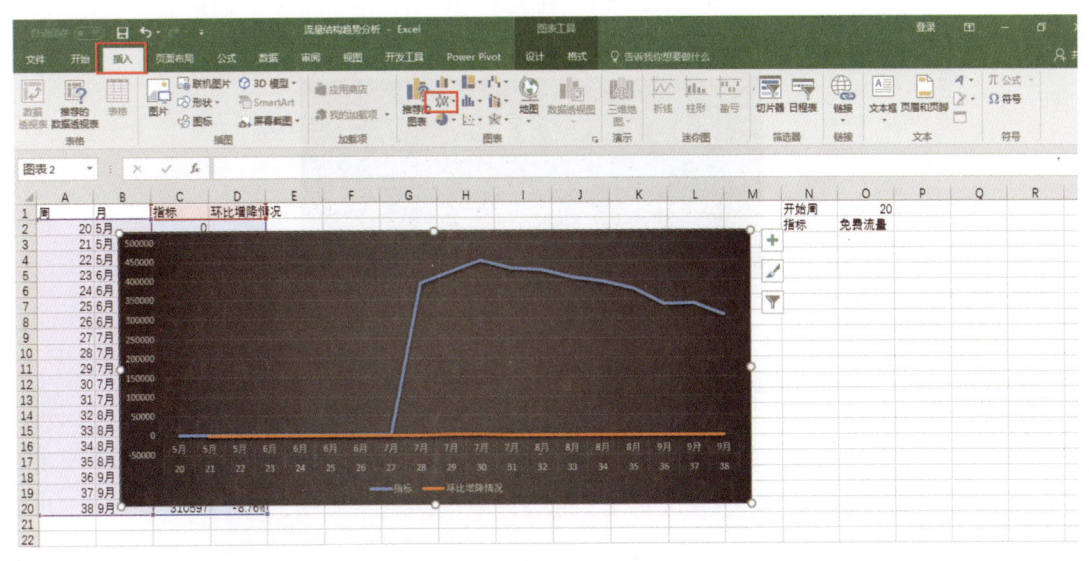

图4-108

更改一下图表类型，如图4-109所示。

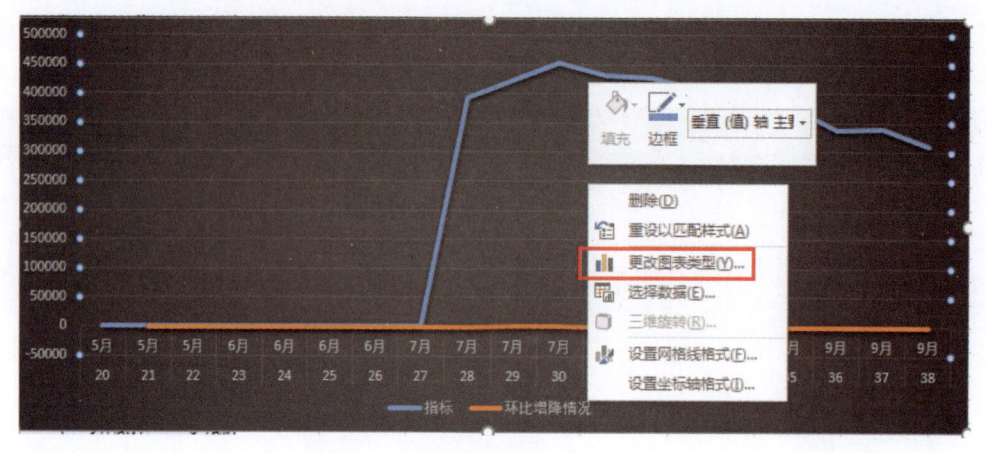

图 4-109

把图表改成双坐标图,把"环比增降情况"改为次坐标。这样,一个双坐标图就完成了,如图 4-110 所示。

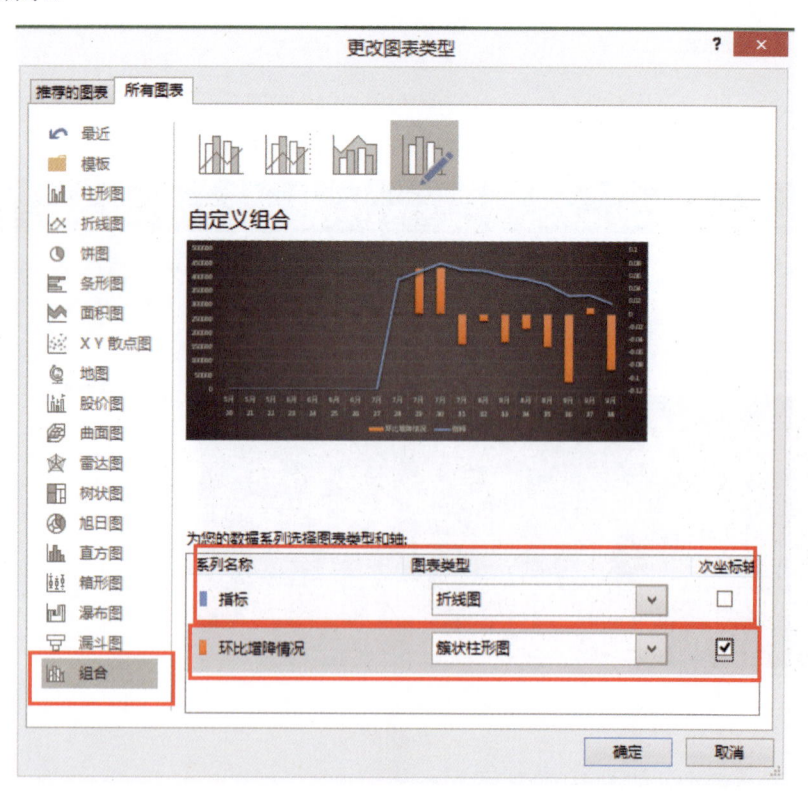

图 4-110

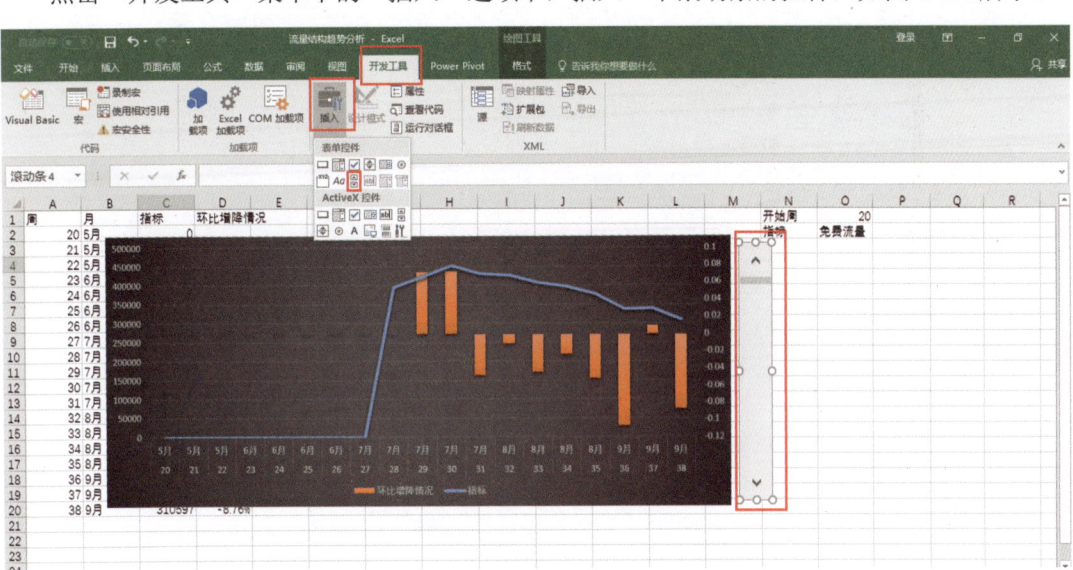

点击"开发工具"菜单下的"插入"选项卡，插入一个滚动条的控件，如图 4-111 所示。

图 4-111

设置控件格式，如图 4-112 所示。

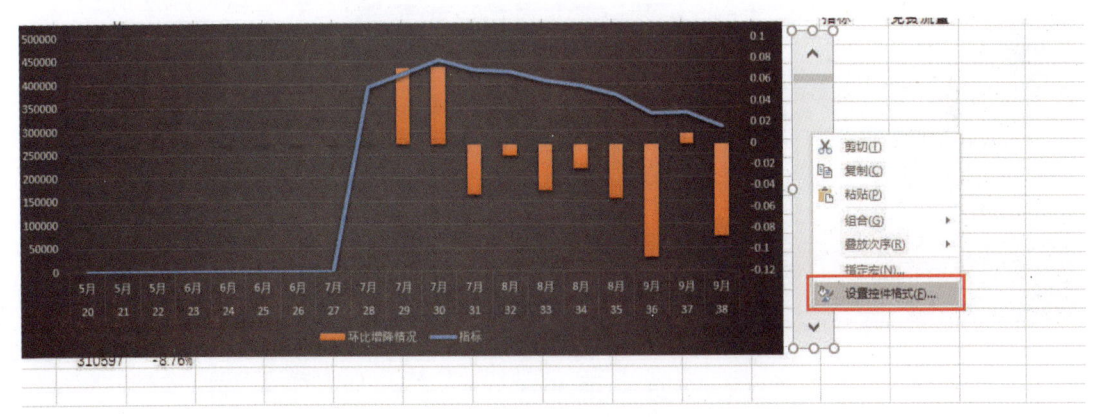

图 4-112

在弹出的对话框中把"当前值"和"最小值"设置为"0"，然后链接到指定单元格。例如，这里把它链接到 Q11 单元格，如图 4-113 所示。

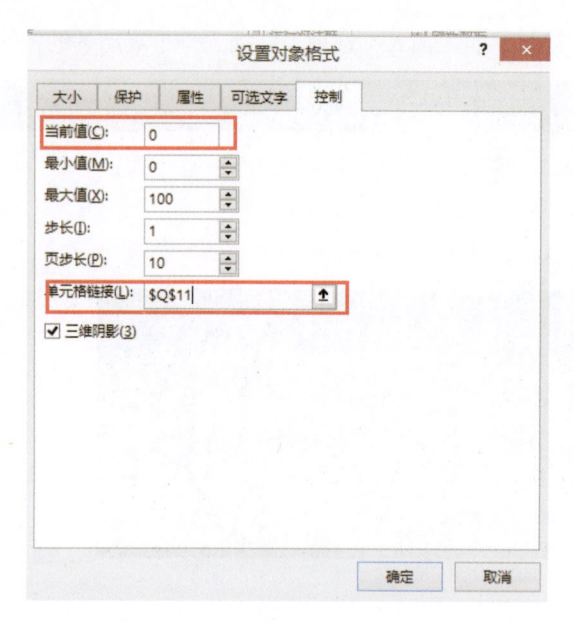

图 4-113

当拖动滚动条时，会发现 Q11 单元格出现一个数字，如图 4-114 所示。

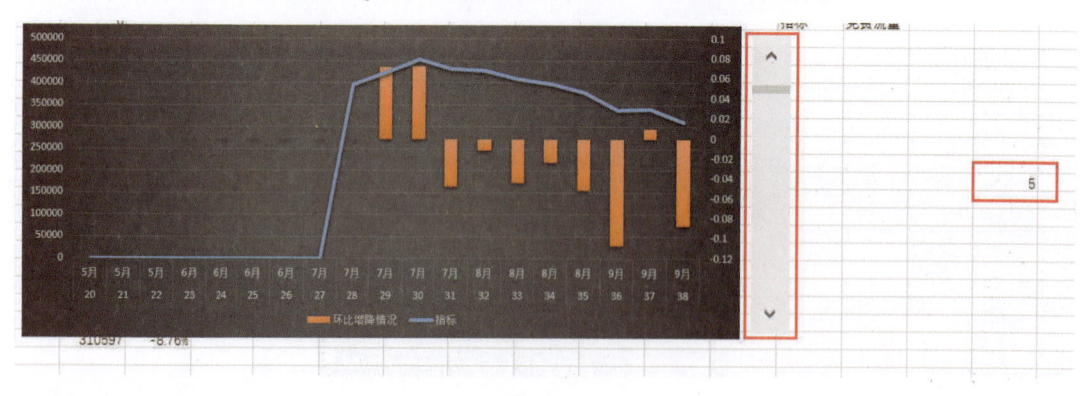

图 4-114

把 A2 单元格的公式,改成"=O1+Q11"。这就是给查看的起始数据设置一个双控调节开关，可以通过拉动滚动条变更想要查看的数据。

还可以在 C1 单元格中输入"=O1"，这样做的目的是把指标两个字改成想要查看的指标的具体值。

再给指标添加一条趋势线，以便看到接下来的趋势，如图 4-115 所示。

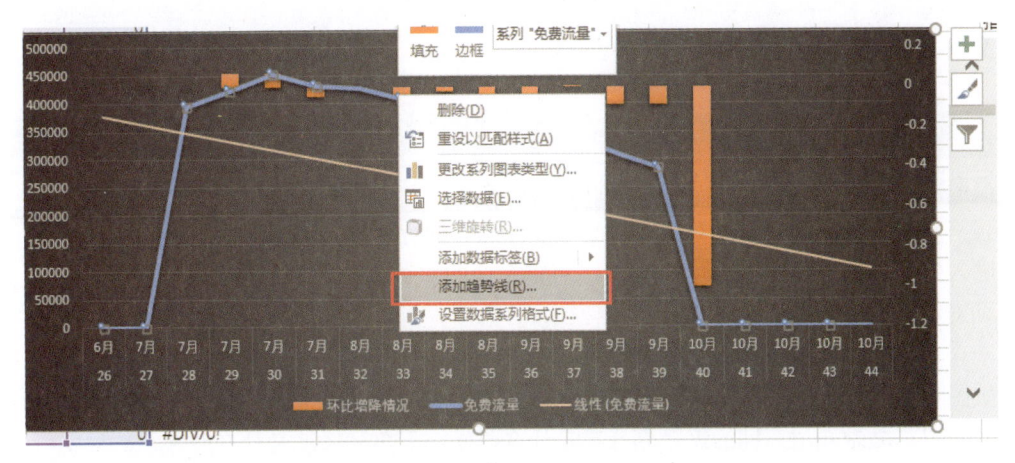

图 4-115

这样，图就做完了，接下来只需要分析数据了。例如，从图 4-116 中可以看到，我们的店铺从第 30 周开始免费流量下滑。所以，在第 30 周发现这个情况时，需要分析原因，分析为什么免费流量会下滑。例如，因为 7 月份的时候，我们店铺的夏季爆款快进入衰退期了，而秋冬款并没有起来，所以导致流量下滑。除了分析出原因外，还要想解决的办法。

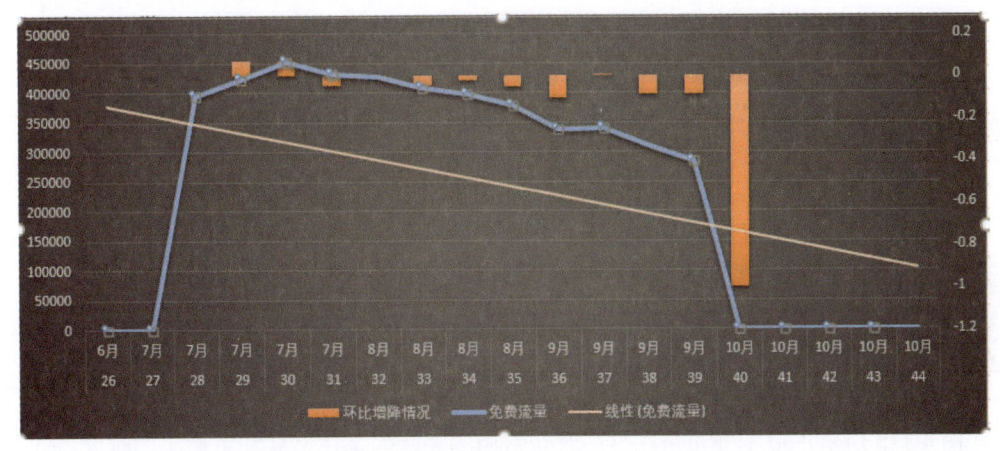

图 4-116

作图的目的是希望通过数据直观地展示我们的现状，当知道了现状之后，就要分析原因，为什么会这样？如果它上涨了，要了解为什么会上涨，以便下次借鉴成功的经验，如果下滑了，也要了解为什么下滑，是自身问题还是行业问题？然后决定接下来我们应该如何做。

还可以举一反三，针对来源明细做分析，甚至可以细分到每天的来源明细，就是手淘首页流量每天有多少、手淘搜索流量的变化趋势、直通车的流量情况等，把渠道做明细化分析是非常有用的。这个内容我就不细写了，留给读者后期自己研究和巩固知识。

197

4.3 店铺转化分析

4.3.1 店铺访客分析

很多卖家都说淘宝难做，说有流量没转化，其实不是淘宝难，也不是不转化，是因为你对访客没有了解。因此，做淘宝数据分析必须要对访客进行分析。

进入生意参谋后台的"流量"菜单，点击左边的"访客分析"就能进入访客分析的页面，这里面对访客的来访时间、地域分布、特征、行为习惯进行了汇总和展示。这里一共有两个板块，一个是访客分布板块，一个是访客对比板块。

如图 4-117 所示，时段分布展示在选定时间访客的来访时段情况，以及下单的时段情况。从这里可以清楚地知道店铺的流量高峰期是什么时候，下单高峰期是什么时候，然后就可以对这些时段进行优化。例如，可以把主要宝贝安排在这个流量高峰期和下单高峰期下架。如果做直通车，在预算有限的情况下，可以重点投放这些时段，把钱真正花在刀刃上。

图 4-117

如图 4-118 所示，地域分布是在推广时经常用的，特别是在钻展和直通车的时候，因为这两个推广渠道花费都是比较大的，往往我们的预算不够，如果没有控制好地域，会导致预算很早就下线，而到了真正的高峰期因为预算不足而没办法展现，但是有了地域分布之后，我们就可以针对高转化率的地域投放，低转化率的地域不投放。这样一方面可以很好地控制预算，把钱花在刀刃上，另一方面也可以提高转化率。

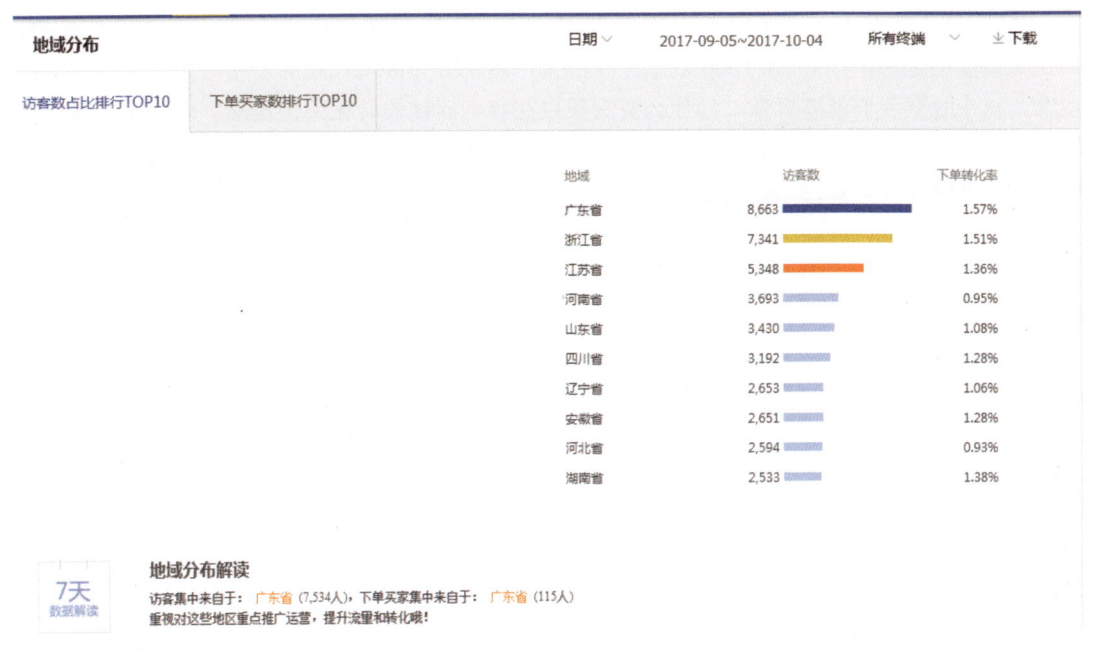

地域分布		日期 ∨	2017-09-05~2017-10-04	所有终端 ∨	↓ 下载

访客数占比排行TOP10 | 下单买家数排行TOP10

地域	访客数	下单转化率
广东省	8,663	1.57%
浙江省	7,341	1.51%
江苏省	5,348	1.36%
河南省	3,693	0.95%
山东省	3,430	1.08%
四川省	3,192	1.28%
辽宁省	2,653	1.06%
安徽省	2,651	1.28%
河北省	2,594	0.93%
湖南省	2,533	1.38%

7天数据解读

地域分布解读
访客集中来自于：广东省 (7,534人)，下单买家集中来自于：广东省 (115人)
重视对这些地区重点推广运营，提升流量和转化哦！

图 4-118

还可以对地域的特征分析。例如，如果发现都是北方成交得多、流量多，那么要仔细地思考造成这个结果的原因，是因为产品更适合这个地域还是某一个卖点正好是这个地域的人群喜欢的。

如图 4-119 所示，从淘气值分布可以看出买家的购物等级。淘气值是基于过去 12 个月买家在淘宝购物、互动、信誉等行为综合算出的一个分值，分数越高代表买家在淘宝购物、互动、信誉综合比越高，即经常说的骨灰级买家，而分数越低代表买家在淘宝购物、互动、信誉综合比越低，即经常说的新手买家。

淘气值分布

淘气值	访客数	占比	下单转化率
601-800	20,561	35.16%	0.83%
501-600	12,170	20.81%	0.50%
801-1000	9,785	16.73%	1.09%
1000+	7,617	13.03%	1.75%
401-500	4,911	8.40%	0.79%
400及以下	3,428	5.86%	0.23%

图 4-119

这里不要只看哪个分值占比人群高,而要结合转化率看,从图 4-119 中会发现在这个店铺中,转化率最高的是 801~1000 和 1000 以上区间的人,这个分布区域代表的是相对来说比较资深的买家,这个时候我们就要思考,为什么资深买家在我们店铺的转化率比较高,而新手买家在我们店铺的转化率比较低。我们要思考是哪些因素造成了新手买家的犹豫和不转化,做得好的地方我们要继续保持,做得不好的地方我们要尽可能做好。新手买家和骨灰级买家的关注点是不一样的。

图 4-120 所示,消费层级是根据买家的购物习惯对价格的偏向计算的,是该类目下买家的购物偏向是多少钱,并不是你单个店铺的价格偏向,而是整个行业的,从这里可以看到我们的店铺人群对哪个价格比较喜欢,不是看访客数的多少,而要看转化率。例如,从图 4-120 会发现,转化率最高的是 110~220 元价位段和 220~430 元价位段。它们的转化率超过了 1.5%。其次是 65~110 元价位段,转化率也有 1% 以上,但是其他价位的转化率特别低,特别是 65 元以下的价位段,这个价位段访客人数占比比较高,但是它们的转化率比较低。这说明我们店铺引进了大量的不精准流量,65~220 元价位段转化率高是因为这个店铺的客单价基本都是 110 左右的价格,所以 65~220 元这个价位段的人群是我们店铺的精准人群,从理论上来说,应该引进更多这个价位段的人群,但是很显然,目前的情况是满足这个要求的访客人群占比只有 55.9%,也就是说,不精准的人群占比还很高。这说明在流量人群上是存在问题的。所以,如果做推广,那么可以在这方面做人群溢价。同时,我们也要思考为什么不精准流量那么高,是因为关键词的选择还是因为其他原因。

消费层级

消费层级(元)	访客数	占比	下单转化率
65.0-110.0	20,874	35.70%	1.02%
35.0-65.0	14,938	25.55%	0.48%
110.0-220....	11,813	20.20%	1.52%
0-35.0	9,336	15.97%	0.29%
220.0-430....	1,307	2.24%	1.99%
430.0以上	204	0.35%	0.49%

图 4-120

如图 4-121 所示,性别是淘宝根据买家的各种信息获取到的结构,一般来说,占比不会有问题,最关键的是要看转化率,因为占比肯定是对应的人群占比最多的,但是转化率未必,我以前发现过这样的情况,明明我看的是女装,但是发现这款男性的转化率反而特别高,所以这时其实我们就可以针对这类人群进行人群溢价,因为买女装的不一定是女人,有些产品可能在男人眼中更受欢迎,所以这类男人也是我们的精准客户。

图 4-121

如图 4-122 所示，老访客是指访问店铺后 6 天内再次到访的人。这一块主要是看占比，当然也要看转化率，占比要看老访客占比的数量。一般来说，如果店铺黏度做得比较差，占比会在 20% 以内。当然，不同类目不一样，所以，要尽可能地做到超过 20%，越高越好，如果你发现你的店铺一直都处于 20% 以内，说明你在这一块做得比较差。如果你发现这一块做得比较差，可以在直通车人群溢价方面，重点溢价收藏过店内商品的访客、店内商品放入购物车的访客、购买过店内商品的访客、浏览未购买店内商品的访客等这些有利于拉回老访客的人群。同时，也要做一些针对维护老访客的营销活动。

图 4-122

如图 4-123 所示，通过行为分布基本可以判断店铺的核心词，对于这些重点关键词一定要重点维护，要时刻关注它们的访客数占比和转化率，如果发现这一块下滑要及时分析原因并采取对应的措施，这可以结合关键词趋势分析的表格一起使用。

图 4-123

分析完行为分布板块后，我们再来分析访客对比板块。

如图 4-124 所示，在这个板块我们可以判断来我们店铺的访客正常的消费能力，这里正常应该是老买家购买能力相对新买家都要高。

图 4-124

如图 4-125 所示，一般来说，这个地方用得少，因为大部分情况下我们肯定知道店铺的性别人群，但是，如果你是新接触这个行业的，那么对你帮助很大。

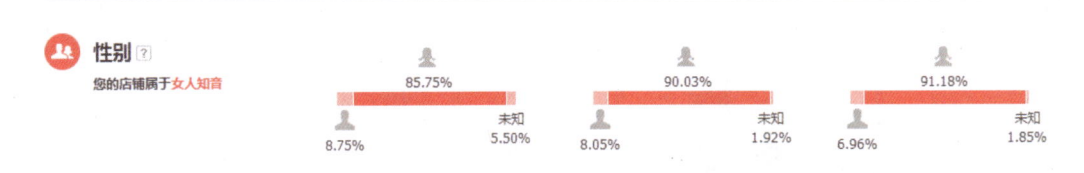

图 4-125

如图 4-126 所示，从这里能知道店铺访客的年龄阶段，这对店铺定位帮助很大，因为不同年龄的群体需要的点不一样。例如，以女装为例，年轻人喜欢的是款式、时尚、叛逆，比如那种破洞裤、露肩的衣服、露脐的衣服，而年纪稍微大一点的人可能关注更多的是品质和服务这些因素。例如，从图 4-126 可以看出，店铺人群都是 30 岁以下，18~25 岁的人群占了差不多 50%，也就是说，我们要重点关注款式、市场流行趋势等，也要关注价格，因为对于这一年龄阶段价格不能太贵，这类人刚刚毕业或者参加工作，他们属于中低消费水平的人群。

图 4-126

如图 4-127 所示，买家地域分布情况在做推广的时候用得特别多，我们可以看出第一个是未支付买家地域，第二个是新买家，第三个是老买家，这样就可以对比这三个地域，重点分析为什么这个地域未支付人群最多，但是不能只看数据的绝对值，如图 4-127 所示，未支付的访客数最多的是广东省，但是这不代表广东省表现最差，因为广东省的流量是最大的，所以未支付人数最多也是正常的。所以，在做地域分布分析时，一定要仔细分析、重叠分析，要结合实际情况分析，最重要的是要学会思考为什么会产生这样的结果。

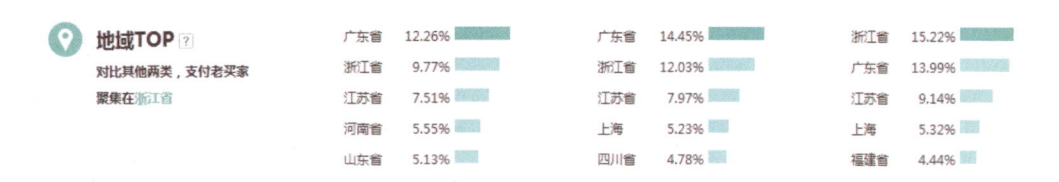

图 4-127

如图 4-128 所示，从营销偏好可以看出访客喜欢哪些活动，所以我们也可以关注这些活动，如果有机会可以报名参加这些活动。

图 4-128

如图 4-129 所示，这里主要是看未支付人群的搜索关键词、新买家和老买户的搜索关键词，一般来说重叠的是好词，如果未支付人群搜索的关键词在成交里面占比低，那就说明这个词用得不够好。例如，"慵懒风毛衣"这个关键词在未支付人群里占比最多，但是这个词在支付买家里却没有，说明这个词精准度很低。

图 4-129

4.3.2 店铺人群画像分析

现在是一个人群细分化的时代，不同消费群体和不同的个人对产品和消费的喜爱度都不一样，而我们平时优化产品就是要把自己的产品和对应的人群联系起来，人为优化其实就是在搭建桥梁，把买家和产品很好地联系起来。如果联系得好，那么我们就会做得比较好，但是如果没联系好，就很难把一个店铺做起来。因此，消费人群定位和目标消费群体分析是淘宝数据分析的一个重要项目。现在是大数据时代，消费者的每个行为、每个特征都隐藏在这些数据里面。

生意参谋中"买家人群画像"板块是专门用来分析消费人群的。如图4-130所示，"买家人群画像"有三个子板块："买家人群""卖家人群""搜索人群"。"买家人群"主要分析消费者的行为和特征，"卖家人群"主要分析卖家的特征和分布情况，"搜索人群"主要分析关键词的搜索背后对应的买家行为和特征。本节以"买家人群"为案例分析消费人群的行为和特征。

图 4-130

首先，选定产品定位的人群。这个人群不是按照占比选择，不是说哪个占比最高就选择哪个，而是要选择产品对应的人群。例如，现在要分析"毛衣"的人群，而店铺的产品对应69元这个价位的"毛衣"的群体是18~25岁这个年龄阶段的群体，那么，在选择的时候就要选择0~70元、18~25岁人群，如图4-131所示。

图 4-131

选择好之后，淘宝会自动根据条件把数据展示出来，如图 4-132 所示。

图 4-132

从图 4-132 中的"职业分布"和"淘气值分布"可以了解目标买家群体的职业、消费等级情况。例如，图 4-132 中职业占比最高的是"学生"，有"40.89%"，"淘气值"主要是 500～800。从"学生"这个职业的角度来看，我们要想到，学生的消费能力应该是中低水平的，毕竟他们没有工作，很多人承受不起大牌高价的产品，但是学生又是最追求款式的，而且 18~25 岁这个年龄阶段还喜欢追求标新立异。所以，他们比较喜欢那种破洞、不规则、露肩、露肚脐等流行元素。

但是从淘气值这个角度来看，我们会发现这里面很多人是新手买家，因为如果是骨灰级买家的话，可能淘气值分布应该是 800 以上，而这里 65.9% 集中在 500~800，所以可以看出新手买家偏多。新手买家会对销量、评价等因素比较在意，因为他们不太能区分产品好坏，他们在淘宝购物的经验还不足，不知道淘宝哪些产品是比较好的、哪些产品不太好，所以他们很容易受之前买家的影响，例如对差评比较敏感，所以我们会发现，新手买家一看到差评，那么这个款转化率就很低。因此，从这里可以看出，我们必须要维护好中差评、做好买家秀等。新手买家喜欢跟风，所以销量高的他们往往会觉得好一些，因此从这个角度来说，我们前期要想办法快速提高销量。

当然，还不能仅从这两个角度分析，通过数据知道了对应人群的职务和购物等级情况，就要分析这个人群最喜欢干什么？最爱好什么？最反感什么？最害怕什么？当明白了这些的时候，在今后的优化过程中就要做到迎合消费者的喜爱、避开消费者的不喜欢点。

如图 4-133 所示，通过对目标群体地域城市的分布分析，我们可以在直通车和钻展方面的投放上针对重点地域重点投放，这样可以合理地规划推广预算。同时，我们也要思考为什么这些城市购买的人最多？是因为地域差异的问题，还是因为本来这个地域人口就特别多，如北上广这些城市，因为人口多，购物的网民也多，所以，这些地方往往都是占比最高的。

省份分布排行			
排名	省份	支付买家数占比	客单价
1	河南省	8.73%	49.61
2	江苏省	7.87%	56.06
3	山东省	7.72%	50.46
4	四川省	6.41%	54.13
5	安徽省	5.66%	53.2
6	浙江省	5.62%	58.31
7	湖北省	4.89%	54.21
8	河北省	4.64%	53.91
9	湖南省	4.20%	53.79
10	陕西省	3.94%	52.55

城市分布排行			
排名	城市	支付买家数占比	客单价
1	重庆市	3.72%	53.59
2	成都市	3.06%	55.05
3	北京市	2.99%	56.43
4	武汉市	2.76%	54.42
5	西安市	2.36%	52.61
6	杭州市	2.30%	57.71
7	上海市	2.20%	56.19
8	长沙市	2.11%	53.92
9	南京市	2.10%	55.97
10	合肥市	1.94%	53.21

图 4-133

如图 4-134 所示，通过下单及支付时段分析，我们可以知道买家最喜欢什么时候下单，这样可以把广告预算重点投放在这些时间段。

图 4-134

如图 4-135 所示，通过对搜索词和属性的偏好分析，我们可以看到买家的搜索行为习惯和买家的偏好，可以把这些关键词加入直通车宝贝的标题。

图 4-135

如图 4-136 所示，通过对 90 天支付金额、近 90 天购买次数分析，我们可以根据人群的价格偏好选择和定位产品价位段。例如，在目标人群下，90% 左右的人群是 70 元以下的客单价人群，那么如果要做这个目标人群的产品，价位就要考虑在这个范围内，如果做 100 多元客单价的毛衣，至少在这个人群是很难销售出去的，因为你的产品和他们的消费能力不搭配。

如图 4-137 所示，通过对买家品牌购买偏好分析，我们可以了解目标人群最喜欢购买的一些产品和品牌，然后进去看看人家是如何做的，向优秀的竞争对手学习。

如图 4-138 所示，通过对买家类目购买偏好分析，我们可以知道目标人群还喜欢购买哪些类目的产品，以便更好地丰富产品的品类、更好地做产品品类的规划。

近90天支付金额

支付金额	支付买家数占比
0-40元	35.42%
40-70元	54.01%
70-105元	4.94%
105-150元	4.40%
150-280元	0.98%
280元以上	0.25%

近90天购买次数

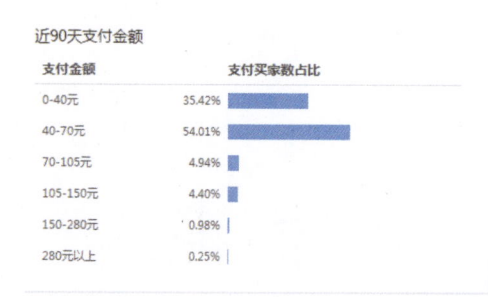

购买次数	支付买家数占比
1次	88.79%
2次	9.35%
3次	1.28%
4次	0.29%
5次	0.09%
5次以上	0.20%

图 4-136

买家品牌购买偏好

排名	品牌名称	交易指数
1	戚米	237,747
2	叶枫翎	168,226
3	韩优尚	124,036
4	樱芙妮	117,085
5	甜诺儿	114,678
6	ZIZIPOSTURE/彼姿	113,650
7	JUJUPELLE/抠枚贝尔	111,088

图 4-137

买家类目购买偏好

排名	关联购买类目	关联交易指数
1	毛衣	1,049,885
2	裤子	253,524
3	毛针织衫	221,570
4	卫衣/绒衫	213,478
5	半身裙	193,711
6	牛仔裤	174,037

图 4-138

分析目标消费群体的数据，主要是为了让商家了解消费者的行为习惯和爱好，知道消费者是一群什么样的人，然后针对这个特定人群开展营销活动和优化。

会员关系管理分析请见附录 F。

4.3.3 会员分群管理与营销

会员关系管理分析中介绍了如何分析本店的会员数据，但是分析数据不是我们的目的，我们真正的目的是从这些数据中得到信息，然后有针对性地优化和营销，包括我们以前学习到的所有的数据分析都是这样。因此，当已经懂得了对店铺会员分析之后，当已经分析出了会员的人群属性特点的时候，接下来我们要重点做的就是有针对性的营销和运营。

会员关系管理与营销在日常的淘宝运营过程中是非常重要的，单纯通过一本书的几节内容可能很难完整地表达出来，所以只能简单写一写大致的方向和思路，更多的内容需要读者自己多研究和总结。

1. 会员个性化首页设置

从 2013 年开始，个性化这个概念大家都不陌生了，也就是大家经常说的千人千面，最典型是个性化搜索。"个性化首页"其实就是针对不同的人展示不同的首页，根据不同的人群特点展示他们喜爱的宝贝和装修风格，以实现对客户的个性化运营，从而提高点击率、转化率以及用户体验等。

客户运营平台提供了"智能店铺"的功能。"智能店铺"功能里面有三个板块："个性化首页""定向海报""智能海报"。这里只重点讲解"个性化首页"，其他两个功能都差不多。

如图 4-139 所示，进入"客户运营平台"，点击左边的"智能店铺"，然后点击"个性化首页"的"创建策略"。

图 4-139

然后，会弹出设置页面，如图 4-140 所示，这里淘宝已经默认推荐了一些人群，可以根据需要直接选择这里的人群，也可以自定义人群。一般来说，如果对这一块功能把握得不是很好，或者目前还不熟悉这个功能和自己的人群，那么可以先测试淘宝推荐的人群，但是如果在这方面有一定的经验，而且对自己的人群数据分析也比较有把握，那么建议最好自定义人群。

图 4-140

点击"更多人群"，在弹出的页面中点击"新建人群"，如图 4-141 所示。

图 4-141

然后，根据目的组合人群，如图 4-142 所示。例如，这里以 90 天内在店铺有加购的女性访客、年龄在 18~29 岁的人为案例。我们可以根据这个条件组合，"性别"选择"女"，"年龄"选择 18~29 岁，标签选择"店铺有加购"，时间选择"90"天，组合完成之后点击"保存"按钮。

图 4-142

在选择人群的时候选择刚刚自定义的这个人群，如图 4-143 所示。

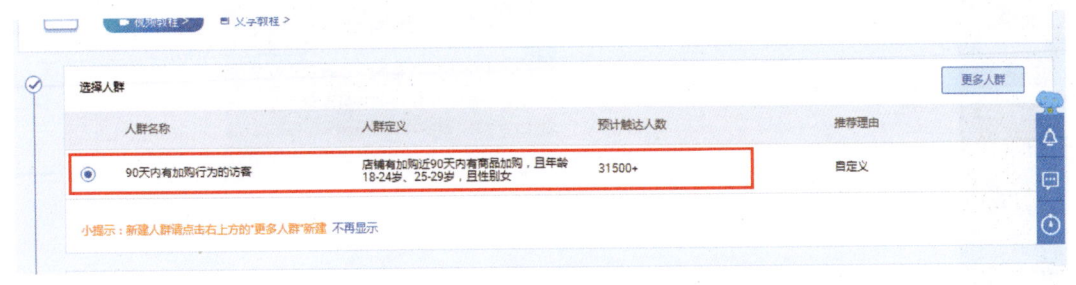

图 4-143

接下来，针对这个人群新建一个页面，把它命名为"90 天内有加购行为的访客"，如图 4-144 所示。

然后，针对这个页面个性化编辑，如图 4-145 所示。

图 4-144

图 4-145

接下来，就可以根据选择的人群进行个性化装修，如图 4-146 所示。例如，如果选择的是"90天内有加购行为的访客"，那么就要思考这类人群最喜欢什么装修，喜欢什么样的产品，是不是对优惠券特别有兴趣。然后，针对这些属性采取有针对性的装修。

图 4-146

具体的装修要以人群为准，例如，你的人群是已购买宝贝的人群，那么你要更多地推荐新品，其次推荐爆款，但是如果选择的人群是折扣敏感的人群，那么就要更多地推荐优惠内容，例如优惠券等，如果选择的人群是购买某个商品的人群，那么推荐的时候就要更好地搭配这个产品的其他相关产品。如果你推荐的是温度低的地区，那么就要推荐秋冬的产品。总之，一个道理就是要选择买家最有可能购买的产品。

2．RFM 模型数据分析

在分析人群的时候，可以分析我们店铺的买家对我们店铺的忠诚度，对于忠诚度比较高的客户，一定要想办法留住他们，而根据不同的等级给予不同的优惠和营销活动对于留住老客的帮助是很大的。

在客户关系管理（CRM）的分析模式中，有一个模式是很经典的，那就是 RFM 模型。简单来说，RFM 模型是会员管理中对会员消费行为分析和总结的一种模型，每个字母代表一种会员的行为要素：R 为最近订单付款时间（Recency），F 为购买次数（Frequency），M 为实际支付金额（Monetary）。

所以，分析 RFM 模型的时候，首先要采集顾客的这三个数据：订单付款时间、购买次数以及实际支付金额。要采集这些数据很简单，通过我们店铺的订单就可以采集到。

如图 4-147 所示，进入卖家中心的"已卖出的宝贝"，选择需要下载的时间。当然，这里我们肯定希望下载的数据时间比较长，但是因为有限制，每次不能超过一万条数据，所以要分很多次才能下载完成。例如，这里最多只能下载半个月的数据。如果要下载一年的数据，那么就要分很多次下载，但是这不难。

图 4-147

生成报表之后，就可以下载订单数据，如图 4-148 所示。

批量导出

报表申请时间：2017-10-11 23:20:39
成交时间：2017-09-15 00:00:00 到 2017-09-30 00:00:00
订单状态：全部　　物流服务：全部　　售后服务：全部
评价状态：全部　　宝贝名称：　　　　买家昵称：

[下载订单报表] [下载宝贝报表]

图 4-148

下载订单报表之后打开下载下来的表格，利用 Excel 的筛选功能，把交易关闭的订单删除，只留下"买家会员名""买家实际支付金额""订单付款时间"三列，其他的都删除，因为我们只需要采集这三个数据，如图 4-149 所示。

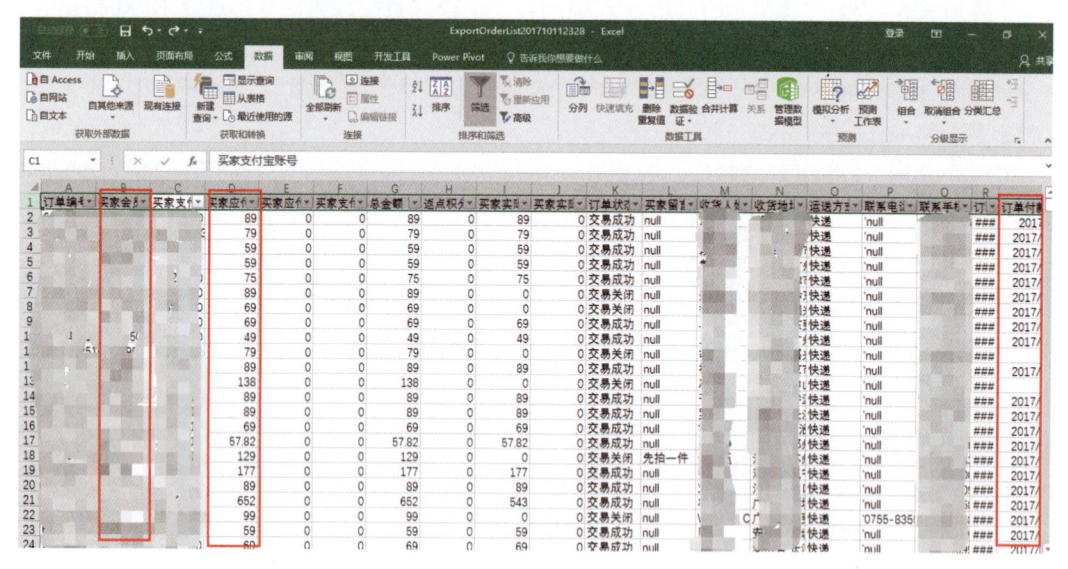

图 4-149

接下来，新建一个 Excel 表格，把处理的数据都复制粘贴到新建的 Excel 表格里面，但是不要直接在下载下来的 Excel 表格中操作，因为下载下来的表格是 CSV 格式的，这种格式有些功能有限制，所以一定要复制到新建的 Excel 表格中操作。另外，数据是多次下载的，也需要统一汇总到一个表格中，如图 4-150 所示。

把所有数据都整理好之后，插入一个数据透视表。把"买家会员名"拖入"行"，"买家实际支付金额"拖入"值"并将其汇总方式设置为求和。把"买家会员名"再次拖入"值"并将其汇总方式设置为计数。然后，把"订单付款时间"也拖入"值"并将其汇总方式设置为最大值。这样，就很清楚地知道了这三个参数的数据，如图 4-151 所示。当然，因为这里只调取了半个月的数据，所以数据量是比较少的，但是也可以看出，最高的买家半个月时间内购买了 22 次。如果调取的数据更多，那么这些数据也就更大。

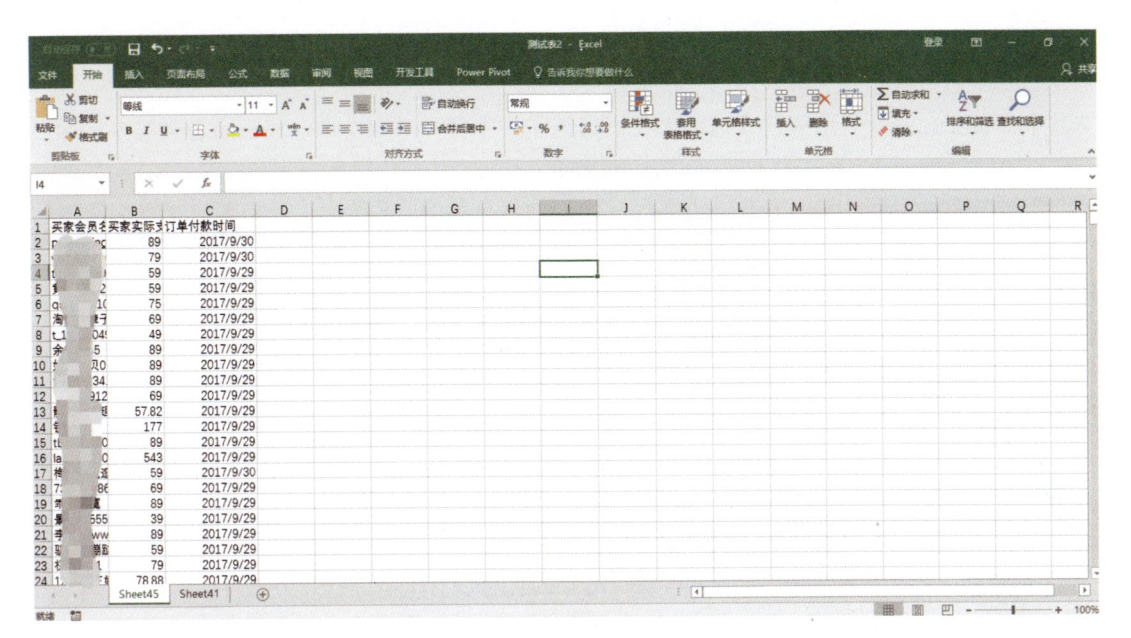

图 4-150

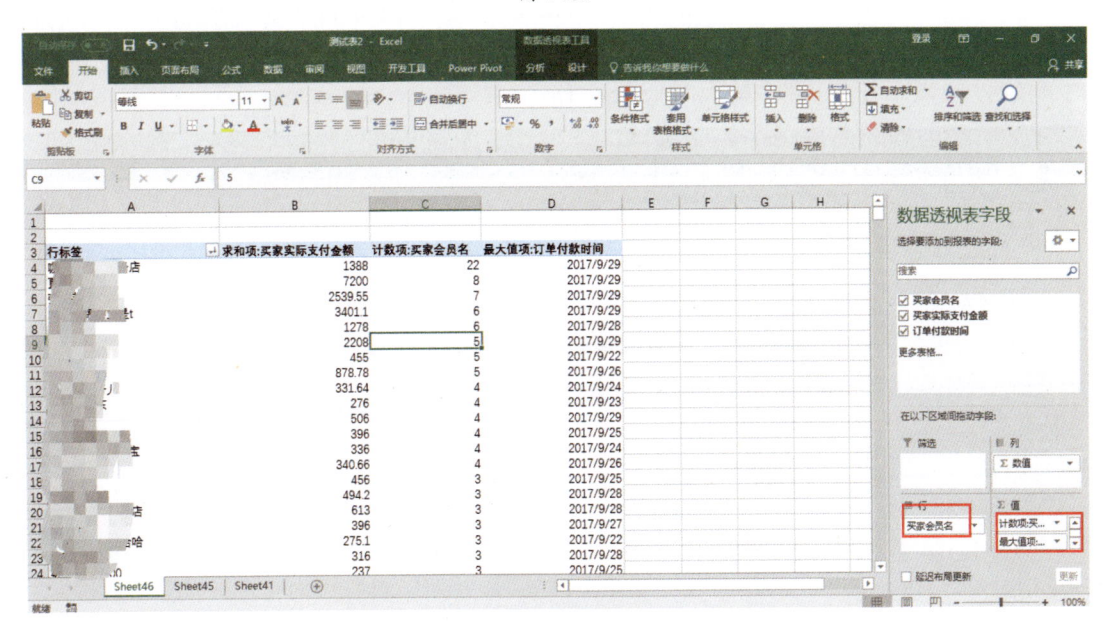

图 4-151

最近订单付款时间 R 代表客户最近的活跃时间，R 越大，表示客户没有发生交易越久，R 越小，表示客户有交易发生越近，R 越大则客户越可能会流失。在这部分客户中，可能有些是我们店铺的优质客户，假设第一个客户在我们店铺已经购买过 22 次，但是如果他的最近购买

215

日期是半年之前，那么说明这个重要的客户可能就流失了，针对这种客户一定要通过营销手段激活。对于有些很重要的客户，当发现他流失了的时候一定要回访，看看买家为什么这么久不来我们店铺了，是什么原因造成他不来我们店铺了，我们可以通过送一些礼品之类的办法激活他。

会员名购买次数 F 代表客户过去某段时间内的活跃频率。F 越大，表示客户在我们店铺的交易越频繁，就好比图 4-151 中我们店铺的数据一样，在下载的这半个月数据中，有一个客户购买了 22 次，有一个客户购买了 8 次，这种交易是非常频繁的，针对这种特别频繁的客户我们一定要重点分析，要分析为什么这么短的时间他购买了这么多次，有些这种客户可能是做代购的，他们肯定喜欢优惠一点的，我们就可以跟他达成合作，给他一个折扣价，这不仅仅可以给店铺带来人气，也可以维护好忠诚的客户。F 越小，表示客户越不活跃，这些不活跃的客户可能是竞争对手的常客。针对这批客户我们也要想办法从竞争对手中争取过来，让他再次回头。

实际支付金额 M 表示客户消费金额的多少，其实这里可以根据实际情况调节，可以统计汇总的金额，也就是说他一共在我们这里购买了多少金额的产品，也可以统计他的平均值，看他每次购买多少金额的产品，根据分析的目的不同，可以有不同的统计方法。

如图 4-152 所示，我们再把最近购买日期变成天数，也就是说，距离现在多少天了。这个很简单，只需要在 F4 单元格中输入"=NOW()-D4"，因为调取的日期是带有时间的日期，所以它的结构是一个带有小数的值，如果想要正数，可以把数据源的数据改成只包含日期不包含时间的格式，然后在单元格中输入"=today()-D4"。

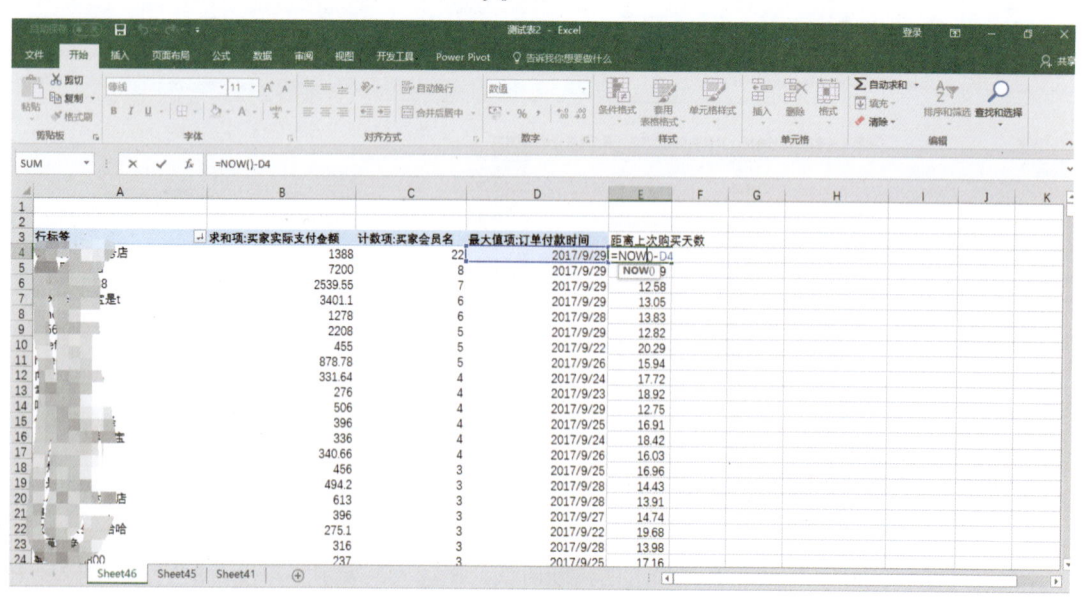

图 4-152

如图 4-153 所示，接下来根据自己行业的实际情况给每个因素确定一个权重分数。例如，当 R ≤ 10 天的时候，我们给它 5 分的权重分；当 10 天＜ R ≤ 30 天的时候，给它 4 分的权重分；当 30 天＜ R ≤ 60 天的时候，给它 3 分的权重分；当 60 天＜ R ≤ 90 天的时候，给它 2 分的权重分；当 90 天＜ R 的时候，给它 1 分的权重分。同样，根据实际情况，也设定购买次数 F 和实际支付金额 M 的权重分，根据自己店铺的实际情况设置这个权重的区间，可以灵活地调整。

距离上次购物天数	消费次数	实际支付金额	权重分
R≤10	F≥20	M≥1000	5
10＜R≤30	20＞F≥15	1000＞F≥500	4
30＜R≤60	15＞F≥10	500＞F≥200	3
60＜R≤90	10＞F≥5	200＞F≥100	2
90＜R	5＞F	100＞F	1

图 4-153

接下来，把每一个顾客的 R 得分、F 得分、M 得分都计算出来，利用 IF 函数可以很容易计算每个值的得分。

如图 4-154 所示，在 F4 单元格中输入"=IF(E4<=10,5,IF(E4<=30,4,IF(E4<=60,3,IF(E4<=90,2,1))))"，然后快速填充下面的所有单元格即可得出 R 值的得分。先把 RFM 每个单独的值算出来，然后再算出 RFM 值得分。RFM 值经常有多种算法，有直接的三者相加的方法，即"RFM 分值 =R+F+M"，也有不同权重值比例的加法，即"RFM 分值 =100R_S+10F_S+1M_S（R_S，距离当前日期越近，得分越高，最高 5 分，最低 1 分；F_S，交易频率越高，得分越高，最高 5 分，最低 1 分；M_S，交易额越高，得分越高，最高 5 分，最低 1 分）"，还有各种更复杂的算法（如根据极差、最大值、最小值这些数据计算）。这里用最简单的"RFM=R+F+M"计算。我们不过多地探讨 RFM 分值的算法，这里 RFM 代表的就是这三者之间的综合得分。

温馨提示：这里可以利用 VLOOKUP 函数的近似值更简单地计算，因为前面讲 VLOOKUP 函数的时候没有讲近似匹配的用法，所以这里给读者留一个疑问，希望读者通过百度搜索等方法利用 VLOOKUP 函数更简单地达到同样的效果。

然后，把这些数据都复制一遍，用粘贴成数据的方式粘贴到一个新建的工作簿中，因为目前这里面有些数据在数据透视表中，所以处理起来会有一些不方便，因此需要把数据粘贴到一个新的工作簿中，如图 4-155 所示。

谁说菜鸟不会电商数据分析

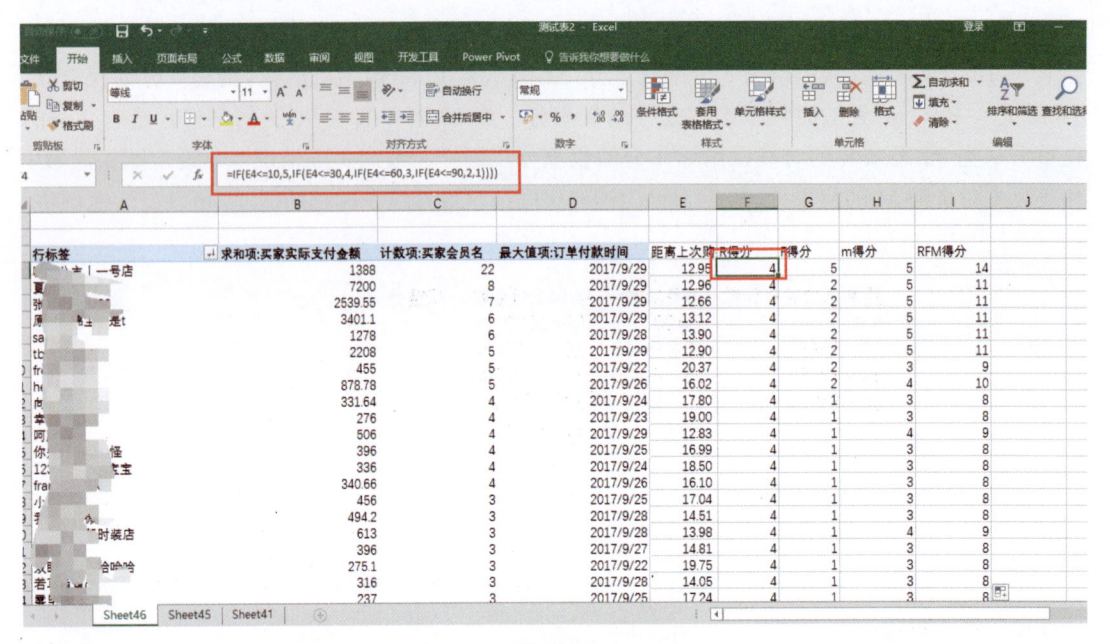

图 4-154

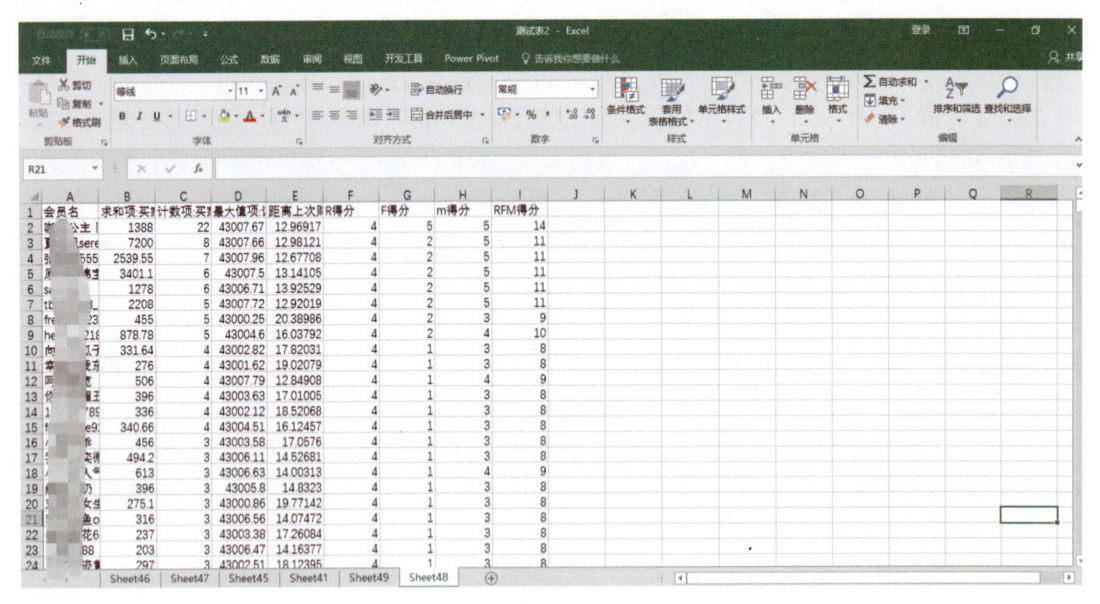

图 4-155

把整理好的数据插入一个数据透视表，把"RFM 得分"拖入"行"，"会员名"拖入"值"并将其汇总方式设置为计数，如图 4-156 所示。

218

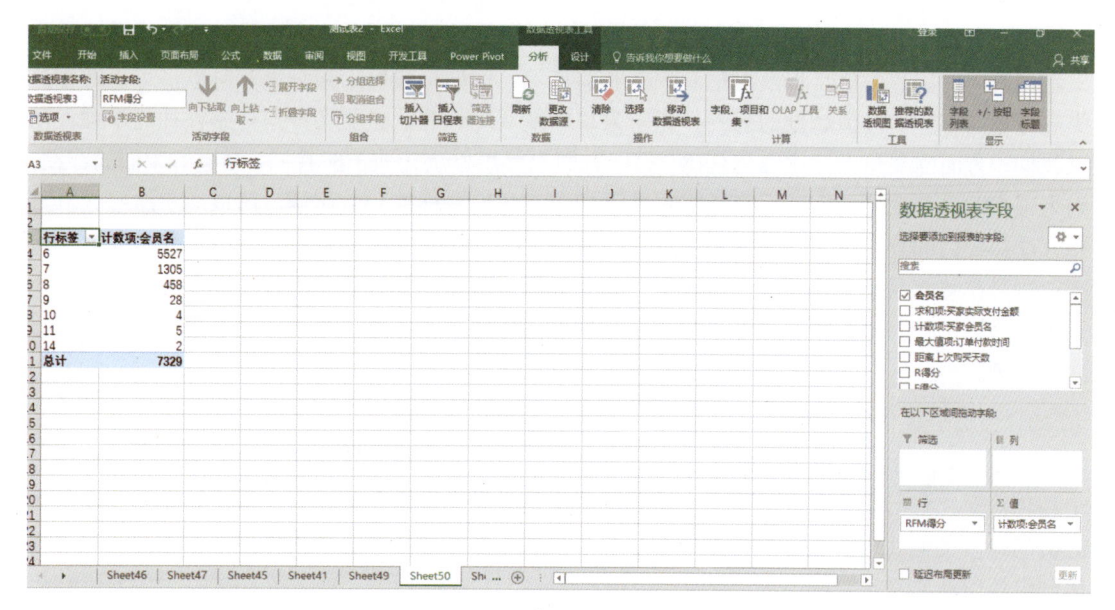

图 4-156

这样，每个分值的会员人数就都算出来了，可以轻易地看到我们店铺买家的 RFM 分值分布情况。为了更直观，还可以插入一个柱形图，如图 4-157 所示。

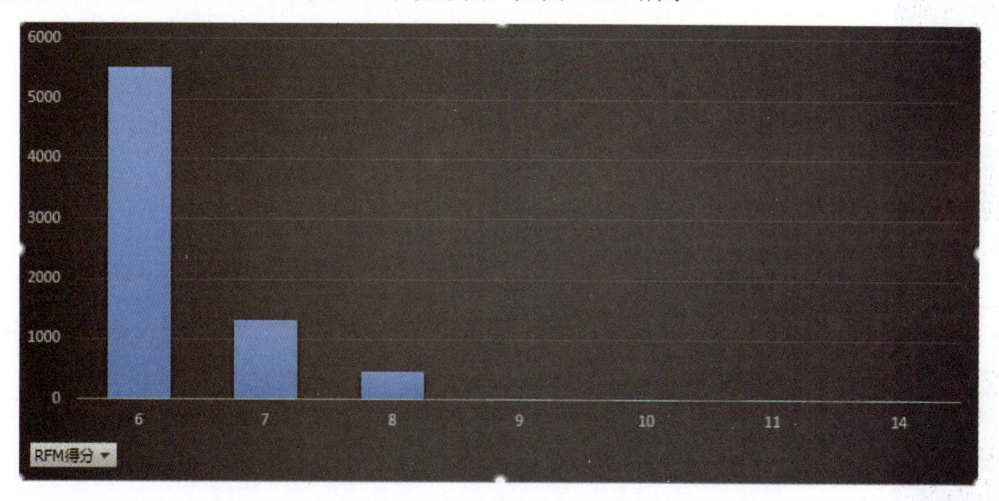

图 4-157

在计算出每个客户的 RFM 总得分后，可以根据分值进行客户分组管理。例如，可以把 5 分以内的分为普通会员，5~10 分的分为黄金会员，10~14 分的分为钻石会员，15 分的分为王者会员。接下来，可以对这些不同层次的会员有针对性地营销。分值越高的客户，质量越好，这种客户往往忠诚度也高，用作进行二次营销活动的目标客户更容易获得响应，这类客户往往已经对我们店铺很信任了，所以无需在信用度上下更多的工夫，重点要做的是让他们知道我们上新的时间、优惠力度，以及对他有哪些利益点等。例如，我们上聚划算的时候，可以通知这类高分值的客户。分值越低的客户，相对来说质量要差一些，这类客户信任感往往还不强，所以我们一方面需要想办法增强信任感，另一方面也要想办法让他了解我们，知道有我们的存在，因为很多购买一次的买家，后来他根本就不知道有我们这样的一家店铺，所以对于这些人群要想办法刷我们的存在感，但是又要避免让他反感，因为这个时候他不是特别信任我们，如果过多地刷存在感容易让人家反感。这一类顾客要先慢慢培养，不要急着进行二次营销，当然也不是说完全不进行二次营销。只是平时主要是培养信任感和存在感，等到信任感强了之后再进行二次营销。

3. 会员个性化分组管理

会员个性化分组管理是指针对有相同属性的会员创建分组，然后针对他们的属性特点进行个性化管理。我们花了很多时间对会员分析，但是如果没办法分组管理，下次再需要使用某类会员的时候又需要重新进行数据采集和分析。显然，那样明显降低了工作效率，因此，对个性化分组管理是非常必要的。

如图 4-158 所示，登录"客户运营平台"→"客户管理"→"客户列表"。

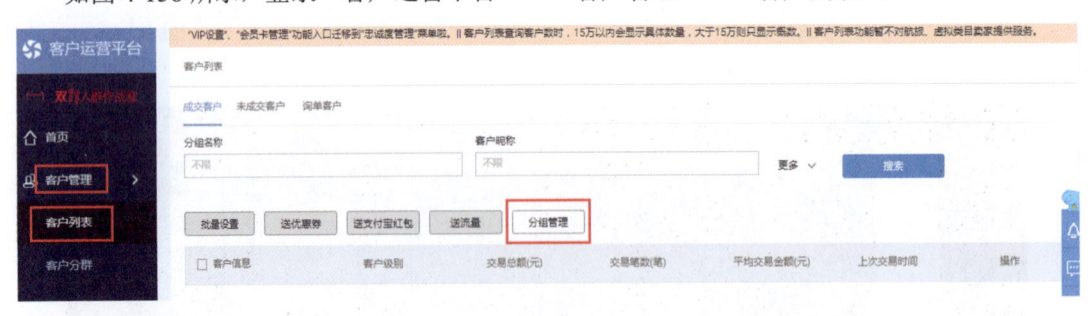

图 4-158

点击"分组管理"按钮之后，就可以新建分组，如图 4-159 所示。

图 4-159

根据要求选择分组方式，有自动和手动两类。手动需要每次自己打标，自动是系统根据选定的要求自动给会员分组。例如，我们要实现把在我们店铺购买 15 次以上、购买了 15 件以上宝贝，且累计额金额达到了 1000 元以上的人自动打上"忠实会员"的标签，那么就可以如图 4-160 所示设置，最后点击"确定"按钮。

图 4-160

假设要给所有湖南省的客户打上一个湖南客户的标签，那么可以先建立一个手动打标的分组名称"湖南客户"。可以先进入"客户列表"的"成交客户"，然后点击"更多"，如图 4-161 所示。

图 4-161

在伸开的列表中把"地区"勾选"湖南省"，如果还有其他要求可以同时选择。最后，点击"搜索"按钮就会自动把所有符合要求的客户选定出来，如图 4-162 所示。

图 4-162

221

接下来，勾选所有客户，点击"批量设置"按钮，如图 4-163 所示。

图 4-163

然后，点击"添加标签"，手动给这些客户打标，如图 4-164 所示。

图 4-164

把特点比较鲜明的会员都个性化分组，在需要对这类人群进行个性化营销的时候，直接调出这类人群即可。例如，我们想要给"忠实会员"这个分组的人送支付宝红包。

如图 4-165 所示，首先进入"客户列表"，然后在"分组名称"里面选择"忠实会员"，点击"搜索"按钮把符合条件的会员都搜索出来，然后再勾选所有的客户，点击"送支付宝红包"按钮就可以进入送支付宝红包设置页面，按照要求设置好即可。

图 4-165

4．个性化人群属性定向营销

登录"客户运营平台"→"客户管理"→"客户分群"菜单，在这里淘宝给我们提供了三个核心人群的数据分析：兴趣人群、新客户人群、复购人群，同时也为我们提供了自定义人群，如图 4-166 所示。

图 4-166

兴趣人群：淘宝系统抓取最近 3～10 天有加购或收藏行为，且在此期间没有购买加购或者收藏商品的客户。

新客户人群：淘宝系统抓取 2 年内只成交过一次，且此次成交在最近 180 天内的客户。

复购人群：买过店铺内复购率较高商品，且处于回购周期的客户。

自定义人群：根据你自己的目的组合客户。

针对淘宝系统的人群，首先我们要对它进行人群分析。例如，这里以兴趣人数为例进行分析，点击"兴趣人群"的"人群分析"，进入数据展示页面，如图 4-167 所示。

223

图 4-167

在这个页面中可以看到抓取到的这类人的"人群行为""人群热门商品""人群分层""人群属性""人群行为偏好"等数据,如图4-168所示。

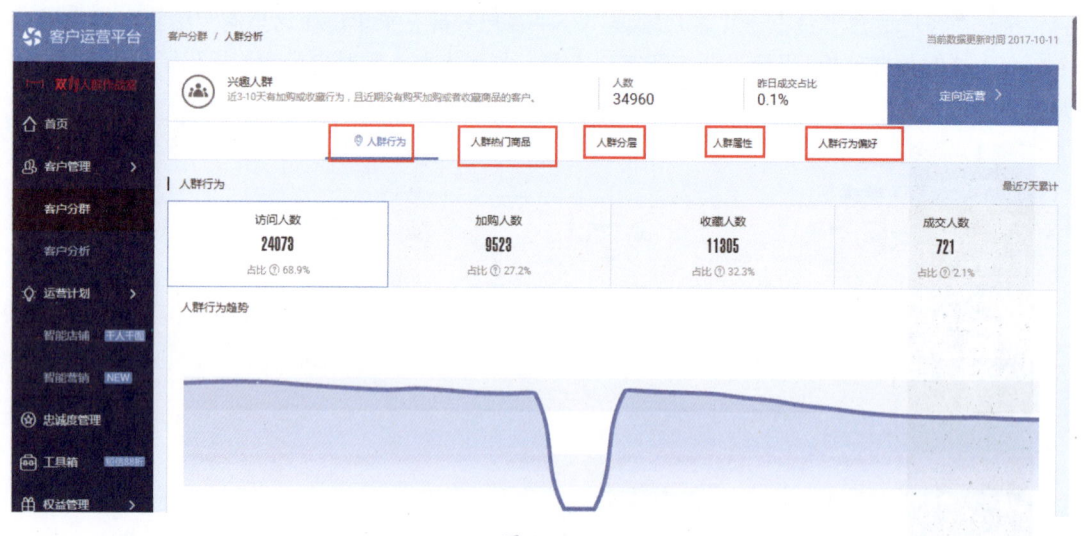

图 4-168

如图4-169所示,在"人群行为"板块,可以知道这些人最近7天有多少访客,加购人数是多少、占比是多少,收藏和成交人数是多少、占比是多少等。例如,如果发现转化率很低,那么就要分析为什么这些有兴趣的买家不转化,是价格贵了还是其他的原因。

如图4-170所示,在"人群热门商品"板块,可以清楚地知道这些人访问了哪些宝贝、加购收藏了哪些宝贝,又成交了哪些宝贝。如果发现某个宝贝加购人数特别多,但是成交的人数很少,那么就要思考为什么这些人都加购了还不成交,是在等待活动还是其他的原因。

如图4-171所示,在"人群分层"板块,可以清楚地知道人群内累计订单成交笔数分布、最近成交时间间隔分布、人群内客户累计成交金额分布,以及会员等级情况。

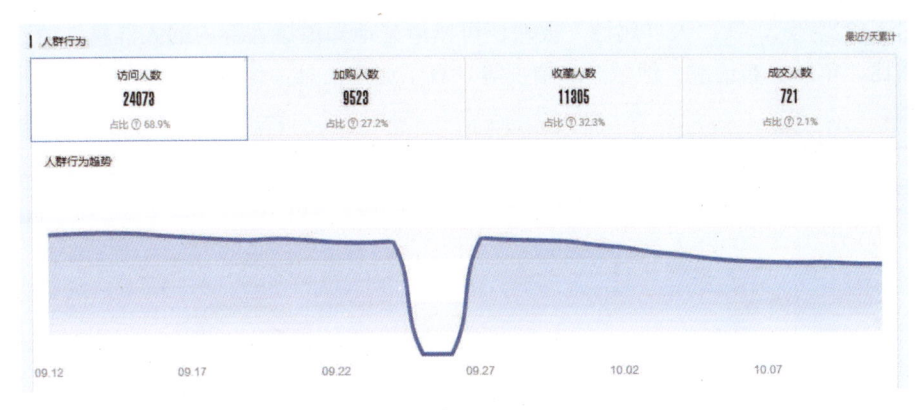

图 4-169

图 4-170

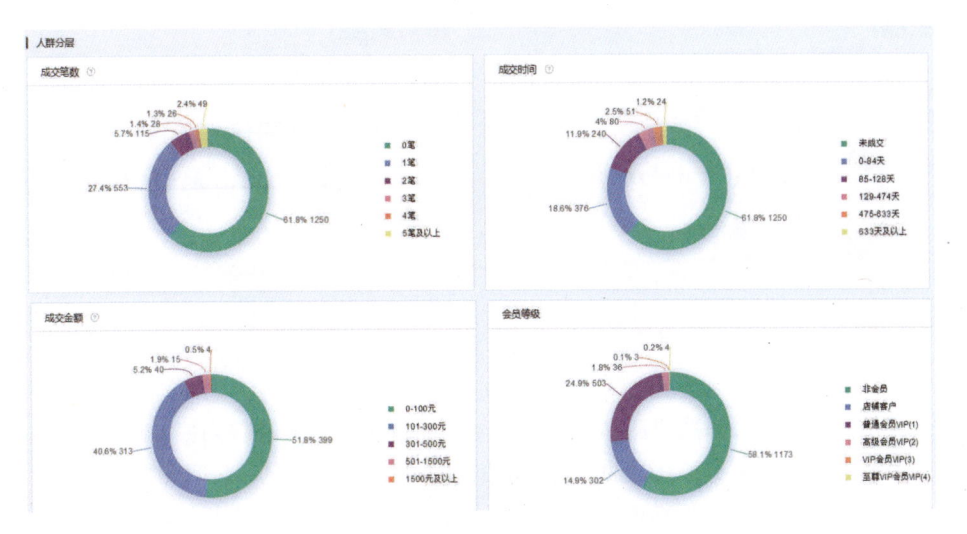

图 4-171

如图 4-172 所示,在"人群属性"板块,可以清楚地知道该人群内的人群属性情况、他们的性别占比、年龄分布情况、地域分布情况等。有了这些信息,你可能对该类人群有了更加清晰的画像。

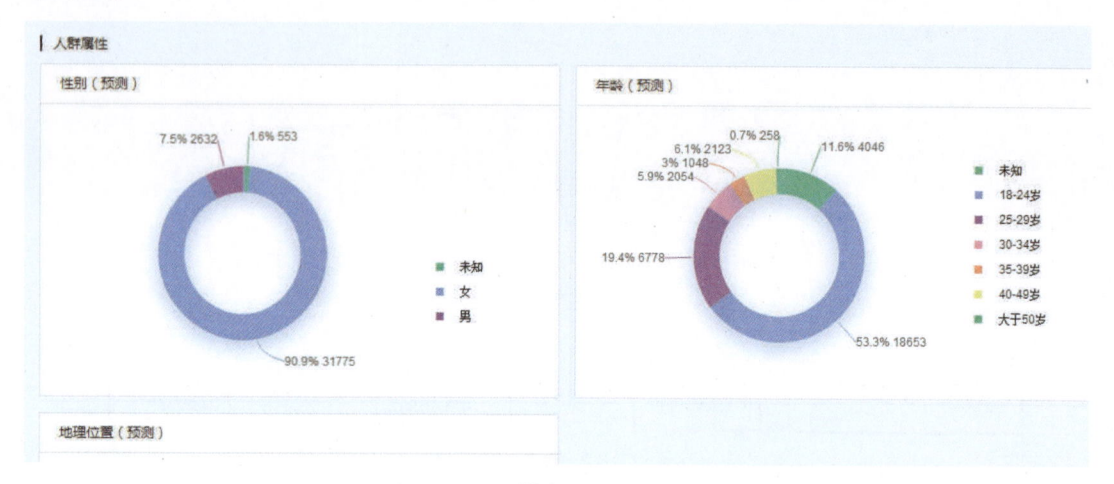

图 4-172

如图 4-173 所示,在"人群行为偏好"板块,可以知道该人群的折扣敏感度情况和是否聚划算人群的情况,但是记住,这两个数据是淘宝预测的,"折扣敏感度"是淘宝通过分析用户淘宝全网的折扣订单和营销活动的参与情况得出的结论,"聚划算人群"是淘宝根据买家最近 180 天内是否有购买聚划算产品得出的结论。

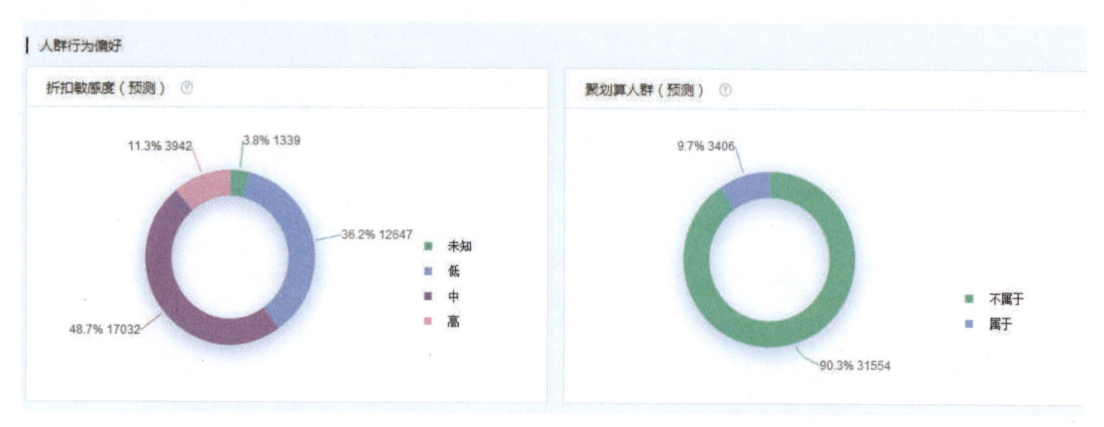

图 4-173

通过对人群行为、人群热门商品、人群分层、人群属性、人群行为偏好这些角度的分析,你要重点了解这类人群属于什么样的人群,他们最关心的点在哪里,最想要得到的是什么,他们最痛苦的点又在哪里,最纠结的点又在哪里。然后,针对这些痛点和追求点开展定向营销,记住，我们分析数据不是目的，目的是通过分析找到适合的营销手段，前面分析这么多人群的特点，目的不在于分析，而在于通过这些点更加了解我们的客户群体，然后采取有针对性的营销。

分析完成并得出结论之后，点击"定向运营"，如图 4-174 所示。

图 4-174

在弹出的页面中开始进行营销活动的创建，如图 4-175 所示。

图 4-175

（1）设置优惠券。要根据人群分析的结论决定设置优惠券额度的大小，例如，假设我们分析该人群属于折扣敏感度高的人群，那么可以建立比较大额一点的优惠券，但是假设我们分析的人群对折扣是不怎么敏感的，那么就没必要设置大额的优惠券了，优惠券设置的张数一定要大于兴趣人群数量，否则有可能出现很多买家发放失败的情况！创建店铺优惠券时，"推广方式"选择"卖家发放"，"推广范围"选择"客户关系管理"。

（2）设置短信。对兴趣人群中近 720 天有过购买记录的用户进行短信触达。

（3）店铺首页设置海报。该海报只有兴趣人群可见，提升点击转化。设置完海报后，一定记得要去店铺后台装修，如果没去后台装修是不行的。

（4）选择活动时间。这里的活动时间相当于策略执行周期，因为每天都会有店铺新增的"兴趣人群"，所以设置一个周期，相当于设置后的第一天会全量发送，后续每天发送新增部分。

设置后的运营计划是 t+1 开始执行，但海报装修后是实时生效的。

4.3.4 单品服务数据分析

我们应该都非常有感触，很多的时候，一个爆款突然间倒下就是一个中差评引起的。因此，对单品的服务数据和评价数据分析也是一项非常重要的工作。我们要做到从根源上解决售后服务的问题。

售后服务数据分析是很多人忽略的，我发现大部分商家在做数据分析的时候，把所有焦点都聚焦在流量上面，其他方面基本上就不管，实际上，做好一个店铺，特别是持续做好一个店铺，单纯靠哪一个方面是不行的，需要综合能力。售后服务数据分析在店铺的服务、品质的监控方面是起了非常大作用的。

通过单品的服务数据，你可以知道哪个单品买家满意度最高、最满意的是哪个方面、哪个单品买家的满意度最差、人家不满意的都是什么地方，然后还可以知道买家对这个单品的评价如何、对颜色的喜爱度如何。

打开生意参谋后台，选择"商品"→"单品服务分析"，可以搜索要看的每个商品的数据，如图 4-176 所示。

图 4-176

在搜索框输入要分析的商品，然后点击"确定"按钮即可弹出该商品的相关服务数据，如图 4-177 所示。

注：淘宝店铺的生意参谋和天猫店铺的生意参谋有一点区别，淘宝店铺的生意参谋没有"描述相符"这个指标，只有天猫店铺的生意参谋才有这个指标。

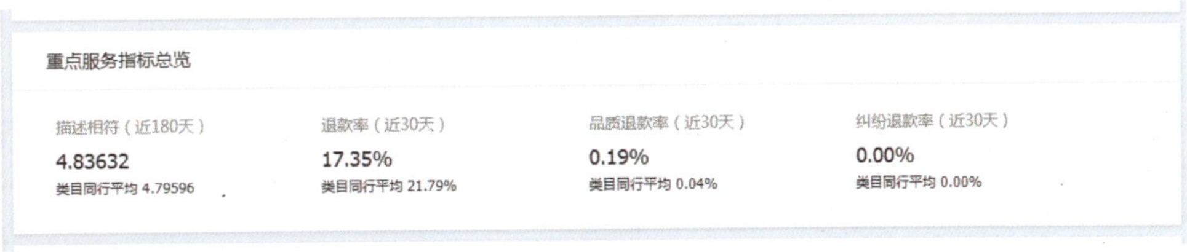

重点服务指标总览			
描述相符（近180天）	退款率（近30天）	品质退款率（近30天）	纠纷退款率（近30天）
4.83632	17.35%	0.19%	0.00%
类目同行平均 4.79596	类目同行平均 21.79%	类目同行平均 0.04%	类目同行平均 0.00%

图 4-177

描述相符：这一评分是指最近 180 天内，买家给出的关于宝贝描述相符满意度的综合评分。所以，从这个指标可以直接看出产品的品质情况，因为产品的品质问题是直接关系到这个指标的，而且还可以看到同行平均值是多少，然后对比自己和同行的情况。

退款率：这个指标是指最近 30 天内，退款成功笔数 / 支付宝支付子订单数，退款包括售中和售后的仅退款和退货退款。从这一个指标可以看到我们自己的产品和行业的均值情况，一般这个指标需要比行业均值低，如果我们的产品高于行业均值，那就要思考为什么产品的退货率这么高，要让售后客服了解为什么，是哪方面的问题，这个问题有没有解决的办法。我发现很多店铺的售后客服做的事就是处理退款这些简单的事，顶多加上一个改评价的服务，而实际上，一个售后客服更应该了解为什么会这样。当发现退款率高的时候，售后客服一定要主动给买家打电话了解他退货的原因。

品质退款率：近 30 天内，品质相关退款原因退款成功笔数 / 支付宝支付子订单数，退款包括售中和售后的仅退款和退货退款。这一个指标很重要，也可以看到我们产品的品质问题，比如，图 4-177 中，我们的品质退款率明显高于行业均值。

每一个行业的品质退款率都不同，比如女装，算在品质退款率里面的有材质和描述不符、做工问题、褪色 / 缩水、假冒品牌。

品质退款率一定要把控好，因为如果品质退款率高了，淘宝是会对我们进行抽检的，要是抽检不合格，会直接扣分，还会限制直通车等推广工具。

因此，针对品质退款率，一方面要了解为什么，然后要杜绝这事发生，建议大家在包裹里面放上售后卡，引导买家进行七天无理由退换，而不是品质退货，因为有很多买家填写退货其实不是因为品质问题，而是他不懂。所以，一定做好引导，另外那些真的品质问题，要打电话和买家沟通，说好话，让他们尽量申请七天无理由退货，或者"不喜欢 / 效果差"这一项退货，如果真的是品质问题一般买家心里是比较火的，所以服务态度一定要好，在他们申请之前往往他会拍照给你看，这个时候一定要语气好，然后请求他申请七天无理由退货或者"不喜欢 / 效果差"这一项退货。

纠纷退款率：纠纷退款率计算公式 = 近 30 天（售中 + 售后）判定为卖家责任且生效的退款笔数 / 支付宝成交笔数，天猫的纠纷判责会在退款完结（退款成功 / 关闭）3 天后生效；支付宝成交笔数是按照子订单计算，只要买家付款成功订单就计入，不剔除退款订单笔数。

举例：A 商家在 1 月 1 日~1 月 30 日期间成交了 1000 笔，小 2 介入退款中判定卖家责任的有 1 笔且已经生效；因此 1 月 31 日的纠纷退款率 =1/1000=0.001；B 商家在 1 月 1 日~1 月 30 日期间成交了 1000 笔，小 2 介入退款中判定卖家责任的 3 笔，但是其中只有 2 笔判责生效了，1 笔是 1 月 30 日判责的但未生效（需要退款完结 3 天后生效，即 2 月 2 日生效）；因此 1 月 31 日的纠纷退款率 =2/1000=0.002。

纠纷退款率是必须杜绝的，这个影响非常大，会影响自然搜索、店铺权重、活动报名等。因此，当有可能产生纠纷的时候，第一件事就是给淘宝打电话，了解这个情况最后可能由谁承担责任，如果会判定买家赢，那就要做到不让小 2 介入，在小 2 介入之前把这事处理，哪怕是多花钱解决也没办法。如果是买家无理取闹，淘宝客服告诉你这种情况是买家的责任，而且没办法通过沟通解决，你再让他进入小 2 介入的流程。

图 4-178 所示的服务指标分析很重要，可以跟踪想要看的指标最近 30 天的时间趋势，看看它的现状是什么、产生现状的原因是什么、接下来还应该如何发展、有什么解决的办法。其实数据分析主要解决三个大问题，第一个是现状，第二个是原因，第三个是未来。

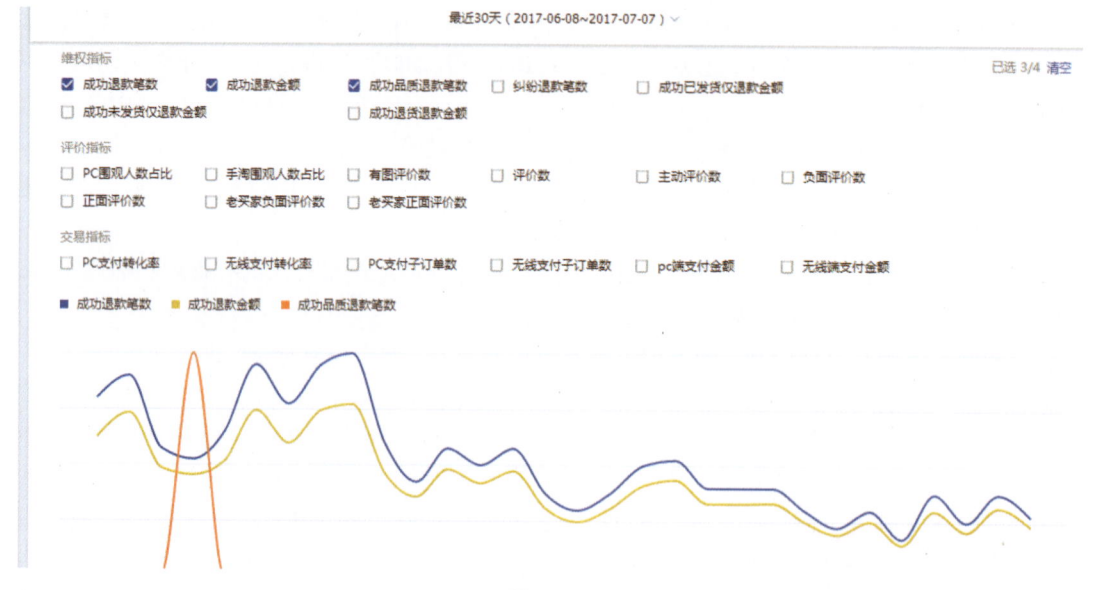

图 4-178

如图 4-179 所示，在"退款原因分析"里面，可以看到该单品的退款原因是什么、每一个原因占比是多少、产生纠纷的笔数是多少等。

退款原因	成功退款金额（占比）	成功退款笔数（占比）	退款完结时长	退款自主完结率	纠纷退款笔数
7天无理由退换货	5.74万 (75.67%)	474 (75.84%)	3.35	100.00%	0
拍错/多拍	1.43万 (18.86%)	117 (18.72%)	0.24	100.00%	0
不喜欢/不想要	1,194 (1.57%)	10 (1.60%)	3.01	100.00%	0
我不想要了	1,113 (1.47%)	9 (1.44%)	2.49	100.00%	0
试了不合适	998 (1.32%)	8 (1.28%)	4.14	100.00%	0
退运费	251 (0.33%)	2 (0.32%)	0.00	100.00%	0
7天无理由退换货	128 (0.17%)	1 (0.16%)	0.00	100.00%	0
物流无跟踪记录	128 (0.17%)	1 (0.16%)	0.66	100.00%	0
拍错/多拍	123 (0.16%)	1 (0.16%)	0.00	100.00%	0
大小/尺寸/重量不符	107 (0.14%)	1 (0.16%)	2.99	100.00%	0

图 4-179

注："商品评分分析"也只有天猫店铺的生意参谋才有，淘宝店铺的生意参谋没有这一指标。

如图 4-180 所示，商品评分分析是一个很重要的指标，因为我们平时没办法看到哪一个买家的评分是如何评的，这个不同于中差评，我们可以看到哪个买家给我们的是中差评，他的评语是什么，但是评分这一项没办法看到具体的，所以经常发生这种情况，当自己店铺评分低的时候，很多人直接认为是中差评最多的宝贝产生的。

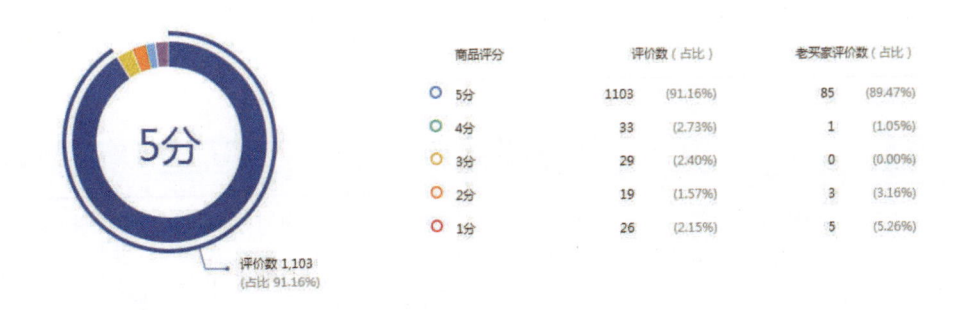

商品评分	评价数（占比）	老买家评价数（占比）
5分	1103 (91.16%)	85 (89.47%)
4分	33 (2.73%)	1 (1.05%)
3分	29 (2.40%)	0 (0.00%)
2分	19 (1.57%)	3 (3.16%)
1分	26 (2.15%)	5 (5.26%)

图 4-180

至少我就经常碰到这个情况，有人咨询我说：他的店铺动态评分很差，需要怎么做？

我说：是哪个款的评分拉低的？

他说：应该是某某款吧，它的中差评最多。

当时我就说：应该？那我给你看下。

结果我一看才发现，其实压根不是这个款，虽然这个款的中差评确实是最多的，但是它的评分并没有那么差。所以，当店铺动态评分低的时候，一定要分析到底是哪个款引起的、为什么会造成这个原因，找到了根源你才好解决。

评价内容分析也是一个非常重要的指标，从这里可以看到买家对每个颜色、每个尺码的评语情况，如图4-181所示。

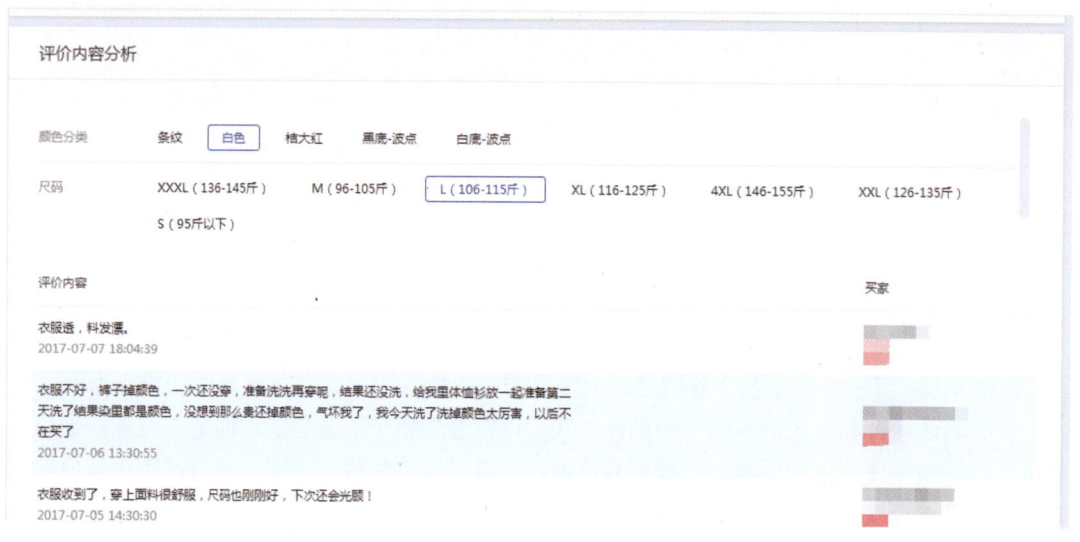

图4-181

我们不仅要分析自己的评价内容，还要分析竞争对手的评价内容，看看我们和竞争对手的区别，其实从这里有时候还可以判定人群，比如，你会发现很多人评论你的宝贝太贵，但是从来都没有人评价竞争对手的贵，这个时候就可以质疑是不是自己店铺人群消费水平太低。总之，对比自己和竞争对手的时候还是那六个字：现状，原因，未来。

4.3.5　单品详情页数据分析

我们都知道销售额 = 访客数 × 转化率 × 客单价。由此可以看出转化率的重要性，影响转化率的因素有很多，而视觉又是这些因素里面比较重要的一个因素。

很多商家发现自己的商品转化率不高的时候，他们会怀疑详情页没做好，所以就会改详情页，可是最后发现改了详情页他的转化率还是没有跟上来。我相信有不少这样的商家，其实，这就是因为不懂数据分析造成的，甚至很多商家都不知道详情页应该从哪里做数据分析。

进入生意参谋→"流量"→"页面分析"，如图4-182所示。

图 4-182

第一次分析的时候要进行页面配置。如图 4-183 所示，点击"添加商品详情页"，输入商品的 ID 和页面名称，然后点击"添加"按钮。添加当天是没有数据的，需要到第二天才开始有数据。

图 4-183

到第二天的时候可以进入"页面配置"里面看到添加的页面，如图 4-184 所示，它有三块数据供我们参考和分析：点击分布、页面数据、引导详情。免费用户可以使用前面两块的部分数据，但是如果需要看更多的数据和引导详情，需要订购淘宝的装修分析工具，费用为 800 多元/年，对于稍微大一点的店铺来说，我觉得这个功能是非常有必要的，特别是里面的热力图等功能。

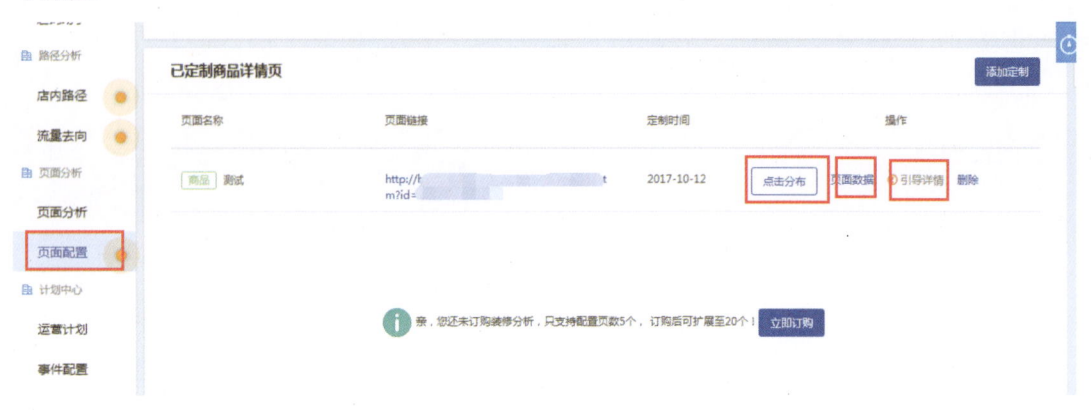

图 4-184

点击"页面数据"，可以看到这个页面最近 30 天的数据。如图 4-185 所示，可以知道这个页面的点击率是多少、转化率是多少、跳失率是多少等，通过这些数据能判定出这个详情页是否存在问题。同时，还可以根据趋势判定详情页是否发生了问题，因为不同的时期对详情页的要求是不一样的，前一段时间我就遇到过这个情况，我们有一个裤子的商品，我发现原来的页面点击率、转化率、跳失率这些数据都非常不错，可是到了 9 月份的时候，突然发现所有这些指标趋势都下滑了，后来我经过分析得出原因是详情页不适合当时的季节了，因为当时我们拍摄的这个裤子是夏季的风格，虽然我们的裤子也适合秋季，但是因为拍摄的风格是夏季的，所以给买家的感觉就是夏款，进而导致点击率、转化率、跳失率这些指标都变差。

图 4-185

竞品情报分析请见附录 G。

4.4 那些不被你关注的规划和预算

4.4.1 全店年销售额规划

我发现很多商家在做淘宝的时候从来都没有考虑过年销售额的规划，他们每天都在想怎么弄到流量、怎么研究最新的获取流量的方法、怎样找到黑车或者黑搜索的淘宝系统漏洞等。

其实，如果没有做全店的年销售额规划，就好比你在大海中没有方向的划船，你虽然用尽了所有的力气在划，但是，你可能永远都达不到想要的目的，甚至可能会在阴沟里翻了船把自己淹死。

没有规划，你会像无头苍蝇一样胡乱行动，你永远都是在明天重复今天的事情，明年重复今年的事情，所有的事情都不在自己的掌控之中。你有一种听天由命的感觉，所以你总会感觉做淘宝有时候就是完全靠运气，能不能起来就看运气够不够，运气够了自然就起来，运气不够就起不来。

无规划的人生就像随波逐流的船，这样今日不知明日事的漂泊其实只会让你非常累，也没有效果。因此，我们做淘宝必须要做好规划。本节以年销售额为案例规划一个店铺应该如何做好规划，让我们有方向的行动。

要做全店的销售额计划，首先在脑中要有一个框架图，就是需要做哪些东西的规划，这个是不固定的，根据目的决定。例如，最常见的销售额规划可能都会包含销售额、成本、利润三个大的方面。销售额可能会包含所需 uv、平均转化率、平均客单价、日均销量、日均流量等小的方面；成本可能会包含推广费用、人员开支、办公成本、物流费用等多个小的方面。

因此，以这三个大的方面和多个小的方面构建一个框架图，如图 4-186 所示，根据目的在 Excel 中构建规划图。

当把大概的思维规划图绘制出来之后，我们需要完善这个表格中空白区域的数据，要把每个数据都填写进去。

先从销售额开始。我们应该如何规划 1~12 月份的销售额？这是需要预估的，但是预估不能一拍脑袋就决定，不能心里想着要做到多少销售额就填写多少销售额，这个需要根据实际情况和规律预测和评估。当然，预估的方法是有很多的，不同的情况下使用的方法不一样，但是最常见的可能就是根据历史数据预估。

例如，现在要做 2018 年的销售额规划，那么可以根据 2016 年和 2017 年的历史数据预估 2018 年的数据。

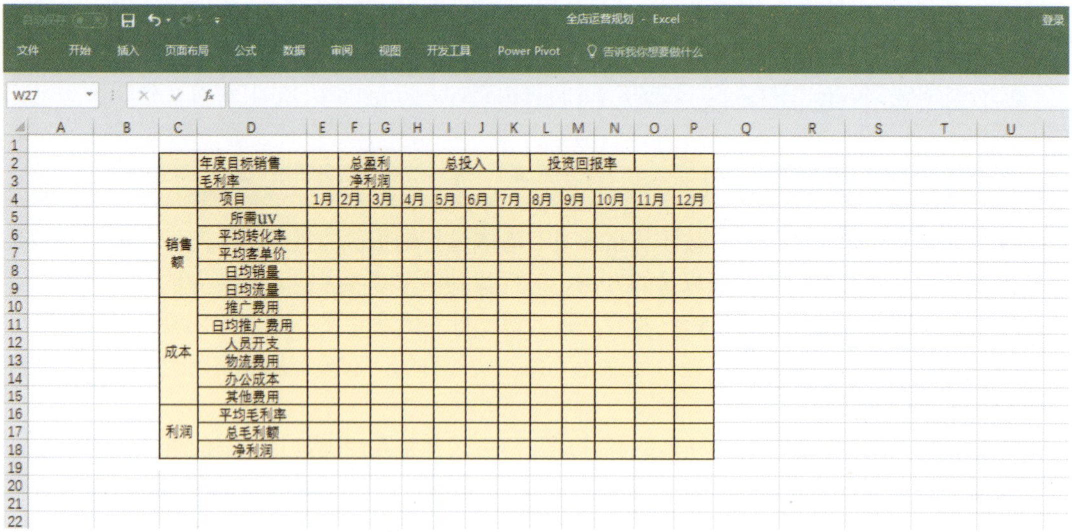

	年度目标销售		总盈利			总投入			投资回报率				
	毛利率		净利润										
	项目	1月	2月	3月	4月	5月	6月	7月	8月	9月	10月	11月	12月
销售额	所需uv												
	平均转化率												
	平均客单价												
	日均销量												
	日均流量												
成本	推广费用												
	日均推广费用												
	人员开支												
	物流费用												
	办公成本												
	其他费用												
利润	平均毛利率												
	总毛利额												
	净利润												

图 4-186

如图 4-187 所示，2016 年和 2017 年是有实际销售额数据的，可以在生意参谋或者生 e 经调取这个数据。现在我们要预估 2018 年的销售额，只需要掌握同比增长率和环比增长率就可以了。

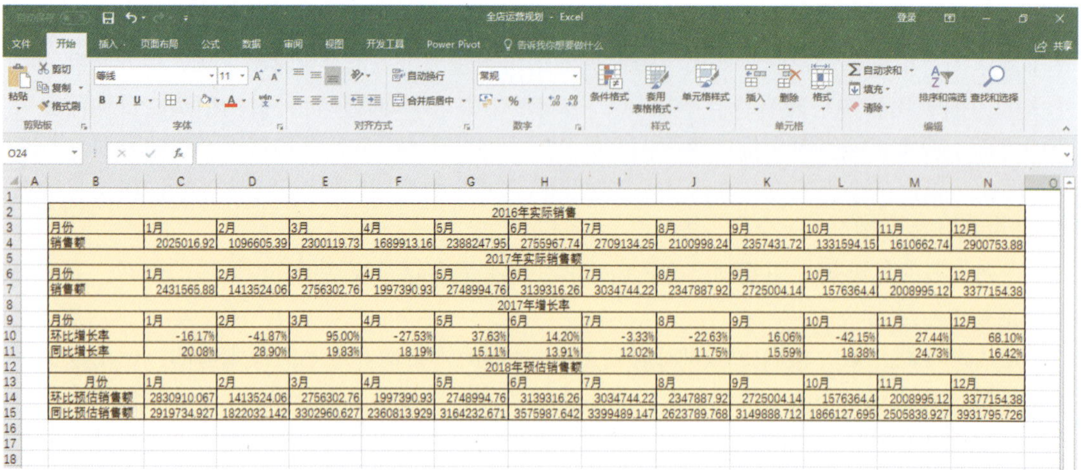

2016年实际销售												
月份	1月	2月	3月	4月	5月	6月	7月	8月	9月	10月	11月	12月
销售额	2025016.92	1096605.39	2300119.73	1689913.16	2388247.95	2755967.74	2709134.25	2100998.24	2357431.72	1331594.15	1610662.74	2900753.88
2017年实际销售额												
月份	1月	2月	3月	4月	5月	6月	7月	8月	9月	10月	11月	12月
销售额	2431565.88	1413524.06	2756302.76	1997390.93	2748994.76	3139316.26	3034744.22	2347887.92	2725004.14	1576364.4	2008995.12	3377154.38
2017年增长率												
月份	1月	2月	3月	4月	5月	6月	7月	8月	9月	10月	11月	12月
环比增长率	-16.17%	-41.87%	95.00%	-27.53%	37.63%	14.20%	-3.33%	-22.63%	16.06%	-42.15%	27.44%	68.10%
同比增长率	20.08%	28.90%	19.83%	18.19%	15.11%	13.91%	12.02%	11.75%	15.59%	18.38%	24.73%	16.42%
2018年预估销售额												
月份	1月	2月	3月	4月	5月	6月	7月	8月	9月	10月	11月	12月
环比预估销售额	2830910.067	1413524.06	2756302.76	1997390.93	2748994.76	3139316.26	3034744.22	2347887.92	2725004.14	1576364.4	2008995.12	3377154.38
同比预估销售额	2919734.927	1822032.142	3302960.627	2360813.929	3164232.671	3575987.642	3399489.147	2623789.768	3149888.712	1866127.695	2505838.927	3931795.726

图 4-187

环比增长率 =（本期的某个指标的值 - 上一期这个指标的值）/ 上一期这个指标的值 ×100%。

例如，2017 年 1 月份销售额的环比增长率 =（2017 年 1 月份的销售额 - 2016 年 12 月份的销售额）/2016 年 12 月份的销售额。

2017年2月份的环比增长率=（2017年2月份的销售额－2017年1月份的销售额）/2017年1月份的销售额。

……

以此类推。

同比增长率=（当年的指标值－去年同期的值）÷去年同期的值×100%。

例如，2017年1月份销售额的同比增长率=（2017年1月份的销售额－2016年1月份的销售额）/2016年1月份的销售额。

2017年2月份销售额的同比增长率=（2017年2月份的销售额－2016年2月份的销售额）/2016年2月份的销售额。

……

以此类推。

当知道了2017年的环比增长率和同比增长率的时候，我们就可以根据2017年的环比增长率和同比增长率推算和预估2018年的销售额。可以假设2018年的同比增长率以及环比增长率和2017年的同比增长率和环比增长率相同，然后根据这个假设的结构预估2018年的销售额。

根据环比增长率推算2018年的预估销售额：本期的数据=上一期的数据×环比增长率+上一期的数据。

2018年1月份的预估销售额=2017年12月份的销售额×2017年1月份的环比增长率+2017年12月份的销售额。

2018年2月份的预估销售额=2018年1月份的销售额×2018年2月份的环比增长率+2018年1月份的销售额。

……

以此类推。

根据同比增长率推算2018年的预估销售额：本期的数据=去年同期的值×同比增长率+去年同期的值。

2018年1月份的预估销售额=2017年1月份的销售额×2018年1月份的同比增长率+2017年1月份的销售额。

2018年2月份的预估销售额=2017年2月份的销售额×2018年2月份的同比增长率+2017年2月份的销售额。

……

以此类推。

这样，2018年1~12月份的销售额就大概预估出来了，但是算的是两个结果，因为一个是根据同比增长率计算的，另一个是根据环比增长率计算的，那么到底该取哪个值呢？

这个时候要根据实际情况决定，如果你觉得未来更加符合环比增长率计算的结果，那么就可以选择环比增长率计算结果，如果你觉得未来更加符合同比增长率计算的结果，那么就可以选择同比增长率计算的结果，如果这两个结果差距不是很大，那么也可以取这两个值的平均值。记住，我们做数据分析是要建立在实际情况下的，脱离了实际情况，一切数据都失去了参考价值和依据。

把销售额预估填完之后，接下来就要填写所需 uv，也就是说，要做到这个预估的销售额，我们需要多少访客数。

根据销售额 = 访客数 × 转化率 × 客单价，可以得出访客数 = 销售额 /（转化率 × 客单价）。

所以，现在只需要知道转化率和客单价就可以知道所需访客数是多少了，而正好我们也需要知道平均访客数和平均客单价是多少。要知道每一个月的平均转化率和平均客单价很简单，同样可以参考 2016 年和 2017 年对应月份的平均转化率和客单价。例如，2016 年 1 月份的转化率是 1.5%，2017 年 1 月份的转化率是 1.8%，那么我们就可以假设 2018 年的转化率是 1.65%。

当然，这里也是要参考实际情况的。例如，2016 年的转化率是 1.5%，但是 2017 年的转化率是 3%，当出现这种差别很大的情况，我们就要先分析原因，要分析为什么 2017 年的转化率会高这么多，然后判定哪一个更加接近平均值，可以根据这个调整，假设 2017 年转化率为 3% 是因为这一年客单价比 2016 年低了很多，所以导致转化率高了很多，这个时候，要分析 2018 年要做的客单价是接近 2016 年还是接近 2017 年，然后根据这个结果调整。

总之，只需要做到一点，既要参考历史数据，也要参考实际情况。

当根据历史数据和实际情况预估了 2018 年的转化率和客单价之后，我们就可以根据访客数 = 销售额 /（转化率 × 客单价）计算出所需 uv。

接下来，我们只需要计算日均流量和日均销量。

计算日均流量很简单，我们已经计算出了每个月所需的 uv，那么把它除以每个月的天数即可得出日均流量，1、3、5、7、8、10、12 月份除以 31 天，2 月份除以 28 或者 29 天，其他的月份除以 30 天即可得出每个月的日均流量。

计算日均销量也很简单，它等于把每个月的销量除以每个月的天数，虽然这里没直接计算每个月所需的销量，但是我们已经知道了每个月的预估销售额，而销售额 = 销量 × 客单价，所以每个月的销量 = 销售额 / 客单价，所以日均销量 = 销售额 /（客单价 ×30 天）。

这样，销售额的数据就已经完善了，我们还需要完善费用。

推广费用最常见是根据销售额的情况预算和配比，当然，这也要参考实际情况，根据实际情况调整。例如，我们往期推广费用占销售额的 15%，那么推广费用 = 销售额 ×15%，已经知道了销售额，自然也就推算出了推广费用。

推广费用预估已经知道了，那么日均推广费用肯定也就轻易地知道了，它等于每个月的推广费用除以每个月的天数。

其他的人员开支、办公费用、物流费用、其他费用可以参考实际情况和目标销售额预估，也就是说我们要达到预期销售额需要配置多少人员开支、多少办公费用、多少物流费用，然后填写进去即可。

然后，我们只需要填写利润板块的平均毛利润率、总毛利额、净利润额这三个数据。

平均毛利润率可以根据 2016 年和 2017 年实际毛利润率的数据以及实际情况填写。例如，2016 年和 2017 年的实际毛利润率大概是 40%，按照目前的情况 2018 年应该还是和去年差不多，那么我们可以按照 40% 计算，但是，如果 2018 年估计成本会增加，那么可以稍微调低一点。如果估计 2018 年成本还会下降，那么也可以稍微调高一点。

我们知道了平均毛利润率之后，自然也就知道了总毛利额，即总毛利额 = 总销售额 × 平均毛利润率。

我们知道了总毛利额和费用，自然也就知道了净利润额，即净利润额 = 总毛利额 − 推广费用 − 人员开支 − 物流费用 − 办公费用 − 其他成本。

接下来，我们还需要把表格最上面的年度目标销售、总盈利、总投入、投资回报率、毛利率、净利润率这几个指标用公式完成。

年度目标销售额 =SUM(E5:P5)，即每个月的预估销售额之和。

总盈利 =SUM(E19:P19)，即每个月的预估净利润之和。

总投入 =SUM(E11:P11, E13:P13, E14:P14, E15:P15, E16:P16)，即所有的费用之和。

投资回报率 =H2/K2，即总盈利 / 总投入。

毛利润率 = 总毛利润 / 总销售额。

净利润率 = 总盈利 / 总销售额。

把所有的数据都填写完成之后，我们的规划工作大致就完成了，整个规划思路图就完善了。从这个表格中，可以清楚地知道，根据目前的预算，我们大概能达到什么样的目的、做到多少年销售额、每个月能做到、能带来多少利润、每个月能盈利多少、投资回报率有多少等。

有了这个规划之后，你就可以清楚地知道应该朝着哪个方向走、最后能达到什么样的效果，当每个月没有完成目标预估的时候，你也可以轻易地知道哪一块出现了问题，是因为转化率没达到预期还是因为流量不够，是因为直通车占比太高导致净利润减少，还是因为毛利润率降低导致净利润减少等，总之你不会再像无头苍蝇一样胡乱的行动。

4.4.2 目标规划细分拆解

4.4.1 节我们已经学习了如何做全店的年度规划。有了年度规划之后，我们就有了大致的方向，就好比在大海中已经明确了方向一样，但是毕竟年度规划只是一个大致的方向，具体应该如何执行，对于很多人来说还是很迷茫的，例如，假设我们规划 2018 年 1 月份要做 300 万元的销售额，通过年度规划表知道了大概要多少流量、多少转化率和多少客单价才能完成目标规划，可是这个时候还是有很多商家会很迷茫，那就是到底应该如何操作、做哪些。

因此，针对很多商家这种迷茫的情况，我们学习如何细分拆解目标。很多时候我们面对整体的大目标时是很迷茫的，但是如果把大目标细分之后就会发现简单了很多。例如，你的目标是今年赚 10 万元，对于整体这个目标你可能会很迷茫，因为你不知道如何才能赚到 10 万元，你可能会觉得 10 万元是一个大数据，但是如果把 10 万元拆分成 12 个月，每个月赚 8000 多元，这个时候你就会觉得轻松了很多，因为你觉得赚 8000 多元比赚 10 万元简单，而实际上这个 10 万元和 8000 多元是一样的。

同样的道理，我们做淘宝的时候，也可以把整体目标细分拆解，例如，我们的规划是 2018 年 1 月份要做 300 万元的销售。面对 300 万元这个概念，我们可能会比较迷茫，但是如果把它细分到商品就会明显感觉不一样了。

我们可以先规划 1 月份需要做的类目有哪些，例如假设 1 月份主打毛呢外套、毛衣、牛仔裤三个类目，那么可以把这 300 万元销售额分配 250 万元给这三个主打类目，因为可能我们全店不只做这三个类目，另外的 50 万元分配给其他类目。当然，如果全店只做三个类目，那么可以把 300 万元都规划到这三个类目下。

这 250 万元肯定不是平摊给这三个类目，要根据实际情况分配。例如，根据历史数据，每年毛呢外套、毛衣、牛仔裤销售额占比分别是 40%、40%、20%，那么 250 万元可以分给毛呢外套和毛衣各 100 万元、牛仔裤 50 万元。

假设根据历史数据和实际情况，毛呢外套转化率大概是 0.8%，客单价大概是 280 元，毛衣转化率大概是 1%，客单价大概是 89 元，牛仔裤转化率大概是 2%，客单价大概是 79 元。当然，这些规划的数据一定要参考过去历史数据和今年的实际情况规划好，否则，如果这个地方偏差大，那么整体也会偏差很大。

根据销售额、客单价、转化率，我们就可以推算出每个月需要成交多少件、每天需要成交多少件、每月需要多少流量、每天需要多少流量。

例如，我们要完成 100 万元的毛呢外套销售额，而毛呢外套的客单价是 280 元，那么意味着一个月需要卖大概 3571 件左右，一天需要卖 115 件左右。因为转化率是 0.8%，那么大概需要 1.4 万以上的日均访客数。

如图 4-188 所示，有了这个细分拆解数据之后，我们瞬间感觉轻松多了，毕竟每天卖 100 多件对于很多店铺来说是很简单的，只需要想办法做到日均 1.4 万个左右的流量或者卖 115 件左右的毛呢外套就可以达到毛呢外套的目标销售额。同样，也可以推算出毛衣和牛仔裤每天需要多少日均销售量和日均流量。

要做 115 件/天的销量，可以继续拆分，如图 4-189 所示，因为最常见的有免费流量和付费流量这两个渠道，假设根据历史数据和实际情况得出免费流量渠道销售一般会占 70% 的销量，付费流量渠道销售会占 30% 的销量。当然，这个数据要根据你的历史数据和实际情况规划，因为不同的店铺是不一样的，可能有些付费流量渠道销售占比为 50% 以上，这个也一定要根据历史数据和实际情况评估和预测。

	毛呢外套（客单价280元，转化率0.8%） 预估100万元	所需销量3571 日均销量115件	所需流量446375 日均流量14399
主打3个类目 预估250万元销售额	毛衣（客单价89元，转化率1%） 预估100万元	所需销量11236 日均销量363件	所需流量1123600 日均流量36246
	牛仔裤（客单价79元，转化率2%） 预估50万元	所需销量6330 日均销量204件	所需流量316500 日均流量10209

图 4-188

115件销量	免费流量 占比70%	81	手淘搜索 转化率1%	销量占比40%	33	所需流量 3300
			手淘首页 转化率0.2%	销量占比30%	25	所需流量 12500
			生活研究院 转化率0.3%	销量占比15%	12	所需流量 4000
			其他流量 转化率0.8%	销量占比15%	11	所需流量 1375
	付费流量 占比30%	34				

图 4-189

假设根据历史数据和实际情况，一般免费流量渠道销售占70%的销量，也就是说，每天需要有大概81件左右的销量来自免费流量渠道销售。

免费流量渠道又有很多的细分渠道，例如最常见的有手淘搜索、手淘首页、生活研究院、其他流量等。这几个渠道的转化率和销量占比都是不一样的，所以要根据历史数据和实际情况评估和预算。假设按照历史数据和实际情况，手淘搜索渠道销售一般会占40%的销量，它的转化率大概是1%，手淘首页渠道销售一般会占30%的销量，它的转化率大概是0.2%，生活研究院渠道销售和其他流量渠道销售一般会各占15%左右的销量，它们的转化率分别大概是0.3%和0.8%。

我们可以根据这些把每天的销量分配到这几个渠道，分别是手淘搜索渠道大概需要每天成交33件，手淘首页渠道大概需要每天成交25件，生活研究院渠道大概需要每天成交12件，其他流量渠道大概需要每天成交11件。

根据每个渠道的转化率可以推算出它需要的流量。例如，在 1% 转化率的手淘搜索情况下，要成交 33 件大概需要 3300 个流量，也就是说，要想达到 100 万元的毛呢外套月销售额目标，需要每天手淘搜索流量 3300 个以上、成交 33 件以上。

用同样的方法可以推算出其他流量渠道需要的日均流量，有了这些数据之后，要做的就是如何完成这个日均目标，这样看起来会简单很多。例如，要做到每天手淘搜索带来 3300 个流量，成交 33 件，你会明显感觉比每月做 100 万元要容易得多，而且你的方向感也强一些，知道每天要做什么事、需要达到什么样的效果。

当然，要做好这个预算其实是需要有一定经验的，至少你需要对你的店铺和这个行业比较了解，比如，如果你不知道你的这个类目的每一个渠道一般会占比多少销量，也不知道它们的转化率大概是多少，那么你很难做好这个细分的预算，你只要稍微把数据弄得偏差大一点，结果就会差距很大。假设明明转化率只能做到 0.5%，你硬是规划成了 1%，那么最后的结果可能就差了一倍。

很多商家从来不懂得细分拆解目标或者规划预算和实际结果差距非常大，这就是因为他没有很好地了解他的产品和根据实际情况规划每一个渠道的销量占比和转化率。例如，有很多店铺是基本没有手淘首页流量的，那么在规划的时候就不能规划，或者要规划得很少，而不是直接像我的案例一样规划成 30%。

做这种数据规划，一方面依赖于经验，一般经验越丰富，特别是长期从事一个行业，你基本上也就很清楚地知道每个渠道大概会占多少销量、会有多高的转化率。另一方面，要学会分析历史数据，这也是为什么我经常说要保存我们店铺的历史数据的原因，因为很多预测和分析需要参考历史数据，然后要根据实际情况调整，在日常的运营过程中，要学会总结和发现规律，这些都会变成后来的经验。

同时，也要注意的是这种细分的拆解和规划都只能给我们参考，实际过程不会完全按照这个发展的，因为这是预估，预估会和实际有差距，但是如果每次的预算都和实际差距很大，那说明你在这方面预估做得还不够成熟，如果预估和实际差距不是特别大，比如有 10% 左右的误差，这个是很正常的，因为预估和实际本身就不可能完全一样，预估是预估的未来，而谁也没法说准未来的精确值。例如，按照过去我们的经验和历史数据，手淘首页流量一般会占 30%，但是某个月某个款的手淘首页流量实际可能占比会高达 60% 或者只有 10%。

预估的目的在于给我们明确的方向，同时也可以让我们监控效果。假设没有预估，一天卖 100 件是多还是少呢？一天带来 1 万个流量是好还是差呢？这些你都会很迷茫，但是有了规划之后，你就很轻易地分析出来了，做事的时候方向感和效率会明显提高很多。而且最关键的是可以帮助你总结，总结哪些地方做得比较好，已经达到了目的，哪些地方做得不够好，没有达到预期，做得好是什么原因，做得不好又是什么原因。

4.4.3 推广费用的规划

推广是做淘宝中一块比较大且重要的项目，在 4.4.2 节做细分拆解规划的时候介绍了有免费流量和付费流量两个渠道。我们介绍了免费流量的规划和细分拆解，同样的，付费推广渠道也需要规划，否则，你也会很迷茫。

有很多商家从来不规划推广预算，只知道盲目地猛砸，最后造成两种情况，要么爆发起来了，要么亏损得特别严重。其实如果懂得规划和预算，很多亏损是可以避免的。

例如，我们规划 2018 年 1 月份要做 300 万元的销售额，而正常合理的推广费用预算想控制在 10% 以内的销售额，也就是说 30 万元的推广费用。当然，这个也是根据实际情况决定的，有些店铺可能容许 15%~20%。

同样，假设我们还是主推毛呢外套、毛衣、牛仔裤三个类目，按照历史数据和实际情况，毛呢外套占 40% 的推广费用、毛衣占 40% 的推广费用、牛仔裤占 20% 的推广费用。因为推广费用一般都是安排给主推款的，所以 30 万元可以都分配给这三个类目，毛呢外套类目分配 12 万元，毛衣类目分配 12 万元，牛仔裤类目分配 6 万元。

分配好类目之后，接下来就可以针对类目分配规划了。例如，最常见的推广有直通车和钻展，假设只推广直通车，也就是说 12 万元的推广费用都安排给直通车，相当于每天 3870 元左右的费用。

按照 4.4.2 节的预算，我们要想达到 300 万元的销售额，直通车每天要带来 34 件销量，假设直通车的转化率为 0.8%，那么意味着需要每天至少带来 4250 个直通车流量，3870 元带来 4250 个访客，意味着需要控制 ppc（平均点击花费）在 0.9 元的范围。

所以，从这里可以知道，要做的就是在 0.9 的 ppc 范围内拉到 4250 个以上的流量，而且还是在转化率能保持在 0.8 以上的情况，转化率越低需要拉来的流量就越多。

当把这些思路理清楚，你对整个推广预算就可控一些，当发现 ppc 严重超高的时候，要考虑是否能带来更高的转化率或者拉高自然搜索流量，因为如果做不到，在 3870 元内是做不到 34 件销量的，如果做不到，那么意味着 300 万元的规划销量额就有可能达不到。这些都是可以推算出来的。

有很多商家一直在盲目砸钱，而且还砸得特别猛。有很多次我问这些商家，你这样最后能赚回来吗？他说，只要销量起来了就能赚回来。

我说：你做过预算吗？

他说：那没有。

其实有很多店铺，如果经过推算，会发现最后就算做起来了，也将会是亏本的。因为每个店铺起来的高度是有限制的，不是每个店铺都能达到顶峰，很多时候顶峰根本做不到盈利。但是，如果根据自己的实际情况做预算，你就能清楚地找到你能达到什么高度，达到这个高度需要投入多少，最后是否有盈利空间，这样你就能根据这些数据决定是否需要投入、投入多少和如何投入。

做这种预算,最重要的是明确目的,当目的清楚了,要做推算很简单。例如,你的目的是要做到 4 以上的投资回报率 (ROI),你推广的产品客单价是 130 元,转化率是 1.5%,那么根据这些条件可以推算出你能承受的 ppc。因为转化率是 1.5%,意味着大概需要 66 个流量才能成交一单。我们设 ppc 为 x 元,那么 66 个流量就需要 66x 元的花费。

因为我们的客单价是 130 元,那么意味着成交一单的金额是 130 元,而 130/66x≥4,则 x 大概要小于 0.5。

也就是说,要想达到 4 以上的 ROI,按照目前转化率,你需要控制 ppc 在 0.5 元以内,否则,很难达到目的。因此,要么控制 ppc 在 0.5 元以内,要么想办法提高转化率。这样,你也就清楚地知道需要做哪些事了。

当然,每个目的的推算方法都不一样,要根据实际情况决定。在做任何一个推广决策的时候,你都要先做预算,只有做了详细的预算,你才能把控全场。

4.4.4 爆款规划与推广

对于爆款的重要性,我相信每个商家都很清楚,在淘宝自然搜索排名中,商品的销量占到了商品权重排序的很大比重。这两年淘宝一直在弱化爆款的销量权重,虽然这两年个性化因素很强,但是销量权重其实还是占比比较大的。如果你的一款宝贝销量非常高,那么在买家搜索相关商品时,你的商品很有可能排在前面。在手淘首页的时候很有可能带来更多的流量,从而买家有更多的机会看到你的宝贝、购买你的宝贝。最重要的是同时也会带动你店铺其他商品的销量,也便于依靠这些流量测试其他款式。很多店铺都是因为一个爆款起来之后带动了整个店铺,所以打造一个爆款也是很有必要的,今天我们谈谈打造爆款的规划和推广的事项。

1. 市场调查

前面已经讲过市场容量的分析,也讲过市场潜力的分析,但是那时候是从整个行业分析的,也就是说当我们想要选择一个行业的时候的分析方法,其实,当需要选择一个款的时候,也需要做这些分析,也需要对这个款做市场调查,主要从以下几个方面分析。

(1) 市场容量分析

市场容量分析主要是关注买家的需求容量,一般从搜索指数、款式销量两个方面分析。

从生意参谋的市场行情可以看到搜索指数,我们既要看短期的搜索指数,也要看长期的搜索情况,搜索往往代表的是买家的需求,因为一般情况下,只有当买家有需求的时候才会搜索,所以搜索量越大的往往说明也是需求越大的。

款式销量既要看同行、同款的销量,也要看相似款的销量。相似款主要是指属性相似、风格相似、卖点相似等。例如,你想要做一个露肩的 T 恤,那么首先可以看市场有没有同款、它们的销量如何,然后还要重点看相似款。因为同款越多,销量越高,有时候反而更难做起来,但是相似款销量高说明你的款式符合爆款趋势,如果相似款销量都很高,而又没有出现和你完全一样的同款，那么也许是一个机遇，比如我们发现了露肩这个属性风格的 T 恤都卖得很不错，那说明露肩这个元素的市场容量比较大，而我们的产品恰好也是露肩的，那它也有一定的可能是爆款。当然，这还要参考其他因素和属性，因为一个爆款不只是一个属性决定，要多方位、多维度参考。

（2）市场趋势分析

市场趋势分析主要是分析市场接下来的发展趋势，例如做女装的，在做爆款分析的时候要分析我们的款是否符合当前和接下来的款式流行趋势、是否符合当前和接下来的流行风格和元素、是否符合当前和接下来的季节更替。因为有时候，可能之前这些风格和属性都是很流行的，但是接下来和当前可能就会发生变化，之前流行的是露肩，但是接下来露肩可能就不受欢迎了，可能流行的是喇叭袖了，如果你还在一直做露肩而不关注喇叭袖，那么可能就会错过这个爆款的机会，这些因素也是你的款式能不能做成爆款的因素之一。

（3）价格区间分析

价格区间分析主要是分析定位人群买家的心理价和同行竞争对手的价位。这两个关系都有可能影响你的款式最后能否爆起来。

2．竞争环境分析

（1）主要竞争对手分析

在淘宝这样一个大环境下开店，我们的同行千千万，所以能不能做起来有时候不仅仅只是看你个人，也受到竞争对手的影响。例如，我们想要做的款，虽然可以确定绝对是一个爆款，市场容量、市场趋势都非常吻合爆款的潜力，但是如果同行的竞争非常激烈，而且竞争对手都比我们强大，那么要做起来的可能性就要低很多，但是如果反过来，同行都还没有做和我们一样的款式，那么我们就可以抢占这个先机迅速地做起来。

（2）直接竞争对手产品价格分析

一般情况来说，在同一个群体中，直接竞争对手产品的价格会影响我们最终的销量，同样的款，人家卖 89 元，你卖 99 元，在同样的条件下，你可能就竞争不过人家。当然，你差异化做得好除外。

（3）竞争对手优势和劣势分析

我们要学会扬长避短，在分析市场环境的时候，一定要做和竞争对手之间的优势和劣势分析，主要从产品、服务、营销手段、店铺基础权重、买家消费群体等因素了解自己的优势和劣势。

3．消费群体分析

（1）消费者特征分析

现在是个性化时代，也是一个人群细分的时代。因此，只有当你把自己的产品对应的消费群体分析透了，才能知道应该如何圈住这些人、如何吸引这些人、如何针对这些人营销。

一般来说，消费者特征主要是从性别、年龄层次、购买能力、主要分布地域、购买时间段、兴趣爱好偏向、关注点偏向等维度分析。

（2）消费者需求分析

消费者需求分析主要从两个角度分析，一个是刚性需求分析，一个是柔性需求分析。

刚性需求分析主要从款式、价格、性价比、质量、使用场景、是否必需品等角度分析。

柔性需求分析主要从搭配、天气、潮流、情感、消费心理等角度分析。

4．详情页优化

当做完前面三步的时候，基本上已经知道了顾客需要什么、我们应该卖什么，所以接下来要做的是如何卖得更好。详情页的优化也是爆款规划与推广中一个比较重要的环节。当然，详情页的优化和设计不是固定的，有很多思路和方法，但是最终都是围绕消费群体和产品延伸的，也就是说用详情页做桥梁，一方联系产品，另一方联系消费群体。这也是为什么要重点分析买家消费群体的原因，如果不对人群进行分析，那么根本就不知道消费者的诉求，很难做一个比较满意的详情。下面介绍目前比较经典的优化思路。

（1）三秒注意力

这是详情页设计最开始应该考虑的事情，也就说，要在三秒内让消费者注意这个宝贝。因此，要把最有吸引力的点放在最上面，只有当引起了买家的注意和兴趣的时候，他才会用带着那种需求和关注的心态继续用心地往下看。

（2）消费者痛点罗列

欲让其购买，必先让其痛苦，任何一个产品其实都会蕴含着买家的痛点在里面，例如有一次我想要购买一双内增高的鞋子，当我看到一个详情页时，它深深地打动了我，然后我二话没说就下单了，没有半点的犹豫，其实它就是利用了直击消费者痛点的方法，它在详情页里面描述了身高矮的痛苦，比如，几个小伙伴一起拍照的时候故意往后站，生怕显得太矮等。总之，当我看完的时候，我发现它罗列的每一个痛点是和自己非常吻合的。然后，它描述了穿这个鞋子之后增高的喜悦场景，我看了之后突然发现这种向往也正是自己一直梦寐以求的，所以当场就下单了。

（3）需求卖点展示

只让买家痛苦肯定是不够的，我们真正要做的是解决买家的痛苦，要突出买家的利益价值，而解决这些可以依靠卖点展示。卖点展示最重要的是解决买家的痛点，而不是只顾展示你自己的想法，要根据买家的痛点展示卖点。例如，起球是很多买家购买毛衣的一个痛点，那么可以展示你的宝贝利用什么材质或者什么工艺可以做到不起球。这就是你的一个卖点。

（4）产品大图和细节图

让买家全方面地了解你的产品，让他看完你的产品之后在他的脑海中有一个清晰的模型，这也是一个比较好的详情页的一个必需环节。

（5）老顾客体验

可以利用增加老顾客体验的环节增强买家的信任感，因为很多时候，我们自己夸自己买家不会相信，但是如果老顾客都这么说，那瞬间买家的信任感就增强了。

（6）售后服务

售后服务也是买家比较关注的，例如闪电发货、运费险、30天无理由退换货等售后承诺更容易增强买家的信任。

（7）紧迫性营销

简单来说，就是要告诉买家为什么现在要买。让他有一种紧迫感，是因为现在折扣最低，还是因为限量销售等。总之，需要找一个理由告诉买家必须现在下单，否则就会后悔。

5．推广方式

当做完了前四步，需要开始规划如何推广产品。毕竟，现在已经不是上架就能卖的时代，推广方式需要具体的规划和安排，这些内容其实已经在4.4.2节就涉及了。这里主要针对单品如何规划推广方式、免费流量如何规划、主打方向在哪一块、应该如何实现、要使用哪些付费推广工具、每天预算多少、如何安排这些预算等。

6．数据监控和维护优化

开始推广之后，每天就会获得相关的数据，这个时候需要重点监控这些数据，要看看哪一块我们还没有做好、应该如何做得更好、哪一块已经做得不错了、应该如何维护好。同时，也要做好什么时候快速引爆、什么时候开始清仓等规划。

4.4.5 自然搜索流量优化与规划

根据销售额=访客数×转化率×客单价可以知道，访客数是做淘宝中非常重要的一环，如果没有访客数，哪怕其他因素再好，也很难做好，而访客数最常见的有免费访客和付费访客。其中，免费访客是很多商家一直在追求的一个重要项目，免费访客主要包含手淘搜索、手淘首页、生活研究院、微淘等渠道的访客。手淘搜索又是这些渠道中特别重要的一个渠道。谈到手淘搜索，可能很多人会想到自然搜索优化和权重两个方面，本节我们重点介绍自然搜索流量的技巧和规划。

1．明白淘宝搜索引擎的使命

很多商家都说，淘宝搜索引擎优化（Search Engine Optimization，SEO）唯一不变的就是变化，所以给人的感觉是淘宝搜索引擎是变来变去的。其实，如果用心研究，那么你会发现，淘宝搜索引擎的使命一直都没有变，那就是让消费者快速地找到自己满意的最优质的宝贝。让商家能够享受平台的公平、公正，让淘宝自身能完成绩效考核。因此，不管什么时候做淘宝搜索优化，都是围绕着这三个方面做，淘宝所有的搜索规则变更也是围绕着这三个方面。

2．了解淘宝搜索规则

做自然搜索，最重要的是明白淘宝的搜索规则。当吻合淘宝搜索规则的时候，你的宝贝很容易排名靠前，而一旦靠前，自然搜索流量就会很大。淘宝搜索规则不是一成不变的，不同时期的搜索侧重点不一样。例如，2009年之前淘宝搜索规则侧重的是剩余下架时间排序，2009年年底开始侧重动态评分，2011年更侧重淘宝分词和转化率这些因素，2013年淘宝更加侧重个性化搜索。

但是不管怎么变化，只不过是侧重点不一样而已，而影响淘宝搜索排序的因素一直体现在日常运营中。

（1）产品角度

转化率、加购率、收藏率、动销率、销量、dsr的宝贝与描述相符。

（2）服务角度

纠纷率、dsr服务态度、咨询转化率、旺旺响应时间、旺旺在线时长、退款纠纷率、退款时长、发货速度。

（3）运营能力角度

成交量、销售额、店铺层次等级、商品属性相关性、类目相关性、下架时间安排、橱窗推荐、违规降权、uv价值、营销策划、活动安排与规划、付费推广预算、关键词选择等。

（4）视觉角度

点击率、跳失率、页面停留时间、平均访问深度等。

（5）人群角度

个性化因素、复购率、人均购买件数等指标是最容易体现人群把控能力的指标。

基本上淘宝的搜索规则都是围绕这些角度在优化和发展，只是不同时期侧重点不一样而已。例如，2017年淘宝搜索规则更加侧重个性化、点击率、uv价值等指标。事实上，如果把这些指标都做好了，那么根本不需要关心淘宝搜索规则会不会变，因为它变来变去还是在可控范围内发展。

3．标题优化的技巧

（1）关键词质量分析

2013年，标题优化分析关键词主要是两点，一个是搜索人气数据分析，一个是竞争指数分析。那时我们最希望找到搜索人气指数很高，但是竞争度很小的词，这种词称为极品词。

因为搜索指数大，说明需求大，竞争宝贝数少，说明竞争小。这种词很容易做到首页，而且能带来大量的流量，但是2013年后，淘宝个性化因素加入搜索排名规则，每个人看到的宝贝排名不一样，所以这个时候单纯地看这两个指标远远不够了。因此，现在分析关键词质量的时候，要从以下几个角度分析。

①搜索指数。这个因素仍然还是需要分析的，因为搜索指数代表的是需求度，有搜索就有需求，如果完全没有搜索指数说明它的需求也不高。

②搜索指数涨幅趋势。这个指标也很重要，因为它代表的是未来的趋势，有很多关键词可能目前的搜索指数很高，但是接下来可能直线下滑，这种词用上了也没什么用。

③点击率和转化率。这两个指标也很重要，做搜索，不能只关注流量，更要关注转化率，

没有转化率，最终也做不到流量。

④人群精准度。因为现在是个性化时代，即人群细分的时代，和 2013 年以前明显不同。2013 年以前，所有排名都统一排名，不管这个关键词和你宝贝的人群精准度高不高，只要排上名了，所有人都能看到。现在不一样，一方面淘宝不会给你的宝贝展示在不精准的人面前，另一方面就算展现了也是浪费，因为这类人购买的可能性很少，反而会影响你的搜索排名。因此，在分析关键词的时候一定要有客流量思维，而不是人流量思维，永远记住关键词是连接你产品和买家的一座桥梁。因此，必须选择对应人群的关键词，这个通过搜索人群画像分析可以看到，不同人群的搜索行为习惯是不一样的。例如，同样是搜索毛衣，低消费水平的人群可能搜索的是特价毛衣女，而高消费水平的人可能搜索的是羊绒毛衣女，这一点对于关注人群画像的人来说是很清楚的，每一个关键词背后都是有对应人群的，如果你的产品是高客单价的，你用上了特价毛衣女的关键词可能就匹配不上你的精准人群。

⑤产品精准度。刚刚已经说过，关键词一端联系的是买家，另一端联系的是产品。人群精准度只关注到了买家，所以还要做到产品精准度，产品精准度主要是从产品属性、卖点出发，也就是我们以前经常说的属性相关性、类目相关性、文本相关性这三个概念。你选择的关键词必须是与你宝贝高度吻合的关键词。如果不吻合，到时候会影响点击率、转化率等指标数据，而这些指标的数据恰好又是搜索排名和展现的重要指标，这就是为什么很多人经常做不好自然搜索排名的原因之一。

⑥竞争度。这里的竞争度和 2013 年以前说的竞争度不太一样。2013 年以前说的一般都是宝贝的数量，但是现在不需要关注宝贝的数量，需要关注卖家之间的竞争能力，你要分析同样使用了这些关键词的相似款或者同款的销量笔数、权重大小、动态评分、点击率、转化率、加购收藏率、价格等因素，看看自己是否有能力和他们竞争，因为如果你们的人群是一致的，你的实力不如竞争对手、竞争力不如竞争对手，最后淘宝展示的就是竞争对手的宝贝，而不是你的。所以，要尽量避开强大的竞争对手，选择适合自己的鱼塘。

还有一点要特别注意，就是在分析数据的过程中不能只看数据的表面，要理解数据背后的东西和这个数据的原理。例如，我们说过要分析搜索指数，那么是不是意味着搜索指数为零的关键词我们就不能用了呢？

其实，如果你有一定经验的话，你会发现，有时候很多搜索指数为零的关键词是可以带来很多转化的，特别是在新品前期，这类关键词对我们的帮助最大。

很多人一看到搜索指数低或者为零就放弃不使用，觉得没人搜索，就没有需求和市场，其实淘宝的搜索指数经过指数化处理，代表的主要是趋势，就好比 0.0005%，要是按照保留两位小数点的计数方法，它就是 0%，但是如果基数足够大，0.0005% 的结果其实也非常大。所以，不要被表面的数据干扰和误导，很多人经常说数据有毒，其实有毒的不是数据，而是你不懂得看数据。

当遇到那种高度吻合我们宝贝的关键词，但是它的搜索指数又非常低或者为零时，我们怎么办呢？其实很简单，如果你觉得通过这个词进来的人转化的可能性非常大，那么就可以先把这个关键词放进去，然后通过自身店铺的数据结果判定，用自身的数据验证你的猜想。

（2）宝贝关键词布局，避免内部竞争

这点很重要，特别是对一个店铺相似款式特别多的卖家来说尤其重要，很多商家每次在做起来一个新款的同时，往往老款紧跟着就死掉了，其实很多这种情况是因为自己和自己竞争死的。

因此，一定要根据宝贝的人气、人群、价格评估分类。同类型的宝贝要合理地安排关键词，尽量避免自己内部竞争。

（3）田忌赛马，合理安排竞品

要根据宝贝竞争力的不同，合理地安排核心关键词，竞争力比较弱的要以长尾关键词为主，主要考虑关键词的覆盖率，即经常说的广度，关键词的覆盖率越广，它的曝光力相对来说越强。竞争力比较强的词要以热词和高转化率词为主，主要考虑关键词的引流能力，即经常说的深度，一个关键词的引流能力越强，往往它带来的销量越多。

（4）根据消费者的个性需求匹配

要根据产品对应的消费者区域、性别、消费主张、爱好偏向、消费能力、浏览行为等购物习惯等个性需求匹配。

（5）组合标题

当找好关键词、分析好关键词的质量、合理地安排和规划宝贝和关键词的时候，我们就要开始组合关键词了。很多人总是问如何组合标题，其实组合标题是非常简单的事情，只要按照主谓宾的关系把找到的关键词串联起来就可以了。如果实在不会，可以按照这个思路：品牌词 / 卖点词 / 范词 + 核心关键词 + 属性产品关键词 + 次推关键词 / 高精准冷门词 + 范词。

很多人对标题优化技巧是存在误区的，他们把重心放在组合关键词上，而实际上真正的重心要在分析关键词和布局关键词上。只要你分析关键词做得好、词选择得好、合理地布局，组合不是大问题。

4．数据监控

当带来一些流量的时候，我们要随时监控数据，前面已经学会了如何做数据监控的表格，在这里那个表格的用处很大，要随时根据数据调整和优化，做得不好的及时改进，做得好的继续保持。

5．维护优化

很多商家总会遇到一个情况，就是做好一个款之后，总是维持不了多久，可能把自然搜索流量带进来了，但是维持不了几天突然就下滑了，其实这就是没有做好维护。当一个宝贝做起来的时候，一定要维护好，主要维护好最近七天销量权重、点击率、转化率、加购率、收藏率、评价、纠纷率等指标。

4.4.6 选款思维维度

选款是做淘宝过程中非常重要的一个环节，特别是像女装这类非标品的产品，有时候真可以说，定款定生死，款式选择得好，你可能很轻易地就做起来了，款式没选好，你不管怎么用力就是做不起来。针对款式的选择，我们可以从以下几个维度思考。

1．人群定位

在选款的时候首先要了解你的定位和使用人群的性别、消费能力、兴趣爱好等一些消费行为习惯，定位和使用人群一定要在选款之前就确定好，特别是很多在市场拿款的商家，如果一开始没有定位好，在那么多的市场款中，是很难选择比较好的款式的，因为你会听到这个款某某卖得很好，那个款某某卖得挺好，而且如果没有定位，最后你会发现你的店铺很容易变成四不像。所以，在选款之前一定要明确你的定位和使用人群，以及定位的风格等，一旦确定好了风格和定位人群，不要轻易地改变方向，选款只往你的定位风格和人群这一方向选。例如，如果你定位的是18~24岁的人群，那么在选款的时候可能就要更加注重款式的新颖和个性，选择性价比偏高的一些产品。

2．市场容量

市场容量是指市场的需求量。当然，这点一定要注意，不是说市场容量越大越好，比较小就不能选择。要根据可分配容量决定，例如，有些款是个性化的小众款式，总的市场需求容量肯定不会太大，但是做这类款的卖家也会少很多，所以可分配的容量其实比较乐观，而且因为竞争小，这类产品做起来比较容易，特别适合中小卖家操作，而且往往投入得也少，而大众款式虽然容量大，但是竞争非常大，能分配到你手中的容量也许就不多，所以，我们要分析的不是市场的总容量，而是要分析可分配到你手中的容量。简单来说，就是要考虑你能做起来的可能性。

3．季节因素

有季节性影响的产品一定要注意季节因素，要考虑能卖的时长，以及投入产出的情况。例如女装，你会发现很多10月份热卖的毛衣到了十一二月份销量突然就跟不上了，特别是那种很宽松的毛衣或者喇叭袖的，因为10月份天气不太冷，很多买家在选择毛衣的时候都考虑外穿好看的款式，所以这个时候很宽松的和喇叭袖的因为好看就很受欢迎，而到十一二月份，天气冷了，这个时候买家需要考虑的是保暖，很多特别宽松的或者喇叭袖的毛衣只适合外穿，不适合打底穿，这就是季节因素的影响。

因此，在选择款式的时候要选择应季款，而且要提前布局。

4．价格因素

价格也是选款必须要考虑的，要主要考虑价位是否与你的定位风格和人群价位一致，例如，如果定位的是18~24年龄阶段的人群，那么不建议选择200元以上的毛衣，因为这类人群主要是大学生或者刚刚毕业的职场人士。相对来说，他们的消费水平要低一些，选择高价产品的可能性比较小。

5．流行元素和款式细节

对于女装这类与美有关的类目，流行趋势和款式细节的影响非常大，所以一定要多关注流行元素和款式细节，去年可能流行的是日韩风，但是到了今年可能会流行欧美风或者港味风等，前段时间还在流行露肩款式，突然这段时间流行一字领的了。针对这点主要从两个方向分析，第一个是继续保持选择过去热销的风格和款式细节，第二个是多关注和选择往期第二或者第三热销的风格和款式作为备胎。往往来说，一个风格要流行其实是有趋势的。同时，也要关注突然出现的风格和款式细节。

6．产品因素

对产品一定要把控，特别是买家最关注的那些点。例如，以毛衣为例，很多买家会特别关注是不是起球、会不会掉毛等质量问题，所以在选择产品时一定要考虑这些质量问题，因为如果刚刚做起来就出现各种质量问题，那么各种差评都出来了，到时候可能投入的成本还没收回，宝贝就死掉了。

7．竞争环境

竞争环境其实是由自身实力决定的，也就说，你要考虑在整个竞争环境中是否有自己的竞争优势、能不能在这些竞争对手中脱颖而出。这也是为什么很多人抄袭别人的爆款却做不起来的原因，因为在这个竞争环境中完全没有竞争力自然是操作不起来的。